# 情景应对

QINGJING YINGDUI FANLI QUANSHU

# 范例全书

余　柏◎主编

北京工业大学出版社

**图书在版编目(CIP)数据**

情景应对范例全书 / 余柏主编. —北京：北京工业大学出版社，2012.1

ISBN 978-7-5639-2956-6

Ⅰ. ①情… Ⅱ. ①余… Ⅲ. ①口才学－通俗读物 Ⅳ. ①H019-49

中国版本图书馆 CIP 数据核字(2011)第 272066 号

## 情景应对范例全书

**主　　编**：余　柏
**责任编辑**：郑　华
**封面设计**：王晓庆
**出版发行**：北京工业大学出版社
（北京市朝阳区平乐园 100 号　100124）
010-67391722（传真）　bgdcbs@sina.com
**出 版 人**：郝　勇
**经销单位**：全国各地新华书店
**承印单位**：辽宁星海彩色印刷有限公司
**开　　本**：720mm×960mm　1/16
**印　　张**：30
**字　　数**：420 千字
**版　　次**：2012 年 1 月第 1 版
**印　　次**：2012 年 1 月第 1 次印刷
**标准书号**：ISBN 978-7-5639-2956-6
**定　　价**：48.00 元

# 前　　言

所谓情景应对，情景之谓情形、情况、场合，应对之谓应答、对话、酬和。所以情景应对，注重的是应变性，强调的是场合性，讲究的是技巧性，传达的是艺术性。在情景应对中，应对双方的“你来我往”呈现了一场场思维和语言的盛宴。古语说：“言不在多，达意则灵。”语言是传达信息和交流思想的工具。同样，情景应对中讲话的技巧和表现手法也主要体现在语言的运用上。要语不繁，字字珠玑，能使人不减兴味；而冗词赘语、唠唠叨叨、不得要领，必令人生厌。

## 学习情景应对

在现实生活中，你是否有过这样的困惑：尽管自己提起笔来洋洋洒洒，一气呵成，笔走龙蛇，可一旦说起话来却期期艾艾，不知所云；或者尽管自己通古晓今，知识渊博，可一旦言谈起来却反应迟钝，言不及义；抑或尽管自己运筹帷幄，决胜千里，可一旦讲起话来却结结巴巴，词不达意。与此同时，你似乎只能略带几分“羡慕嫉妒恨”的心情去面对那样一些人——他们可能貌不惊人，可谈论起来却能口若悬河，滔滔不绝，妙语连珠。

在这里，我们要告诉你：有这样的困惑并不奇怪，也毫不足惧。说它并不奇怪是因为，毕竟你不是腹中空空，只不过是肚子里有“货”却倒不出来；说它毫不足惧是因为，说话的能力尽管是先天的，但说话的艺术和技巧却是后天的。只要经过学习、模仿、训练、养成，最后完全可以做到胸有成竹，出口成章。

不过对于“说什么，如何说”这个问题，没有人能告诉你固定的答案，因为我们面临的情境是各种各样的，面对的人也是各式各样的。世界上没有完全相同的两片树叶，也没有绝对统一的标准答案，正所谓“世异则事异，事异则备变”，场合境遇的不同决定了话语选择与言说方式的不同。也就是说，讲话要分场合、看对象，在不同的场合，面对不同的人，说话的内容和方式要有所不同。

在语言表达时，人们常会遇到两种困扰：第一种困扰，你可能很有想法，笔头很硬，但可能完全说不出来，这表明你需要训练；第二种困扰，你可能很坚持原则，却不懂得语言的灵活运用，这表明你需要学习。在不同的情境下，对不同的人，需要采取不同的说话方式，这并非没有原则，并非虚伪。学会应对，只是强调在说话的时候要考虑到说话的对象和情境，在不同的情境下或对不同的人，沟通的内容是真诚的，形式是灵活的。情景应对是建立在人际交往的基本原则——真诚、尊重、平等、守信、互利的基础之上的，每个人都有自己的个性，但是人际关系是一个互动的过程，在这个过程中，除了你自己之外，还有你所处的情境和你交往的对象，所以在情景应对的过程中不能只考虑自己的因素，自己是什么样子就怎么表现，还要考虑到所处的情境和交往对象。

## 情景应对的艺术

“一言可以兴邦，一言可以误国。”卡耐基也着重强调，成功只有15%来源于个人运用专业知识的能力，另外85%则依赖于个人驾驭语言的能力。这些都在强调一个事实：口才对于人和社会的重要意义。

情景应对，主要是指在不同的情境、特定的场合，或应他人提问，或受事件激发，或自认为有必要，而在现场的即兴发言。尤其重要的是，情景应对既是领导者常遇到的，也是普通人所离不开的。大到领导者答记者问，小到工作中交际对话，无论参加各种讨论会、茶话会、欢迎会以及欢送会，还是业务沟通，它都要求边想边说、边说边想，所以很能体现人的思维应变能力和口语表达水平。尤其是领导者很有必要提高自己情景应对的语言技巧，以便在这种场合下临阵不慌、应对自如。

情景应对的最大特点在于“应”。所谓“应”，就是指讲话者在环境、对象、内容的感召下，有一种强烈的表达欲望。这种欲望产生于讲话之前，贯穿于讲话的全过程中，它首先应当体现在讲话者的诚挚态度上。诚挚的态度能够直接影响听众的情绪，关系到听众对讲话内容的接受程度。诚挚、热情、坦率的讲话能够吸引听众，能够缩短讲话者与听众之间的距离，使听众始终为讲话者的诚恳坦直所打动，大大增强讲话的实效。

情景应对具有临时性、突然性及紧迫性等特点，与有准备的发言相比，难度较大。要恰如其分地应对，首先要具备广博的知识，还要有敏捷的思维能力。此外，注意克服紧张心理也是十分重要的。一旦发言，就应该充满自信、精神放松。唯有如此，才能尽情发挥自己的水平。否则，本来能够在公众场合表现出色，也会因心慌意乱而讷讷无言，还会严重影响讲话者的形象。

情景应对，在日常生活中的语言表达以即兴为多。如同事间的辩论，朋友间滔滔不绝的谈话，酒席上要言不烦的祝词，谈判时有条不紊的应对等。在类似的情景中，几乎都不可能拿着稿子去念、照着本子去读。因此，情景应对的语言艺术对我们每一个人来说、尤其对于处于管理岗位的领导者来说非常重要。如果没有娴熟的应对技巧，遇事则会脑门充血，无言以对。

综合地看，情景应对中的讲话主要有以下几个特点。

讲话的“应对性”。情景应对与一般的演讲、发言的最大不同就在于它的双向性。所谓的双向性就是“你来我往”的有应有对、有问有答、有唱有和，而不是单向度的“你说我听”。既然是应对，就不是自说自话的独白，也不是例行公事的宣讲。所以，在情景应对中，语言的要求就不再仅限于表达的清楚明白甚至是修辞的美感，而是有了更高的标准——它要求讲话者具有一定的洞察力、应变和快速反应能力，能及时对现场情况进行归纳概括，能巧妙地回应，并且用流畅的语言表达出来。高水平的情景应对讲话，对于塑造讲话者的形象，融洽应对双方的关系，有效地处理突发事件，提高管理和领导能力等具有重要的作用。

讲话的“场合性”。在交际过程中，风趣、幽默、得体的语言可以激发谈话者的兴致，使周围的气氛融洽起来。可是，说话者也不能随心所欲，想到什么说什么，还要根据谈话对象的身份、心理以及所处的场合，选择合适的语言。在不同场合，面对不同人和事，讲究说话的艺术，这样才能收到理想的交流效果。任何说话当然都是带有一定的目的、针对一定的对象的，但是有很多说话并非出于应对的要求，比如各种仪式典礼上的一般性致辞、通常会议上的例行讲话等。情景应对，则是在各种场合下的语言应变，情景色彩尤其浓重、场合感特别强烈。这种在特定场合下，针对不同的情境，应各种对象的要求而作出的应对，大多属于即兴讲话、即席发言。讲话者事先未作准备，是临场因时而发、因事而发、因景而发、因情而发。同样的场合，有人因一句不恰当的话而让人反感，也有人只凭一句话就让人过耳难忘。不同的场合，有人因固守着僵化的语言模式而语言乏味，也有人灵活运用，游刃有余。这种相反的现象都是由情景应对熟练程度的差异所致。正所谓有的放矢，情景应对的“景”就是特定的场合与情形。在特定的情景中，说话一定是应这种情景而发，针对这种情景而作，不能脱离这种情景，不能“一行白鹭上青天”——离题万里。

讲话的“即兴性”。情景应对的讲话大多体现为某种即兴发言、即时发言、即席发言。纵观古今中外一切业绩卓著的领导者，无一不是即兴发言的高手，他们的号召力、影响力、煽动力和组织力，在很大程度上就得益于他们高超的演讲水平、语言艺术和应变能力。在应对的情景中，双方并没有既定的问答步骤或套路，而是随着言语的碰撞与激发“顺水推舟”、“水到渠成”，任思路与语言的翅膀翱翔。即兴应对，贵在有“兴”。兴有所激，乃是吸引、激励对方的重要因素。因此，即兴发言者应讲究一些艺术手法。在内容上，以短小精悍、结构严谨为佳。冗长散杂、啰唆重复，必然会使人生厌。讲话前将自己所要讲的内容先确定几层意思，反复加以浓缩，阐述得简洁、新颖，条理明晰。一般应庄谐结合，适时口出妙语，造成轻松和谐的气氛，以使听众易于接受自己的观点。即使在严肃的场合，如能适当增添一点风趣，也很容易沟通彼此感情、增强讲话效果。

此外，情景应对的讲话还要有“礼”——在特定的情景中采用文明得体的语言回答各类提问，力求通过文明得体的语言拉近和对方的距离；有“序”——在特定的情景中采用符合事理顺序的语言回答提问，力求揭示事物的内在联系和因果关系；有“质”——在特定的情景中采用事实说话，摒除不合实际的空话、套话和含混不清的言语；有“文”——在特定的情景中采用简洁生动的语言回答各类提问，力求做到简明、连贯、得体地表情达意，达到交流思想，增进感情的目的。

综上所述，情景应对的语言艺术主要体现为：即兴而发，针对性强；形式自然，灵活多变；相互制约，听说并行；情感激发，诱导联想；语言精练，达意为上。针对上述特点，在具体的情景应对过程中，应对者有必要掌握以下几个技巧。

首先，要明确目标、选好角度。这是由情景的场合性和目的性所决定的。接下来，就要顺应思路、组织材料。从讲话人来说，现场准备，不可能鸿篇巨论；从听众来看，由于是一种特殊场合，既不可能，也没心思去听滔滔不绝的讲话。情景应对的讲话要精彩、热烈，要少而精，多则五六分钟，少则两三分钟，最好不要超过五分钟；从内容上说，一次只说一个问题，集中力量，说深说透说精彩，给人留下深刻印象。短话比长话更难讲，但是，它留给人的印象却也更深刻。

其次，要对情景应对的讲话内容进行抽象概括。训练有素者和有情景应对经验的人，在讲话之前的短暂时间里，能根据情景场合的性质、环境、人员、气氛等，确定要讲的中心内容以及先讲什么、后讲什么，打好腹稿。

再次，要在应对之前组织好句群。所谓句群，也叫句组，是前后衔接连贯的一组句子。它是一场应对讲话的基础单位。一个句群有一个明晰的中心意思，称为“意核”，它可以使几句话连接成群。如果我们准备三五个，或更多个“意核”，组成句群，一篇即兴发言“腹稿”也就出来了。这里值得注意的是一定要掌握组句成群的技能。即兴发言前可先想好几个“意核”。

## 本书的特点

本书具有以下几个特点：

第一，题材新颖。当前口才与演讲类图书主要集中于领导口才训练与各种既定场景下面对听众的有备式讲话，如演讲、致辞、发言等。但明确以情景应对为主题的，以特定情景下双方互动式、即兴式、对答式讲话为题材的，品种还并不丰富。一般需要即兴发言的场合，如集会、参观、访问、联欢等，它们的背景、具体环境，预先是知道的，所以，话题的大范围大致还是确定的。但情景应对的讲话却是现场互动的，无法预先准备。这就需要选择一个展开话题的最佳角度。本书以情景应对为内容，从日常生活中常见的应对情景中甄选出最具有普遍性、通用性和代表性的场景，精选了大量精彩的范例，给读者提供了有益的借鉴和帮助。

第二，实用性强。本书没有讲述玄妙高深的道理，也没有铺陈抽象空洞的理论，而是选取了大量生动有趣、鲜活多样的应对范例，内容全面，形式多样，分类合理，范例精彩，语言流畅、通俗易懂。注重从具体情境出发，增加内容的可读性和实用性。书中详细介绍了在日常生活中最常见的情境下应对的经典实用范例，它们涵盖了不同场合下讲话的实用技巧，涵盖了工作和生活的各个方面，论述深入浅出。不论你是静坐下来潜心研读，还是随意翻阅，本书都会带给你有益的启迪。

第三，突出时代性。一方面，所选的范例大部分是比较现代的、前沿的，而不是陈旧的、陈词滥调的；另一方面，所选的情景有一些是非传统应对领域，如媒体应对，这些都是应时代发展之需而新出现的情况。

综上所述，本书对提高广大领导干部及企事业单位管理人员的语言表达水平，对各行各业的人士在最短的时间内掌握应对技巧，锻炼应对能力，提高应对水平，都会有很大帮助。

# 目　录

## 第一章　记者招待会情景应对

范例一　温家宝就任国务院总理后在随后举行的记者招待会上的答记者问(节选) …… 001
范例二　朱镕基在访美期间的记者招待会上的答记者问(节选) …… 003
范例三　温家宝在2010年两会记者招待会上的答记者问(节选) …… 009
范例四　小布什在与钱其琛正式会谈前的记者招待会上的答记者问 …… 013
范例五　小布什大选成功连任美国总统后首次白宫记者招待会上的答记者问 …… 014
范例六　普京蝉联俄罗斯总统后在记者招待会上的答记者问 …… 017
范例七　德国前总理施罗德访问山西时在记者招待会上的答记者问 …… 020
范例八　奥巴马在白宫记者招待会上的答记者问 …… 022
范例九　李肇星在十届人大二次会议举行的记者招待会上的答记者问(节选) …… 023
范例十　杨洁篪在某记者招待会上的答记者问(节选) …… 026
范例十一　美国青年市长在记者招待会上的答记者问 …… 028

范例十二　神舟六号载人航天飞行航天员乘组在记者招待会上的答记者问 …… 029
范例十三　姜文在电影《让子弹飞》的全球首映礼上的答记者问 …… 030
范例十四　姚明在退役记者招待会上的答记者问 …… 033
范例十五　刘翔在某记者招待会上的答记者问 …… 036
范例十六　李娜在某记者招待会上的答记者问 …… 038

## 第二章　突发事件与危机情景应对

范例一　温家宝就“7·23”甬温线铁路事故答记者问 …… 039
范例二　铁道部有关负责人就“7·23”甬温线铁路事故答新华社记者问 …… 043
范例三　王岐山就“非典”防治情况答记者问（节选） …… 045
范例四　北京市轨道交通4号线扶梯事故处理情况通气会上的答记者问 …… 048
范例五　国务院相关部局领导就汶川地震答记者问 …… 052
范例六　小布什就“9·11”事件发表的现场讲话及答记者问 …… 054
范例七　鲁伯特·默多克就“窃听门”事件出席听证会时答英国议员的提问 …… 057
范例八　双汇董事长就“瘦肉精”事件答记者问 …… 058
范例九　故宫博物院院长郑欣淼就“十重门”事件答记者问 …… 060
范例十　中非希望工程主席卢俊卿与其女卢星宇就“卢美美”事件答记者问 …… 063
范例十一　郭台铭及富士康发言人刘坤就富士康员工连跳事件答记者问 …… 067

## 第三章　网络论坛情景应对

范例一　温家宝2010年到某网站与网民的在线互动交流（节选） …… 070

范例二　广东省省委书记汪洋与网民的某次在线互动交流（节选）…… 075
范例三　湖北省省长李鸿忠与网民的某次在线互动交流（节选）……… 078
范例四　普京与网友的某次在线互动交流 ……………………………… 081
范例五　敬一丹等人做客新浪网论坛时答网友提问 …………………… 086
范例六　台湾“急智歌王”张帝与网友的某次在线互动交流 ………… 090

## 第四章　媒体采访情景应对

范例一　杨振宁接受《华商报》采访时的作答 ………………………… 093
范例二　韩寒和父亲韩仁均接受《男人装》杂志记者
　　　　采访时的作答 ……………………………………………………… 096
范例三　比尔·盖茨接受《凤凰周刊》采访时的作答 ………………… 101
范例四　央视著名记者柴静接受《解放周末》记者采访时的作答 …… 105
范例五　普京某次接受中国多家媒体的联合采访时的作答 ………… 110
范例六　作家王朔接受《新京报》采访时的作答 ……………………… 111
范例七　冯小刚接受《三联生活周刊》记者采访时的作答 ………… 113

## 第五章　媒体节目情景应对

范例一　鲁伯特·默多克做客《面对面》节目时与主持人的对话 ……… 117
范例二　俞敏洪做客《面对面》节目时与主持人的对话 ……………… 120
范例三　易中天做客《面对面》节目时与主持人的对话 ……………… 122
范例四　马云做客《新闻会客厅》节目时与主持人的对话 …………… 125
范例五　沃伦·巴菲特做客《领导者》节目时与主持人的对话 ……… 127
范例六　潘石屹做客《财富中国》节目时与主持人的对话 …………… 129
范例七　李彦宏做客《鲁豫有约》节目时与主持人的对话 …………… 131
范例八　韩寒做客《一周立波秀》节目时与主持人的对话 …………… 134

## 第六章　竞赛或选秀类活动情景应对

范例一　2009 中华小姐环球大赛上参赛选手面对评委提问时的作答 …… 137
范例二　2010 重庆小姐大赛上参赛选手面对评委提问时的作答 …… 140
范例三　《中国达人秀》评委与参赛选手的精彩对话 …… 141
范例四　2009 年《快乐女声》某场晋级比赛时主持人与评委的对话 …… 141
范例五　某模特比赛中参赛者与评委的精彩对话 …… 142
范例六　《挑战主持人》参赛者间的精彩对话 …… 143

## 第七章　销售情景应对

范例一　某西装店的售货员向特定顾客推销西装时的对话 …… 145
范例二　某店员销售手机时与顾客的对话 …… 147
范例三　某推销员向一公司老总推销打印机时的对话 …… 149
范例四　某汽车销售顾问向来店顾客推销汽车时的应答 …… 151
范例五　某网上销售客服与顾客的对话 …… 152
范例六　某品牌营销员与经销商之间的对话 …… 154

## 第八章　求职面试情景应对

范例一　某求职者面试销售职位时的应答 …… 157
范例二　某大学毕业生到某公司参加面试时的应答 …… 158
范例三　某职场人士面试新职位时的应答 …… 161
范例四　某考生参加国税局公务员面试时的应答 …… 165
范例五　某考生参加宣传部公务员面试时的应答 …… 168
范例六　某考生参加国考公务员面试时的应答 …… 171
范例七　某求职者面试时的另类应答 …… 176

范例八　某电动车销售公司招聘时面试官与求职者的另类对答 ······ 179
范例九　某求职者到世界500强公司面试时的应答 ······ 180
范例十　某求职者应聘中学教师职位时的应答 ······ 182
范例十一　某求职者在微软面试时的应答 ······ 183
范例十二　世界500强企业求职者面试时的部分精彩应答实录 ······ 184
范例十三　某求职者与面试官的对话 ······ 187

## 第九章　教学教导情景应对

范例一　某教师与学生之间的谈话 ······ 189
范例二　某班主任与处在叛逆期的学生的三次谈话 ······ 191
范例三　某教师与学习退步的学生之间的谈话 ······ 193
范例四　某教师与学生在网上相遇时的两次对话 ······ 195
范例五　某教授与学生在课堂上对哲学问题的逻辑探讨 ······ 198
范例六　某小学心理辅导教师对有心理问题的学生提问时的应答 ······ 202

## 第十章　服务类情景应对

范例一　某12580客服面对无聊用户来电时的应对 ······ 206
范例二　某网上客服对顾客网购商品后的咨询的应答 ······ 208
范例三　某通讯公司用户拨打投诉电话时与客服的对话 ······ 209
范例四　某服装导购为顾客服务时与顾客的对话 ······ 213
范例五　某超市主管面对客户投诉时的应对 ······ 214
范例六　某银行客户投诉时与银行工作人员的对话 ······ 216
范例七　某网上商城客服遇到两位无聊顾客骚扰时的应答 ······ 218

## 第十一章　酒席宴会即席情景应对

范例一　生日宴会上的即席讲话 ······ 226
范例二　升学宴会致辞 ······ 227

范例三　毕业酒会上的发言 …… 228
范例四　同学会上的讲话稿 …… 230
范例五　一位父亲在女儿婚宴上的讲话 …… 231
范例六　同学聚会上的感人发言 …… 232
范例七　尼克松在欢迎宴会上的讲话 …… 234

## 第十二章　会谈类情景应对

范例一　广东省领导与“2003广东经济发展国际咨询会”全体顾问的会谈(节选) …… 237
范例二　在亚布力中国企业家年会分论坛上南北企业家的会谈(节选) …… 240
范例三　广州市相关领导与第七届羊城“小市长”王子曰的会谈 …… 248
范例四　“2011市长与跨国公司对话会”的第二场会谈 …… 249
范例五　内地企业家与李嘉诚的会谈 …… 253

## 第十三章　辩论类情景应对

范例一　苏格拉底千古雄辩 …… 256
范例二　英国国王查理一世法庭辩论 …… 260
范例三　安得列阿斯·肖伊法庭辩论 …… 262
范例四　文天祥在公堂受审时的答辩 …… 265
范例五　王若飞法庭辩论 …… 267
范例六　吉鸿昌法庭辩论 …… 269
范例七　科学与宗教的交锋辩论 …… 271
范例八　“七君子”法庭辩论 …… 274
范例九　布莱特的高妙辩论 …… 276
范例十　2010国际大专辩论赛决赛 …… 278

范例十一　美国总统竞选辩论 …… 282
范例十二　诸葛亮舌战群儒 …… 286

## 第十四章　学术报告提问情景应对

范例一　第二届世界汉学大会清华大学李学勤教授发言后对提问的作答 …… 289
范例二　北京大学法学院朱苏力教授在西安交通大学举行专题讲座后对提问的作答 …… 291
范例三　美国总统布什在清华大学演讲后回答学生的提问 …… 297
范例四　白岩松在清华大学演讲后对学生提问的回答 …… 302
范例五　连战在北京大学演讲后回答学生的提问 …… 305
范例六　巴菲特与比尔·盖茨回答哥伦比亚大学学生的提问 …… 308

## 第十五章　人际交往类情景应对

范例一　送别对话 …… 312
范例二　两位母亲的谈话记录 …… 314
范例三　一对准夫妻与亲人的谈话 …… 318
范例四　葛优与甄子丹在电影发布会上的对话 …… 321
范例五　在周立波的婚礼上崔永元对周立波的调侃 …… 323
范例六　禅师与失恋女孩的对话 …… 327

## 第十六章　工作环境情景应对

范例一　同事之间的谈话 …… 330
范例二　物业与业主的交谈 …… 333
范例三　三位高层主管对公司人才流失问题的对话 …… 335
范例四　某公司领导与员工的工作谈话 …… 338
范例五　某入党培养人与培养对象的工作谈话 …… 340

范例六　交警与路人的对话 …… 341
范例七　董事长与员工代表的工作会谈 …… 342
范例八　某编辑室的工作对话 …… 348
范例九　某单位党员干部组织生活谈话 …… 350

## 第十七章　谈判类情景应对

范例一　警务谈判应对 …… 352
范例二　商业谈判应对 …… 354
范例三　合同谈判应对 …… 360
范例四　网络服务器销售员与客户之间的营销谈判 …… 365
范例五　两家公司经理与经销商的谈判 …… 367
范例六　中美建交谈判应对 …… 371
范例七　中美知识产权谈判 …… 376
范例八　某打印机推销员与客户之间的谈判 …… 379

## 第十八章　主持类情景应对

范例一　同学聚会上主持人的情景应对 …… 381
范例二　《对话》节目主持人与观众的互动对话 …… 385
范例三　颁奖礼上颁奖嘉宾的对话 …… 387
范例四　音乐颁奖礼上主持人与嘉宾蔡少芬夫妇的对话 …… 388
范例五　音乐颁奖礼上主持人与获奖者张杰的对话 …… 389
范例六　音乐颁奖礼上主持人与嘉宾陈法蓉和许常德的对话 …… 391
范例七　《非诚勿扰》主持人孟非与嘉宾的对话 …… 393
范例八　《开心辞典》主持人王小丫与场外观众的互动 …… 394
范例九　《小崔说事》主持人崔永元与嘉宾姜文的对话 …… 397
范例十　香港电影金像奖颁奖礼主持人的对话 …… 402

## 第十九章　会议论坛类情景应对


范例一　博鳌亚洲论坛青年领袖圆桌会议情景应对 …………………… 404

范例二　第四届中国网商大会情景应对 …………………………… 407

范例三　本土新消费时代论坛情景应对 …………………………… 414

范例四　易中天与韩寒关于“所谓文化大国”的探讨 ………………… 420

范例五　周星驰功夫电影研讨会对话 ……………………………… 425

范例六　民企峰会六位知名企业老总精彩对话说创新 ……………… 428

范例七　2011 中国互联网大会对话 ………………………………… 431


## 第二十章　颁奖领奖现场情景应对


范例一　感动中国人物部分获奖者对话 …………………………… 438

范例二　2009 中国经济年度人物颁奖现场对话 ……………………… 439

范例三　南航 2007 十大精英会员颁奖现场对话 …………………… 446

范例四　第 28 届香港电影金像奖颁奖现场对话 …………………… 448

范例五　模特在颁奖典礼上与网友对话 …………………………… 449

范例六　“中国最美 50 人”颁奖盛典中获奖嘉宾对话主办方 ………… 451

范例七　某年度颁奖典礼现场对话 ………………………………… 453

# 第一章

# 记者招待会情景应对

**范例一** 温家宝就任国务院总理后在随后举行的记者招待会上的答记者问（节选）

【情景】 2003年，温家宝出任国务院总理。3月18日，温家宝与采访“两会”的中外记者见面，并回答记者的提问。

德新社记者：朱镕基开始当总理的时候，他说，不管前面是地雷阵还是万丈深渊，他都将鞠躬尽瘁，死而后已。和他比起来，你觉得你的工作风格会怎么样？

温家宝：朱镕基总理是我非常敬佩的一个领导人，他有许多优点值得我学习。至于我自己，大家普遍认为我是一个温和的人。但同时，我又是一个有信念、有主见、敢负责的人。在我当总理以后，我心里总默念着林则徐的两句诗：“苟利国家生死以，岂因祸福避趋之”。这就是我今后工作的态度。

台湾中天电视台记者：从年初以来，台湾方面在两岸关系上有新的做法，比如提出希望建立两岸和平稳定的互动架构，在两岸“三通”直航上也有比较积极的做法，大家都很希望两岸关系能够进入良性循环的互动。不过在此之前一直没有机会了解您对两岸关系的看法，借这个机会请您谈一下您对台湾的了解和认识是什么？新一届政府成立以后，在两岸关系上有哪些问题要有所推动？您个人的期待又是什么？

温家宝：我愿意通过记者女士向台湾同胞表示亲切的问候。实现祖国的完全统一是包括台湾同胞在内的全体中国人民的共同愿望。说起台湾，我就很动情，不由地想起了一位辛亥革命的老人、国民党的元老于右任在他临终前写过的一首哀歌："葬我于高山之上兮，望我大陆。大陆不可见兮，只有痛哭。葬我于高山之上兮，望我故乡。故乡不可见兮，永不能忘。山苍苍，野茫茫。山之上，国有殇。"这是多么震撼中华民族的词句。中国政府将坚定不移地贯彻"和平统一、一国两制"的方针，在一个中国的原则基础上，尽早恢复两岸的对话和谈判，反对"台独"，积极推进两岸经济、文化的来往与交流，推进两岸直接"三通"的早日实现，争取早日实现和平统一。

美国有线新闻网记者：在开场白中您谈到您的孩提时代是在战乱当中度过的。在您二十几岁的时候，您也经历过"文化大革命"。您能否谈一下"文化大革命"的这段经历对于您对中国国内问题、国际问题的看法产生什么样的影响？特别是关于伊拉克问题，您的这段孩提时代的战争经历是否使您成为一个反战的积极分子？对于一触即发的伊拉克战争，您是支持还是反对？

温家宝：新中国成立已经半个多世纪了，她走过辉煌的道路，也曾出现过严重的曲折。"文化大革命"就是个曲折。我始终相信，社会主义是大海，大海是不会枯竭的，大海可以容纳百川。只有吸收人类一切文明成果，社会主义才能巩固和完善。这个时间会很长，需要上百年，甚至几百年的时间。

关于伊拉克问题，中国是有原则的，中国的立场是根据世界和平与发展的潮流以及从中国的根本利益出发的。中国主张伊拉克要彻底销毁大规模杀伤性武器。同时，伊拉克问题应通过政治方式加以解决，避免战争给中东地区和世界带来影响。

## 范例二 朱镕基在访美期间的记者招待会上的答记者问（节选）

【情景】 1999年4月8日，时任国务院总理的朱镕基受当时美国总统克林顿的邀请访问美国并召开记者招待会接受媒体的提问。朱总理的回答幽默中带着睿智。

朱镕基：感谢克林顿总统邀请中华人民共和国政府代表团访问美国。今天我很荣幸，能够与克林顿总统一起跟新闻界的朋友们见面。我愿意通过新闻界的朋友们，向美国人民致以我最衷心的问候和最美好的祝愿。

我踏上美国的国土，是从洛杉矶开始的。虽然老天不太欢迎我，倾盆大雨，但是似乎美国人民还是喜欢我的。今天，我们受到克林顿总统盛大的欢迎，我们跟总统和他的同事们进行了友好的会谈。中午，我也出席了奥尔布赖特国务卿举行的盛大欢迎宴会，使我能够会见很多老朋友。我想，我们的会谈是友好的、坦诚的，是建设性的，也是富有成果的。当然，这种成果不在乎达成多少协议，我想我们的协议达成的已经不少了，关键是我们中华人民共和国代表团能够会见美国的各界人士，能够直接地跟美国人民来交谈，来说明我们的观点。

我在今天上午已经说了，不是只对你 say“Yes”（说“是”）的朋友才是好朋友，敢于对你 say“No”（说“不”）的朋友也许是最好的朋友。我从华盛顿，还要到丹佛、芝加哥、纽约和波士顿，我将会见很多的美国朋友，我愿意和他们交谈，也愿意和他们辩论，这样才能够促进我们中美两国人民之间的交流和相互的理解，从而促进我们中美之间由江泽民主席和克林顿总统所致力于建设的建设性战略伙伴关系，这样一个友谊的关系，能够继续发展下去。

刚才总统先生已经说了，今天上午在 WTO 问题上面，也达成了一定的协议，将要发表一个联合声明。同时，在已经达成的，比如在农业协定方面，我们要签署这个协定。我认为，这些都有利于进一步推进中美友好合作关系的发展。

朱镕基：我想，那位女士拿着中美两国的国旗，我应该点她提问。

记者：非常感谢朱总理，我是香港《文汇报》的记者韩桦。在你的美国之行开始之前，这一路从洛杉矶到华盛顿，人们包括我们的读者一直都有这样一个问题，就是现在中美关系遇到这么大的困难，为什么你还决定如期访美，能不能告诉我们你的真实想法是什么？在本世纪末，中美关系应该朝着一个怎样的方向发展？

朱镕基：说老实话，我一点儿也不想来。

就在我访问美国的前几天，我会见了美国国会的两个代表团，一个是由托马斯先生率领的，另一个是由罗斯先生率领的，一共有20位参议员、众议员。我当时就对他们说，你们那里的政治气氛那么反对中国，我不敢到你们那里去访问。可议员先生们都告诉我，你还是要去，我们欢迎你去，我们喜欢new face（新面孔）。那我说，我的好朋友尚慕杰大使告诉我，他比我要先回美国，到我将要去的地方介绍我，并宣传中国。他准备被打得鼻青脸肿，在美国见我的时候，脸上要包着绷带。我说，他是一名美国人，还要遭到这样的待遇。我这个中国人去了，我这个新面孔要带血了。这些议员先生没有给我保证，但是江泽民主席让我还是要来，他是中国的number one（“一把手”），我还只能听他的。

可是我可以告诉诸位，我现在的情绪比我来的时候要好得多了，因为我在这里遇到了非常友善的面孔和非常热烈的接待。我相信，我此行不但能够为推进我们两国之间的友好合作关系的继续发展贡献一点力量；而且我也相信，我会得到美国人民的理解，使我们在很多现在争执的问题上取得一定程度的共识。当然，我们也会在很多经济问题上达成协议，比方说刚才讲的农业协定方面，这个我们已谈判了13年了，今天中国在这方面应该说已作出了很大的让步。在TCK（小麦矮腥黑穗病）小麦的问题上面，我们已经允许美国的7个州都能够向中国出口小麦；在出口柑橘方面，我们允许4个州包括加利福尼亚州都能出口到中国去；在中国加入

WTO 方面，我认为实际上我们的差距已经是很小很小，在我看来已经不算什么了。当然，克林顿总统先生可能不同意我的说法，他们还认为有很大的差距。我们现在只能够签一个联合声明，而不能够最终签署协定。如果要我说老实话，问题不在于那个“很大的差距”，而在于现在的政治气氛。

但是，我们对于中美两国友好合作关系的前途是非常乐观的。我今天上午已经讲了，在中美之间，没有任何问题是不能够通过友好协商来获得圆满解决的。至于在人权问题方面、在达赖喇嘛问题方面，刚才总统先生所讲的，我们还有时间来争论，不在这里争了。

记者：我是香港《星岛日报》记者。昨天朱总理的专机在安德鲁斯空军基地降落之前 7 个小时，克林顿总统作了一个对华政策的演讲，他提到 1996 年 3 月美国向台湾水域派遣航空母舰的事情，他认为这个事情维护了台海安全。朱总理，你如何看美国的军事力量对两岸关系的影响？你认为两岸统一要不要有时间表？你愿意不愿意访问台湾？

朱镕基：关于对台湾的政策、对统一台湾的政策，我们的江泽民主席有着非常明确的声明，这一点我想不用我再来说了。

我们从香港回归祖国就可以看到，中国严格地在那个地方实行“一国两制”、“港人治港”、高度自治。我想，全世界的人民都承认这一点。而我们对统一台湾的政策比这个要宽松得多，也就是说，我们允许台湾保留它自己的军队，而且我们也准备让台湾的首脑到中央政府来当副首脑。至于他能不能当正首脑呢？那我就不清楚了，因为我想大概没有人会投他的赞成票。

中国政府一再声明，我们尽量用和平的方法来统一台湾，但是我们也从来没有宣布放弃使用武力。因为如果我们这样宣布的话，那么台湾将从中国永远分离出去。我刚才在克林顿总统的办公室看到了林肯总统的肖像。当年林肯总统为了保持美国的完整，不惜使用武力，我们应该向林肯总统学习。

至于我要不要到台湾去，他们又没向我发邀请，我怎么去？而且，以什么身份去？你帮我想一想。

……

记者：总理先生，我想提的问题是，关于中国偷窃美国的核弹头技术，还有中子弹的技术，你是不是有什么话想说？有人捐数十万美元给克林顿作为政治献金，关于这个问题你有什么话想说？

朱镕基：我以中华人民共和国总理的身份在这里庄严地声明，我根本不知道有什么间谍偷窃了美国的军事机密，我也完全不相信这一点。我也问过江泽民主席，他也完全不知道有这么一回事。中国没有这种政策，要去盗窃美国的军事机密。我也不相信，在美国的安全保卫工作这么严密、技术设备这么先进（当然，这个麦克风的技术好像不是太先进）的情况下，中国能够在美国盗窃什么机密，我看是不可能的。

至于中美两国学者在交流他们的科学技术知识的时候，也许会谈到某些有关军事方面的技术，但是我不相信这里面有什么带有实质性的军事机密，我也不相信在他们的交流中间会涉及这样的问题。作为一个高级工程师，我主管中国工业几十年，我从来不知道有什么尖端技术是从美国来的。当然，技术是人类共同的财富，科学的发明往往是殊途同归，我们中国的导弹与核技术确确实实也是从外国引进的。我们导弹技术最早的先驱者是钱学森先生，他是从美国回来的；我们核技术最早的先驱者是钱三强先生，他是从法国的居里夫人的实验室回来的。但是我可以向你们保证，他们回来的时候一片纸也没有带回来，就带回来一个脑袋。所以，我在3月份的记者招待会上曾经说过，请你们不要过低地估计了你们自己的安全保密的能力，也请你们不要过低地估计了中国人民开发军事技术的能力。我在洛杉矶的时候，州长请我吃饭，他问我："你们今年准备怎么庆祝建国50周年呢？"我说，我们将要举行一个盛大的阅兵式，在这个阅兵式上将要展示中国最先进的武器，而这些武器都是中国自己开发的，不是从美国偷来的。州长夫人就建议："那你们应该在导弹武器上写上一个广告：'It's made in China, not from USA（中国制造，非美国品）'。"我很欣赏她的幽默，我说："That is a good idea（这是个好主意）"。当然，克林顿总统先生曾经宣布了，说美国有6000多件核武器，中国只有二三十件。他比我更清楚，我都不知道中国具体有几十件核武器。这个数字我虽然搞不清，但是我同意总统先生的结论：我们的很少，你们的很多，根本不可能威胁美国。

至于政治献金的问题，我也很负责地声明，我和江泽民主席根本不知道这回事。我们两个人也问过我们军方的高层人士，他们回答我们，他们也不知道有这种事。我觉得，这件事情反映出你们美国有些人把我们看得太低了。如果政治献金真能够起作用的话，那我现在有1450亿美元的外汇储备，我至少可以拿100亿美元来做这个工作，我怎么只拿30万美金来做呢？太愚蠢了！我听说，有些人在这个地方制造rumor（谣言）花了很多钱。我从来不相信这些谣言。我觉得我们通过相互的讨论，甚至于辩论来达成我们的共识，这是有利于中美两国人民，对于我们双方都是有好处的。我们相信美国人民，我们不会做这样的事情。

我同意配合美国进行调查，只要你们提出线索，不管是谁，我们都会进行调查。我也回应克林顿总统关于中国参加WTO的问题。他说，允许中国加入WTO符合美国人民的利益；我也应该说，中国作出最大的让步也是符合中国人民利益的。

香港报纸都说我到美国来送"大礼"来了，我认为这种提法是很不正确的。对不起，我讲话又走火了，得罪了新闻界。

因为中国要加入WTO，要融入国际社会，必须符合它的"游戏规则"，因此我们不作出让步是不行的。当然，这种让步会给中国的国民经济、国有企业和中国的市场带来很大的冲击，但是我完全有把握地说，由于中国改革开放所取得的成果，我们完全可以经受住这种冲击，而这种冲击所带来的竞争会促使中国的国民经济以更快的速度、更好的效益来继续发展。

我请香港的记者朋友们注意，你们以后不要再讲送"大礼"了，送"大礼"就等于政治捐献，这对于克林顿总统是十分不利的。

……

记者：我有几个问题。首先，总理先生你已经知道了，美国国务院最近出了一个关于贵国侵犯人权方面的报告，美国也准备在联合国人权会议上提出谴责中国侵犯人权案。你觉得美国这样做，你们是完全冤枉的，是完全不公平的，抑或中国还是有一些问题应该得到纠正？

朱镕基：首先，我坚决反对美国提出有关中国人权问题的提案。我认为这是不公正的，而且是对中国内政的干涉。我想说明三点：

第一，中国的人权事业在中国解放后这几十年，已经取得了史无前例的进步。我们认为，中国人民享受了前所未有的、很大的民主政治的权利，人民群众完全可以通过中国的法制来批评、来监督他们的政府，可以畅所欲言。我觉得，我们现在的新闻和言论自由比起过去，已经有了相当大的、足够的进步了。

第二，我认为关于人权的观念也应该历史地来看待，同时，每个国家也有不同的理解。关于人权的概念，中国的孟子讲过："民为贵，社稷次之，君为轻。"他讲人权，比法国的卢梭和美国的《人权宣言》要早得多了。我想，不但人权的概念有历史的发展，而且每个国家也有不同的情况。像我们跟美国，人均的国民收入差了20倍，美国大学生的比例比中国文盲加小学生的比例还要大，这样不同的文化程度、不同的国民收入，我想他们对人权概念的理解也是不一样的。如果跟很贫困的人民来谈什么直接选举，恐怕他们更关心人权的其他方面，比如说受教育的权利、生存和发展的权利和享受文化娱乐、卫生的权利。我们讲的人权应该包括这些方面。

每个国家都会用自己的办法来改善人权状况，着急是不行的。说老实话，怎么改善中国的人权状况，我比你们还着急得多啊。

第三，我承认我们的人权工作是有缺点。你们要考虑到中国有几千年封建制度的影响，人民的观念是很难改变的，我们的法制队伍的受教育程度和他们判案的能力也是有限的。在这种情况下，要把人权工作做得十分完美是不现实的。所以，我们很愿意听取你们的意见，我们愿意有一个渠道来对话，我们不要对抗。

当有些外国人访问中国的时候，常常有人给我一个名单，让我释放所谓的“持不同政见者”。我们对你们的意见都是认真地对待、仔细地查考的，如果这个人没有刑事犯罪，我们就把他释放了。这次我来美国前，我有很多的美国朋友也寄给我很多材料，指出美国的人权存在很多问题，要我把这些信件递交给克林顿总统。我没有带来，我不想交给他，因为你们能够自己解决问题。

### 范例三 温家宝在2010年两会记者招待会上的答记者问（节选）

【情景】 2010年3月14日，温家宝总理在人民大会堂三楼金色大厅与中外记者见面并回答记者提问。温总理答记者问时一如既往的儒雅风趣，一如既往的温情诚恳。

温家宝：记者朋友们，大家好。过去的两年我们是在极其困难条件下走过来的。人民是用坚实的步伐走过了不平坦的道路，这将会在历史上留下印迹。今后几年，道路依然不平坦，甚至充满荆棘。我们应该记住这样一条古训：行百里者半九十。不可有任何松懈、麻痹和动摇。同时我们要坚定信心，华山再高，顶有过路。解决困难唯一的办法、出路和希望，在于我们自己的努力。我深深爱着我的国家，没有一片土地让我这样深情和激动，没有一条河流让我这样沉思和起伏。“亦余心之所善兮，虽九死其犹未悔。”我将以此明志，做好今后三年的工作。

美国《新闻周刊》记者：有美国官员、分析家以及媒体认为，在去年12月举行的哥本哈根气候大会上，中国代表团表现傲慢，温家宝总理您本人甚至拒绝参加一个包括美国总统奥巴马在内的若干国家元首或首脑参加的重要会议，这令与会各方感到失望和吃惊。您对此作何回应？您如何看待哥本哈根进程？

温家宝：中国有一句古语：人或加讪，心无疵兮。但毕竟你还给了我一个澄清真相的机会，因此，我首先应该感谢你。去年12月17号，也就是在哥本哈根领导人大会前一天晚上，丹麦女王为各国领导人举行宴会，就在那次宴会上，我从一位欧洲领导人那里知道那天晚上有一个少数国家领导人参加的会议，他给我拿出了一个单子，上面赫然有中国的名字。但我感到震惊，因为我没有接到任何通知。就在这时，一位新兴大国的领导人主动约见我，说有紧急的事情要和我谈。他告诉我，他从一位欧洲领导人那里得到通知，说当天晚上有一个会议。我对他讲，我没有得到通知。回到驻地，我紧急召集中方人员进行查询，确实我们代表团没有接到通知。

在这种情况下，我决定：第一，向大会秘书处咨询。第二，请杨外长给美国国务卿克林顿打电话告诉真相。第三，即使没有接到通知，我们也仍然派外交部副部长何亚非与会。我想在这里说明，那时奥巴马总统还没有抵达哥本哈根。何亚非副部长到达会议，首先代表中国政府代表团表示抗议，并且说“我是不请而来的”。为什么不通知中国？至今没有人向我们做任何解释，至今在我的脑子里还是一个谜团。

在哥本哈根60个小时，我几乎没有休息。我会见了德、英、日等国的领导人，会见了印度、巴西等国的领导人，会见了77国集团、非盟以及小岛国的代表。我两次会见奥巴马总统，而且进行了长时间的会谈。我还会见了联合国秘书长和东道主丹麦首相。中国政府代表团所做的大量工作是有目共睹的。在哥本哈根会议遇到困难，许多国家领导人准备打道回府的时候，我坚持同各方斡旋，与各国共同努力，最终达成了哥本哈根协议。这个成果是来之不易的，也是在涉及各国重大利益问题上可能取得的最好成果。

哥本哈根会议结束以后，1月份我就致函联合国秘书长和丹麦首相，坚定地表示，中国高度评价和支持哥本哈根会议决议的立场。就在最近，我们又致函联合国，表示我们全面支持哥本哈根会议决议的立场，并且同意将中国列入支持《哥本哈根协议》的国家名单。

为什么总拿中国做文章？我至今不明白。气候变化问题关系到人类的生存，也关系各国的利益，关系世界的公平和正义。我们坚持“共同但有区别的责任”原则是完全正确的，我们将继续同世界各国一道推进应对气候变化的进程。

台湾《联合报》记者：想请教您有关商签两岸经济合作框架协议的问题，您两会之前和网民交流的时候提到说在商签两岸经济合作框架协议的时候，考虑到两岸经济规模的差异，还有台湾中小企业以及农民的利益，大陆这边可以让利，那能不能请您向我们透露一下大陆让利的实质内涵是什么？您认为今年6月两岸可以签署ECFA吗？去年您在这里有一段温馨的谈话，您说想到台湾去看一看，如果两岸签了ECFA后对您到台湾走走看看会不会创造更好的条件？

温家宝：两岸正在商签的经济合作框架协议是一个综合性的、具有两岸特色的协议。商签这个协议应该把握好三个原则：第一，平等协商；第二，互利双赢；第三，彼此照顾对方的关切。我确实讲过，在商签协议时要充分考虑两岸经济规模和市场条件的不同，关心台湾中小企业和广大基层民众的利益，特别要照顾台湾农民的利益。我也确实讲过，要让利给台湾。这种让利，比如关税减免可通过“早期收获”实现。另外，也要作出让台湾农民放心的事情。但是，我看到台湾的报纸，很大的篇幅报道温总理关于让利的论述。可是我在在线访谈时讲了两句话，后面还有一句话“因为我们是兄弟”，这句话就鲜有报道。我知道商签协议是一个复杂的过程，但是正因为我们是兄弟，兄弟“虽有小忿，不废懿亲”，问题总是可以解决的。

我去台湾的愿望依旧是那么强烈，因为我认为中华民族5000年的文化，具有强大的震撼力和凝聚力，不要因为50年的政治而丢掉5000年的文化。我讲一个故事你可以告诉台湾同胞。在元朝有一位画家叫黄公望，他画了一幅著名的《富春山居图》，79岁才开始创作的，完成之后不久就去世了。几百年来，这幅画辗转流传，但我知道，现在一半放在杭州博物馆，一半放在台北故宫博物院，我希望两半幅画什么时候能合成一整幅画。画是如此，人何以堪。谢谢你，向台湾同胞问好。

德新社记者：大国也应该承担更多的责任，中国现在正在崛起，国际社会期待中国在应对全球挑战以及政治、安全、经济等领域的问题上发挥领导作用。我们了解，在中国政府内部也在就该问题进行着积极的讨论。我想了解，中国是否有这个能力以及意愿在国际舞台发挥更大的作用?

温家宝：你的问题问得还是比较平和的。实际上现在在舆论上，已经出现了“中国傲慢论”、“中国强硬论”、“中国必胜论”的观点。你给我一个机会阐述一下我们是如何对待自己的。

第一，中国这些年经济虽然发展很快，但是由于城乡不平衡、地区不平衡，再加上人口多、底子薄，我们确实还处于发展的初级阶段。前不久，就是为了征求群众对政府工作报告的意见，我到离北京只有150公里的滦平县。我看到那里的群众虽然这些年来生产生活条件有所改变，但依然与北京有很大的差距。这个村子我已经去了三次了，分别是2000年、2005年和2010年。我经常劝记者多到中国的农村和中西部地区看看，你到那里看就知道上海和北京的发展不能代表整个中国。我们要实现小康目标还需要作出艰苦的努力；要建成一个中等发达国家，至少要到本世纪中期；要真正实现现代化，还要上百年的时间以至更长时间。

第二，中国坚持走和平发展的道路。中国的发展不会影响任何国家，中国不发达的时候不称霸，中国即使发达了，也不称霸，永远不称霸!

第三，在涉及中国主权和领土完整的重大问题上，即使是很穷的时候，我们也是铮铮铁骨。

第四，中国是个负责任的国家，中国主张并积极参与国际合作，解决当前国际经济和政治的重大问题。中国对不发达国家实行的援助是不附加任何条件的。

这四点就是我们中国对外政策的基本立场。

法新社记者：我想问一个有关中美关系的问题。大概一周以前，中国外长表示美方应切实行动，使中美关系回到正常发展的轨道。我想问的是，中方认为美方应采取什么具体的措施才能使中美关系重新回到正常发展轨道？中方现在还在等待美方采取这些具体步骤吗？还是中方愿意以中美关系的大局为重，不再纠缠和计较现在中美关系中出现的问题？

温家宝：中美关系是我们最重要的外交关系，它不仅关系两国和两国人民的根本利益，在一定意义上也超过两国的范围。“不畏浮云遮望眼，只因身在最高层。”我们应该从这样的高度来把握两国关系。奥巴马总统入主白宫以后，中美关系有个良好的开端。但是最近一段时期，美方在达赖喇嘛访美和对台军售等问题上触犯了中国的主权和领土完整，使中美关系受到严重的干扰，这个责任不在中国，而在美方。中美三个联合公报是中美关系的基础，我们希望美方能够正视问题，以实际行动回到三个公报的基础上来，使中美关系得以恢复和改善。

我曾经讲过，中美建交30年的历史告诉我们，和则两利、斗则俱伤，互信则进、猜忌则退。对话比对抗好，合作比遏制好，伙伴比对手好，我们应该从这样的角度来努力促进中美关系的发展。

## 范例四　小布什在与钱其琛正式会谈前的记者招待会上的答记者问

【情景】 2001年3月22日下午，时任美国总统的小布什在白宫椭圆形办公室会见了时任中国副总理的钱其琛。在正式会谈前举行的记者见面会上，小布什回答了记者的提问。

问：总统先生，我可以说汉语吗？

小布什：你是跟中国新闻界一道吗？你的英语说得很好。

问：是的。

小布什：你的英语说得比我还好。（笑声）

问：中国对你的父亲非常热情，他们一个团接一个团去拜会你的父亲。关于中国政策，你会接受父亲的指导吗？

小布什：我相信，中国人喜欢我父亲是因为他娶了一个好太太（笑声）。和我的父亲一样，我的母亲在中国非常受尊重，他们在中国住了很久，也结交了很多现在成为领导人的朋友。

问：谢谢你。

小布什：我要感谢新闻界朋友这次没有违反禁止使用手机的规定。(笑声)

问：我们不想再替高登惹一次麻烦。（笑声）

小布什：高登变成国际知名人物了。（笑声）

## 范例五 小布什大选成功连任美国总统后首次白宫记者招待会上的答记者问

【情景】 美国东部时间2004年11月4日上午，刚刚获得连任的美国总统小布什在白宫举行了大选后的首次记者招待会，阐述了自己的施政纲领。

问：谢谢，总统先生。你什么时候让我们的士兵回国？最高法院组成如果出现人员短缺，你是否会通过多数人的意见谋求大法官的候选人呢？你是否会让民主党人进入你的新内阁？

小布什：瞧，你违反了“每个记者只提一个问题”的原则。首先，最高法院还没有出现人员缺口，当问题出现时，我将处理这样的问题。我在竞选中告诉民众，我将选取那些能够区分个人观点与严格解释法律条文的人。你或许已经听过这些话了。我说到做到。如果人们对我将如何挑选大法官感兴趣，那么就先看看我以前的纪录吧。我已向很多法官、那些熟悉法律程序的人发出邀请，他们将帮助我决定谁是最佳人选。

问：我没有生气。总统先生，12年前当您的父亲未能连任总统时，您很失望，甚至恼火吧。我很想知道当您昨天竞选连任成功后，走回您办公室时候的想法，以及与您父亲的谈话。而且，是否您感到在第二任期内，您将有更大的自由去做您在第一任期间不能做的事情？

小布什：我想，大概是在大选日的第二天凌晨3点半，我父亲仍然在楼上坐着。我和他说去睡觉吧。他一直在等结果出来，希望我们能顺利过关，和我们的支持者讲话，但那天没这么做。第二天早晨他起床后，我和他说您到我办公室来吧。然后他来到我的办公室，我们做了愉快的交谈。他准备去休斯敦。确实，那天凌晨还不确定结果什么时候能够揭晓。当那天一切都不明朗的时候，我们没有见面，但是我猜想，当他得知我竞选连任成功后，他的眼中一定充满了骄傲的神情。

后来我们谈了话，他也很放松。我和他说休息一会儿吧，我担心他熬得太久了。

但是……我们确实没机会相拥庆贺。对，1992年的竞选连任失败确实让我们很失望。但是他给我上了很好的一课——生命是延续的。这对我们从政的人而言是相当重要的，无论成败，我们都要认识到生命远远重于政治。这确实是他教给我的最好的一课。

问：谢谢，总统先生。您是否打算在第二届任期内重组政府，具体到人员上会有哪些变化？还有，我是否能问一下您如何理解政府应该做什么、不应该做什么？您是否介意谈谈白宫人员会有什么变化？

小布什：看来，竞选胜利后的欢乐气氛在新闻发布会上也没能够持续太久。

让我谈谈曾与我一起工作的人。今天，我召开了政府会议，我对他们的辛勤工作表示感谢。我提醒他们，我们还得继续工作，并希望他们能继续工作。

我还未决定新政府和白宫的人员名单。我了解，在白宫工作的确很累。他们没有什么时间与家人在一起，他们的确已经筋疲力尽。

因此很明显，在谈到谁想留下以及我希望谁留下这个问题时，我必须首先确定他们留下工作对他们的家庭是正确的选择，而且他们感到身体状况容许。因为一旦他们来到白宫工作，我希望他们能够全力以赴，不负美国人民的重托。

新政府会有一些人事变动，虽然我还没确定做怎样的变化，但改变是不可避免的，每个部门都会有改变。我为政府每个工作人员的工作感到骄傲。我完全了解在一段时期内会谣言满天飞，不断猜测谁会留任、谁会挂冠而去这样的问题。我也向他们（政府人员）警告说会有这样的时期。

现在，让我为你解开这一疑问，我还没有考虑这个问题。下午，我将和劳拉（第一夫人）前往戴维营，我将在那里考虑政府和白宫的人事变动。在作出决定以后，我会让你们知道的。别着急。

问：您是否了解……

小布什：了解或不了解政府？

问：做什么工作，不做什么工作？

小布什：好。首先，我知道我们的政府的确非常出色。我为那些在政府工作的人员感到骄傲，他们，无论是男是女都在为美国人民贡献自己的全部智慧。我知道，要想做好工作必须有一个好的团队。做总统是一份需要敏锐判断力的工作。对我而言，要想做出正确决定，就要做到能让人们带着自己的看法来到我的总统办公室，并说出自己的观点。

我经常跟人们开玩笑，总统办公室是一个人们都站在外面的地方。他们准备好进来说什么，他们会进来说你看上去不错。所以，在那些你看上去不好的时候，你希望他们进来告诉你，你看上去不太好，总统先生。这就是我身边为国家辛勤工作的人。我们经常进行激烈的辩论，这就是作为一名总指挥和决策者所需要的。你希望人们进来说，我不同意这样做，或者我同意这样做，这是我的意见，等等。但总统还要学会做决定。先进行足够的辩论，然后作出决定并领导人们前进，这就是我的工作。

所以，我知道拥有一个团队有多重要。他们可以很自由地进来，告诉我他们在想什么。

问：谢谢，总统先生。您可能还不知道，但亚西尔·阿拉法特可能已经去世了。

小布什：真的吗？

问：我想知道您的第一反应，还有，您是否已经在考虑与巴勒斯坦新领导人合作？

小布什：谢谢你告诉我这一消息。我的第一反应是，上帝保佑他的灵魂。我的第二反应是，我们将继续为建立一个与以色列和平相处的自由巴勒斯坦国而努力。

### 范例六 普京蝉联俄罗斯总统后在记者招待会上的答记者问

【情景】 2004 年，普京蝉联俄罗斯总统，举世瞩目。普京当选后向全国公民致辞。3 月 15 日凌晨，普京在自己的竞选总部同媒体见面，举行记者招待会回答记者的提问。

问：明天是您当选后的第一个工作日。您将如何工作？

普京：工作！这是第一个工作日。在工作日工作。白天我们可能根据时间作一点改变，我指的是，今天的工作日对许多人将结束得很晚，或者开始得太早。像近年的规矩，通常是同政府领导人约定的会面，还有同各部门、政府和强力机构同事的工作会见。还有一系列与我同行的电话会谈，他们现在已提出想同我电话交谈并讨论双边关系问题。我想，大家都明白，这同大选结果相关。人们希望谈一谈并表示祝贺。通常，这样一些电话交谈是预定好的。

问：一小时之前您竞选总部的领导人科扎克对我们说，他认为，总统在第一任期，他想做的事情不可能都做到，因为他要考虑竞选连任的问题。只有到了第二任期才真正开始“名垂青史的工作”。您是否同意这种看法，您是否已经准备好“为名垂青史而工作”？第二个问题：您在此次竞选中是否感到寂寞？

普京：没有，因为我在紧张地工作。当一个人在干实事的时候，他永远不会寂寞。这是第一点。第二点：对我来说重要的毕竟还是结果。这不是空话。不知您是否注意到，我的确没有进行任何专门的竞选工作。如果我投身于竞选的话，结果可能会是另外一个样子，得票率还会更高些。但是我有意识地没有这样去做，因为我想看看，人们是不是更看重实际工作，而不是竞选技巧，这一点对我非常重要。因此，我实际上没有改变自己4年来一贯的工作作风，即使是在竞选期间。竞选结果对我来说是重要的。当然，我对此是满意的。

至于我是否已准备好“为名垂青史而工作”，不，我不准备这样做。我认为，没有必要，也不能够遵循某种不为人们理解的荒诞思想。应当为生活在今天的人们而工作，为生活在将来的子孙后代而工作。应当永远立足于现实的土壤之上。

不久前我在回答你们的一位同事提问时说：“政治的艺术就在于在必要与可能之间找到黄金中点”，这个公式是我自己想出来的。也许其他人在其他场合也这样陈述过，但我认为这是我自己想到的。稳定，刚才也提到过，我们今天如此珍惜的稳定，是发展所必要的条件。而发展的目标是公民的福利。为达到这一目标，我们必须在经济和社会现代化方面迈出相应的步伐。这需要有条不紊地进行，不能产生危害，不能让人们对我们所做的事情丧失信心。因为如果带来这样的后果，我们将来就根本不可能做成任何事情。

因此，我们将使国家实现现代化，我们将坚定地迈出步伐，同时将努力对我们要走的每一步作出解释。让人们明白，我们在做什么，为什么这样做，我们在经济和社会领域要进行的各项改革，是为了达到什么目标。我想，对于我们的改革，会有人不同意，也会有人反对。但在任何情况下，政府都将努力使人人都能够明白我们在做什么。我想，如果我们与社会达成了这样的协调机制，依靠人民的理解和支持我们确实可以完成很多的工作。

但是我要再次强调，按照某种理论概念追求个人历史作用的做法是错误的。

问：您能否勾画一下未来4年权力机构与商业代表相互关系的基本原

则是什么？

普京：稳定性、透明性、合法性。

问：是否有改组总统办公厅的计划？

普京：有。

问：现在能否讲一下？

普京：不能。

问：什么时候可以讲？

普京：10天之内。

问：您认为什么时候可以就新政府的运作作出评价，同时也相应地对新政府班子成员作出初步评价？

普京：本周一已经可以作出评价。新政府的工作已经开始了，一天也不能睡大觉。从任命的那一天起，就已经开始计算工资了。如果工资划过去，钱拿到了，就要想一想，这些钱是干什么用的。

问：现在可以谨慎地谈点继承人的话题。请问，您是否想过再过4年卸任之后做什么？

普京：我还没有开始下个4年的工作，而您已经撵我退休了。

当然，我有时也想这个问题，但现在应当集中精力做好未来4年的工作。做好新的工作，一点也不比过去4年的工作轻松。总统办公厅将相应地改变面貌，政府也要跟上同样的速度和节奏。这就是现在要考虑的事情！当然，第八年将是不寻常的一年，我非常清楚这一点。当然，我们都应该考虑这个问题。但是，我认为，我们对此考虑得越少，我们在这四年内取得的成果就会越多——我们大家一起。到那时，2008年从政治含义上尽管可能是激烈的，但它不会把我们置于诸如政治体制和国家解体等无法解决的问题边缘。相反，我们这四年的工作进行得越顺利——我想强调，是我们所有人的工作——我们就越容易在政治观点纷繁复杂的情况下应对2008年的问题。

问：您的政敌经常批评您不参加电视辩论。您对他们如何作答？

普京：这没有意思。我认为，对于现任总统来说，这没有任何意义。因为，我所有的言行都在这 4 年当中展现出来了。我完全清楚我的政敌的每句话。我认为，这种游戏要么是随声附和，要么是参加游戏的一方已经知道游戏结果，因而是无意义的。我认为，我们在竞选活动中选择不参加电视辩论的战术是有根据的。

重复一遍，我原本也可以采用各种各样的竞选手段，又是电视辩论，又是跳舞，又是唱歌。但是，就连远离政治的老百姓也可以真正用心去感觉很多东西。4 年多来，就连不从事而且也不是每天都关心政治的普通公民都能够很好地理解国内发生的事情，并知道在未来几年内可以抱有何种期望。我想，这是最主要的。选举结果再次证明老百姓的这种反应。这是一种正面的反应。

## 范例七　德国前总理施罗德访问山西时在记者招待会上的答记者问

【情景】 2008 年 6 月 7 日上午，德国前总理施罗德出席了由中央和省市十几家媒体及香港部分媒体记者参加的媒体见面会，并就人们关心的中德经济合作、中国企业发展、中德文化交流、是否参加奥运会开幕式等相关问题回答了记者的提问。

山西电视台记者：施罗德先生您好，您首次来山西访问，对山西印象如何？山西作为中国的能源和重化工省份，在经济发展方面您有哪些好的建议？

施罗德：我认为我不应给山西提出什么样的建议，因为我的印象是山西省委、省政府对山西整体工作的领导是非常正确的。山西非常重视煤矿的安全，同时保证在煤矿发展中重视环保，进行更高效的开采，以取得更好的经济效益。我们都认识到，经济发展和环境保护是并行不悖的，只有经济高速地发展，才能够让人们过上更好的生活。而重视自然和生态的保护，不论是从经济意义上来说，还是从政治意义上来说，都是非常重要的。因为只有正确地处理两者的关系，才能够有更好的发展未来。现在山西正在进行产业的重组，这种重组也包括发展一些新兴的产业，比如说发展一些技术含量更高的产业，能够创造更多劳动就业岗位的现代服务业，这是山西未来的发展方向。我现在对山西的总体印象是非常积极的。

中国国际广播电台记者：施罗德先生您好，奥运会今年8月8日在北京举行，届时您是否愿意接受邀请参加开幕式？还有就是汶川大地震后中国的青年，特别是“80后”表现出了不一样的动作，国外媒体包括德国媒体对此有很多积极的评论。我想请问施罗德先生，您对中国的青年一代，特别是“80后”又有什么评价？

施罗德：先谈您的第一个问题。去年我就已经拿到了中国人民外交学会给我的参加2008年奥运会开幕式的邀请。我想，无论这个邀请是从哪个方面来的，是中国人民外交学会还是中国政府还是北京奥组委，我拿到了邀请就要遵守承诺，我会来参加奥运会的。如果到时候我来参加奥运会的话，我一定会带上我17岁的女儿，因为她现在正在学习中文。

中国“80后”在我的印象中有几个特点：首先，就是他们非常喜欢追赶潮流；第二个是他们的工作效率非常之高。同时他们又非常开放，具有很多国际化的品质。最重要的就是，他们还没有忘记传统。这次地震之后“80后”对地震的积极支持和援助，就体现这一种团结的精神，而中华民族的一个优良传统就是团结。所以我们完全有理由为年轻的一代感到自豪和骄傲。

香港《文汇报》记者：德国有一些非常著名的人士，比如说马克思，中国人都耳熟能详。山西也具有丰富的人文历史，我想问一下施罗德先生，对于德国与山西的文化交流您有些什么样的看法？

施罗德：德中文化交流向来就是非常紧密的，我非常高兴您刚才赞扬德国是一个具有文化传统的大国，有很多的文化名人。这些话完全适用于中国。因为中国也是一个传统的文化古国。在欧洲包括德国，很多人都是怀着很崇敬的心情来看待中国的文化传统。有一个例子可以充分证明双方文化交流的密切，就是现在德国政府正举办一个文化活动，主要的任务就是在中国的很多城市，主要是中型城市，从文化的角度来展示德国的各个方面。

### 范例八　奥巴马在白宫记者招待会上的答记者问

【情景】 2011 年 1 月胡锦涛主席访美，与奥巴马共同在华盛顿举行记者招待会，会上奥巴马回答了记者的尖锐提问。

问：……如果可以的话，还有一个不相关的话题，有人猜测，在我面前这位先生，洪大使（Ambassador Huntsman），2012 年可能与你竞选，你对此有何评论？

奥巴马：首先，我只想说我认为洪博培大使作为美国驻中国大使工作得很出色。他会讲普通话。他以高超的技能、奉献精神和才干来从事这个工作。他来自于不同的政党这一点，我认为是一种优势，不是缺陷……所以我对大使的工作是再满意不过了。我肯定，不管将来他选择做什么，他一定会非常成功。（笑声）而且我肯定，他和我工作得这么合拍在任何共和党初选中都将成为很好的资本。（笑声）

问：请问奥巴马总统，在您内心深处，是否可以特别坦率、坦然地接受中国发展壮大这样一个现实。那么您认为中国发展对美国意味着什么？谢谢。

奥巴马：让我简短地回答你的问题。我绝对相信，中国的和平崛起对世界是好事，对美国是好事。……我们还认为中国的崛起提供了巨大的经济机会，我们想向你们出售各种东西。（笑声）……

## 范例九 李肇星在十届人大二次会议举行的记者招待会上的答记者问（节选）

【情景】 十届全国人大二次会议2004年3月6日下午在人民大会堂举行记者招待会。时任外交部长的李肇星就中国的外交工作和国际及地区问题回答了中外记者的提问。

合众国际社记者：我有两个问题，第一，昨天温家宝总理在报告中提到现在国际局势中有一种单边主义倾向，你能不能就单边主义深谈一下，这是不是指美国？第二，现在中国将保障人权写入宪法，中国在涉及人权方面的态度是不是有所改变，是不是同中国在加入一些联合国公约时所做的承诺是相吻合的？

李肇星：我和你一样，非常认真地听了温家宝总理昨天所作的政府工作报告。我也和你一样，没有发现他在谈单边主义的时候提到任何国家的名字。但我觉得你这个问题很有趣，它引发了我的问题，那就是你为什么要对号入座？要谈单边主义，要理解单边主义，先要知道单边主义是什么，为什么在全世界不那么得人心。我可以和你一起来看一看多边主义有什么好处。首先，多边主义符合《联合国宪章》规定的宗旨和原则。联合国之所以要创立，之所以要制定一个宪章，就是为了以后的事情不要由一个国家或者一个集团说了算，而是要由世界各国特别是联合国会员国来商量着办。事实证明，多边主义也是应对人类共同挑战的有效途径，是解决国际争端的重要手段，是全球化良性发展的有力保障，是促进国际关系民主化和法制化的最佳途径。

中国支持多边主义，致力于多边合作，我可以给你举许许多多的例子，这可能需要两个小时，所以我只能把我的例子限制在5分钟之内。在和平领域，中国和印度、缅甸等亚洲国家在上个世纪50年代就提出了著名的和平共处五项原则。这是亚洲人民、亚洲文明对国际关系向正确方向发展作出的杰出贡献。今年我们将隆重纪念五项原则发表50周年。在安全领域，在五个核武器国家中，中国是国际原子能机构全面保障监督附加议定书首先生效的国家。在发展领域，中国是第一个制定 "21 世纪议程" 国家战略的发展中国家，中国还倡议成立了中非合作论坛、中阿合作论坛。在社会领域，中国率先加入了联合国反腐公约和打击有组织犯罪公约。在周边地区，中国是第一个加入《东南亚友好合作条约》的区域外大国。中国还倡议成立了上海合作组织。

现在回到你提到的人权领域。好几年之前，也是在这里，钱其琛副总理兼外长说过，中国参加的国际人权公约、条约，比你所在的那个国家还要多，我估计现在这一情况恐怕也没有多少改变。

我也看到，在去年（2003 年）中国人民抗击非典的斗争中，中国最高领导人、政府官员都是哪里最危险，就出现在哪里。在战胜非典的过程当中，我们也得到了包括美国在内的国际社会的帮助。现在有少数人进入了一个人权误区，他们觉得中国好像不太重视人权，一谈人权问题好像中国政府就会觉得心里有愧，这是天大的错误。中国政府始终把人民的利益放在最高位置，包括把人民健康和人民的民主政治权利放在最高位置。

在新中国成立的 1949 年，人均寿命只有 35 岁，去年已经超过了 71 岁。中国人民受教育的权利、中国人民享受的民主权利也是前所未有的。但个别外国人似乎看不到这一点，他们一叶障目，不见泰山。看到一个他们喜欢的人受到法律的制裁，他们就说这是侵犯人权。实际上，民主权利的发展、实现与立法、司法、执法等密不可分。没有法律的保障，人民的基本人权难以得到保障。我认为，中国政府和中国领导人才是真正关心中国人权的。我再举一个例子，那就是我们前外交部长陈毅元帅曾经写过一首非常短的诗，只有短短的四句话，叫做“火星有人类？月球有人类？地球有人类，地球最可贵”。这体现了中国领导人是真正把人的利益，把人的价值放在最高位置。西方个别的所谓“人权卫士”，自己一年的收入超过几万、几十万、几百万美元，看到世界上有的国家人均年收入还不到 100 美元却无动于衷，这才是真正缺乏起码的人权责任感和人权意识，这是一颗冷酷的心。

日本《东京新闻》记者：日本和中国之间已经两年半没有首脑互访，我理解是因为有历史问题和靖国神社问题。什么情况下两国互访才有可能？另外，最近中国有些学者提出所谓中日关系新思维或者是外交革命的意见，中国外交部的看法是什么？关于京沪铁路问题，日本一直希望京沪高速铁路采用日本新干线技术。中方已经表示过，这个问题将采用国际公开招标的方式来决定，公开招标具体的时间和方式是什么？采用日本新干线的可能性是多少？

李肇星：中日关系的主流是好的，两国各领域的交流与合作不断取得进展。去年我们双边贸易额达到了1335亿美元，人员往来超过300万人次。中日在地区和国际事务中的合作也在增强，比如不久前两国都参加了第二轮北京六方会谈。去年在中国人民抗击“非典”的斗争中，日本政府和人民给予中国人民的援助也是最多的。现在突出的问题是，日本领导人参拜供奉有14名第二次世界大战甲级战犯亡灵的神社，这深深伤害了中国和亚洲其他国家人民的感情，这是绝不能接受的。我们希望日本领导人能够将心比心，拿出诚意，不要让过去的历史问题成为包袱，要把历史当成一面镜子，引为教训，下决心与各国和平相处、平等相待，这才符合日本人民的长远利益。我认为，你可以回去问问你自己国家的领导人：在历史问题上，一些欧洲国家的领导人能够做到的事情，为什么他们做不到呢？去年我访问日本时，我看了法国作家维克多·雨果的《悲惨世界》，这出戏在东京大受欢迎。雨果大家都知道，他热爱他的祖国法兰西，但是他也强烈地谴责英法联军侵占北京，火烧圆明园。这样既热爱祖国，又在历史问题上有正义感的人，才能受到本国人民和外国人民的尊敬。中日两国人民有2000多年友好交往的历史，但是近代也有日本军国主义侵略中国的历史，不管从正面看还是从反面看，要发展世代友好的中日关系，需要坚持“以史为鉴，面向未来”的原则。

关于京沪高速铁路，这确实是一项重大建设项目，中国专家正在进行认真研究，到时候会采取公开招标的办法，欢迎日本企业家参与平等竞争。

## 范例十　杨洁篪在某记者招待会上的答记者问（节选）

【情景】 2008 年 3 月 12 日上午，人大会议举行记者招待会，外交部长杨洁篪就我国的外交政策和国际地区问题回答了中外记者提问。

美联社记者：中国反对把奥林匹克运动会政治化。但是有些人说，这么重大的一个国际事件不可能完全排除政治化，而且有人讲中国本身也在把奥运会政治化，因为它试图利用奥运会这个机会加强爱国主义，提升中国在国际上的地位。您认为政治和体育能够完全分开吗？你们是不是会继续反对对你们的批评和压力？还是要把这种批评和压力看作是一个机会，和支持你们以及批评你们的人进行接触和沟通？另外请您评价一下美国总统初选过程中那些候选人发表的一些言论，他们指责中国的贸易做法损害了美国的贸易利益，还批评中国的人权，你们是否关注中国在美国的大选中被当做替罪羊，或者是受到了不公正的待遇？

杨洁篪：首先，爱国主义和把奥运会政治化是两个根本不同的概念。难道是中国政府鼓动中国人民支持奥运会吗？我想只要公正、客观的人都会认识到，中国人民是发自内心地对奥运盛会巨大、衷心、热烈地支持。

第二，我并不认为国际社会在把北京奥运会政治化，企图把北京奥运会政治化的是个别对中国极不友好的、具有巨大偏见的个人和势力，他们根本代表不了国际社会。

第三，我想指出，非政治化是《奥林匹克宪章》所规定的，那些攻击中国的人，口口声声标榜法律的重要性，他们为什么要明知故犯、违反《奥林匹克宪章》有关规定？我们愿意同各国人民、各方人士来讨论如何把北京奥运会办成一届有特色的、高水平的奥运会，我们欢迎各方善意的建议和批评。

但是他们想抹黑中国，请听清楚，我讲的是中国，这是办不到的。因为他们这么做遭到了中国人民、世界人民的反对，他们站在中国人民、世界人民的对立面，他们这样想办法抹黑中国，只能证明他们自己本身是什么颜色。

我想指出，国际社会、世界各国政府和领导人、民众都是热情支持办好奥运会的，表现出对中国人民深厚的、友好的感情。

中美关系总体上保持稳定，并继续向前发展。中美贸易近年来又取得了长足的发展，这种经贸合作是对双方都有利的。

我们认为，目前中美贸易存在逆差问题，是由多方面原因造成的。一是由于经济全球化，由于双方贸易结构造成的。二是由于中国有着良好的投资环境，很多国家企业都到中国来投资，中国向美国输出的60%产品都是外资企业或者合资企业生产的，其中不乏美国企业。所以美国方面从中国输美的产品当中也是直接得益的。三是中国在货物贸易方面存在着顺差，但是在服务贸易方面，美方拥有顺差。我想指出，美国现在在向中国输出高科技技术产品方面卡得太紧，这也是造成中国贸易顺差、美方贸易逆差的重要原因，我们愿意努力增加从美国的进口，实际上中国市场现在也是美国出口市场中增长最快的。

我们愿意同美方进一步加强磋商与合作，推动战略经济对话和其他机制发挥更多的积极作用，使中美两国的经贸合作关系为两国人民带来更多的实惠。

关于人权问题，中国愿意在平等和相互尊重的基础上同美国进行人权对话。但是我们坚决反对固守"冷战"思维，以意识形态划线，在人权问题上搞对抗、搞双重标准，利用人权问题干涉中国内政。我们和美国的关系是非常重要的双边关系，我们希望双方都能够站得高、看得远，不断推进两国的建设性合作关系。

## 范例十一 美国青年市长在记者招待会上的答记者问

【情景】代尔中学18岁高三学生迈克尔·塞申斯宣誓成为美国密歇根州希尔斯代尔市市长，从而成为美国乃至世界上最年轻的市长，吸引了全球的目光。下面是任职期间记者招待会部分精彩片段。

记者：能告诉我们当市长的好处是什么吗?

迈克尔：好的。第十位，如果父母再让我做这做那，我就给他们加税。第九位，市议会成员每天晚上轮流给我做作业。第八位，实现每位十几岁孩子的梦想——有权利决定什么东西应该放在什么地方。第七位，再见吧，教育预算——你好啊，新型X-box游戏。第六位，有一天黛米·摩尔给我打来电话。第五位，让市政大厅每天播放MTV-Cribs（音乐电视频道的名人栏目）。第四位，到Applebee's（美国著名餐饮连锁店）吃饭不再需要排队。第三位，学校里那些小恶霸们不得不对付来自联邦调查局的调查。第二位，成功的演讲成为“花花公子”的唯一特征。第一位，如果有一天，总统布什打电话向我征求意见将成为一件令人炫耀的事。

记者：我们知道你以两票之差击败了51岁的前市长道格拉斯·英格斯。你是怎么赢得那关键性的两票的?

迈克尔：那关键性的两票来自我的两个好朋友，卡蒂和乔恩的选票。他们走出学校行使了美国公民的选举权利。

记者：现在你在中国已经很出名了，尤其是很多女孩子觉得你很帅气。你有女朋友吗?你希望自己将来的妻子是什么样子的?

迈克尔：现在还没有女朋友。希望将来的女朋友或者是妻子能够像我一样对改善我们的城市、改善我们的国家感兴趣，总之，希望能够找到一位和我志趣相投的女孩子。

记者：在你的眼中，希尔斯代尔市是什么样子的?它都有哪些吸引人之处?

迈克尔：在我的眼里，希尔斯代尔市很小，也很安静。这里有很多美丽的湖泊，一所实力雄厚的独立大学，一所同样实力雄厚但现在已经不为美国人所提及的医院。当然，拥有低犯罪率和众多优秀的公立学校也是它的特色。

我热爱自己的小城，“在小城长大，然后就选择离开”的想法我是绝对不赞成的。

## 范例十二 神舟六号载人航天飞行航天员乘组在记者招待会上的答记者问

【情景】 2005 年 10 月 11 日下午，神舟六号载人航天飞行航天员乘组 6 名航天员举行了记者见面会，并回答了记者提问。

中央电视台记者：我们知道神舟六号不是神舟五号的简单重复，为完成这次“神六”任务你们付出了很多艰辛的努力，请问你们遇到的最大困难是什么？

景海鹏：我们遇到的最大困难是地面上不能完全模拟太空环境，但我们还是想方设法加强了适应性训练。我们确信，我们一定能够不负众望，圆满完成任务。

《人民日报》记者：你们中的两位将走向太空，太空的生活是奇妙的也是寂寞的，你们除了完成正常的工作外，怎样度过太空的业余生活？在出征之前，最想对家人说些什么？

聂海胜：太空生活是奇妙的，我们可以从太空俯瞰我们美丽的家园，可以拍摄我们太空美妙的生活，还可以听听音乐、看看小品。此时此刻，我最想对我们的亲人说，感谢你们多年来对我们的大力支持，请你们放心，我们会为你们争气，为祖国争光。

《解放军报》记者：全军的战友都非常关注你们，明天你们将以新的阵容出征太空，请问为完成好这次任务，你们认为最需要什么样的能力和素质？最想对全军的战友说些什么？

翟志刚：要执行好这次飞行任务，必须要具备过硬的专业技术、优良的心理素质、精诚团结的精神和敢于胜利的信心。请战友们相信，我们一定能为部队争光，为军旗添彩。

中央人民广播电台记者：各位航天勇士你们好，我们知道我国第一颗人造卫星上天，《东方红》的乐曲是通过广播电台的电波响彻神州大地。在2003年的10月，神舟五号发射成功，这个喜讯也是通过广播电台响彻中国。神舟六号发射在即，作为航天员乘组，刚才你们对家人，战友说了特别想说的话，你们最需要通过我们的电波向全国人民表达怎样的心愿？

费俊龙：我们现在最大的心愿就是祝神舟六号载人航天飞行任务取得圆满成功。让我们伟大祖国的国歌响彻太空。

## 范例十三　姜文在电影《让子弹飞》的全球首映礼上的答记者问

【情景】2010年12月15日，《让子弹飞》全球首映礼在北京震撼开场。导演姜文同演员亮相记者见面会并回答记者提问。姜文的回答透着机智、风趣、学识。以下是姜文答记者问的精彩片段。

记者：戏里有一句台词是“我要站着把钱挣了”，这是你内心的一种表达吗？

姜文：这难道不是您的内心表达？谁想跪着挣钱呀。

记者：冯小刚说，拍商业片，姜文是我最大对手。你怎么看？

姜文：冯小刚一直是个会聊天的人，这就是为什么他的片能卖钱。跟他聊天聊得特舒服。这话我听了多舒服，当然这话里也有真实的东西。确实，大伙儿都要这么拍，中国这种片子多起来，他也会很高兴，观众也会高兴，选择就多了。中国观众的选择太少了。商业片他确实是专家，你们听他的吧。

记者：《让子弹飞》是商业片还是文艺片？

姜文：关于商业片和文艺片的分类就是有问题的。大家总感觉，卖得好的就叫商业片，能够得奖的就是文艺片，商业片一定不能得奖，文艺片一定不会有好票房。《阳光灿烂的日子》既拿了奖，又拿了当年的票房冠军，它到底是文艺片还是商业片？在我心目中只有好电影和不好的电影，只有结实认真的电影和粗制滥造的电影的区别。

记者：《让子弹飞》算西部片吗？

姜文：我不认为《让子弹飞》是个纯粹的西部片，它发生在中国南部，应该叫南部片。可能有一些英雄主义、侠义情怀和好莱坞西部片是类似的，但《让子弹飞》最有意思的是它的幽默感。

记者：这次为什么选择贺岁档？

姜文：不是我选择了贺岁档，是贺岁档选择了我。作为导演我只负责拍出一部好电影，放在哪个档期合适，要听制片人和院线的。他们跟我说，这个片子适合贺岁档，幽默、热闹，那就放在贺岁档吧。

记者：到现在为止，你所有的片子都没让我们失望过，上一部《太阳照常升起》也很牛，但并没有取得市场的成功。它相对电影市场来说，太超前了吗？你会相信若干年后，人们会重新审视这部片子吗？

姜文：我对《太阳照常升起》……你们说超前，那就超前了吧，但总比拍一个落后的片子好吧？可能放 15 年，大家都会说好，都会感叹怎么会有人那么早就拍了那样一部电影，这总好过现在很流行，过了若干年回首的时候自己都觉得羞愧。好电影的价值总能体现。好的电影是可以放 100 年的。

记者：有人说，《太阳》的遭遇给你上了一堂市场的课，甚至让你赌气拍了《让子弹飞》？

姜文：至于《让子弹飞》是不是赌气，我没有那么大脾气，要真有脾气就再拍个《太阳》了。《太阳》和《子弹》都是我喜欢的故事，如果我先拍《子弹》，你可能就不这么问了。

记者：有人说，《阳光灿烂的日子》是你表达了青春的记忆，《鬼子来了》是解决了内心的恐惧，《太阳照常升起》表达了男人的担当。照这么说，《让子弹飞》想表达什么？

姜文：你的这些说法是你的看法，不是我的，但我觉得挺有意思。作品表达了什么，对每个观众来说是不一样的，我想表达的已经放在电影里了，在电影里创造一个世界，观众可以看到他们自己想看到的。

记者：在我们眼里，你是天才，是个有独特气质的电影人。拍电影对你意味着什么？是造梦，是赚钱的手段，是擅长的游戏，还是一种责任？

姜文：17 年只拍了 4 部电影，他们开玩笑说我不是个职业导演，我觉得说得有道理，我就是个业余导演。业余导演也挺好，奥运会为什么限定的是业余选手？因为业余选手都保有对运动的热爱，他是真心喜欢这个东西，不会为了成绩去投机取巧、去吃药。电影对我来说是个什么东西，我还没弄清楚，也不打算弄清楚，但至少它不是赚钱的手段，如果要轻松地赚钱，拍广告、拍电视、做代言，方法太多了。一个导演如果老想着票房和赚钱，那他就去做制片人吧。拍电影对我来说就是喜欢，可能也还算擅长吧。你要说到责任，那我觉得什么事情，你要么不做，要做就做好，这算不算也是种负责任呢？

记者：前段时间，罗伯特·德尼罗来北京，你款待了他。你还喜欢哪些电影人？

姜文：我觉得是没有种族、年龄限制的，人和人之间只有“人沟”，不同“人沟”里的人你和他都没法交流。德尼罗和我之间彼此就像哥们儿，来到北京，我找个好点的馆子请他吃个饭，大家聊的也是家长里短，和电影都没关系。完全有这种感觉的演员导演也不多。再比如昆汀，我觉得我们是一个世界的人，他 15 年前还没成名的时候，来北京就找到我，当时我还在拍《秦颂》，我们当时一块瞎混，算是臭味相投吧。

记者：你拍过新中国成立初期、抗日战争时期，现在《让子弹飞》又是北洋时期，为什么不拍现代题材？

姜文：让合适的故事发生在合适的年代，现代题材的作品当然在计划内，也许下部就是。

记者：你每部电影都在尝试几乎全新的演员，都说熟人好办事，你为什么选择“新人”？

姜文：你这么一说，我倒是才注意了。我没有刻意去想过熟人或者新人，都是按照角色去找合适的人。但结果是这样，也许是因为新人可以给我更多的新鲜感。

### 范例十四 姚明在退役记者招待会上的答记者问

【情景】2011 年 7 月 20 日，姚明在上海召开发布会宣布退役。“明谢”发布会持续一小时，下面是发布会上姚明针对各路记者的提问给出的回答。

问：姚明，我知道，国家队在你心目中是永远不可或缺的位置，这些天我也一直在采访你国家队的队友们，现在你即将要离开他们，你想对这些队友们说点什么？

姚明：首先是非常感谢他们多年来对我的支持，包括老一代国家男篮，他们对我们的成长起到了很积极的作用，也希望他们在今年和将来的比赛中继续打出非常出色的比赛，非常好的成绩，我会去现场观看。

问：大姚你好，克伦你好，我是新华社的记者，只有一个问题：今天你宣布的是从 NBA 职业生涯退役，还是全部的篮球生涯都退役，意味着你完全不会再打国家队，不会打 2012 年奥运会吗？

姚明：就像你说的一样，我从职业球员的角度来说已经完全退役了，但不能说另一部分是正确的，我没有从篮球生涯（退役），篮球生涯可以用很多方式去延续。

问：我是央视财经频道的记者，想问一下大姚，你未来的商业规划是怎样的？会不会推出自己的品牌，你和国内企业还有代言的关系，未来这块有什么新的规划？谢谢。

姚明：我其他的商业计划在未来一段时间内大家会慢慢知道，只有个人品牌，我现在得先从别人手里拿回来再说（笑）。

问：我有个问题给姚明，作为一个上海媒体，欢迎你回家，你觉得作为我们上海媒体，应该为你做些什么？为上海男篮做些什么？谢谢。

姚明：你可要小心提问，你这样提问我们会列张很长很长的单子出来，怕你接不住。

当然我们做体育是希望可以得到更多人的关注、更多人的帮助，其中很重要的一部分就是媒体，上海媒体在我的成长过程中给予了我很大的关注，使我得到了很多人的帮助，包括上海男篮也是一样的。所以在未来的日子里，我也希望可以继续有这样非常良好的合作，希望大家可以一起去开创一个新的时代。谢谢。

问：姚明，现在看到你可以非常自如地在中文世界和英文世界中穿梭，不断地转变，但我想，在你最早刚刚从CBA到NBA的时候，这种转变对你来讲一定是非常困难的，你是怎样克服这种巨大变化的呢？

姚明：其实能够克服所有挑战都是因为我得到了更多支持，从我的队友、我的教练、我的翻译那里，如果没有他们，我不可能在这个过程里成功，有可能我就在这里，只会讲上海话，不会说别的语言。

问：我是《时光篮球》杂志的记者，我想问您一个问题：最近我看到一个调查，57%的中国受访人表示，如果姚明退役了他们可能就不看篮球了，你想对这些人说些什么？

姚明：不管是CBA也好还是NBA也好，最终我们玩的都是篮球，希望你们还可以看篮球比赛。

问（休斯敦火箭队总经理莫雷）：还有没有其他优秀的中国球员可以介绍到球队来？

姚明：（开玩笑地）恐怕你们得先解决NBA劳资谈判的问题，然后再说。

问：我知道姚明给动画片《马兰花》配了音，是不是代表你将来也有往动漫发展的想法？

姚明：上次是即兴发挥，友情出演，反串一下，所以是仅此而已，下不为例。

问：FM940上海五星体育广播记者，我的问题很简单，想请问姚明在退役后，从现在开始，你之后的日子是待在上海还是美国？或者是有别的计划？谢谢。

姚明：我会尽量待在地球上的。

问：中央电视台新闻频道的记者李真，我想请问你一个问题，你在中国青少年心中一直是非常正面、非常阳光、积极向上的形象，在你退役之后，你希望做些什么样的事情来维护这样的形象呢？谢谢。

姚明：我在过去和中国青基会，包括我自己成立的姚基金，做了很多这方面的事情，所以在今后的日子里我会继续去关注、关心，包括在上海周边环境的一些力所能及的事情。我想，通过做这些事情可以更好地去回报这个社会。

问：我来自美国CNN，9年前在CNN北京演播室，姚明和我们在一起看了选秀，从你进入NBA到现在为止，还有一些中国球员也进入了NBA，但没有哪个球员得到像你一样的成就。我想问“下一个姚明”什么时候可以登陆NBA的大舞台？

姚明：九年前在CNN办公室的，不只是我，还有大徐、章明基，还有我全家，我要特别强调的是，我并不是第一个进入NBA的人，有很多前辈在我前面，像宋涛、马健、王治郅、巴特尔，我从他们身上学到了很多东西，所以我想后面肯定还会有其他年轻球员出来，他们会不断进步，会后来居上，我非常确信这一点。

问：《西安晚报》的记者，想请问一个您和您女儿的故事，不知道您女儿现在会叫“爸爸”吗？你现在是不是有很多时间陪她？谢谢。

姚明：首先，这段时间拜大家所赐，确实很忙，没有很多时间看她。我女儿大部分叫爸爸的时间是因为我手里拿着冰棍或吃的东西，那时候她叫得很欢。（笑）

## 范例十五 刘翔在某记者招待会上的答记者问

【情景】 2007 年 7 月 4 日中午，巴黎黄金大奖赛组委会在运动员下榻的酒店安排了记者见面会，刘翔回答了记者提问。

记者：你现在状态如何？

刘翔：其实我也不知道自己现在状态怎么样，最重要的就是能够越跑越快。总的来说状态还可以吧，和去年差不多。对我来说现在最重要的是把自己的水平稳定在接近 13 秒的时间上，至于是不是要跑进 13 秒，那也不是我能控制的。

记者：是什么让你在面对竞争的时候能够保持心理上的优势？

刘翔：因为我没有把比赛看得很重要，胜负并不是我最在乎的，我尽力就可以了，其他的，我没有特别大的压力。

记者：为什么每年只有你一个中国田径选手来欧洲参加各项比赛？

刘翔：中国的田径水平在亚洲还是第一的位置，而在整个世界田坛的范围内，特别是径赛项目、直道项目，确实是比较难有突破。说实话，我以前也有个传统观念，我们亚洲选手、中国选手，特别是我们短距离跨栏的运动员能够在世界大型比赛中拿前八就已经很不容易了，这就是我们所有中国田径运动员所追求的目标！而不是说想要拿到前三，乃至于冠军！世界前八已经是我们所有中国运动员的梦想了，只有先达到这个标准，我们才能想得更远也走得更远。

记者：你现在在中国是英雄一样的人物，这个身份让你有什么感觉？尤其是北京奥运会明年就要举办了。

刘翔：很多事情是我自己无法控制的，我只是想把自己做到更好，在跑道上能够跑得更快。虽然以前中国人在 110 米栏这个项目上都不是很强，但是我想证明给大家看，我们能够在这个项目上立足，能够取得突破。至于北京奥运会在家门口举行，到时候一定会有很多人来关注我们中国运动员，给我们加油。我们只要有个好的表现就行了，不要给自己那么多压力和负担。

记者：对你来说，跨栏最大的乐趣是什么？是技术和力量的结合？你是否认为自己已经可以完美地掌握跨栏技术了？

刘翔：最能吸引我的就是超越别人的快感，还有跨越每一个栏架时的那种兴奋感！而且，我参加比赛并不是为了我非要去赢，而是要去享受比赛的过程。我现在的优势还是在栏间跑与上栏下栏的结合，还有后程是我的强项，而我的劣势则是起跑和前三个栏不是太好。

记者：你现在挣了很多钱，这对于其他运动员来说是一种吸引力还是会引起别人的嫉妒？

刘翔：在中国的各种运动项目中，挣钱最多的还是足球和篮球，我们田径运动员真的只是算中下游的。当然如果你的成绩非常突出，那么就会得到很多商家的赞助，如果单靠比赛奖金或者工资的话，不可能会很有钱，主要还是得靠赞助商。其实和每一项运动一样，只有让别人认可你，你才能赚到很多钱，这是相辅相成的。你赚了钱，也就要交很多税，这一点也是相辅相成的，运动员也是社会的一分子么。

记者：听说你拒绝了一部电影的邀请？

刘翔：很多东西都是这样道听途说来的，假的假的，然后就变成真的了。其实现在没有人会找我拍电影，北京奥运会只有一年了，国家体育总局不会让运动员去拍什么电影的，我们最重要的任务还是训练和比赛。你说的那个事情我根本没有听说过……

记者：苏黎世大奖赛上给参赛者的奖金越来越少，而给冠军的奖金越来越多，你对这个现象怎么看？

刘翔：我参加比赛完全不是为了奖金而来，我只是为了和大家比一比，找找比赛的感觉，就像每年欧洲都有这么多比赛，可是我只比两三站。比赛是很开心、很快乐的事，我不想把比赛看成一种挣钱的手段。

## 范例十六 李娜在某记者招待会上的答记者问

【情景】 2010 年 1 月 28 日，在墨尔本的 2010 四大满贯首项赛事，澳大利亚网球公开赛首场女单半决赛中，李娜在挽救四个赛点的情况下最终惜败，赛后李娜出席了记者招待会并回答了记者提问。

问：你感到失望吗？

李娜：没有那么糟糕。（笑）是的。我输掉了比赛，止步于半决赛，当然我是有点悲伤，但是对我来说，今天是我网球生涯的好日子，因为我今天发挥得很好。

问：你和小威之间的区别在哪？你认为她赢你的地方在哪？

李娜：每个人是不同的。看了这场比赛的人都应该知道的，她的发球非常强势。

问：你在第二盘抢七局中累了吗？你看上去有点累了。

李娜：我想她也许也累了，毕竟我们在场上打了两个小时。我认为如果一个球员在球场上跑动了两个小时，每个人都会很累的，没有人能一直保持兴奋状态。

问：今天对中国来说是伟大的一天，因为有两位女选手在半决赛中出现。那么，中国的男选手们呢？

李娜：在中国。（笑）他们还在睡觉，他们还没有醒来。我也在等待他们醒来，是的。（笑）

问：是因为比起女选手，没有更多对网球感兴趣的男选手，对吗？

李娜：不是，中国有很多很多男选手。他们还在睡觉，他们还没有醒来，总有一天他们会苏醒的。

……

# 第二章

# 突发事件与危机情景应对

## 范例一　温家宝就“7·23”甬温线铁路事故答记者问

【情景】 2011 年 7 月 28 日，国务院总理温家宝在温州察看“7·23”甬温线特别重大铁路交通事故现场，悼念遇难者，看望受伤人员，对伤亡人员家属表示深切慰问，并回答中外媒体记者的提问。

温家宝：记者朋友们，今天我来到铁路特别重大事故现场，给遇难者献了花圈，表示对他们的深切哀悼！刚才我到医院去看望了伤员，又同遇难者家属见面。此时此刻，我的心里很悲痛，愿意借这个机会同各位记者见面，讲一讲我心里的话。

我们不要忘记这起事故，不要忘记在这起事故中死难的人。这起事故让我们更警醒地认识到，发展和建设都是为了人民，而最重要的是人的生命安全；它也让我们认识到一个政府最大的责任就是保护人的生命安全。这段时间，我生病了，11 天在病床上，今天医生才勉强允许我出行。这就是为什么这次事故发生第 6 天我才来。现在，我愿意回答大家的问题。

新华社记者：“7·23”甬温线特别重大铁路交通事故发生后，社会公众对高铁技术安全、铁路调度、现场救援等高度关注，有一些疑问，群众迫切要求查明原因。请问目前事故调查进展如何，国务院对查明事故原因、总结事故教训、查处相关责任人有什么进一步考虑？

温家宝：这次事故发生以后，社会上和群众对于事故原因、事故处置工作有很多质疑。我认为，我们应当认真听取、严肃对待群众的意见，给群众一个负责任的交代。事故发生以后，国务院立即成立了事故调查组，它包括安监部门、监察部门等单位，这个小组是独立工作的，将通过现场勘查、技术取样、科学分析、专家论证，得出一个实事求是的、经得起历史检验的结论，并且依照国家的法律法规，严肃追究直接责任者和领导责任。目前事故调查工作已经开始，我们要求事故调查处理的全过程要公开透明，接受社会和群众的监督。

美国有线新闻电视网记者：刚才您在讲话中提到，对于这次事故的处理公众有不满和指责。我了解到，中国正在急于向世界其他国家出口高铁技术，包括美国在内。我想问的是，中国政府和您本人将具体采取什么措施，使国际社会能够重拾对中国高铁的信心，以说明中国的高铁技术是非常先进和安全的？

温家宝：中国高铁技术的出口以及其他高科技产品出口的可信度不在口头上，应该在实践中。就高铁来说，应该从它的设计、设备、技术、建设和管理综合来衡量。在这个当中，安全是第一位的。失掉了安全，就失掉了高铁的可信度。这些年高铁事业有了很大的发展，但是这起事故提醒我们，要更加重视高铁建设的安全问题，要实现速度、质量、效益和安全的统一，把安全放在第一位。我相信有关部门会认真汲取这起事故的教训，从多方面改进工作，特别是要突破关键技术，加强管理，使中国的高铁真正安全起来。这样才能在世界站得住，有信誉。

路透社记者：这次高铁事故对铁路建设会有什么影响？

温家宝：铁路建设如同其他各项建设事业一样，在“十二五”规划中都有明确的要求，这就是要突出结构调整和发展方式的转变。对铁路建设来讲，这起事故使我们更加重视铁路的安全，特别是高速铁路的安全。整个铁路的布局要考虑高速铁路、整个铁路网之间的关系，还要考虑铁路、公路与水运、航空运输之间的关系。还是这样一个原则，我们一定要做到科学规划、合理布局、有序发展。不是越快越好，而是把速度与质量、效益和安全有机结合起来，把安全放在第一位。

香港商业电台记者：您觉得这次事故是天灾还是人祸呢？

温家宝：我方才已经讲了，我们正在进行严肃认真的调查，调查的结果将会回答你的问题。我想强调一点，我们的调查处理，一定要对人民负责，无论是机械设备问题，还是管理问题，以及生产厂家制造问题，我们都要一追到底。如果在调查过程中，发现背后隐藏着腐败问题，我们也将依法处理，毫不手软。只有这样，才能对得起长眠在地下的遇难者。

中央电视台记者：我们站的这个地方几天前还是一片狼藉，但是现在已经几乎看不到事故的痕迹了。很多公众质疑，对于这起事故的现场处理是不是过于匆忙？您刚才提到公开透明，在大事故发生之后，我们的政府怎样才能真正做到及时、公开、透明？

温家宝：在事故发生以后，胡锦涛主席当即指示要把抢救人放在第一位。我得到这个消息后，立即给铁道部部长打电话，他可以证实，我只说了两个字，就是“救人”。刚才我在接待遇难者家属的时候，他们也提到类似的问题，我觉得事故处置的最大原则就是救人，千方百计救人。还是那句老话，只要有一线希望，就要尽百倍的努力。铁道部门和有关方面是否做到这一点，要给群众一个实事求是的回答。处置的第二个原则，就是要检查安全，这就需要取证、调查和分析，要停开那些有问题的列车。同时，要对道轨以及路基都进行排查，这些处置工作都是极为重要的。当然，还有一个善后的问题，比如对几十位遇难者的家属，在处理当中一定要人性化。我对他们讲，谁都有父母、丈夫、妻子、儿女，谁都有亲人，亲人遇难，失去了生命，是多少钱也换不来的。因此，一定要关爱他们，给他们合情合理的赔偿，其目的也是为了让死者安息，让生者得到慰藉，包括对遗物的处理，有人以为它仅仅是财产问题，我认为它实际上是亲人对死者的怀念。我们为什么要求有关部门认真清理遗物，就是要对人民负责。至于你提到的公开、透明，这一点非常重要。这起事故能否处理得好，其关键就在于能否让群众得到真相。因此，处理的结果应当及时、准确向群众发布。

日本共同社记者：事故带来了重大冲击，我要问的问题是，如何让中国民众和海外人士重新恢复对中国的信心？铁道部方面应进行哪些改革？

温家宝：应该看到，改革开放30多年来，中国的发展，包括科技事业都取得了很大的进步。我们懂得一个国家要真正繁荣和强大，就必须依靠科技的力量，提高全民族的素质。如果说，我们今天站在这里来总结这起事故的教训，并且寄托对在这起事故中死难的人们的哀思，最主要的就是我们全国人民、我们整个民族要振奋精神，团结一致，更加努力地学习和工作。特别是在科技上，要有自己的发明、自己的品牌、自己的知识产权、自己具有国际竞争力的产品。这不是说一说就可以办得到的，这需要大力发展科技事业，突破关键技术，使我们的技术设备更安全、更可靠、更具有竞争力。对于中国的未来，无论是发展和建设，还是科技和教育，我都是充满信心的，并将继续努力奋斗。

《温州日报》记者：您曾经在多个场合赞扬过温州人的创业精神，在这次救援行动中，温州人展示了创业之外的另一面，温州各级党委、政府和人民以很强的大局观念和大爱精神投入到救援中去。我们看到，事故发生的当晚，附近很多村民连夜自发抢救，还有很多普通市民彻夜排队献血，您对温州人在这次救援中的表现如何评价？

温家宝：应该感谢温州人民！我确实在多个场合，包括在国外都给予温州人民以赞扬，因为他们闯荡天下，具有改革开放和创新的意识，具有创业的精神。在这起灾难发生的时候，温州人民又向世人展示了他们的另一面，那就是大爱的精神。他们自觉地组织起救援队，参加救助工作，有上千人主动到献血站去献血。他们还对遇难者家属以及受伤的群众提供了良好的医疗设施，进行了耐心细致的抚慰工作。我今天来到温州，实在没有时间在这里多看一看，但是我感谢这里的人民，谢谢你们！

谢谢各位记者，天气很热，让大家久等，十分抱歉。谢谢大家！

### 范例二 铁道部有关负责人就“7·23”甬温线铁路事故答新华社记者问

【情景】 2011 年 7 月 23 日 20 时 38 分，北京至福州 D301 次列车至温州市双屿路段时，与杭州开往福州的 D3115 次列车追尾，造成大量人员伤亡。铁道部有关负责人就甬温线“7·23”事故有关情况答新华社记者问。

问：铁路部门下一阶段如何处置这起事故？

答：首先，我代表铁道部，再次对事故遇难者表示沉痛哀悼，对受伤人员和伤亡人员家属表示深切慰问，对广大旅客表示深深的歉意。这起事故造成严重人员伤亡，损失惨重，铁道部机关和全路广大干部职工非常痛心。这起事故，性质十分严重，在国内和国际造成严重影响。对这起事故，国务院事故调查组正在深入调查分析，查明原因。

问：在整个救援过程中，是否存在为了尽快抢通线路，而没有把救人放在第一位的现象？

答：在整个事故救援过程中，铁路部门始终把救人放在第一位，尽最大努力减少人员伤亡。……按照指挥部确定的把救人放在首位的救援方案，在桥下使用大吨位汽车吊精准、平稳地将两端车厢移开，公安武警、救援人员得以对该车厢实施全面搜救，在移出数具遗体后，小伊伊在这里获救了。直至 24 日 23 时 30 分左右，在确认没有幸存者，并对遗物、车体进行清理收集完后，救援工作结束。在此之前，铁路部门指挥人员从未宣布过“停止搜救”。

问：中国高铁、动车是否存在重大安全隐患？

答：经过多年发展，中国高铁工程建设、装备制造、运营管理等多方面取得了重大技术进步，但也面临着许多发展中的困难和挑战，我们对中国高铁未来发展仍然充满信心。我们深切感受到，没有安全就没有高铁的可信度。我们将进一步提高建设和运营管理水平，确保高铁运行安全。

问：铁路发生这样严重的交通事故，你对高铁还那么有信心吗？

答：尽管动车发生了事故，对铁路的形象会造成一定影响，会有很多人质疑高铁是否安全。但是事故原因还在调查，这肯定是有特殊原因的。我国的高铁技术是先进的、合格的，我对它仍然有信心。

问：关于遇难人员的赔偿工作，进展怎么样？

答：人的生命是无价的，再多的金钱也挽回不了遇难者的生命以及给他们亲属带来的巨大悲痛和心灵创伤。对遇难者的善后赔偿工作，我们要坚持以人为本原则，尽最大努力、合情合理地做好。这不仅是对遇难者生命的尊重，也是对遇难者亲人的安慰。

问：为什么早晨在事故现场开始挖坑掩埋列车残骸？

答：这个事故可以掩埋得了吗？抢险的过程是很复杂的。因为事故现场是一个泥潭，对于施救很不方便。所以把车头掩埋了，便于抢险。

问：事故车辆的“黑匣子”已经找到了，那么事故原因究竟是什么？

答：“黑匣子”是用于列车运行的监控设备，将为事故结论提供原始数据。我们会通过它记录的信息进行事故原因的调查和分析，最后得出结论。事故原因一旦查明将会立即向社会公布。正常情况下，列车不应该发生追尾，国务院已经组织了事故调查组，铁道部将积极配合事故调查。该谁的责任就是谁的责任。

问：铁路交通在几年前就发生过重大事故，而事发的温州路段也曾出现过运行故障。如何解释？

答：我也很关心铁路安全问题。但是铁路整体是安全的，我们也还会继续进行整治。

问：铁道部早晨称会在下午 6 点恢复通车，但是到晚上却没有通车，是为什么？

答：原本计划 18 点前争取线路畅通，但是我们对于抢险的艰难性想象不足。事实上，在晚上7点，线路就已经具备了开通条件，但是后来温州当地电闪雷鸣，出于安全考虑，我们还是没有开通线路。

问：事故中的遇难者和伤员将怎样赔偿？

答：首先救人，抢修线路，为滞留的旅客寻找迅速回家的方式，接下来，会按照有关规定合理、合法、合情地做好赔偿工作。赔偿标准中外不会有差距，中国人的生命和外国人的生命是同样珍贵的。

### 范例三 王岐山就“非典”防治情况答记者问（节选）

【情景】 北京防治非典型性肺炎联合工作小组2003年4月30日上午10时举行第二次新闻发布会。时任中共北京市委副书记、代市长，北京防治非典型肺炎联合工作小组副组长的王岐山向中外记者介绍了北京防治非典型性肺炎的工作情况，并回答了中外记者的提问。

中国新闻社记者：这一段时间以来，北京加大了防治“非典”的工作，但是，患者和疑似病例每天仍以三位数的速度在增长，这是为什么？你对北京当前防治“非典”的形势是怎么看的？北京的疫情继续扩大或者失控的话，北京怎么办？会不会实行封城或者军事管制？

王岐山：现在的数字增长相对于过去信息不完整、数字不准确要好得多。这样一场不可预见的疾病，它的传染过程总要有一个合理的周期。虽然我们现在还不能很好地预见这个周期，但是我们现在能够做到真实地反映出来，密切地进行流行病学的调查，果断地采取隔离的措施，市民们加强自我保护，我想是可以控制的。至于你说到的万一的情况，我也不敢说不可能，中国有一句话叫“不怕一万，就怕万一”。不过，当我们把任何问题都考虑到“万一”的时候，我们就很难决策了。

中外专家都告诉我没有这种“万一”的可能，那就说明这种疾病是可控的。因此，我们现在就按照万分之九千九百九十九来决策。至于“封城”，还有网上说的飞机洒药，这样的信息我可以负责任地讲，我只是在网上看见过。从我作为参与决策的人来讲，从来没有这种闪念、感觉。

《纽约新闻时报》记者：您介绍情况时谈到透明度，目前要求提高透明度，请您告诉我，现在公布的不断上升的这些患者的数字是新增的数字还是以前被隐瞒了，现在翻出来的数字？此外，在北京有一些人在散布一些谣言，说北京一些地方，比如一些楼宇里或者一些社区里，正在发生像香港淘大花园的社区感染事件，在北京有没有在社区内或者大学内部的交叉感染事件呢？

王岐山：我可以负责任地讲，就我上任以来公布的数字都是非常准确的，坦白的。在这之前有些数字不准，应该说主要来自于统计口径不同。由于北京是首都，中央的、军队的、武警的等各系统的医疗机构在这场突如其来的疾病面前，在统计上难以做到全面。中央在 17 日决定成立北京防治非典联合工作小组，其中有一个目的也是把信息能够准确地反映出来。另外，从中央到北京市委、市政府，对所有数据的申报提出了严厉的要求。在数据上玩忽职守和隐瞒不报的，将采取严厉的惩治措施。所以，北京现在每天上报中央的数字都是由我和刘淇同志一起签字的。

至于说到有一些社区是不是出现了淘大花园那样的交叉感染，就我知道，在一些社区发生过。我们关于隔离的措施实际上就是针对这种情况的，我们对一些场所实施了隔离，比如在北方交大，我们对发生感染的学生宿舍楼实行了隔离封闭。前一段，刘淇同志还专门到被隔离封闭的楼里看望了学生。现在被隔离的人员应该说都是健康的，之所以对他们实施隔离封闭，是因为他们曾经跟感染的人有过密切接触。

天空新闻社记者：您刚才谈到是否封城的问题。有的人可能会这样理解您的话，就是您将为北京封城，但是您还没有这方面的权力，不能这么做。另外，您是否会对那些玩忽职守的官员进行刑事方面的调查。

王岐山：完全不是有权无权的问题，是对这场疫情的判断问题。所以刚才我已经讲明白了，我只能从万分之九千九百九十九来考虑这个问题。现在的疫情根本谈不到什么封城。至于对玩忽职守官员的查处，这是法律规定的，是毫无疑问的。

香港有线电视记者：您刚才也说过，现在的防“非典”工作比十天前更好，可十天前总数是300多个，现在每天以100多的速度在增长。每天感染的100多个，这个数字还会不会上升？您刚才也说过，能够治呼吸疾病的医务人员只是3000多人，而现在疑似病例和确认病例差不多就是这个数了，是不是说北京医护人员已经负荷不了现在北京的疫情？小汤山1200多个医护人员都是从解放军调过来的，是不是北京市的医疗系统已经负担不了了？

王岐山：我想只要感染源还没有被彻底切断，预测数字就是一件非常危险的事情。也可以说在感染源没被切断的情况下，预测数字我看类似于赌博。我们现在的工作已经不是停留在数字上，现在特别加强的是对这个数字背后情况的掌握和分析，包括流行病学的调查，前一段我们这个工作比较弱。现在全国的专家和北京市的专家合在一起，加强力量进行分析。将来我们公布的就不仅是数字，我们要公布疫情的分析，邀请世界卫生组织的专家和我们一起分析。

现在在我的办公室旁边腾出一个办公室，请卫生组织的专家和我一起办公。世卫组织官员说能不能你知道的都让我知道？我说你只要中文好，问题就不大。

至于刚才提到关于医护人员的问题，说句实在话，我刚才讲的是通过你们向市民介绍的客观情况。北京市的防“非典”工作一直得到中央高度的关怀，一直在中央领导之下。胡锦涛总书记和温家宝总理都时刻关怀着北京这场防“非典”斗争的任何一个情况。我们毫无疑问的要加强这方面的工作。中央已经帮助我们抽调了军队和全国的专家和医护队伍来参加我们这场斗争，来参加这场以救治为中心，旨在“两个提高”、“两个降低”为目标的重大战役。

1997年，我当时在金融系统工作，在香港赶上了亚洲金融风暴。当天正好是香港股市崩盘之际，也正好是我推荐中国移动上市的首日。晚上的招待会，我作为保荐人、投资银行家要保荐这支股票，可是股市崩盘，我必须讲话，包括投资家李嘉诚都说，这怎么说呀？我当时突然就想出一句话，站在台上就说："古人云，人不自信谁人信之。"实践证明，亚洲金融风暴过去了。

我同样要求自己，我也希望我们所有的干部和首都的所有市民以及所有关注、帮助我们的朋友们，对我们这场防治"非典"的斗争，大家要树立起信任，树立起信心。我们一定能够取得这场斗争的胜利。

我相信大家今天还有很多很多的问题，实际上我真害怕的问题，你们还真没问到。但是我一定自己讲出来，告诉你们，或者让我的部下随时告诉你们。你们的到来就是对我们北京市防治"非典"斗争的支持，我向你们表示感谢。

## 范例四 北京市轨道交通4号线扶梯事故处理情况通气会上的答记者问

【情景】 2011年7月5日上午9点36分，北京市轨道交通4号线动物园站A口上行电扶梯发生溜梯事故，事故造成1名少年死亡、20余名乘客受伤。7月7日北京市政府新闻办公室专门召开了这场事故的通气会，并由出席通报会的北京交通委副主任、新闻发言人李晓松，北京市质量技术监督局副局长、新闻发言人张巨明，北京京港地铁有限公司新闻发言人杨苓，北京市特种设备检测中心总工程师赵伯锐，北京市轨道交通建设管理公司总经理助理、设备总部主任韩志伟等回答了记者的提问。

《人民日报》海外版记者：我的问题是奥的斯电梯已经不是第一次出事故了，去年在深圳也出现事故，这两起事故如出一辙，为什么北京没有采取相应措施？

赵伯锐：大家知道，本次事故的电梯型号跟深圳2010年12月14日电梯出事故的电梯品牌型号是完全一致的。按国家质检总局要求，我们对奥的斯品牌的电梯已经责成奥的斯电梯公司进行了排查，而且，他们已经按照规定一直在排查。所以，可能还没有完全排查到。

张巨明：大家可能注意到，这个电梯跟去年 12 月 14 日深圳地铁发生的型号基本一致，事故发生以后，国家质检总局包括北京市质量技术监督局专门下发文件，要求奥的斯同时也要求所有北京市 1.4 万部滚梯的使用和维保单位吸取教训，认真排查，消除隐患。但遗憾的是有部分维保单位没能够做到仔细的排查，仍然存在事故隐患，所以才出现了 7 月 5 日这样的事故。

李晓松：去年深圳电扶梯发生事故之后，全北京市轨道交通的地铁的所有的电扶梯立刻进行了全面的安全大检查。第二，出事故的这部电梯在 6 月 22 日奥的斯公司刚对它进行了安全检查。

香港《大公报》记者：我想问一下，发生事故的这部电梯，在当时有没有超载的情况？另外，香港媒体也引用中国电梯协会的有关负责人说国内包括北京电梯的滚梯的采购一般是商场的载轻型的扶梯，而不是交通枢纽经常使用的载重型的，北京地铁跟国外在设备的采购上，标准是不是比国内低？

杨苓：在事故当天，当时在电梯上的乘客也就是几十名，对于这个电梯来说，它的额定载客量，即使是在每级台阶站满的情况下都不会超载，所以对于说这部电梯超载，我们认为这是不合适的。

韩志伟：这个问题我来回答，我今天想跟各位媒体朋友强调一下，北京地铁采购与安装的全部的自动扶梯都是符合地铁设计规范跟相关的国家标准，是属于公共交通重型电梯。

香港有线电视记者：很多地铁乘客，还有伤者也有感觉，好像觉得事故的责任都在奥的斯身上，但是其实整个地铁的保养、维修、营运，背后还有地铁公司，还要在相关部门的监管以下才能操作，不可能说奥的斯公司的电梯维护，你去自动的运行。所以大家去看的时候，除了奥的斯要负责任，还有谁能负责任？第二，这个事情作为官员们，本身能不能避免？谢谢。

李晓松：事故发生的第一时间，北京市主管副市长苟仲文先生、副秘书长周正宇同志，和交通、卫生、公安以及当时所在的西城区政府在第一时间都赶赴现场。第二，京港地铁公司的当时的站务人员和驻站民警第一时间都进行了处置。但是，所有的事故发生是由于电梯的突发事故产生的，而这部电梯在 6 月 22 日刚刚做过安全保养，我们也可以看出来，在这里面，无论是运营商，还是政府监管，大家都是尽职尽责做到了。

张巨明：电梯作为特种设备影响质量安全的环节很多，包括设计、生产、制造、安装、维护保养、检验检测和改造各个环节。从发生事故的这台电梯来看，设计、生产、制造、安装、维护保养都是奥的斯企业来承担的。所以，从目前的初步分析来看，我们认为奥的斯公司对这次事故富有不可推卸的责任。

李晓松：我们知道生活在地球上，任何时刻都会发生突发事件，但是我们最重要是要有一个预防的意识，一旦突发事件发生之后要有应急处置的措施，如果说能避免的我们不避免是不行的，如果发生了事故没有处置也是不行的。首先我们不愿意发生事故，作为北京地铁 336 公里，14 条线，客运量超过 700 万人次每天，这样大的交通运输压力的情况下，我们的供应商还不能做到全面质量保证的话，我们非常担心。谢谢。

香港记者：我想问一下，杨苓小姐说京港地铁公司也是受害者，这个事故以前也有发生，你们选择奥的斯，是不是你非得用奥的斯？第二个问题是这个电梯有设计上的缺陷，为什么你们还要采用这个电梯，之前已经发生过事故，为什么没有一些其他的惩罚，比如说以后不再使用奥的斯的电梯，让它继续在国内的商场或者是地铁里面使用，监管是不是没有到位？还有，奥的斯的人员有没有邀请他们出来，你们把罪名都给他们了，是不是有一点不太公平。

韩志伟：我来回答一下这个问题，地铁 4 号线这个电梯，我们是依据国家的《招投标法》进行公开招标，所有的招标过程都受国家政府部门的监管，我们的合同也在政府部门备案。在地铁 4 号线里面选择电梯，不光是奥的斯一个品牌，还有其他的几个品牌，这些品牌都是一些国际知名的大公司的产品，所以这是一个品牌方面。再有，从设计规范角度来讲，刚才我已经讲了，我们选择电梯都是符合地铁设计规范以及国家关于公共交通电梯的使用标准，所以在这个方面来讲，选择是没有问题的。

张巨明：关于事故的电梯预防和管理，安全的措施提升，安全技术的提升，往往是建立在出现一些事故，吸取教训，在技术上加以改进，来不断提高安全水平。就这台机子来讲，因为它安装已经两年多了，深圳那个梯子是半年前发生的，我们经过事故的分析，从目前看它有设计缺陷，所以我们才作出停止使用运行电梯的决定。停止使用运行也是为了保证电梯的整体安全，避免类似事故的发生。

李晓松：我再把那天发生不幸的时间表给大家再回顾一下。7 月 5 日上午 9 点 36 分发生了不幸的事情，11 点 10 分京港地铁的网站和市属的新闻媒体就发布了当时情况的新闻报道。下午 16 点 30 分京港地铁在德宝饭店召开了新闻发布会向大家再次通报了救援情况和善后处理的情况。17 点 30 分市交通委和京港地铁公司紧急约见轨道建设公司和奥的斯公司，对奥的斯公司在电扶梯质保和维修工作上的漏洞指出了问题，通报了情况，要求对它能够有一个说明。22 点 20 分，奥的斯公司在其官方网站上发表了“针对北京 4 号线事故的媒体声明”。谢谢。

香港无线电视台记者：我想问一下，你们说调查还没完结，那你们怎么确定它的设计有问题，可以再简单讲一下吗？还有是想问一下，其实你们有一些数据是全国还有奥的斯的电梯是不有很多，是不是很危险，你们会建议全国也要停用吗？谢谢。

赵伯锐：刚才说了，目前说出的只是初步的结论，初步认定它在设计上，在维护保养上，在制造上有缺陷，最终的结论还是由国家电梯质量监督检测中心作出，目前只是初步认定。设计缺陷是目前看，它本身的底座固定螺栓已经折断了，另外在制造过程中肯定也是有缺陷的，本身不该折断的折断了，所以我们初步认定它是有设计缺陷和制造缺陷。

张巨明：北京电梯的市场容量非常大，到目前为止，几乎世界所有品牌电梯在北京都有销售和运行。北京对品牌没有门槛，只对安全有门槛。

## 范例五 国务院相关部局领导就汶川地震答记者问

【情景】 国新办在2008年5月13日下午举行新闻发布会。发布会由国新办郭卫民主持，民政部副部长罗平飞、民政部救灾救济司司长王振耀、中国地震局新闻发言人张宏卫等介绍四川汶川地震灾害和抗震救灾进展情况，并答记者问。

新加坡《联合早报》记者：请问张宏卫先生，我们接到四川地震局职工7人的投诉，他们的亲人说在几天前就察觉到地震的迹象，但局里说为了保证奥运前的安定局面，禁止透露这个信息。请问张宏卫先生，这么大级别的地震，是否事先可以得到预警？您对此投诉有什么反应？谢谢。

张宏卫：首先，这种推测是没有道理的。

郭卫民：可以请专家张晓东先生介绍这次地震预测、预报的一些具体情况。

张晓东：大家都知道地震预测是世界难题，为什么它是世界难题呢？它由三方面因素所决定：第一，地球的不可入性。大家知道上天容易入地难，我们对地下发生的变化，只能通过地表的观测来推测；第二，地震孕育规律的复杂性。通过专家多年的研究，现在逐渐认识到地震孕育、发生、发展的过程十分复杂，在不同的地理构造环境、不同的时间阶段，不同震级的地震都显示出相当复杂的孕育过程；第三，地震发生的小概率性。大家可能都感觉到，全球每年都有地震发生，有些还是比较大的地震。但是对于一个地区来说，地震发生的重复性时间是很长的，几十年、几百年、上千年，而进行科学研究的话，都有统计样本。而这个样本的获取，在有生之年都非常困难。因此我说上面三种原因决定，地震预报到目前仍是世界难题。

《中国日报》记者：我有两个问题，第一，请问一下在地震之后，抗震救灾工作中的难点是什么？请介绍一下有关次生灾害和有关天气的情况。第二，我们看到新华社和中央电视台的报道中屡次提到有一些中小学教学楼倒塌，掩埋了很多人，但是我们没有看到有政府大楼的倒塌情况。请问在以后的抗震救灾工作当中，会不会有意识地加强医院、教学楼等方面的安全措施。同时，因为地震局的专家也曾说过，四川的汶川地区处于地震带，请问在此之前，该地区的房屋建造有没有一些抗震方面的安排？谢谢。

王振耀：……另外就是自然因素，大家都知道，一般地震之后，最不希望的是下雨。大家也看到了天气预报，恰恰灾区在下雨。所以，这样次生灾害就会增加灾区一些其他方面的困难。大家可能在电视上也看到，家宝总理在前方坐镇指挥，要求务必今天把道路打通，人员能够进去，对灾区进行全面的救助。

至于刚才你问的第二个问题，房子倒塌的问题，我也可以给你提供一个信息，倒塌的房屋不仅仅是学校，因为学校中孩子们被掩埋，这是我们最关心的。我也告诉你一个信息，北川县民政局的楼倒塌了，民政部门的工作人员也可能有伤亡，政府的房子也不都是那么坚固的。

彭博新闻社记者：请问您对下面这件事情作何反应：过去几天有很多中国网民，呼吁要为在地震中受伤和死亡的人提供尽可能多的帮助。有网民提议，中国中断现在的火炬传递活动，用火炬传递的基金帮助地震灾害的受害者，在这方面您能否给我们提供一些信息？

郭卫民：我想这个问题跟地震救灾不是完全相关，因为火炬接力是奥运会举办过程中的一个项目，我想有些活动是有它的延续性的。但我想，无论是中国政府还是中国人民，都会尽我们极大的力量，投入全部的力气救助受灾群众。

## 范例六 小布什就“9·11”事件发表的现场讲话及答记者问

【情景】 2001年9月11日下午8时30分，时任美国总统的小布什在白宫向全国发表电视讲话。讲话针对当天突发的“9·11”事件作出坚决回应。10月12日又在白宫举行新闻发布会，针对恐怖袭击事件答记者问。

晚安。今天，我国国民、我国生活方式、我国珍视的自由遭受到一连串蓄意与致命的恐怖分子攻击。罹难者分散在飞机内及他们的办公室，从秘书、企业人士、女性、军方及联邦政府员工、母亲和父亲、朋友和邻居。数以千人的生命瞬间在邪恶、可憎的恐怖行动下终结。

飞机撞进建筑物，或是火烧、庞大建筑物倒塌的画面映入眼帘，我们难以置信，充满极度悲伤，并带着宁静、不妥协的怒气。这些大量谋杀行动旨在把我国吓成混乱和退缩，但他们失败了，我们的国家仍然坚强。

伟大的人民已起而保卫伟大的国家。恐怖分子攻击可以摇撼我们最大建筑物的地基，它不能摇撼美国的立国基础。这些暴行可以损害钢铁，但它们不能损害美国钢铁般的决心。

美国成为攻击目标，因为我们是全世界自由及机会最明亮的灯塔，没有人可以阻止它散发光亮。

今天，我国见识到邪恶、人性中最丑恶的一面。我们以美国最好的一面响应：用我们救难人员的勇敢，用我们对陌生人、邻居的关怀，通过捐血及任何方式的援助来响应。

在遭遇第一个攻击后，我立即执行我国政府紧急应变计划。我们的军队强大而足以应变，我们的紧急应变小组正在纽约及华府协助当地的救援工作。

我们的首要优先工作是提供受伤者协助，采取每一个必要防范措施，以保护我们在国内及海外的国民，免于遭到进一步攻击。

政府持续运作未受干扰。华府的联邦政府机构在紧急撤离人员后，今晚将重新让必要员工进入，明天将恢复上班。我们的金融机构仍然强健，美国经济仍将开放做生意。

追缉这些邪恶暴行幕后元凶的行动正在进行。我已指示动用一切情报及执法单位的资源，以找出那些该负责任的人，将他们绳之以法。我们将对犯行的恐怖分子及那些窝藏收容者一视同仁。

我非常感谢国会议员同我一起谴责这些攻击。我也代表美国人民，感谢许多世界各国领袖致电来表达他们的哀悼与协助之意。

美国及友邦、盟邦，与所有期望世界和平、安全的国家，站在一起加入对抗恐怖主义的战争。今晚，我请求大家为那些悲痛者、为那些儿童、为那些安全感受到威胁的人祈祷。我也祈祷他们受上帝的安慰，经由《旧约圣经》第二十三章的话语："纵使我走过死亡阴影之谷，我不怕邪恶，因为你与我同在"。

这是所有美国人，不分阶层团结在一起寻求正义与和平的一天。美国曾经对抗过敌人，这一次我们仍将如此。没有人会忘记这一天。然而，我们毅然前进保卫自由及世上所有的美好与公义。

谢谢大家。晚安，上帝保佑美国。

记者：谢谢总统先生！您总是避免透露这场对阿富汗的战役将持续多久，那么您是否可以保证这场战役不会像越南战争那样呢？

小布什：人们总问我："这场战役要持续多久？"什么时候我们能够把阿尔·凯达组织的成员绳之以法，什么时候这场特殊的战役才能结束。也许是明天，也许是一个月之后，也许会持续一两年。无论如何，我们会胜利。

美国人民需要知道的与我们的盟国知道的一样，那就是，我已经下定决心把这场战役进行到底，我们必须这样做，我们别无选择。

我们必须铲除世界上的恐怖主义分子，只有这样，我们的子孙后代才能够自由地生活。这一点非常重要。到了我们行动的时候了，我为自己正在带领着一个能够理解这一点的人民作战而感到骄傲。

记者：总统先生，您一直强调国家的安全是有保障的，但是副总统先生这个星期一直待在一个安全的地方，您能解释一下这是为什么吗？这样的情况会持续多久？

小布什：当然可以。今天我在我的办公室和他见了面，欢迎他从那个隐蔽的地方走出来。

我和副总统先生不是每时每刻都在一起的。在目前的情况下，我们是分开办公的。这样，即便我们中任何一人有危险发生，另一个人也能继续工作。我们必须保证政府工作的连续性。

我很高兴今天看到他，他看上去非常好。

记者：总统先生，我相信，许多美国人现在都非常希望知道，事情究竟会有怎样一个结局。你曾经向全国人民呼吁，重新回到正常的生活和工作中去，但你没有给大家任何更明确的提示。我希望知道，你是否感觉美国公众需要某些更具体的指点？你是否准备发出一些呼吁？还有，你真的认为美国人的生活能够恢复到 9 月 10 日前那样吗？

小布什：大家要知道，美国民众正进行奉献。他们现在不得不在候机室等待，而且等待时间要比以前长许多。我认为，当国家经受损失时，大家都应该作出一定的奉献。今天，我在五角大楼看到人们流下眼泪，他们的亲人在那里失去了生命。我对他们说："美国为你们祈祷。"我相信这就是奉献。也许你一生都不可能经历他们所经历的痛苦，但在这个时候，你应该去体会，去分担他人的不幸。

所以，美国正做着奉献。我认为这是一件非常有意义的事情，虽然美国经历了令人悲痛的不幸，但它却带来了一些积极因素。

其中一个积极结果就是许多人开始重新考虑，什么才是生活中更重要的事情。父母们不再仅仅想到自己的婚姻，他们开始考虑应该给予子女更多的关爱。我想这就是恐怖事件所带来的积极影响。

恐怖事件为美国带来了意想不到的变化，这里正洋溢着同情与了解。我知道，恐怖分子的目标是摧毁我们，让我们变得胆小懦弱，不敢作出回击。但事实上，他们完全错了。我们的国家是一个团结的整体，我们非常强大，我们富有同情心，邻里之间互爱互助。

还记得我刚才讲的基督教和犹太教妇女陪穆斯林妇女逛街的故事吗，我的心被深深地打动了。这就是美国，同情与友爱随处可见。美国人民真正相互理解，无论信仰伊斯兰教、犹太教，或是基督教，所有的人都应该肩并肩、手拉手地站在一起。这是一个多么感人的故事。

### 范例七 鲁伯特·默多克就“窃听门”事件出席听证会时答英国议员的提问

【情景】 2011年7月19日，在英国伦敦议会下院，传媒大亨鲁伯特·默多克与新闻集团副首席运营官詹姆斯·默多克就窃听事件出席听证会。默多克当场回答议员的质询。

议员：你什么时候开始意识到集团内的犯罪行为（电话窃听）越来越流行的？

默多克（停顿，显然对于“流行”这个词并不高兴）：对于语音信箱被偷听一事，我也被吓到了。

议员：你为什么关掉《世界新闻报》？是因为它犯法了吗？

默多克：因为我感觉很耻辱。

议员：请问你为什么每次进唐宁街10号（英国首相府）都走后门？

默多克：因为他们告诉我这么做，我家人也是这么进唐宁街10号的。

议员：你觉得你应该对窃听丑闻负责么？

默多克（坚决地）：不。是一些我信任的人（应该负责）。

## 范例八 双汇董事长就“瘦肉精”事件答记者问

【情景】 2011年3月25日，双汇董事长万隆出席双汇全国供应商视频会议并发表了讲话。会议结束后，万隆接受了记者的采访。3月31日，双汇集团在漯河市体育馆召开万人大会，面对员工、经销商、营销商，双汇集团董事长万隆鞠躬道歉，并再次回答记者提问。

记者：这次双汇的确切损失是多少？

万隆：3月15日以来，受央视报道的影响，我们的市场受到冲击，部分地区产品下架，企业的市场、品牌信誉和经济效益包括资本市场都遭受了损失。……更重要的是，双汇的品牌美誉度受到巨大伤害，双汇用20多年时间铸就的放心肉品牌受到质疑，损失难以估量。

记者：“瘦肉精”是行业性的普遍问题。企业之前有哪些防范措施？这段时间来，你和企业是否对此有过反思，问题究竟出在了哪里？由谁来负责？

万隆：近期，一些人士质疑“十八道检验管不住一头猪”。现在看来，按原有标准抽检不能保证100%合格，抽检风险很大。因此，为了堵住饲喂有“瘦肉精”的生猪流入生产加工企业、产品流向市场，我们执行了一个生猪屠宰在线逐头检验、100%全检的办法，不惜成本、不惜代价，保障肉品安全。在成本和安全这道选题上，无论成本有多大，我们首先选择保障食品安全。由于改逐头检验，我们全年预计增加“瘦肉精”检测费用3个多亿。

记者：据我们的了解，养猪户之所以加“瘦肉精”，主要还是因为下游客户有需求的缘故。双汇是否对猪的体型或者瘦肉率也有过规定，造成养猪户一定程度上通过“造假”来满足需求呢？

万隆：绝对没有。我们都是要求合格的生猪，就是健康的生猪，不能有瘦肉精，也不能有毒、有害的。在这次事件发生之前，我们也都对猪进行了各种检测，平均一年花在检验检疫和无害化处理上的费用就达到4000

万 ~5000 万。

记者：很多消费者认为此次事件的程度等同于三聚氰胺，将双汇等同于三鹿，你怎么看？

万隆：我们认为，“瘦肉精”事件与“三聚氰胺”事件，有着本质的区别。

首先，“瘦肉精”事件是上游产业链中养殖环节出现的问题，济源双汇的猪源是在流通环节因为把关不严流入的，“瘦肉精”是别人所为。

其次，抽检标准有漏洞。济源双汇已经按有关标准履行了抽检程序，在目前的养殖业大环境下，屠宰业执行抽检而不是 100%全检，就存在着风险和隐患，标准有问题。

3 月 15 日以来，北京按照 2008 年奥运会时的标准进行检测，全国 52 个地区的政府职能部门对双汇几百种产品进行抽检，双汇产品全部合格，无一例有“瘦肉精”。问题就在济源一家工厂，基于全国检验的结果，我们对恢复双汇在全国消费者心目中的信誉充满信心。

记者：双汇如何恢复市场？

万隆：我们对恢复生产经营非常有信心。

记者：销售量发生大幅下降，供销商是否稳定？如何面对渠道商的“倒戈”？

万隆：我们与销售商合作多年，他们很信任我们。最近听说一些竞争对手，就是一些生鲜小店，在拆我们的墙脚。这个不要紧，因为我们没有做好，不能怨他们，但是我们做好了，会有越来越多的加盟商。

记者：年检测费 3 亿，是否会波及上游养猪业和增加消费者的负担？

万隆：我们的生猪无论从哪个渠道，都要实施“瘦肉精”100%源头检测，确保肉品安全，新增的 3 亿检测成本，尽量不给消费者增加负担。

记者：原计划这两年会在全国有 200 亿的投资，是否会缩减？

万隆：肉制品是一个很好的发展行业，需要我们很快发展。瘦肉精事件后会做微调，但发展步伐不会止步。

记者："十二五"后你会不会继续掌舵双汇？

万隆：我今年71岁，早想退休了。双汇面临危机，我现在不能退。把这个危机渡过，只要我的身体允许，股东许可，我就会一直做下去。

## 范例九　故宫博物院院长郑欣淼就"十重门"事件答记者问

【情景】从香港两依藏博物馆展品在故宫展出被盗，到最新网爆"端门外西朝房展览逃税"，短短3个多月，故宫经历了大大小小的"十重门"，承受着前所未有的拷问与信任危机。2011年8月19日下午，故宫博物院院长郑欣淼在故宫接受新华社记者专访。

记者：郑院长，首先我们很想知道，这"十重门"内的背后真相究竟如何？

郑欣淼：爆料虽然情况不一，有的与事实有出入，有的还没有查实，但都指出我们的管理确实存在很多问题和漏洞。

记者：随后又出现了"错字门"、"会所门"，故宫需要汲取的教训是什么？

郑欣淼：出现锦旗错字，故宫声誉受到严重损害，事情发生在具体部门和承办人，根源还在院领导。在错别字出现和当事人回应已经成为媒体热点，演变为突发公共事件后，如果立即公开诚恳承认错误，会有助于社会的谅解。由于纠错不够及时果断，又强调责任在下属，引起社会各界广泛批评，我们深感自责。

所谓建福宫办会所的事情，故宫方面已进行了调查并向社会作出澄清。故宫博物院领导班子从未有过在故宫开办任何会所的动议，一直将在火灾废墟上复建的建福宫花园主要用于举办新闻发布会、小型展览、公益文化活动和接待国家重要贵宾。鉴于合作方北京故宫宫廷文化发展有限公司严重违反双方协议，我院已经责成其停业整顿，终止并将修改协议书。由于我院对合作的公司平时监管不严，对其违反协议私下酝酿会员制的行为没有及时察觉，特别是在已成网络和媒体热点的情况下没有在第一时间查明情况解释清楚，以致质疑扩大发酵，并与展品盗窃案、锦旗错别字事件相互叠加，造成非常被动的局面。

记者：“哥窑瓷器受损”原因已经查明并公布于众，如何防止此类事情的再度发生？

郑欣淼：这个事件的教训是，事先文物保护实施方案不够周密，预判性不足，人员培训针对性不强不细，致使珍贵文物损坏。事后没有在第一时间向上级部门报告，我们对此负有不容推卸的责任。

记者：“十重门”有的与事实有出入，有的尚待查实，如何看待引发的社会反应？

郑欣淼：我认为失窃和瓷盘损坏是重大责任事故，集中反映了我们管理工作的漏洞和失职。公众因而对故宫的文物管理产生质疑，故宫内部也存在对过去一些文物损伤事件处理结果不满意的态度，于是接连出现4件关于文物损伤、屏风泡水、古籍丢失等内容的爆料，也许还会有新的质疑。公众同时也对故宫可能利用公器牟利存在质疑，包括建福宫会所、买卖宋人书札、私分门票款、端门经商等。而锦旗错别字和宋人书札购买情况记载有误，则反映了我们工作作风和制度的问题。

对文物发生问题如何及时严格按照规章制度处理、上报、公布，对于涉及的经营活动如何进一步加强监管，特别是保证公开、透明，都是我们整改的重要任务。如果不能做到这些，今后还会有更多的问题出现。我们目前提出的一些整改措施，还只是应急性的，先保障目前工作的正常和安全运转。我们要继续学习和消化公众的意见和批评，组织干部职工更加深入地反思和检讨。下一步，我们将不断向公众汇报整改的阶段性情况，主动接受社会各界的监督。

记者：能简单介绍一下看上去很神秘的故宫博物院藏品管理制度吗？

郑欣淼：故宫博物院的文物保护有关的规章制度是从建院开始历经多年经验，逐步完善起来的。院藏文物管理制度主要通过藏品日常库房管理、出入库管理以及文物在陈列展览工作等利用环节中的管理三个方面，以及一系列规章制度，实现对文物安全的保障。这些规章制度，对库房管理、藏品的保管、修复、提用、出入院等都有详细的规定。通过这些规章制度，使得文物不论是在库房中的“静态”，还是在利用环节的“动态”中，都处于可控状态。

当然，再好的制度也要人来执行，因此，要保证文物安全，关键是抓好“人”的问题。对于规章制度的执行主体——员工，还应进一步强化日常管理和教育，常抓不懈，并加强问责的力度，以最终将规章制度落到实处，保证其不成为一纸空文。

记者：出现了这些问题后，故宫方面是否着手制定长效整改措施，以避免类似事情的再度发生？

郑欣淼：从近一阶段发生的问题来看，我们的规章制度也还需要进一步的改进、完善。随着时代的发展，故宫作为博物馆和世界文化遗产的双重功能，也使我们承担了较以往更多的社会使命，古建大修、文物保管、陈列展览等各种业务工作数量大增，随之出现一些新的问题和新的需求，规章制度也应及时做出必要的增加或调整。

我们找漏洞和制定整改措施是结合进行的。安全警卫方面的整改，我认为心防是最大的漏洞，盗窃案最为沉痛的重大教训，就是值班人员缺乏责任心，没有严格执行制度。必须加强责任感的培养和责任制、问责制的落实。

……

记者：作为公众文化单位，故宫将如何重新赢得公众的信任？

郑欣淼：最近我院发生的斋宫展品被盗案和瓷器损坏等事件，暴露了平时管理工作的缺陷、漏洞和不到位，对此我深感内疚、痛心和自责，希望通过媒体，衷心地、诚恳地向公众致歉。

我们作为世界文化遗产、中华文明瑰宝——故宫的管理机构，对肩负的特殊使命认识不深，研究不透，责任感不够强。正因为故宫在公众心目中有极为崇高、神圣的地位。公众不能容忍这块瑰宝受到任何伤害，故宫工作的任何问题始终会处于公众的高度聚焦中。从这个意义上，故宫无小事，我们必须百倍戒惧，战战兢兢，如履薄冰，极其谨慎小心地处理好每一细节，没有任何客观原因能作为原谅自己过失的理由。

也正因为故宫在公众心目中特殊的崇高文化地位，公众强烈要求知情权和监督权，我们过去对此的认识和理解是远远不足的，总以为自己专业内的事，向社会说不清楚。平心静气回过头来看网友和媒体的批评，虽然很尖锐、很刺耳、很难受，但确实是逆耳忠言，很多评论直指要害。爱之愈深，责之愈切，社会上的疑虑、批评和建议，都是出自对故宫文化遗产保护的强烈责任感，促使我院不断发现问题，并认真研究和改进。

长期以来，我们处于一种相对封闭的工作状态，对媒体主要是单向地发布工作消息，缺乏与社会及时、充分的互动与沟通，也缺乏向大众更清晰明了地介绍自身业务体系的观念和能力。今后在加强信息公开和引进监督方面，我们将建立常态的和媒体与公众沟通交流机制，更主动地披露和开放日常管理的运行机制和工作程序，充分报告工作和措施的进展、结果和尚存在的问题，及时答复媒体和公众的疑问。

我们希望通过全院员工不懈努力，故宫将以更安全、舒适、方便的参观环境，更高质量的展览、科研、教育和对外文化交流，恢复和提升故宫形象，去赢得海内外公众的信任和喜爱，为社会主义文化大发展大繁荣作出新贡献。

### 范例十 中非希望工程主席卢俊卿与其女卢星宇就“卢美美”事件答记者问

【情景】 2011 年 8 月 19 日中非希望工程主席卢俊卿和其女儿在北京会议中心，专门召开“卢美美”事件的新闻说明会，回答记者提问。

《东方早报》：民政部发声明说世界杰出华商协会没有注册，你备案了么？

卢俊卿：没有，我们是在香港注册的，既是企业，又是社会团体。在香港注册难道不算注册了么，香港也是中国的，不能说我们没有注册。

《东方早报》：为什么到香港注册？

卢俊卿：因为有“世界”两个字，我在大陆不能注册。

《东方早报》：为什么叫“世界”？

卢俊卿：名气大啊，另外我们在世界各地都有分会。

《东方早报》：你们在民政部备案了么？

卢俊卿：也没谁找我们备案。

《东方早报》：网友搜出来你的经济学博士是一所野鸡大学授予的。

卢俊卿：普莱斯顿大学并不是一个很有名的大学，但也“绝不是”野鸡大学，我是在北京读的，北大、美国的一些老师上课的。

《东方早报》：可是这并不是美国教育机构认可的学校。

卢俊卿：读不太好的大学有什么问题？又不是人人都能上北大、清华。学历说明不了什么，关键还是看能力。

《东方早报》：能谈谈你公司的赢利模式么？有人说你是靠卖牌子的。

卢俊卿：我是做企业咨询服务的。什么叫“卖牌子”？将这么多企业家聚合一起，怎么就是“卖牌子”了？

《东方早报》：你怎么请来这么多政要、专家的？

卢俊卿：这就靠个人关系了，我是一个社会活动家，人脉关系很广。

《东方早报》：有网友称卢先生（协会主席、集团总裁）、李忠和（常务副主席、行政总裁）、吕贵（常务副主席、业务总裁）本是亲三兄弟，为掩人耳目而改名换姓。

卢俊卿：三兄弟名字本来就不一样，不是为了成立协会而改的，都叫几十年了，其中一个是从母姓。

《东方早报》：你怎么想起做慈善了？

卢俊卿：我的企业做大了，就应该献一份爱心，尽一份责任。

《东方早报》：仅仅是责任？

卢俊卿：是的，责任。慈善也可以帮助企业树立一个好形象。

《东方早报》：网友怀疑你靠慈善来赚钱。

卢俊卿：那是他们不了解。中非希望工程不是百分之百的好，是百分之一百零一的好，我们没有腐败，而是负腐败。

《东方早报》：看到网友在微博上对你评论，你当时什么反应？

卢星宇：我第一反应就是我要红了，并且是一夜“爆红”。

《东方早报》：当时有没有想到郭美美？

卢星宇：没有想到郭美美，但是我已经看到那些网友骂得很厉害。

《东方早报》：不担心成第二个郭美美？

卢星宇：不会，我是真认真，跟郭美美不同。

《东方早报》：为什么后来删微博呢？

卢星宇：我是个富二代，我喜欢美食，微博有不少这样的图片……

《东方早报》：你担心别人说你“炫富”？

卢星宇：既然大家不喜欢看到我这一面，我就删了。另外还有我和我很多朋友的照片，我不想他们受到什么影响。我是为了保护别人，也对喜欢我的网友表示尊重。

《东方早报》：为什么有人会骂你？

卢星宇：有几点原因吧，第一个是郭美美事件，大家有仇富心态，我也是一个“80后”女孩，也是富二代女孩；第二个原因是北京取消了30多个打工子弟学校；第三个原因是最近红十字会等慈善组织都出现负面新闻，公众对慈善有些不相信。

《东方早报》：现在公众也不相信你。

卢星宇：是的，不过我们做慈善是真慈善，百分之一百零一的慈善，其实我们是负腐败。

《东方早报》：负腐败？

卢星宇：是的，我是第一个捐款100万元的，都是我的零花钱、压岁钱。我们公司都是在贴钱做慈善，我再次强调，没有从中报销过一分钱。

《东方早报》：你去非洲考察的钱谁出的？

卢星宇：我爸爸，我也出些钱。

《东方早报》：敢肯定你爸爸没报销吗？

卢星宇：没有，这个我肯定。

《东方早报》：你 24 岁已经做到中非希望工程执行主席，是你自己的能力还是你爸爸帮你来做？

卢星宇：这是我爸爸给的平台，但你不能否认我的能力。公司募捐和国外领导人谈合作等等都是我在做，我是有能力做执行主席的。

《东方早报》：你有这么大的社交圈？

卢星宇：当然我利用了我爸爸的很多资源，我不否认。

《东方早报》：是你爸爸让你做慈善的，还是你自己愿意做慈善？

卢星宇：是我自己，我特别仰慕我爸爸，他总是教我责任。

《东方早报》：如果不是你爸爸，如果你不是一个富二代，你还会做慈善么？

卢星宇：可是我有这样一个爸爸，我也有能力去做慈善。

《东方早报》：你为什么去做慈善？

卢星宇：我觉得是责任。现在外界对富二代误解太多了，我要把富二代这个帽子变成“仁二代”。

《东方早报》：谈谈中非希望工程的募捐，你们是一种什么形式？

卢星宇：我们是私人募捐的形式，只向华商协会的会员募捐，并非网上所骂的谁的钱都拿。企业家是自愿认捐的，所以我们是理直气壮的、光明正大的，没有任何可以掩藏的。

《东方早报》：现在外界对你这么大的质疑，你后悔做慈善吗？

卢星宇：不后悔，做慈善凭良心。

《东方早报》：仅仅凭良心够吗？

卢星宇：我问心无愧，这是责任。

## 范例十一 郭台铭及富士康发言人刘坤就富士康员工连跳事件答记者问

【情景】 富士康发生员工连跳事件后，其新闻发言人刘坤紧急接受了媒体的采访。此外，央视财经频道在《环球财经连线》特别节目《领导者》的主持人芮成钢也专访郭台铭，对富士康员工“连跳”事件进行了对话。

网易新闻：您听到这个消息的第一感受是什么？

刘坤：从公司的层面不愿意听到这样的消息，肯定是很惋惜。你问我个人的感受，我在她自杀那天之前，也接受了媒体采访，媒体问我“第八跳”什么时候发生，说实话我没有办法回答你。企业只是一个社会生态链条当中的一环，尤其像富士康在深圳有40多万员工，作为一个企业我没有办法保证（员工）会怎么样，这是我真实的想法。

网易新闻：目前进展是什么？

刘坤：目前我没有了解调查进展情况，到目前为止距离发生的时间20小时不到。

网易新闻：富士康员工频繁跳楼自杀，网友们批评富士康是“血汗工厂”，您怎么看富士康给网友留下的这种印象？

刘坤：所谓“血汗工厂”这不是富士康独有的，可能有一些企业被冠有这样的称号。我觉得这是感性的，网友的称谓我没有办法阻止，因为不是每个网友都来自于富士康，都没有全面了解，没有这样的途径了解（富士康）。对于“血汗工厂”的称呼，我是这样理解的，任何一个工作都会有压力，我本人也有，您本人也有，每一位网友都有。但对于压力的界定，要不要把它（带来这种压力的地方）冠以“血汗工厂”的称呼（还有待商榷）。富士康是世界500强企业，深圳这边我们有20年的历史，一直都是高速发展的。如果出了网友所理解的“血汗工厂”，我不相信这样的企业能以这样的形态发展。我相信富士康在体制上和制度层面上，一定是让这些年轻人选择无悔的地方。

网易新闻：在员工跳楼事件中，您觉得富士康公司负有什么责任？

刘坤：法律的层面（的责任）不是由富士康界定的，是由相应的司法机关界定的。富士康是一个守法的企业，对于法规的认定不是我能够回答您的，如果富士康触犯了法律，它要负法律责任，这是没有话讲的。

对于社会的层面，我认为不管员工用什么样的方式结束生命，发生在富士康这样具有国际影响力的企业，我们都要负不同的责任。

网易新闻：到目前为止，公司是否认为管理上存在漏洞呢？是什么？

刘坤：任何一个公司不管多完美，没有谁敢说自己公司管理没有漏洞。富士康同样也是，对于40多万员工来讲，从哪里入手（解决漏洞）这是一个挑战。我们发现，可能在这里面起到重要的角色就是基层管理人员，也就是线组长这一级别。一线员工对于公司的态度和意见可能绝大部分是来自于对于他们的态度和意见，如果这些人没有很好的管理方式，员工不会感觉到集团对于他所做的工作，这使很多员工对于集团有这样和那样的看法，我觉得是我们基层主管没有做到位。所以我现在加大对于这个群体的力度，在整个生产经营方面，在他们心理方面加大对于他们的改善和管理。

网易新闻：大部分网友对于富士康的评价是负面的，如果请您用一句话向这些网友介绍富士康是一个什么样的公司，您会怎么说？

刘坤：我想说富士康是一个有几十万年轻人生存的公司，我相信年轻人选择富士康的时候一定是怀揣梦想来的。我希望富士康不是让年轻人梦想破灭的公司，富士康是一个负责任的公司，但是我也希望这些年轻人怀揣梦想的同时，能够尽量地认识社会，能够保护自己的权益，能够跟公司共同发展。这是我想表达的意思。

芮成钢：富士康事件，里面发生不幸的员工，他们到底问题纠结的地方是生活还是工作，是工作条件还是生活方面的一些其他的原因？

郭台铭：我自己很自责这件事情，从发生以后到最近9月底，我大概在龙华富士康总部住了将近4个月的时间，每天都在关注。中央也很关心，尤其是社会保障部，尹部长及杨部长派了200多位来辅导我们，来调查我们，来看我们所有的问题。我觉得他们有一个非常完整的记录跟报告，因为他们不愿意公布，我们就不好说。

我觉得我们也要负一部分责任，责任就是没有警觉到年青一代他们需求转变了，没有关心他们在工作余后的生活感情，我们在发生这十几例里面发现，其实将近有一半是感情的问题。

芮成钢：爱情的问题？

郭台铭：爱情的问题，所以这些都让我们非常痛心。所以我们丰富员工在下班以后的生活，对他们有各式各样的人文关怀，对他们不是只有工作上的一个关怀。

尤其我们这里都是在20几岁的年轻人聚集，我们在深圳两个厂区有四十几万个同人，在这个同年龄层、这个阶段的年轻人在一起，我们要照顾到他们所有的，除了工作以外还要照顾他们的感情，照顾到他们的生活，照顾到医疗。当然不能说能做到十全十美……

经过这次事件以后，我们也做了很多调整。包括要往内地迁，就是希望让他们能够回到家里，最起码有任何的困难能够随时跟家里人打上个电话或者见一面，他很多的事情就会想得开。

我们希望这个事情能够尽量减少发生，但是我们要说不再发生，这是非常困难的。因为我们在大陆有95万个员工，等于一个中型的城市，而且都是年龄层很相近的，这些人聚集在一起，我们很难不说将来不会发生任何感情的问题、个人家庭的问题，甚至有一些个人有家庭的病史，我们过去都没有注意到这个问题。我们事后也请了很多专家来做了辅导跟调查，我们学了很多，所以我们有把握把这个现象降到最低，而且可以让他们工作得更愉快，让他们工作得更有归属感。

我们虽然艰辛，但是总算一步一步从最困难中走过来，这有赖于工会跟全体同人的努力。我们没有一天中断工作，虽然大家都经历很大的压力，但是也感谢媒体给我们很大的鼓舞，支持我们度过最困难的时间。

# 第三章

# 网络论坛情景应对

## 范例一 温家宝2010年到某网站与网民的在线互动交流（节选）

【情景】 2010年2月27日上午，中共中央政治局常委、国务院总理温家宝再次来到中国政府网和新华网访谈室，接受中国政府网和新华网联合专访，同海内外网友进行在线交流。

主持人：各位网友，大家好，这里是中国政府网、新华网联合在线访谈。我是主持人赵艳。我们今天邀请到的访谈嘉宾，是海内外网友热切期盼的温家宝总理。一年前，就是在这个访谈间，温总理首次与我们的网友进行在线交流，长达两个多小时，坦诚回答了大家的提问，给网友们留下了深刻、美好的印象。众多的网友都一直期待着，能再有机会和总理在网上交流。今天，温总理满足了大家的愿望，在百忙之中再次来到了我们的访谈间。温总理，您好。

温家宝总理：你好。网友们，很高兴同大家进行在线交流。去年是2月28日，我本来也想还取在2月28号，但我考虑到明天是正月十五，是合家团聚的日子，所以我就改到27号。在这里，我向大家拜年。这次在线访谈，我的心情确实不那么紧张，倒有一种十分珍惜的感情，因为我知道这样的机会不多了。这些天来，我一直十分关注网上网民提出的各种问题。我在中南海25年，可以说是一个没有节假日的人。这几天我就更显得心情特别重。看到人民需要解决的问题，我常仰而思之，夜以继日；幸而得之，坐以待旦。我还想当一个人为多数人所信任的时候，他已经不再属于自己，他已经是“公共财产”，属于人民了。我要鞠躬尽瘁，死而后已，真正做到无愧于人民，我要带着真心、真意、真情来同网友们交流的。我愿随意地同大家谈心。

网友温暖：今天是正月十四，按照传统习俗，正月十五前都算过年。总理，今天我们在这给您拜年！春节是中国最热闹的传统佳节，是合家团聚的时刻。可是每逢春节，我们都会看到总理您奔波在各地，和咱们老百姓在一起，请问总理，您有多少个春节没有在自己家里过节了？

温家宝总理：如果从 2003 年算起，我已经 8 个春节没有在家里和家人一起过年了。我觉得和群众在一起不仅高兴，而且心里感到踏实。就拿今年来讲，我到广西旱区，我在那里一边和群众过年，一边了解旱情，当我知道群众每天只有 20 公斤的用水，这其中还包括饲养的牲畜用水，我心里很沉重。但是群众对政府却很理解，他们对未来还是充满希望，我愿意和大家在一起。

网友憧憬：您今年在新春团拜会上提到，“要让人民生活得更加幸福、更有尊严”。您觉得如何能让百姓活得“更有尊严”？

温家宝总理：新春团拜会我的讲话只有 800 个字，但是这两个字却引起全国人民的关注，我看到各种各样的评论。我提出“要让老百姓活得更有尊严”，主要指三个方面：第一，就是每个公民在宪法和法律规定的范围内，都赋予自由和权利。无论是什么人在法律面前，都享有平等。第二，国家的发展最终目的是为了满足人民群众日益增长的物质文化需求，除此之外，没有其他。第三，整个社会的全面发展必须以每个人的发展为前提，因此，我们要给人的自由和全面发展创造有利的条件，让他们的聪明才智竞相迸发。这就是我讲的尊严的含义。

网友黄金屋：温总理，每次回答记者问题，您都对中国的古诗文信手拈来，用得恰到好处。现在不少年轻人都觉得这方面不足，请您给我们讲讲怎么读好书的?

温家宝总理：其实我很愿意回答谈谈读书的心得。我有三点体会：第一，要处理好读书与人生的关系。书籍本身不可能改变世界，但是读书可以改变人生，人可以改变世界。读书关系到一个人的思想境界和修养，关系到一个民族的素质，关系到一个国家的兴旺发达。一个不读书的人是没有前途的，一个不读书的民族也是没有前途的。第二，读书要选择。如果你到国家图书馆转一圈，可以看到浩如烟海的书，恐怕每个人倾一生的时间都不可能把这些书读完。从另一个角度来说，这些书当中值得每个人读的也并不一定那么多。因此，要选择好书。如果选择一本不好的书，就等于浪费了读一本好书的时间。也许大家问我，什么叫好书？我说，好书是那些能够给人以感染和力量的书，让人了解大学问家的思想和风范的书，特别是那些震撼人的灵魂的书，激发人的斗志的书。其实历史上，经过几百年上千年的淘汰，留下来的书是不多的，这些书带有永久性，因为它经过多次淘汰而依然能够震撼人心。第三，我曾经提倡读书好、读好书、好读书。我又提倡读书活、活读书、读活书。其实前者讲的是学习，后者讲的是实践。记得上次访谈，我曾经提出，如果我们这个国家在城市、在地铁上能够看到青年都拿着一本书，我就感到风气为之一新。后来有的人跟我开玩笑说，说你不知道，我们有的地方地铁挤得要命。但是确实有的地方地铁里一些青年人们开始拿起了书，这是个现象，其实本质是让人们挤出时间来读书。

网友农家女儿：今年中央一号文件提出要着力解决新生代农民工的问题，请问总理国家将出台哪些措施来应对新生代农民工的问题?

温家宝总理：作为新生代的农民工，主要是指80以后的，或者说是老农民工的第二代。先讲一下，我多年在心里积累的一种看法。有人说，农民工可以改一个称呼了，其实这只是一个现象，其实质——现代产业工人队伍的主体，已经是农民工。大家可以看，从采矿、钢铁，到纺织，到运输，到城市的清洁工甚至到若干服务岗位上的农民工，他们已经成为工人的主体了。我们城市建设的高楼大厦，我们城市能够正常运转，人们生活能够安心，是同他们的努力分不开的。这里提到新生代农民工的问题，我觉得他们比老一代的农民工还有一些特殊的困难。主要是：第一，他们许多生在城市，在农村没有土地，也就是说没有生产资料；第二，他们长期在城市生活，对农业生产也不熟悉；第三，他们许多许多人没有解决户籍问题，因此，他们的恋爱、结婚，以致将来子女上学等一系列问题都需要妥善加以解决。我觉得对新生代农民工要给予高度的重视，因为他们逐渐地要代替老一代农民工。如果说最重要的问题就是推进户籍制度改革，让那些长期在城市生活和工作，并具备一定条件的农民工融入城市。当然，我希望他们多到中小城市和中心镇，享有同城市人们一样的福利待遇、生活条件，这是最根本的。谢谢。

网友问题与主义：总理您好！物价这几年都在“缓涨”，不少商品都联动涨价，虽然价格都在能承受的范围，但是这种趋势还是让人有些焦虑。总理，请问您注意到这个问题了吗？

温家宝总理：我注意到了，我从几十年的政治生涯中懂得两个问题可以危及到社会的稳定以致政权的巩固，一个是贪污腐败问题，一个是物价问题。我是从这样高度来看待物价问题的。因为我们大多数群众生活的水平还比较低，价格的上涨，特别是日用生活品的上涨，对他们影响很大。我曾经跟大家讲过，我每天要看价格表，甚至细到今天的粳米一斤多少钱、籼米一斤多少钱，面粉一斤多少钱，猪肉、牛肉、蔬菜，我一一都要看。我知道价格连着人们的生活。今年之所以提出把管好通胀预期作为一项重要任务，就是要防止在经济发展的过程中价格上涨过快，这样我们就给经济的发展、结构的调整创造一个有利的环境。我觉得解决价格问题，在中国最重要的是管好两条：第一，是要使货币发行适度。在当前我们还要实行适度宽松的货币政策，也就是说“适度宽松”，一方面保持经济的平稳较快发展，一方面能够管理通胀预期。第二，要保证农业的丰收。我们农业已经连续6年增产，连续3年超过1万亿斤。但是中国的耕地50%还是靠天吃饭，雨雪多了不行，少了也不行，这两天西南就处在大旱当中。我想这两个方面我们都不可以有任何的松懈。我相信，我们既能保持经济平稳较快发展，同时又能够把物价控制在合理的水平。

网友海底之针：我曾经读您写的诗《仰望星空》，还读过一些您写的青年励志的。如今青年对生活都没有乐观精神，但是您的话总能给年轻人带来信心和希望，您能不能给年轻人讲几句话，让我们在人生道路上走得更加有信心。

温家宝总理：其实要对青年人讲的话很多，我觉得青年人身上肩负着建设祖国的重任，这就需要努力学习，特别是要有严谨的学风和诚实的态度。不图虚名，不度虚生，唯以求真的精神做踏实的工夫。我这里想举一两个例子和青年们讲，有时候这些例子我想起来心里感到特别震撼。一个年轻人要勇于创造，但这必须下艰苦卓绝的工夫。如果不下艰苦卓绝的工夫，就不会有坚实的基础。我曾经看过朱光潜老先生举过一个例子，他讲法国著名的作家福楼拜，他和莫泊桑是老朋友，莫泊桑的小说写得很好，我们都读过。特别是短篇，福楼拜是个治学严谨的人，有人说他三个月写一句话。有一次莫泊桑把自己认为一篇很好的作品拿给敬仰的老师去看，福楼拜看了之后就对莫泊桑说，这篇作品只有付之一炬。他的要求是严格的。这又使我想起果戈理，大家知道他有一部《死魂灵》，第二部他写了十年，但是到他临终的时候他仍然不满意，在离开人世的时候，把这本书扔到了火里。我们确实需要一些仰望星空的人，心里装着整个国家和世界，同时又需要一些脚踏实地的人，踏踏实实地去做苦功夫。在一定意义上讲，一个国家的强大和信誉不仅仅表现在经济的实力，还应该表现在民族的素质和道德的力量，而且我以为后者比前者更为重要、更为长远。青年们要懂得这样一些道理。

网友小关：总理，您今天回答了很多问题，网上好评如潮，开创了网络民主新风，网络问政已经成为一个大趋势。我们还想问您一个问题，您明年还来吗？我们可以和您相约吗？

温家宝总理：我今天回答大家的一些问题，不一定每个问题都答得好，让大家满意。但是有一点就如同我去年所讲的，我是带着真情来的。我真诚地回答每位网友的问题，可能不全面，也可能没有解决每个人的问题。但是应该说是网民们帮助了我，知屋漏者在宇下，知政失者在草野。我们现在有4亿多网民，他们代表社会的一个很大的群体，而且也包含着社会的各个方面，倾听网民们的意见，开创了网络问政的新风。我开始就讲，我今天并不紧张，但今天我很珍惜，因为这样的机会不多了，我明年还来。如果说一句笑话，我们可以勾指相约。

**范例二** 广东省省委书记汪洋与网民的某次在线互动交流（节选）

【情景】 2011年7月4日上午9时，中共中央政治局委员、广东省省委书记汪洋等广东省领导以“共议社会建设，助力幸福广东”为主题与网友在线交流。

主持人：再看一位网友的问题，这位网友叫“梅州人”。最近一段时间媒体曝光了一系列有关食品安全的新闻，令人触目惊心，百姓在生活水平提高的同时，也越来越重视食品安全方面的问题。请问，当前我省的食品安全总体情况怎么样？这个问题是不是请汪洋书记来回答一下？

汪洋：食品安全问题是社会建设的重要问题，我刚才在网上的留言中也看了。有的网民讲，早上起来吃什么都不放心，谈何幸福？这话说得确实有道理。说老实话，我们这里的官员也没有特供，吃的东西跟大家一样，都是在街上买的，我们也有切肤之痛。

加强食品安全管理工作，我们已经出台了许多办法，但是我觉得最关键的现在是要严格执法，严惩肇事者。

最近一个时期，公安交警部门处理酒驾问题，我看了很有启发。酒驾问题过去有法律，屡禁不止，为什么？因为执法不到位。最近一个时期，在执法上较真，包括像高晓松这样著名的音乐人都因为酒驾而被刑拘，现在从酒的销售量上可以看到明显下去了。我觉得在食品安全问题上也要向治理酒驾学习，对肇事者严惩不贷。

我们跟网民在这里交流，这个问题治理更加紧迫，将在省里关于社会建设的决定上，加以强化对这项工作的要求。

今天我们出席网络交流会上也有这方面的负责人，我今天在这里跟大家表个态，也是跟领导们提出一个要求。要让罪犯对违法行为付出更大的成本，这样才能杀一儆百，遏制在食品安全上出现过多问题的状况。

当然，我也要承认，即便如此，也很难一下子解决，因为食品安全问题涉及的部门太多。

食品安全，据统计，光是我们省的餐饮单位就有 30 多万个，从事餐饮人数 300 多万人，但是我们进行餐饮监管的，全省只有 1000 多人，这需要建立一系列的法律法规。我相信，只要严惩不贷，就会刹住食品安全问题上屡出问题，出大问题的脚步。

我们会加大这方面的力度，相信食品安全问题会逐步好转。谢谢。

主持人：还有一位网友说点名给汪书记的。汪帅，据说你是经常用 I-PAD 的，您那么时尚，应该会经常看网友的帖子吧？我个人认为，现在的问政不好玩，都是告状的，是拷问政府的多，是单向的，真正的问政应该是双向的，应该是官民共建的。不知道您有没有想过，拿一些有意思的题目，比方说社会管理创新等，让我们网民来帮您破题解难？当然您可以出一点奖金来嘛。

汪洋：应该说你提出的拿一点奖金征集大家的意见是一个好主意，我们可以研究。我是用 IPAD，是因为我觉得这种先进的科学技术的成果对我的工作提高效率非常有帮助。不是因为 IPAD 的时尚，而是因为它实用我才用它。我的工作任务非常紧，像是一个装满了石块的瓶子塞得满满的，但是装满石块的瓶子可以倒水进去，那么我用 IPAD，实际上它可以有效地利用我碎片化的时间，这也是所有用 IPAD 的人共同的感觉，很多碎片化的时间我可以使用，可以随时拿出来使用。

第二是技术上的强大支撑，我可以在上面看我任何想看的资料，然后将这些资料集中到一起。所以我到德国去，别人觉得好像我对德国很了解，实际上我都是看来的。当然我也在网上看留言，也看微博，昨天晚上还在看。看一看可以了解网民的需求，知道网民的意见，也看到很多网民骂我，把我说得一塌糊涂，当然我也看到挺我的。我觉得都是正常的，网络最大的好处就是这样，可以表达各种各样的诉求，我们作为一个公众人物，应该正确地对待各种不同的意见，甚至是骂我们的意见。

而网络问政确实不仅是问的问题，我认为网络问政实际上是问政的一种方式。对于广东五千多万网民，占我们人头的50%左右，这样一个强大的群体，我们不重视是不行的，但是我也说老实话，网民并不代表所有的广东民众，还有很多人，包括很多农民是不上网的。所以我觉得要真诚地倾听群众的呼声，真实地反映群众的愿望，真心地关心群众的疾苦，问政的方式应该是多样化的。当然也包括网络问政。网络问政首先应该是平等地问、虚心地接受，不计态度、不问来历。为什么领导可以发脾气，群众不能发脾气呢？为什么领导可以骂娘，群众不能骂娘？应该有这样的态度，第一是在问。第二是要真心地问、负责地答，问什么问题都要真心地问，答都是要负责地答，不搞形式、不走过场。第三是认真地办、系统地理，不马虎，不就事论事，不能只是问，问了之后还是要办的。

对比较有代表性的问题，我们省委办公厅实际上也在办这些事。另外还要系统梳理，就是从网民的意见中理出来带有倾向性的、规律性的东西去完善我们的制度、完善我们的法规、完善我们的工作措施。网络总体来说还是一个新东西，网络问政更是新事物，现在有些做得比较好，有的还做得比较不好，但是我们希望能够不断地完善、不断地改进，我们也希望通过网络能够沟通交流，进一步密切党群关系、政群关系，增加相互之间的了解，为建立一个和谐的社会搭建一个好的制度平台。

谢谢！

## 范例三 湖北省省长李鸿忠与网民的某次在线互动交流（节选）

【情景】2008年，湖北省省长李鸿忠与网民进行在线交流。原定45分钟的访谈，最后长达2个多小时。李鸿忠对湖北发展的诸多数据铭记于心，对湖北的热爱溢于言表。他面对网友的问题妙语连珠、侃侃而谈，并对网民投诉问题进行了直接的回应。

主持人：非常好的祝愿啊，待会儿我们会有一个网友有机会现场提一个问题，看看一会儿谁有这个幸运了。好，其实大家都是怀着很大的热情来参加在线访谈。那现在我就要代网友们问第一个问题了。李省长，去年您刚到湖北上任时，曾经说过这样一句话，您说您是湖北人民的打工仔。一年过去了，您对自己这一年来的“打工”经历怎么评价，有何感想？

李省长：我去年11月到湖北工作，现在正好一年多了，打工仔这个说法确实是我说的，因为广东省当时有非常多农民工给改革开放作出了贡献，我到了湖北之后以打工仔自称也是想体现人民公仆的另外一个说法，就是来湖北效力，来湖北勤勤恳恳地工作。整整一年了，对我来讲是感慨良多，收获很多的一年，因为我在湖北工作一年，恰恰赶上了我们湖北人民与全国人民一起度过了极不平凡、极不寻常的一年，……这一年可以说确实是极不平凡，极不寻常。老百姓说是大喜大悲的一年，我们湖北在这一年当中也经历了经济社会发展的不平凡的历程，我也有幸参与湖北这一年不平凡的历程，我感到非常荣幸，一年下来体会很多，感慨很多，但是我觉得最大的体会我还是感觉到湖北是干事创业的好地方。但凡一个地方要想干事业，干好事，把事情做好，都需要天时、地利、人和三个方面的条件，我认为湖北这三个方面的条件可以说都是优势，都很好。

……

主持人：好的，我们网友也是一同期盼着湖北的发展，您所希望的也是大家共同企盼的。您能给我们介绍一下湖北当前经济发展的形势吗？

李省长：好的，天下兴亡匹夫有责，湖北是湖北人民的湖北，湖北的发展要依靠全省人民共同地奋斗。湖北今年经济发展的形势应该说总体上保持了平稳较快的趋势。……那么，2008年，我看还有一个星期的时间就要过去了。在2008年即将结束的时候，新年元旦即将来临的时候，我也借这个机会衷心祝愿我们各位网友在新的一年，在2009年，身体健康，生活愉快，事业成功。祝我们全体网友幸福吉祥！

主持人：那我也相信刚才您说的战胜困难的心愿也是我们网友所期盼的，那么网友肯定和我有一样的感受，省长竟然能把那么多的数字烂熟于心，真是非常令人感动。那么下面我也跟省长说几个数字。我们这次在网上的“省长与网民在线对话”问题征集活动，三网相关新闻浏览量达160万条，一万多人次参与讨论，给省长的提问则多达3500多个。荆楚网东湖社区主帖点击量20万次。不仅如此，我们湖北手机报用户回馈近千条。有位名叫“中国之心”的网友说，荆楚网的“东湖社区”是湖北网民最集中的地方，里面有非常多的对湖北经济社会发展的讨论，不知道李省长有没有上来浏览过。另外，他提到湖北省政府门户网也有“省长信箱”、“公众诉求”、“在线交流”等互动渠道，不知李省长有没有时间常看看网民的建议和意见？另有网友“高罕”说，希望李省长把深圳的那套工作作风带到湖北来，还有深圳的管理模式也带过来，大刀阔斧地在湖北再来一次深圳速度的改革。不知道是否可行？

李省长：听到你刚才说这么几个数字，我确实很高兴，有这么多的网民关心党和政府的工作，关心湖北家乡的建设，关心我本人的一些工作，我感到非常好。我也没想到能提这么多的意见和建议，这么多条，这是我没有想到的，可能是大家期盼很大，把大家胃口吊得很高，但是我料很少，不知道能不能满足大家。刚才说的东湖论坛我也有浏览，但是我工作很忙，时间比较少。可是我给办公厅布置了任务，让他们把网上网民对政府工作的批评建议，无论是什么方面的都要收集归纳起来，供政府决策参考，能改善的我们尽量改善，不能办的我们也要尽量和网民解释。我觉得作为一个民主、法制、公开、透明的人民政府应该高度重视网站这个渠道的信息。我是这样看的，我可能平时由于工作比较忙，上网浏览时间很少，但是我对这个是高度重视的，我认为网民的意见对政府的工作有四个好处：

第一个，它本身就是一个民主的渠道，信息来自于不同的方面，而网民在网上表达很充分，也很随意，这往往把他真情的一面表达出来了，民主就是大家都关心，都参与，这就是民主的一个现象，通过这么多的网络，有这么多的网民来关心，这是一个表达民主的渠道。

第二我觉得它是政府用来决策的富矿，政府要把很多的意见收集上来，而网络上的意见非常多，价值也很高。我觉得湖北的群众天下兴亡匹夫有责的责任意识很强，家乡建设得如何，和大家都相关，这种紧密的联系感也很强，那么作为政府决策的参考是非常有价值的。

我觉得第三个，实际上是进行科学民主决策，它是采取一种形式，吸收大家的意见，往往现在看，通过信访的形式，网络的形式，能够收集到其他地方收集不到的信息。另外一个，这是一个校正体系，任何一个决策都不可能百分之百健全，都应该在互相的反馈当中校正，逐渐达到最佳或者比较好，那么有这些意见反馈到政府这里，我们就会不断地健全、修整、调整原来的意见，所以网民的意见是很好的。有这么多网民对政府工作重视，就是湖北兴旺发达的前提条件之一。众人拾柴火焰高，大家都关心，这个是非常好的现象，就怕大家麻木不仁，就怕政府怎么干大家都漠不关心，这就没有希望了，这个现象很好。

至于说谈到深圳模式，因为我来自广东，在深圳工作一段时间，大家有一种盼望、期盼，就是希望能把深圳的那一套搬到湖北来，我觉得愿望可嘉，也是值得思考的。但是我是这样看的，一个地方的发展必须要依据本地区的特色，必须要根据本身的实际，不能超越现实，不能超越本身的条件，那么这样才能把本地发展搞得有特色。但是有一点我觉得深圳经济特区是改革开放以来我们中国共产党执政的杰作，是中国特色社会主义道路成功的一个代表作，那么它的一个很鲜明的特点，带有灵魂的东西就是改革创新，就这一点上看，我们湖北要充分地借鉴、吸收、吸取深圳和全国其他地方改革创新这方面的经验。罗书记在最近发表了解放思想方面的文章，罗书记也特别强调，如果讲湖北发展不够，最大的不够是解放思想，改革创新不够。我也认为罗书记讲的是非常好的，如果说我们湖北的发展应该说我们改革创新的力度有多大，我们改革创新的深度，我们改革创新的力度，我们改革创新的领域就决定着我们湖北发展的进度，发展的程度，所以说非常重要，我们要特别借鉴深圳经济特区的发展经验。

希望网友继续地、大量地、毫不遮掩地、原汁原味地反映大家对政府工作的意见，包括对我工作的意见。

### 范例四　普京与网友的某次在线互动交流

【情景】 2006 年 7 月 6 日俄罗斯前总统普京在克里姆林宫通过互联网与网友在线互动，并回答来自世界各地网友的问题。

一个刚刚做父亲的网友：普京先生，您认为他出生在俄罗斯是不是一件幸运的事情？请给我你的真实答案。

普京：这就像我们不能选择我们的父母一样，我们也不能选择我们的出生地。首先，我想要向这位网民喜得贵子道贺，我要祝贺他的儿子的出生。这是一件非常好的事情。这个问题，我个人理解的是，关系到未来，我们的未来。我想如果我们保持目前的发展趋势、经济增长率和社会部分的增长率。毫无疑问，在 10~15 年的时间，我们的国家的生活水平会与欧洲其他国家的差距不断缩小。我们的国家幅员辽阔，具有丰富的人才资源和自然资源。对我们的国民来说，我们的国家一定会成为一个非常舒服的家园。但最重要的一点是，我最想实现的，我们的国家为每一个人都提供机会，每一个国民都能在这里获得成功，实现他们的目标。要创造这样的环境并不是一件轻松的事情，这需要更多的人才资源和自然资源，这需要建立必要的法律和行政环境。我们将为此而努力，我坚信俄罗斯的未来是光明的。

BBC 记者：我们网站最关注的问题是关于腐败问题。这个问题是新加坡的 KeithMalin 提出来的。他说他在圣彼得斯堡工作了四年，普遍的腐败成为他的日常生活和工作的一个很大障碍。他想知道“如何解决这个情况？一个警察来拘留你，审讯你，为了脱身而不得不行贿。”

普京：这里实际上涉及两个问题。首先，问题是腐败，其次问题是对外国人的看法。这两个都是非常严肃的问题。涉及腐败问题，在经济增长和国家处于过渡时期，腐败问题可能会非常猖獗。这已经成为俄罗斯一个非常遗憾而又严肃的问题。我认为，不仅在于我们的经济正进行巨大的变革，目前我们的经济正处于从计划经济过渡到市场经济期间。还因为在“前苏联”时期盛行的老的道德观念正在崩溃，但是政府机构却没有进行太大的改革。在“前苏联”时期，计划经济导致许多重要的决定由个别官员作出，而且对于现在的莫斯科的官员和地方官员来说，他们还都想保留这些特权，这和市场发展、经济体制都是相抵触的。我们希望可以出现更多的中产阶级，这样可以有效解决官僚作风并打击腐败，因为中产阶级的壮大可以帮助促进社会文明法制化。还有执法机构也必须效忠于国家，给贪污腐败问题以强大的压力。当腐败问题牵涉到在俄罗斯的外国人时，我们知道在其他国家这个问题也在日益增长。在外国人大量进入、移居到国内后，本土的人们感觉到自己的利益没有受到足够的保护，比如劳动力市场上的形势，这样的矛盾有时候变得很尖锐，甚至导致犯罪问题的发生。第三点是和恐怖主义的斗争问题。我甚至赞成无政府组织的一个说法不要把打击恐怖主义作为违反人权的幌子，对于整个国家和社会来说，要解决一系列严重的问题就有必要把很多过程复杂地统一起来。我们看到了这些问题，而且我们将义不容辞地面对、解决它们。

问：总统有犯错的权利吗？如果是这样，那么可以犯哪些错？

普京：我认为每个人都有犯错误的权利，政府首脑和国家首脑也是一样。毕竟，你首先是作为一个人，然后才是作为一个政治家、老板或是其他的什么身份。但是，我们必须理解，高层领导作出的决定往往会影响很大。上百万人的安全和福利问题取决于他们的决定。我想说，总统作为国家元首的最主要工作，是需要保持持续的责任感。国家元首永远也不能丢失这种责任感。

问：我给你投票，但是国家正越来越远离民主。国家没有强力的反对派，也几乎没有选举，甚至没有独立的电视和广播。你什么时候计划在俄罗斯实施民主？

普京：老实说——这也是一次诚实的讨论——我怀疑维塔利是否给我投了票。我不排除他给我投了票的可能性，但是我保留我自己的怀疑。就这个问题本身而言，我想说目前我们正关注民主和自由的问题。我能肯定如果我们没有民主和媒体自由的话，俄罗斯是没有未来的。如果我们不这样做，俄罗斯在解决腐败等问题上也不会取得成功，经济也不能保持较高的增长率。我们选择了自己的道路，不是因为我们被迫这样，而是因为我们认为这是国家发展最好的道路，我们也将坚持这条道路。我也不认为在前些年我们有完全的新闻自由，因为当你看电视的时候，国家电视台总是被不同的寡头政治集团所控制，他们不仅仅支持他们代表的官员，还保留有自己的武装警卫在必要的时候对人们进行恐吓。我们也知道发生了一些惨剧。如果我的记忆是正确的，今天的俄罗斯有 3000 家电视和广播公司。即使我们想控制他们，也是不可能做到的，很明显这是不可能的。此外，有线电视正在活跃地发展，并且有采用数字技术的趋势，我们不但不会阻挠这一过程，还将以各种形式进行扶持。这为在大众传媒中发展民主打下物质基础。对于出版物来说，数量已经达到了数万种。尽管不能给出确切数字，我估计有 40000 左右。其中很多出版物都是西方投资者创办的。不过，我还是很高兴有人提出该领域的问题。这说明，人们开始有了自己的观点，并不一定与国家领导人的观点一致。我认为，我们今天可以聆听维塔利的观点正说明民主情况是好的，并且朝着正确的方向发展。

问：国家电视频道仍然在国家的有效控制之下。你是否不同意那些外国的印象认为俄罗斯正越来越集权？

普京：不，我当然不同意。我们有国家电视台，是纯粹的国家电视台，包括全俄罗斯国家广播电视公司和俄罗斯广播电视公司，它们的作用就是用来表达国家的观点。此外还有联合股份公司第一频道，它的股东包括外国投资者。另一个国家电视台是俄罗斯电视网络，这是一个属于国有股份制公司的电视台。我也知道，在西欧，许多号称独立的传媒公司实际上也是由国家掌握一部分股份的公司所有的。因此我们的做法也没什么值得惊奇的。这个问题本质不是国家是否控制了一两个公司，而是我们采取什么措施来提高整个网络的独立性。正如我所说的，我们有 3500 家独立的电视和广播公司。我们即使想要完全控制他们也做不到。这对于出版物就更显而易见了，因为有 40000 之多。

问：所有人都认为俄罗斯人有强烈的民族自豪感。那么作为一个俄罗斯人，你最自豪的是什么？你感到最羞耻的又是什么？

普京：我认为所有的俄罗斯人都有资格为他们的祖国自豪。俄罗斯是世界上重要的领袖国家，因为它有伟大的文化，俄罗斯文化是世界文化的重要组成部分。俄罗斯民族为世界文化宝库创造了浩瀚无边的无价的财富。我认为今天参与讨论的人没有一个不知道柴可夫斯基、托尔斯泰和罗巴切夫斯基，没有人不知道我们的国家发射了第一个卫星以及送上了第一名宇航员加加林。我们还有很多别的东西是值得自豪的，例如我们为二战中赢得对纳粹的胜利作出了决定性贡献。我们承受了巨大的损失，但是这彻底毁灭了纳粹在东线的战争机器。但是我认为只有我们积极地平等地融入国际社会中，而不仅仅是作为欧洲大家庭的一员，我们国家的未来才有保证。这是我们正在努力的方向。对于俄罗斯联邦总统的工作成果，即使谈不上自豪，至少我还是满意的。我们已经显著地改变了国家的社会经济状况。在 90 年代中期，人们经常会几个月甚至几年得不到工资。养老金和军人工资也无法发放。但是这一切已经过去了。确实，物质生活水平还比较低，人们也对此有许多不满意，但是我们现在有一种全新的经济体制。多年以来我们需要外界援助，我们对于我们的伙伴在俄罗斯社会经济转型的艰难时期给予的援助表示感激。但是，现在的俄罗斯经济不仅可以偿还这些债务，甚至还可以提前偿还。我们很高兴可以就此问题与“巴黎俱乐部”达成协议。既然我们的经济已经发展了，我们就应该援助那些发展中国家，我们也将这么做。同时，坦白地回答什么是让我感到羞耻的，我觉得是尽管俄罗斯比较富有了，国内仍然有不少穷人。我们将采用一切手段来提高人民生活水平，改善生活质量。我认为我们在未来的几十年间就能达成这个目标，不会太久。

问：在冷战时期，在克格勃工作是怎样的？那段工作经历对于你当总统有没有什么帮助？

普京：谈到我在克格勃的工作，我经常会遇到此类的问题。当时，我们生活在不同的国家，世界形势也与今天不同。当时有一些人在执法机构，包括外国情报机构中工作，这也正是我曾经工作的地方。他们做一些必要的工作，保证国家利益不受侵犯。如果我们把意识形态问题放在一边，这份工作正是像我刚才所说的为了保护国家利益。进一步说，我们的对手也和我们有着同样的目的，做着同样的事情。那个年代中两个不同的政治组织相互对峙。幸运的是，这样的事情已经过去了，我认为过去的事情不会阻碍我们向前发展。有人问到那段工作经历是否对我现在有帮助，我想这是当然的。一方面，做情报工作需要有广度和深度，无论是在国内方面还是在国际方面。另一方面，我学到了很重要的与人相处之道，包括尊重工作伙伴以及多为他人利益考虑。

问：我读了网站上给您提出的各式各样的问题，我对它们的内容很好奇。一些琐碎的问题似乎比严肃的问题更被人关注。互联网是一个年轻人和成功人士的地盘。如果一个国家的年轻人都那么肤浅的话，国家的未来会怎样？类似问题是：总统先生，你从俄罗斯人的提问兴趣中能得出一个什么结论？

普京：我开始回答最后一个问题。对这个问题的分析将有助于我们的实际工作，因为它使我们了解公众的兴趣是什么，并且直接告诉我们什么样的问题才是我们国家或某个地区应该优先关注的。我感谢所有今天参与此活动的人。此外，我保证尽管有些问题今天没有作答，我将在不久以后在网上作出回答。

## 范例五 敬一丹等人做客新浪网论坛时答网友提问

【情景】 2002 年 8 月 31 日，新浪网论坛邀请了央视主持人敬一丹、北广教授于根元、作家肖复兴，共同探讨网络语言日益渗入主流文化这一文化现象并回答网友的提问。

网友：网络文学还有发展吗?

肖复兴：我认为还是有的，因为文学的载体发生了很大的变化，传统的文学载体基本上是纸面的，来源于比较遥远的农业古代的时代，现在时代已经发生了很大的变化，已经进入了电子网络时代了，文学作为载体来说，应该会更加丰富。随着时代的不断发展，纸面文学载体还是有保留的必要，因为保留了人们对过去的怀旧、古典的向往。跟传统的载体相并存的网络文学，有了新的载体，跟人们互动的关系更加强烈了。而且在网络文学中，人们可以直接地发表自己的见解，而且不需要任何的方式，就可以直接贴上帖子就可以发表自己的作品，而且可以随时随地地修改自己的作品，因此网络文学具有纸面文学不具备的特点，当然有其发展的前景。

于根元：网友可能看过去年在《当代》杂志第一期、第二期连载的一篇小说，是上下部，原来就是在网上首发的。这是网络文学最近比较好的作品，编者的评价也比较好，认为比痞子蔡的《第一次亲密接触》好一些。网络文学这些作品，语言的特点不是在于是否用了“青蛙”或者是“恐龙”，而是语体比较直截了当，比较尖锐，比较深刻。

网友：敬一丹老师，在比较正式的电视节目中，虽然语言比较严谨，比较完美，但是是不是会有点缺乏变化呢？有没有想过在语言上有更多的突破？

敬一丹：某些节目上有这种现象，我们每天做的工作，就是让我们的语言，官方的语言和正式的语言，以及民间的语言中找到一个结合点，如果能够结合好，这就是一个比较容易被人接受的媒体语言了。

网友：20世纪80年代初的时候，电视方面的语言很受港台流行的影响，甚至到今天，台湾和香港主持风格对今天我们的电视语言还有很大的影响。

敬一丹：应该说还是在某些节目中，如在娱乐节目中影响比较大一些，但是在新闻类的节目中受到的影响比较小一些。在地方台受的影响比较大一些，尤其是靠近港台地区，在北方台影响好像小一些。在某些频道可能多一些，如娱乐类的，在其他的一些频道中，有的基本上可以说没有受到什么影响。这个事也不能太夸大，有人曾经非常不安，就认为所有电视节目的声音应该完全极其正规的，一级甲等的普通话，但是在南方一时做不到，或者有人认为那样好，这种情况只存在某些节目中。

主持人：今天我们也非常想了解一下各位专家，因为你们在各方面可能都是语言的善用者，可能在不同的领域中。关于新词新意，可能随着时代出现比较特殊的词。确实，语言在不同的场合有不同的用法，请三位老师谈一下现在出现的很多新词，认为它们的出现，会使我们的文化更推进还是更低俗了？

敬一丹：我认为不应该是低俗，而是更加多样了。

于根元：我认为多样，就是一种丰富，多样也是很好的。语言当然是有泥有沙，是有龙有鱼的，语言就是这么一回事，什么都有，不可能很纯洁，但是要有一个基本的估计，我们这几年的语言总的情况是怎样的，我同意敬一丹的说法。这么多年来，当前的语言是最活泼、最生动的，有了这么一个基本的框架，语言重在建设，而不是重在治理。同时要看到问题，但是要看到问题的性质、量和程度，要有一个总的评价，不是说不管，而是说要进行引导。

肖复兴：上次在国家语委的会议上，我说到泥沙俱下，也受到了一些人的批评。刚才于老师说的很对，要进行一些梳理的工作。我们现在不希望国家的政府部门，或者说有关的职能部门，下一道命令进行规范，什么该说，什么不该说，什么在文件中说，什么在生活中说，这是不对的，文化的问题应该用文化的方法进行解决。篮协为什么给王治郅一个处罚，如果不用这个方法来解决，肯定是会出现问题的，这次篮球我们肯定无法进入前八，这对国家的损失谁来承担责任？同样面对今天丰富多彩的语言现象，我不是用文化的方法来解决，而是乞求用行政命令的方法来解决，我很担心。

网友：网络语言这么说没有问题，尤其在一个圈子，现在谈到恐龙、青蛙、菜鸟、大虾，可能还好理解。但是在传统传媒、报纸和电视中，是不是也可以使用这些语言？

敬一丹：对象不一样，所以要用不同的方式。语言是进行交流的，要见什么人说什么话，媒体面对什么人，就要用什么样的语言，电视这种传媒是大众的。像我们新闻类型的节目，我们面对的都是最普通的大众，我经常面对镜头的时候就想，我可能面对一家子，有可能住在中国很偏远的地方，对他们来说网络语言可能是另外一个地方的语言，跟谁语言（说话），这是首先要清楚的。负面来看，网络语言是乱七八糟，从正面来看，可以说是生动多样，就看你怎样来看了。比如说 50 年代、60 年代，以至于 70 年代，那时是千人一声，那是好吗，那是纯洁吗，那是真实的语言吗？那是一种人们之间很自然的语言交流方式吗？如果我们用历史的眼光去看，我们今天面对的语言现象，其实是很乐观的，是很生动的，让我们的生活这么有创造性，年轻人的创词能力怎么这么强，人们怎么这么敢说话，这都是进步的表现。至于说年轻人当中出现的语言现象，我认为根本不需要大惊小怪，有些年轻人说别人没有说过的，或者觉得某个词特别有冲击力，或者特有时代的感觉，我觉得，他多半不是特别排斥特别正规的语言，而是追求一个修辞的效果。

网友：肖复兴老师，将来的网络文学是否可以融进主流，或者取代传统文化？

肖复兴：对于纸面的文化，我刚才讲了，诞生于农业时代。农业时代诞生的很多东西都被淘汰了，如马车等，但是在农业社会中所诞生的文学，为什么还会有经久不衰的魅力，恰恰是传统文学经典性所在。对于载体不同的网络文学，我相信今后会有长足的本身的发展，也会有其一个天地，但是要取代传统的纸面的文学，是不可能的，也没有必要让它取代传统的纸面文学。在现在的时代中，新形式的艺术形式已经很多了，但是传统的京剧和昆曲还是存在，在英国传统的莎士比亚的戏曲还是存在，这不是非此即彼的，这不应该是现代人的思维方式。

主持人：就如电视剧的出现，并没有影响我们到电影剧场去看电影一样。一个时代有一个时代的歌曲，或者是一个时代有一个时代的语言。最后一个问题，对孩子来说，对现在的流行语言应该采取一个什么样的态度？

于根元：可以告诉学生要先来后到，先学好书本上的，如果是社会上好的、新的，学生知道也是好的，可以及时引进到教学中，可以恰如其分地顾及一下青少年的能力。以前我们也说过，《水浒传》是不能看的，《红楼梦》是不能看的，看了以后会怎样，但是现在看了又怎样了。我现在发现大学生的语言表达能力有很大的问题，是不是在学校教育就很好？

敬一丹：对于基础阶段的青少年来说，现在我们经常会告诉孩子什么是对是错，告诉的是一个标准，除了对错之外，在对语言进行引导的时候，更应该告诉孩子什么是好的，要推荐中国最优美的中国语言文字，使得他们在审美倾向上，能够接受纯正的优美的语言，慢慢他们就会提高自己的鉴别能力，这比硬性地给孩子一个规定的标准，或者告诉他不许怎样，或者不能怎样，效果会好更多。

肖复兴：这其实牵涉到我们对传统文化的一个认识，我们的思维方式很容易非此即彼，这其实是不好的。对于流行文化的一个基本认识，实际上历来，不仅是在中国，在国外也是这样，有截然不同的学派，流行文化简直就是十恶不赦，但是另外一派对流行文化的看法又截然不同，所以我们应该对流行文化有更加全面的认识。这样的话，我们对这个问题能有稍微准确一点的态度。无论是大众文化也好，还是传统文化也好，都有其自己不断更新、不断改进的方面，不是说传统文化就是一好百好，也不是说流行文化都是坏的，流行文化和传统文化都有自己不断发展的要求。现在我国的流行文化，我自己个人认为，还是非常薄弱的，还需要不断地丰富、发展流行文化。如我们的流行歌曲，我们的流行歌曲跟世界上的流行歌曲相比，差距是非常大的，我国的摇滚乐，跟世界上的摇滚乐差距非常大。同样，我们的网络语言，各个方面，都是需要我们自己不断地提升，这样才能使孩子，在不断提升的过程中，提高自己的鉴别能力，知道什么语言是高尚的，什么语言是美的，什么语言是有助于自己健康的。这才是一个正确的态度。

## 范例六　台湾“急智歌王”张帝与网友的某次在线互动交流

**【情景】** 台湾著名的“急智歌王”张帝到某报社做客，通过在线视频和访谈形式与网友进行现场互动交流。

网友：你以前是外科医生，为什么改行唱歌呢？听说你当初为了唱歌，怀里揣了200台币就出走了？

张帝：人生每个人的想法不一样。我从小生长在医学家庭，爸爸是医生，是开医院，是医生世家。在一般的传统里，长子要承父业，老大要跟着爸爸的岗位走，我爸爸就让我学医，我就学医了。换句话说，实在没有办法，我看我爸爸一辈子当医生，在家里守着，又是外科医生，压力很大，对我来说是虐待。而且看到每一个病人，每一个人说张医生我这难过，我这不舒服，没有一个人看着我是笑脸，都是愁眉苦脸的，弄得我感觉整个人生很暗淡，我为什么对人生充满愁，因为没有欢乐。对我来讲，这样的人生我不要，这样的日子我不要。不管一个医生人家对他多么的尊敬，他的社会地位有多高，收入有多高，这是我不能从事的。我在台上唱歌，跟大家同欢乐了，看到大家的笑脸，这是我的人生。我跟爸爸说我不想当医生，想唱歌，爸爸就说可以，你离开这个家就可以，不当我的儿子就可以，我觉得这不公平，把唱歌这个职业认为是很低贱的事业，我觉得不公平。讲得难听的话，我在舞台上表演，带来欢笑，让人们喜欢它是多难得呀。这么好的职业，这么难成功的事业，不但要靠努力，而且要靠机运，这么难的事业怎么被看成低贱呢？我的自立也好，我的家庭也好，我在这样的状况下选择了这个职业……我参加了各种不同地方的学习，终于在几年后，我在一个夜总会里面考试被录取了，开始了我真正唱歌生涯。我总觉得皇天不负苦心人，只要你坚持，不管条件怎样，你想要做一定会成功。讲良心话，你看仔细点，我像偶像吗？不是。我虽然不好看，但很可爱。看久了以后你会觉得越看越可爱了。而且人是习惯动物，你看惯了我倒挂八字眉的话，你也不会觉得讨厌了。这次我来北京演唱，我只想走进北京朋友的生活里面，为什么呢？我带给你开心，带给你快乐，带给你一些意想不到的乐趣，让你觉得存在，让你觉得你被看到了，这些感觉都蛮重要的。

网友：张先生，你想到什么时候退休吗？

张帝：唱歌是我的生命，非常开心的是我从来没有把唱歌当做是一个事业，因为唱歌是我的乐趣。只要我能动，我嘴巴能张，只要有人要我，我想退休这两个字在我来说的话，它似乎不在我的字典里面，我只能说我唱到不能唱，我唱到没有人要我唱，我想那一天才是我真正退休的日子。不过唱到哪天就不知道了，再说吧。

网友：每次演出你有没有最害怕观众问你问题。

张帝：有，我最怕观众问下一个问题。因为他问你不能作答的问题是非常痛苦的事情。我说幽默不是下流，好笑不是低级，你在台上怎么开玩笑都可以，但不能讲落伍的话。每个地方都有不同的人，有时候会出一些好奇怪的问题，有些问题让你无从作答的，你讲比较粗俗、不堪入耳的东西，我不理你不行，我理你又唱不出来。我希望大家帮帮忙，什么问题都可以问，但低三下四的东西，拜托拜托，我真的不知道怎么回答。

网友：你怎样保证自己的观念，回答问题不落伍呢？

张帝：我每天至少看两个小时的书，讲句实在话，电脑拿在我面前，我一点都不陌生，ICQ，MSN、雅虎，内地的新浪呀，对我来说，它在我的生活里面。按说 60 多岁的老头不知道电脑也正常，不是。我的记忆卡是 128，目前都是最前卫的，我的记忆体是 512，再加 512，现在是 1G 的机体，我的手提电脑都带着的。我永远觉得在生活里面我不应该脱节，该知道什么就知道什么，该玩什么就玩什么，我还玩网络游戏。在我的日子里面，我觉得新的资讯跟新的事物、新的生活的方式或者新的资讯，我们都应该去接受它，并不因为你年纪大，而不应该玩。不是的，年纪大对你能不能接受新生事物是两回事，所以张帝永远年轻，我实际年龄 62，真正年龄 26，我不骗你。

# 第四章

# 媒体采访情景应对

## 范例一 杨振宁接受《华商报》采访时的作答

【情景】 作为现当代科学界最重要的物理学家之一，杨振宁的一举一动备受瞩目。近日，由学者江才健撰写、更为全面讲述杨振宁人生的书《规范与对称之美——杨振宁传》面世，在和小自己54岁的翁帆结婚引发的喧嚣之后，杨振宁再次成为关注的焦点。在北京中关村一家书店，杨振宁接受了《华商报》记者的专访。

《华商报》记者：杨老，不知道你对“浪漫”这个词是怎么界定的？

杨振宁：啊？呵呵，这个……我想，徐志摩就是一个浪漫的人。大家都知道，他的一生是悲剧，而悲剧的原因就是因为他太浪漫了。可是，大家都被他的悲剧感动得厉害。不知道，我这个界定，准不准确？

《华商报》记者：在《规范与对称之美——杨振宁传》的后记中，你说，将来大家会知道，你和翁帆会是一个浪漫的爱情故事。可以和我们说说你们之间浪漫的事吗？

杨振宁：我们可无法像徐志摩那样惊天动地。怎样算浪漫呢？我们出入都拉着手，电话求婚算吗？其实，我和翁帆的生活，除了在外旅行，基本上都是居家生活，和所有相爱的人在一起一样，一时也想不起还有什么浪漫的事。不过，我想，30年之后，随着社会进步，应该会有很多人回想起我和翁帆的事，会觉得很浪漫的。

《华商报》记者：在你决定跟翁帆结婚时，你们讨论过未来吗？尤其是孩子的问题？

杨振宁：其实我们都知道，孩子问题是任何一个婚姻都无法避免的问题，哪怕像我们这样相差了54岁的。可是，其中的原因实在太复杂，我也无法详细说。翁帆应该和我一样，都长时间考虑过，但我们从来没有就此展开讨论，准确来说，这是一个没有结论的讨论。我这样说，大家应该也可以理解吧。我想我们不宜要孩子，因为我一直在想，如果我不在了，翁帆一个人带着一个或者两个孩子，那将是很困难的事。

《华商报》记者：对于你和翁帆的结合，当时也小有非议。在你之前的新书《曙光集》中，你甚至还将一篇回应批评的短文收录其中。看来，你对此还是非常在乎的。很多人都说，只看你的人生阅历，你应该看得很开才对。

杨振宁：我和翁帆交朋友的时候，我们就预想过，社会反应会很激烈。可是我和翁帆深受西方思想影响，认为这是很私人的事，可以不去管它。可是社会反应还是让我们惊讶了。批评我们的人，有很多是一种文化传统上的自觉批评，这种讨论没有意义。可是还有一些，是毫无道理的，拿自己的问题来影射我们，那就莫名其妙了。就比如我们回应的那个对象，香港那名女作家，自己想发点牢骚，却把我和翁帆来当例子，我们当然就要回击了。这和人生阅历没关系。批评我不要紧，但不能不尊重我。

《华商报》记者：在和翁帆结婚后，你曾在公开场合说过，如果没有和翁帆结婚，你也可能和别的女士结婚。为什么？另外，为什么是翁帆，而不是其他女士呢？

杨振宁：在太太去世后，19世纪英国著名数学家哈密顿过了相当漫长的孤独日子，甚至在书页上都有饮食的污渍，我不要过这样的日子。呵呵，我这个人是很老实的。我自己有自知之明，一个老年人的孤独，我很怕的。所以人家一问我，我就很老实地回答，如果我没遇到翁帆，还是会再婚的。至于为什么是翁帆？我想，她是一个心地善良、没有心机而且很自然的人，还和我有很多共同的兴趣，在生活上照顾得我很好。

《华商报》记者：从2004年和翁帆结婚至今，马上就7年了。中国人讲“七年之痒”。这7年，你和翁帆之间出现过矛盾吗？普通人都会认为，54岁的年纪差距，应该也是有不少代沟存在的。

杨振宁：所谓代沟的内涵，就是容易产生冲突。我和翁帆的经历完全不一样，年龄差那么多，当然有代沟，而且不是一两层。可是，代沟对于我和翁帆却形成了正面的影响，没有冲突。代沟使得我们彼此对于不同时代、文化传统，一切一切多了一些认识，增加了两个人的视野。我们在外旅行时，如果参观博物馆或者美术馆，会玩一个小游戏，就是在里头参观时不讨论，出来后交换意见，看各自喜欢哪一幅。此时代沟根本就不是贬义词了。

《华商报》记者：你的一生，除了杜致礼和翁帆，还有一个人，注定在提及你时，总会被提到。他就是李政道。你曾说过，和李政道的决裂，是你人生一个重要的悲剧。是什么让你如此难过？

杨振宁：所谓悲剧，指的是本来可以是非常完美的事，但最终没有变成完美，反而转变成负面的东西。在1946年到1951年期间，我是他的长兄、他的师长；1951年到1957年，我引导他进入统计力学与对称原理的研究，这段时间，我们亲密无间，亲逾兄弟；可从1962年开始，我们发生了不能化解的冲突，就此决裂。所以说，我和李政道是个悲剧。

《华商报》记者：此前，在接受我采访时，何祚庥院士曾说，周总理都曾调解过你和李政道的矛盾，但也没成功。是吗？

杨振宁：周总理过问过这事，但没有调解。说实话，我和李政道之间的矛盾，不是谁调解就有用的。以前也是，现在也是，永远都是。

《华商报》记者：去年，李政道助手季承在他所撰写的《李政道传》中隐晦地提到，在获得诺贝尔奖前后，你曾对李政道做过不道德的事，引来很多争议。我觉得这样下结论对你很不公平。你怎么看？

杨振宁：对于“不道德”的猜忌，在《规范与对称之美——杨振宁传》最后，附有一封我在1989年写给吴大猷的信，看了信，读者应该就知道我的观点了。我从来没有对李政道做过不道德的事，只是，我和李政道之间的关系发展得很复杂，不是一时能讲清楚的。可是我可以保证，在1946年到1962年之间，我从来没有做过任何对不起李政道的事情，1962年至今，也是如此。如果说我做错了什么事，就是1956年，我写了宇称（1956年杨振宁与李政道合作发表，1957年获诺贝尔物理学奖的论文中，有关宇称不守恒的思想）的文章之后，把作者签为Yang and Lee，否则就不会发生后来的悲剧了。

《华商报》记者：中国有一句古话：一笑泯恩仇。你和李政道现在都已经是耄耋之年，还有什么事看不开呢？难道真的无法摈弃前嫌？如同“原子弹之父”奥本海默教授说的，一起在普林斯顿的草坪上并肩散步，多好啊。

杨振宁：有一年，我们参加一个会议，主办方预先安排我一下车，就得和李政道握手。以为我们拍个照片、握个手，就可以解决问题了。可是事情并未如此。所有事情和年纪、阅历无关。是的，我和他之间是绝对不可能和解了。因为问题和科学研究无关，而是和一个人的做人、人品有关。他为了保护自己、为了蒙混别人，四处散布谣言。

《华商报》记者：那如果现在遇到李政道，你会和他打招呼吗？他会向你打招呼吗？你们会不会觉得尴尬？

杨振宁：不会。

## 范例二　韩寒和父亲韩仁均接受《男人装》杂志记者采访时的作答

【情景】　《男人装》杂志2011年6月刊“父子专题”对韩寒和他的父亲韩仁均进行了采访，两人的回答十分的精彩。

问：你的父亲是一个什么样的人？

韩寒：幽默、正直、淳朴、与时俱进、有才华。

问：他算一个好父亲吗？

韩寒：算。

问：你喜欢他赋予你的名字吗？是否想过改名？

韩寒：我很中意，好记好读，关键在《新华字典》上还是挨着的。韩是一个很难取名字的姓氏，如果我爸爸叫韩寒，我叫韩仁均，那我还挺妒忌羡慕恨的。

问：你觉得身上的哪些优点是从父亲身上继承而来？

韩寒：文章写得好，字写得漂亮，阅读、摄影、书法、写作完全是继承和发扬了我父亲，但他开车实在很一般。

问：缺点呢？

韩寒：运动稍微差些，以前开车总是会撞到不可思议的地方。

问：有没有那么一个瞬间感觉到父亲老了？

韩寒：他其实一直很年轻，至少现在没有什么瞬间觉得他老，唯独我小时候他能跑赢并打我屁股，后来初一的时候就跑不过我了。

问：成人之后，你们之间最激烈的一次争吵或冲突是因为什么？

韩寒：成人之后我们没有什么冲突，可能因为我们分开住而且我也自立了，和妈妈有时候会有小冲突，因为我妈妈太爱干净了，她一天醒着的百分之八十的时间都在收拾屋子，而我喜欢乱放。

问：在你父亲的书《儿子韩寒》中披露了许多你成长过程中的细节，难道他有一本类似于《成长的烦恼》那样的日记？

韩寒：你也会记得你儿子每一件值得记住的事情。

问：由于父亲在那张休学申请书上签了字，导致你至今连高中学历都没有，你对此是否遗憾？

韩寒：这个完全是他的错。他应该劝我好好读书，考一个好的大学，有个像样的文凭，最后考取公务员，在党和政府的关心栽培下努力成长，利用自己的一技之长，歌颂这个伟大的时代，把握机会，不断领会，自我提高。

问：你认为自己是否已经圆了父亲的文学梦？

韩寒：父亲对文学未必有多大的梦，而且他其实已经在他的那个社会环境下完成了。在我们区，他本是最有名气的作家，发表了很多文章，虽然在文化局工作，但为了保持独立，一直没有入党，导致他没有办法升官做领导，很多人都表示不解。他已经完成了他的文学理想，我也是。

问：父亲最让你感到骄傲的瞬间？

韩寒：我小的时候，他每一次文章发表我都特别骄傲。我们的第一台电脑就是他用稿费买的，花了近 1 万元，是一台 286。估计现在的一张数码照片就能撑死这台电脑。

问：最让您感到失望的一次？

韩寒：他倒车居然把车头给撞了……

问：你的成功有多少百分比来自于父亲？

韩寒：百分之八十二。

问：你们平时的交流多吗？

韩寒：多。

问：你最想对父亲说但却从未说过（最想说但是说过的也行）的一句话是？

韩寒：我早就起床了。

问：韩寒是一个好儿子吗？

韩仁均：是的。

问：你算是一个好父亲吗？

韩仁均：算的。

问：你为什么给自己起的笔名叫做“韩寒”？然后又把它强硬地安在儿子的身上，这样做是不是有点儿太不民主？

韩仁均：因为我爸没有给我起名韩寒。不过现在看来如果我用韩寒这个名字的话就是天大的浪费了。其实子女的名字都是父母强安的，没有父母会先跟没出生的子女或者刚出生还不会说话的子女征求意见的，不然这世界上也不会有叫韩仁均的人或者有这么多叫阿猫阿狗的人了。

问：你因为韩寒初中时没交作业而在教室外对他拳打脚踢，是否为此感到后悔？你最后一次打韩寒是因为什么？

韩仁均：如果现在处理这些事说不定会有别的方法。最后一次打韩寒是因为有蚊子叮他。

问：韩寒身上的哪些优点是从你身上继承而来？

韩仁均：所有，呵呵。

问：缺点呢？

韩仁均：部分。

问：他更像你还是他母亲？

韩仁均：最关键的地方像我。

问：除了年龄之外，现在的韩寒有哪些方面还没有超过你？

韩仁均：我用五笔打字，他用拼音打字，准确率没我高。

问：什么时候你感觉韩寒已经成人了？

韩仁均：现在感觉他好多时候还是个孩子。

问：成人之后，你们之间最激烈的一次争吵或冲突是因为什么？

韩仁均：他离开学校后就没有称得上激烈的争吵或者冲突了。

问：你们父子之间第一次男人VS男人那样的谈话是在什么时候？讨论的是什么事情？

韩仁均：他是男孩，所以从他出生后，我们所有的交流应该就是男人之间的交流了。

问：你更喜欢赛车手韩寒还是作家韩寒？

韩仁均：没有标签的韩寒。

问：在你的书《儿子韩寒》中披露了许多韩寒成长过程中的细节，难道你有一本类似于《成长的烦恼》那样的日记？

韩仁均：其实漏掉的说不定更多。写《儿子韩寒》的时候，我和他母亲对他小时候的事一起做过认真回忆。孩子的事，你虽然不会时时记在脑子里，但只要一说到这件事，或者一有由头，你就会觉得那些事都在眼前。至于新概念作文比赛以后的事，网上都查得到，有歪曲和误传的地方只要纠正就行了。

问：由于你在那张休学申请书上签了字，导致韩寒至今连高中学历都没有，你对此是否遗憾？

韩仁均：没有。我还庆幸省了不少供他读书的费用和他读好书后找不到工作买不起房子、成不了家的烦恼呢。

问：你感觉韩寒的文学水平什么时候就已经超过了你？

韩仁均：那天突然看见他放在家里书桌上的文章《求医》的时候。后来除《儿子韩寒》外，我再没写过东西。

问：你认为现在的韩寒是否已经圆了你的文学梦？

韩仁均：那岂不盗梦空间了。

问：韩寒最让你感到骄傲的瞬间？

韩仁均：《三重门》刚拿到手的时候。

问：最让你感到失望的一次？

韩仁均：他在学校里时我经常失望，他离开学校后就几乎没有什么失望的事了。

问：你打算给韩寒看女儿吗？

韩仁均：我想韩寒妈妈更合适做这工作。

问：你更爱你刚刚出生的孙女还是更爱你的儿子？

韩仁均：刚出生的孙女和刚出生时的儿子一样非常可爱。

问：以韩寒现在的江湖地位，身为他的父亲是否感到压力很大？

韩仁均：没有。相反我从2008年底提前退休后感觉彻底放松了，没有了任何压力。

问：你怎么看待儿子的成功？他的成功有多少百分比来自于你？

韩仁均：这个还真不好用百分比来计算。因为除了他休学时我签了字外，我还真想不出在什么地方帮到了他。如果是我逼他读完书，托了多少人，花了多少钱，然后进了个什么事业单位之类这种成功那就是百分之一百来自于我了。

问：你在他面前哭过吗？

韩仁均：我祖母过世时我公开流了几天泪。

问："韩寒他爸"和"韩仁均"，你更喜欢哪个称谓？

韩仁均：无所谓，都能找到我。

问：你们平时的交流多吗？

韩仁均：还可以。

问：你最想对韩寒说但却从未有机会说的一句话是？

韩仁均：注意安全，平平安安。

## 范例三　比尔·盖茨接受《凤凰周刊》采访时的作答

【情景】　自从2007年盖茨基金会设立北京代表处之后，盖茨每年都会例行访华。而2011年6月盖茨来华宣传控烟，是他此次中国行的主要目的之一。6月11日比尔·盖茨接受《凤凰周刊》专访，披露自己是怎样从曾经的"世界首富"变身"世界首善"，从梦想"人人拥有计算机"到梦想"人人拥有健康"的心路历程。

《凤凰周刊》：你曾经说过你在19岁时的梦想，是要让每个人桌上有一个电脑，现在你人生的梦想有没有改变？

比尔·盖茨：我做基金会的梦想是让每一个生命平等。这意味着即使是最贫困的国家，也不会有数以百万人死于疟疾。这几年来我有很多机会访问非洲，目睹了人们饱受疟疾病痛折磨的悲惨景象。我还拜访疫苗生产方面的科学家，一旦我们有了疫苗，就可以开始消灭疟疾。我有机会参观了小儿麻痹症的防治活动，发现如果做得好，我们将在4年内完全消除小儿麻痹症。

这个人人平等的梦想将是我未来的核心目标，我们会不断进取，让这句话不再仅仅是一句口号。这3年我感觉不错，因为我已经能够提高这些努力的可行性，以确保微软的捐赠有的放矢，我的朋友巴菲特则努力确保资金花费的有效性。但我知道这远远不够，未来我会做得更好。

《凤凰周刊》：你反复提到创新的重要性，这方面你有什么样的经验跟中国的企业家们分享呢？

比尔·盖茨：毫无疑问，中国在很多技术领域正在推动伟大的创新。美国有更好的大学，更悠久的研究项目，不过中国正在迎头赶上：涌现出一流大学，对于投资日益热衷。据我所知，华为公司在这方面很突出。此外，中国在农业育种方面的进步是世界一流的。在这方面我们也看到巨大的潜力。我还看到你们一直鼓励教育，鼓励创业和风险投资，这些都是一些吸引人才的要素。我认为中国的创新历程刚刚起步，未来将不逊色于任何国家。

《凤凰周刊》：你的T恤上写着的："被吸烟，我不干！"但是在中国，控烟是一个很特殊的话题，因为烟草税是很重要的地方财政收入，你们在中国开展控烟工作是否面临到更多的困难？

比尔·盖茨：吸烟导致死亡是每个国家都要面对的问题。而且它不仅杀死吸烟的人，不幸的是，周围的人也会受牵连，严重损害健康。这种伤害对于儿童尤其严重。所以在每个国家，必须鼓励被动吸烟者表达他们的不满。中国政府已经规定不应该在室内吸烟。但是截至目前，人们还很少表达他们的不满，仍要承担被动吸烟的危害。我们与百度基金会的李彦宏签署备忘录，鼓励人们表达自己对被动吸烟的不满，告诉他们不要觉得不好意思，因为死于肺癌更为糟糕。中国因吸烟引起的疾病死亡的人数比其他国家高出一大截。我们希望通过人们的表达，阻止癌症的横行。

《凤凰周刊》：当你和巴菲特先生发起全球富豪慈善募捐时，在欧洲和中国，很多人认为"你们美国人总是这么自负"，你对此评论有何看法？

比尔·盖茨：这个捐款承诺是在美国发起的，现在有69个人响应我们的倡议。我们相互学习如何把捐赠做好，要知道这并不是一件容易的事情，包括如何处理你的家庭，是否要为此雇佣员工，更重要的是如何匹配你的影响力，如何保持它良好运转。我们召开了第一次会议，形成了这个69人的团体。我知道捐赠应该通过更好的方式，我希望我们可以树立一个榜样，影响将来的人们。我自己就被那些让人难以置信的慷慨的人所影响，比如洛克菲勒、卡耐基。他们对于慈善事业有着大智慧，我从小就读他们的书。如果他们没有那么做的话，我们的社会将会承受巨大的损失。

当你幸运地拥有很多财富的时候，如何使用它们是你自己的决定，你可以用来享受，也可以为你的孩子创造很好的条件。我觉得这并不是一件好事，当然，每个人都可以有他自己的选择。所以，如果你不想把钱都花在自己身上，也不想让你的孩子变得超级富有，那么，这些钱的唯一用途就在于回馈社会。

当然，你可以等自己老了以后，甚至死了以后再做这件事情。但是那样的话肯定不如趁现在就去做，这样你会做得更好。我已经通过慈善事业收获了很多快乐，如果你不亲自参与，这些快乐是你无法了解的。现在，我愿意和大家分享这些经历，也是为了鼓励更多的人参与进来。但是，我不会强迫任何人，我只是和他们交流。去年在中国举行的那次慈善讨论会非常成功，很多人参加，我希望他们也会觉得有价值。

《凤凰周刊》：中国哪些富豪让你印象深刻？

比尔·盖茨：我觉得最优秀的都是信息技术领域的（笑），比如马云、李彦宏。我和李彦宏先生是去年认识的，我坐下来与他谈了几个小时，也谈了控烟，所以才有了今天百度基金会与盖茨基金会关于控烟的合作。能让他和百度基金会加入到控烟事业当中是一件非常棒的事情。这是有创造性的慈善事业的很好的例子。我知道，在中国，慈善往往和大的灾难相关联。我相信随着人们观念的发展，中国人眼中的慈善的内涵会不断丰富。比如，现在的中国人可能不会觉得把钱捐给科学研究是慈善，这一点和美国的情况不同。但我相信，总有一天中国人也会理解的。

《凤凰周刊》：中国人觉得“做好事不留名”的人更加高尚，这和西方的开放性慈善的理念有所不同，你如何看待这种不同？你觉得那次晚宴之后，中国企业家们的想法有变化吗？

比尔·盖茨：我们不应该关起门来做慈善。我认为，慈善事业不能秘密进行。慈善项目不应该是封闭的，应该让人们了解方案的进度，动员大家共同努力。比如要资助一个疾病研究项目，要在大学开设一个新学院，你必须向外界寻求建议和支持，而不能把自己孤立起来。你也应该让公众知道你的资金使用的进度，这样它才能更加有效。这也是美国过去那些伟大的慈善家比如卡耐基、洛克菲勒一直以来所倡导的，也是我们所能做的。这就是美国慈善事业的一部分。中国在那次慈善晚餐后，我们发现有了很大的变化，大家开始注意协同合作，也更加关注资助是如何进行的。

《凤凰周刊》：世界上很多人都觉得你幸福而且成功，有没有什么事情让你觉得：“当时如果这样做就好了，还是有点遗憾。”

比尔·盖茨：我犯过很多错误，但是我会从错误中学习；我不会回过头去改变什么，因为我感觉自己的生活已经是最幸运的了。一切都非常美妙。我有机会能够成为创造个人电脑、发展互联网的伟大事业中的一分子。现在我所拥有的各种资源，让我可以有机会帮助穷人改变他们的生活。一生中拥有一个伟大的事业是可遇而不可求的，可是现在我又有了第二份伟大的事业。我喜欢学习，现在的工作促使我学习，来到中国学习，去非洲学习，所以我不会遗憾。

《凤凰周刊》：有一句比尔·盖茨的语录，不知道是不是你说的，“宁愿做沙丘上的一棵橡树，也不愿做绿洲上的小草，因为沙丘上的橡树可以面对苍穹。”如果你的孩子告诉你说：“我不想出类拔萃，我只想自由自在地成为一茎小草。”你会对他说什么？

比尔·盖茨：孩子们都会有不同的意见。他们应该找到自己的路，做和父母不一样的事情。我的孩子不会进入软件领域。你知道，我的一个孩子认为自己会投身医药科学。这可能会随着他们长大而改变，但幸运的是，我可以给他们很好的教育。

《凤凰周刊》：你有没有什么话想对中国的年轻人说？

比尔·盖茨：耐心和辛勤工作同等重要，要选择一个你最为专注的领域发展。你知道，我当时坚信大型计算机会被淘汰，现在的人们很难想象当时电脑有多么庞大、多么昂贵。今天的年轻人可从一些独特的视角寻求突破，比如医疗、无污染的能源、水稻品种等，都是可以努力的方向。把它们应用到非洲，即便气候变得更加恶劣，人们也能养活自己和家人。看到年轻人纷纷进入这些未来会有突破的科技和工程领域，是很让人振奋的事情。

我年轻时对软件业前景的笃信达到狂热的程度。我甚至因此没有完成学业，在我 20 岁时，为了打造微软我夜以继日地工作，甚至没有假期的概念，这些努力对于公司的发展是至关重要的。我树立了一个好榜样。我周围的朋友也同我一起成长。所以，如果你感兴趣，取得了一定成效，再深入地探究，近乎狂热地探究，一定会有所作为。

**范例四** 央视著名记者柴静接受《解放周末》记者采访时的作答

【情景】 2007 年 12 月 24 日，“2007 绿色中国年度人物”评选揭晓，中央电视台《新闻调查》栏目记者柴静荣获“2007 绿色中国年度人物”称号。之后柴静接受《解放周末》记者的采访。

《解放周末》：在你看来，提问的目的是什么？

柴静：目的是为了探寻真相。对我来说，这个真实的世界是非常迷人的。海明威以前也是一名记者，他说真实的生活比戏剧更戏剧、更迷人。如果你不能够沉浸其中去领略它的那些撼动人心之处，那就是辜负了这个职业。

《解放周末》：的确有些人“辜负了这个职业”，像“抄抄统发稿”、“扒扒网上文”，成了个别记者热衷的“捷径”。

柴静：有的人拿到了统发稿，加上自己的名字，就发出去，至于这个新闻究竟说的是怎么回事，它的发生意味着什么，有什么意义，与每个人的生活有什么关系，这些问题都没有进行深入的探究。记者应该怀揣疑问，秉持怀疑精神，不能人云亦云。多一些逆向思维，多对新闻信息反问几句，追问下去，往往能得到意想不到的新闻素材。

《解放周末》：但现实中，往往缺少疑问，缺少怀疑，难道是已知的太多？

柴静：恰恰相反，不是知之甚多，而是知之甚少，思考甚少。没有困惑和疑问就没有提问，对记者来说，提不出问题更是问题。费孝通先生通过实地调查写出了《乡土中国》，当时驱动他写这本书的动力，就是作为一个年轻人不满足于既有的知识，而总是想要解答自己心中的困惑。提问代表着一个人对生活的观察和思考的能力，好的提问也能反映出一个人的自由人格和独立精神。提问不仅对记者很重要，对一个民族也很重要。

《解放周末》：提问是记者的天职，思考是记者的本分。但有的专家批评有些记者缺少思考，提问陷入了模式化思维。比如已有人预测，明年奥运会记者问奥运冠军问得最多的问题可能就是："得了冠军，您此刻心情怎样？"

柴静：提不好问题也是一个问题。机械地复制问题、重复问题，就成了一个提问的工具。一个记者能探寻到的真相，取决于他对人、对社会的认识。你的认识有多深，你探寻到的真相就有多深，人们愿意呈现在你面前的东西就有多深。你不提这个问题，受众就有可能不会认识到这个层面上来。

《解放周末》：这是对记者提问权利的珍视，由此也让我们想起在今年"两会"报道的时候你讲过的一句话——"我只有十秒钟，我只有一个提问机会，我一定要问一个真问题。"问题分真假吗？

柴静：问题不应该有真伪之分。之所以会有这个说法，是因为我们现在有很多装饰性问题。问题的答案是已知的，只是为了把它问得很花哨，才问一遍，这是没有价值的。

《解放周末》：这种情况，不仅出现在媒体上。比如有的领导干部到下面做调研，去之前就让秘书写好稿子，没有提问，没有调研，就读稿子提要求。

柴静：的确，这种现象在其他领域也存在。人不能按照既定的主观思维去调查，你必须意识到人是特别脆弱的，是容易犯错误的。要对事实充满敬畏，相信一定有些东西是我所不知道的，再去探寻该如何认知。 以前，我们的节目要求编导在采访前做出非常细致、完整的策划案，把记者问什么，对方怎么回答，都写得清清楚楚，到最后就成了记者刻板地念问题，调查留下了太多设计的痕迹。现在，我们更尊重未知。真正的调查报道就是探寻未知的过程，是不断遇到障碍、克服障碍的过程。没有未知就没有调查。调查是以已知为起点的，不需要还原已知，而是探寻未知是什么。最精彩的地方往往就在你没有设计到的细节中。

《解放周末》：为什么回过头来，会不满于当时自己的提问？

柴静：我的问题出在当时的姿态上。背向后仰，靠在椅背上，双手叠放在腿上，然后用的是质疑的口吻，“难道你闻不到吗？”现在回过头来看，我觉得那时应该是真正的疑问，“你闻不到吗？”而不是假定对方是一个漫画式的人物，我要去刻画他。当你的提问带有强烈倾向性的时候，观众会有不舒服的感觉。所以，我并不强调质疑，我只强调疑问。

《解放周末》：你怎么区别疑问和质疑？

柴静：疑问是，我真的很好奇，你为什么要这么做。我作为一个普通人，你愿意告诉我吗？你愿意让我理解你吗？但质疑是，你为什么要这样做？你凭什么可以这么做？它们最大的区别就是，当我有疑问的时候，我首先愿意相信，我愿意相信他人可能是无辜的或者是美好的，尤其是采访一个被指证的人物，他们通常是很狼狈的。我希望通过我的提问，对方能给我一个合理的解释。这应该是一个前提，而不是我想要让他难堪，让他出丑。

《解放周末》：是为了揭示，还是为了把提问当成结论，这是一个为何而问的问题。

柴静：所以现在采访，我总是习惯性地身体前倾，这是一种倾听姿态。倾听，让我可以更贴近被访者的内心，新闻的背后是心灵。记者很重要的一个职责，就是让你的被访者获得表达的权利。记者所有的发问，只是为了揭示和呈现，而不是做道德判断。发问也不是为了让受访者觉得自己不堪，或者受人同情。不管被访者是强者、弱者，还是备受争议者，当他选择接受你的采访时，他就已经知道了你会、也懂得去倾听，而且也会尊重他表达的权利。当我们在一些人面前缄默不语，不去发问的时候，实际上我们已经剥夺了对方的表达权利。纪伯伦曾说过："真正的歌者能唱出人们心中的沉默。"

《解放周末》：打破人们心中沉默的，往往不是咄咄逼人，也不是长篇大论。提问也不应该成为记者自我作秀、自我欣赏的方式。

柴静：所以，我更愿意选择最简单的方式去问，而不是为了突出我对事件的理解，这样才会有张力，才能更饱满。采访的时候，也许你只是问一句：是吗？或者只是一个眼神，但其实可能完成的是一次心灵的撞击。

《解放周末》：《新闻调查》的口号是"探寻事实真相"，你也曾引用过这样一句话——"真相是无底洞的底"。如果我们真的永远无法穷尽真相，那么探寻真相的动力又是什么？

柴静：探寻的本身可能比结果更有意义。美国物理学家费恩曼说，我们的最大价值首先来自于自知无知，其次就是思考。我也认为这两点是人类精神的最高价值。20岁的时候，我想成为像华莱士、法拉奇那样的名主持、名记者，但后来发现，我的目标不是成为某个人。于是我想成为我自己，但自我又是个无穷的概念，是对这个世界的认识方法，而不是一个外在形象。那么，我的认识方法能不能经受考验？最终能不能服务于整个人类？回答了这些问题，才能获得内心的安宁。

《解放周末》：怎样探寻真相？

柴静：最直接的方法就是让自己走进对方的心灵，让当事人开口说话。对我来说，记者不是一个谋生手段，而是一种生活方式，就是因为它赋予我打开别人心灵的权利，这是至高无上的权利。打开别人心灵的一瞬间，你会触碰到一些真相。

《解放周末》：你打开别人心灵大门的钥匙是什么？

柴静：走进别人的心灵也是走进自己的心灵，当你去打开别人心灵的时候，首先要清空自己。当然你不能毫无立场，你必须有一些人类普世的价值观念。通往人心的道路是最艰难的道路，一个记者可能要付出生命才能得到别人的信任，但是你又必须在这个职业当中恪尽职守。这是一件很不容易的事情。人类的心灵需要互相帮助，我要做的就是把它呈现出来让大家看到。当通过提问将心灵的细节展现出来的时候，你会发现，原来每个人都深深地嵌在这个世界里，你不帮助他，你可能也会孤立无援。传播的力量就是要把这些东西渗透下去，然后才能生长出新的叶子。

《解放周末》：有人说这是一个泛娱乐化的时代，记者提问也似乎打上了娱乐化烙印，甚至以追逐八卦、绯闻的提问方式吸引眼球，对此你怎么看？

柴静：现在公众的约束力越来越强，低于道德底线之下的，一定会受到舆论的谴责。水准低下的，时间长了也自然会被市场淘汰。这都是在演变生长过程中必然存在的问题，不用着急。当然，泛娱乐化倾向也对严肃新闻提出了要求。当严肃信息满足不了大家的要求时，自然另一种东西就会填充进来。就以电视报道来说，一条新闻可以有很多种表现手段，但现在我们探索得还不够，还不能完全满足大家的需求，很多时候并没有让观众感觉到你所发布的信息跟他们的生活是息息相关的。

《解放周末》：记者应该是社会环境的瞭望者，但是现在很多时候，媒体的视野不广、眼界不高，追逐无关痛痒的多，关注公共事务的少。

柴静：在这个时代，可能真正关心政治、关心公共事务的人并不多，但事实上我们每个人都深嵌其中。去采访讨薪八年未果的农民，在他坐过的法院台阶上坐着，体会他的无助；去采访失去儿子的母亲，看着她泪流满面；采访注射了“奥美定”的女人，用手触摸她胸部里的硬块，而且知道它永远无法根除……这一切，都会让你真切地感受到你跟这个时代的联系，让你知道，如果仅仅为追求个人幸福而活着，你将难以真正幸福。

### 范例五 普京某次接受中国多家媒体的联合采访时的作答

【情景】 2004年10月，时任俄罗斯联邦总统的普京即将访华前在克里姆林宫接受《人民日报》、中央电视台和《中华小记者杂志》的联合采访，畅谈了发展俄中战略协作伙伴关系的设想，表达了对中国人民的美好情谊。下面是部分精彩片段。

问：总统先生，多年来您在俄罗斯一直拥有很高的支持率，请问您本人对此有何看法？

答：我始终坚持这样一些原则：首先是不说假话。不管事情是否令人感到愉快，我都说实情。我国人民有权了解真实情况。第二，国家领导人必须保持正常人的情感，了解普通民众的生活，清醒地意识到人们在日常生活中会遇到哪些困难，让所选择的手段更为有效地解决这些问题。与此同时，还应该客观、诚实地评价自己工作的结果。的确，近年来取得了许多成就，但我更清楚有许多事情并未做成。我总是希望任务能够完成得更好、工作取得更多的成果，以便让这一切不仅从总体上改善国民的自我感觉，也让人们变得更加富足。我希望我国每一位公民都能找到更多的安全感和良好的心理状态。实现上述目标任重道远。我们中间没有人被业已取得的成绩冲昏头脑，我们将更加顽强地工作。我期待着俄中协作能够为解决两国各自面临的问题作出实质性贡献。

问：总统先生，我读过您的传记，您小的时候好像没有从政的想法，为什么您长大以后会从政？请问最使您高兴和烦恼的是什么？另外，您打算让自己的女儿也从政吗？

答：我希望自己的两个女儿能够做她们最感兴趣、最能体现她们个性的事情。从事什么工作的选择应该由她们本人做出。我从政后记忆最深的事情自然是那些艰难和悲痛的时刻。当我国公民遇到困难、遭受损害时我总是感到十分沉痛。有什么令人高兴的事情？我想再一次强调，我不想让自己、政府和总统班子过多地关注高兴的事情，否则会阻碍我们的前进步伐。人们应该更多地审视自己所犯的错误。至于从政，我在童年时代我从未想过，这几乎不取决于我本人。我不过是在行政序列中升迁，升至某一个的职位后，俄罗斯首任总统叶利钦向我提出建议，后来我成为总统。说实话，我过去并没有从过政。这不过是生活的安排而已。

问：您在访华前想对中国人民说些什么？

答：俄罗斯人民对中国人民怀有十分亲近的感情。数百年来，我们国家一直渴望着了解中国和中国历史。近年来，这一传统的兴趣又增添了新的情感。中国人民在短短的时间内实现了宏伟的规划，这再一次证明中国人民是勤劳、天才的人民。我们对中国人民满怀敬重之意。在此我要祝福每一个中国家庭，祝人们幸福、万事顺遂。

### 范例六 作家王朔接受《新京报》采访时的作答

【情景】2007年，《新京报》对王朔做了专访。以下是王朔和该报记者的对话。

《新京报》：你在乎名和利吗？过去和现在。

王朔：我原来在乎，现在……我觉得这问题是个陷阱。名是什么，是让大伙知道，恶心也能让大家知道，利是名的附带品。我说实在的，文学界、娱乐界，就是一个名利场。

《新京报》：你什么时候开始觉得自己不足？

王朔：我从来就认为自己不足，我什么时候觉得自己足过啊，那得傻成什么样儿啊，那得视野狭窄到什么程度啊。觉得自己就成了完美的人，谁这么想谁缺心眼儿，如果还是被人夸了忽悠了，那就更是“二”了。完美是神，这个鸿沟谁也跨不上去。

《新京报》：那你的新作品，肯定比以前的作品要强吧？

王朔：比过去强100倍！

《新京报》：体现在哪方面呢？

王朔：各方面都强100倍！说我才尽了，别怕闪到他们舌头，我过去都没拿才写作，说实在的。（笑）

《新京报》：那你拿什么写？

王朔：瞎写、蒙着写、晕着写、胡写。就那样，这才哪儿到哪儿啊，跟我生在同时代，那是他们的悲剧。（笑）我就是特别顺，我气死他们。我是有改稿，但没正经八百退过稿，一蹴而就，所以那帮笨蛋特别生气。

《新京报》：在你们这批人里，你是属于特能侃的吗？

王朔：我不算能说的，有能说的，后来当律师的。我开网站会把这帮老侃爷们陆续介绍出来，能侃的人多了，我就算中等资质，只是大伙儿都太次了，我才冒出来了。

《新京报》：你是不是特别自信？

王朔：我是自大狂，我真是自大狂，我只是克制我的自大。我先看看我有没有毛病，有毛病，就别把自大狂露出来。当然我超级自信了，因为事实在那儿摆着呢，我使过劲儿么，我真使劲儿真没他们活路了。

《新京报》：个人好奇，你是什么星座？

王朔：我是狮子处女，8月23日，上升星座天蝎。自我毁灭型。越来越像处女，后来他们说30岁以后要看上升星座，那就是天蝎，浴火重生。星座其实是一扯淡，还不如12属相呢，12属相也是12种人格。

《新京报》：你属？

王朔：属狗，翻脸就咬人。（笑）我有我忠诚不变的东西，但我也有翻脸的东西。

《新京报》：什么是你忠诚不变的东西？

王朔：这个说来就大了，我自己的世界观、价值观，是我自己建立的。我忠于自己，不背叛别人。

**范例七** 冯小刚接受《三联生活周刊》记者采访时的作答

【情景】 冯小刚接受《三联生活周刊》记者专访，就《夜宴》等观众关心的热点回答了记者的提问。

冯小刚：我就是要做一个东西，艺术性和商业性融合得很好。我自己认为，《夜宴》是中国电影里这两方面做得比较好的东西。

《三联生活周刊》：戏里的动作部分是出于商业性的需要么？这是海外片商的需求么？

冯小刚：我不想拍一个动作片，我不想拍武侠片，我也不喜欢拍武侠片。你如果把它误会成是个武侠片，那误会就太大了。我是想拍一个故事，我觉得这电影就是——真的是必要的。举个例子，我拍这个棍刑，很多影评人觉得这棍刑是为了给外国人看。但事实上我是想说，他发明了这个棍刑，这个棍刑反而用在了他自己身上。大家说这东西很残酷，有没有必要？但是如果我就到"杖毙庭下"就完了，章子怡的性格就看不到。打得如果不足，何来太残酷？所以这些事我已经懒得解释，看得出来就看，看不出来就算了。但是假如你看不出来，让我同意你的看法，我没办法，因为你智商低。海外片商也没有要求棍刑。他们要求章子怡打，别人打不打无所谓。

《三联生活周刊》：你刚才说，《天下无贼》也是很成功的，《天下无贼》的路子不能再走了么？

冯小刚：我觉得，我总是碰上这样的情况：我拍出一个新东西，大家都不认账。但是当我拍出下一个东西来的时候，大家又总是拿我这个东西和上一个东西来比较。我拍一个《甲方乙方》，当时大家说，这哪是电影，这是小品。后来我不拍这个的时候，大家又说，嘿，《甲方乙方》好啊。

拍《手机》的时候，大家说平庸。后来拍《天下无贼》，大家又说，还是《手机》好，直指社会现象，有力量，说《天下无贼》是乌托邦，没根基。拍《夜宴》，大家又说，《天下无贼》好啊。

我原来拍电影的时候，都没人跟我讨论“艺术”话题，首先跟我讨论的是，你这是不是一个电影。我有时自己坐电脑前头就乐，现在他们开始跟我讨论艺术了。也没有人再说，我是不是拍的电影了。

《三联生活周刊》：但是，你自己的目标在哪里？

冯小刚：我肯定是要做商业电影，讲一个好的故事。这并不妨碍我看《小武》，看《卡拉是条狗》。我看的时候，觉得这剧本特好，但我知道我拍不了。你让我去拍这个，投资人也不干。我就拍我的商业电影。但我有一个理想，把商业电影拍得——它的艺术含量、美学含量不低。你看，斯皮尔伯格也拍大片，但他的大片很有创造性，跟伍迪·艾伦不一样，跟奥立弗·斯通也不一样。再一个就是说，把自己想拍的都拍了。有人找我拍古装片，我问人家，你相信我么？说，我信，那我就拍了。然后我就想拍战争片。

《三联生活周刊》：你会觉得《金刚》、《指环王》是商业电影的极致么？

冯小刚：我知道这些是商业片，但都是我特别不喜欢的。不知道谁跟谁一拨儿的，分不清。我更喜欢《大兵瑞恩》、《辛德勒名单》、《教父》、《兵临城下》、《沉默的羔羊》。商业片有好多种类型呢。有些看完了，你就觉得特别充实，也未见得是大制作，但是是商业电影。

《三联生活周刊》：可《夜宴》显然不是这一类的。

冯小刚：我觉得，这个戏拿出去，证明了我的制作能力。差不多1300万美元拍这个戏，说这个戏花了3000万美元制作的你也信。因为他们都用3000万美元拍的，我用1000多万美元来拍，请的还是这些人。我觉得这个社会是势利的。这个戏拍出去，再喜闻乐见，老百姓喜欢，电影局国庆招待会，元旦的、圣诞的，都有电影的派对，从来也没想过拿冯小刚的片子去招待他们。

《三联生活周刊》：就像川菜，大家都爱吃，但是国宴招待不用它？

冯小刚：对，但是招待那些人，都用粤菜。其实那些人没一个爱吃粤菜的，弄得吃一东西还洗手的。但《夜宴》这回，我就明显能感觉到。跨国公司看了会说，这片子的导演不错，是不是可以找他来拍一个广告。以前他们碰到这个，只会想到张艺谋。因为他不了解你这个。你给他看这个《甲方乙方》，他看不懂。举个例子，国外片商以前不知道有冯小刚这么一号人，但是《夜宴》做完，再谈，一说冯小刚，拍《夜宴》那个，他们就有印象了。

《三联生活周刊》：可是大家的日常生活更需要川菜呀。

冯小刚：因为你们掌握着笔杆子，老是说“大家”怎样，在你们这个环境里，你们就觉得“大家”怎么样了。可是“大家”觉得《疯狂的石头》这么好看，怎么才拿到了 2000 万，《卡拉是条狗》，怎么才 700 万？我是觉得你们跟观众脱着节呢。

观众脑子里没那么多弯儿去想这事，他掏钱买票，就是好看不好看。你是不是导演转型？不重要。是不是因为是大片我就烦？不重要。他就觉得，首先要有个高度的注意力，我身边的人都在议论这件事，我就注意到了。我举个例子，在香港，我的电影，说是现实主义的，怎么弄，票房都上不去。这次，一包装，又是袁和平又是章子怡的，马上就上去了。最受关注的是《穿 PRADA 的恶魔》，然后就是《夜宴》。观众要看大制作，但是我们本土没有与之能抗衡的，对不起，人家就去好莱坞了。不是说我不谦虚，媒体提的意见我不听，我就是说，按照媒体提的意见，我一走，我死了。真的是这样。我太了解观众了。

《三联生活周刊》：你眼中的观众是谁？

冯小刚：观众很抽象，用大众比较合适。看《夜宴》的人可能有 500 万人，只要有 300 万人说好，就行了，但我肯定要照着这 300 万人去拍。

《三联生活周刊》：那你怎么看观众的笑场？

冯小刚：笑场不笑场的问题。这个，我现在想起来，是和观众对葛优的认识有关系。比如今天这几个媒体，我问他们，要是姜文说这话，你们会笑么？他们说，不笑。但是我特别不想找一个公式化的皇帝，有这么几个适合演皇帝的，我怕他们是架出一个皇帝，而不是“嫂嫂能不能松手”的那种眼神闪闪的皇帝。葛优演这个人吧，挺适合的。厉帝篡位他本身骨子里就不自信。先帝一定是个能征善战的人，厉帝就是个玩点心计的，本来就不该当皇帝的人。

还有，也是跟现在人的心态有关系。现在很多人都讲诚信，但一点诚信没有。现在是，你严肃了就会遭到所有人耻笑。大家有点无政府主义，你但凡要正经点，就要被嘲笑。但是这个戏不能做成一副刀枪不入的样子。我看调查，笑场的人是一半一半。其实葛优和我都想做一个突围，我们现在突围，尚能保住有一半人不笑。再过两年你看，就彻底成魔咒了。现在葛优还可以演个皇帝，你要选周星驰演这个，所有人没看就会笑。导演也是这样，继续演这个被死钉在上面。我觉得这个是有意思的，但是螺丝钉最好还能挪到其他的地方。

# 第五章

# 媒体节目情景应对

## 范例一　鲁伯特·默多克做客《面对面》节目时与主持人的对话

【情景】 2003 年 10 月，新闻集团董事长兼首席执行官鲁伯特·默多克到北京、上海和广州进行短暂访问。借此机会，中央电视台《面对面》节目独家采访了他，主持人王志就一系列中国观众感兴趣的问题，与默多克展开了有趣的对话。以下是对话的精彩部分。

王志：非常高兴您能接受我们的采访。我印象中你第一次来中国是 1985 年，那么这次相比跟 1985 年的印象有什么大的区别？

默多克：大家都知道，这十几年来中国变化非常大，大家生活水平有所提高，特别是在城市，各种消费品的选择多了很多。那时候我看见大家穿的那种蓝色的上衣，骑着自行车，现在他们开着汽车，开着世界各国制造的汽车，差别非常大。人们生活得比较快乐，他们比较开朗，愿意表达自己的思想。1985 年我是作为一个一般的旅游者来访问，特别希望了解这个国家，我爱上了中国。

王志：那中国到底对你的吸引力是什么呢？

默多克：我觉得中国对我首先是一个巨大的挑战，这里有非常非常悠久的文化，伟大的文化。对我们来说，这是一个自我教育的过程。我们希望了解这个变化，了解怎么在这个文化中运作，我们怎么能够制作出人们喜欢的节目，或者是出版一些书，出版一些能够被中国读者所接受的书。

王志：你在赚钱的经验方面给人印象非常强烈，所以不管你到什么地方，不管你说什么，大家都只有一个目的，默多克来了就是要赚钱的，中国对你来说是一座金矿吗？

默多克：我完全不是这样想的。我们是非常有耐心的人，我们不是完全来赚钱的。我们希望能够付员工的工资，但是我们不是来掠夺中国的资源的，我们是对中国提供某种贡献的。全世界各地不管我们到了哪一个新的国家，我们购入了新的资产，都不是完全抱着牟利的目的。牟利是需要的，对于一个企业来说，这是一个必须做的事情。但是，和人们的沟通，给他们更大的选择，人们也希望有更大的选择，使他们的文化变得更加丰富多彩。

王志：默多克先生，您在中国的演讲出乎很多人的意料，你没有谈赚钱之道，没有谈管理之道，你一直在说媒体的社会责任感，为什么这么说呢？这是你发自内心的话吗？

默多克：完全是发自内心的想法，我来自一个记者的家庭，我们都觉得这是一个很好的职业。这个职业给你一个机会，就是对于世界作出某种贡献，对于人们的知识的增长，对人们的幸福生活，对人们的文化上互相了解作出一个贡献。为了改善人们的生活，作一些小小的贡献。这个观念是由父亲传给我的，我也把这个观念传给我的孩子们，这始终是我们生活的一个重要的目的。

王志：很多人佩服你，但是也有人批评你，在英国有人认为您是一个“肮脏的淘金者”，你听到批评的时候，是什么感受呢？你接受这种批评吗？

默多克：我就是付之一笑，“肮脏的淘金者”这个词蛮有意思。因为很久以前，英国人把去澳大利亚的人叫做“淘金者”，有一家小报把这个词变成了描述我的专有名词，他们这么说，我也就笑一笑吧！

王志：那你在意别人的评价吗？

默多克：我不太在意。假如他们有足够的幽默感，有时候这种批评如果是正确的话，你可能听起来会觉得不舒服。大家批评你，批评得不对，你根本就不在乎，因为你的良心是干净的。

王志：赚钱是让你感到最快乐的事情吗？或者说有没有比赚钱更让你快乐的呢？更能制造快乐的事情？

默多克：当然，赚钱是我蛮喜欢的活动，我可以买好的东西。但是，这不是最使我满足的事情，使我满足的事情多得很。每天看报告，看我们卖了多少份报纸，我们的收视率增加了多少，人们对我们的这个节目的质量有什么好评，这才能给我带来最大的满足感。当然还有快乐的家庭，这个应该是第一。

王志：你乐意谈谈她（默多克的第三任妻子邓文迪）吗？

默多克：我当然很乐于谈我的妻子，我是一个很幸运的男人，她给我两个非常美丽的小女儿，她（小女儿）的照片我一直带着，我可以给你看，不知道可不可以上你们的镜头。上个星期刚生了一个小姑娘，我们生活得非常幸福。

王志：那我很想知道，您是因为选择了一位中国妻子，才让你的中国战略在整个计划中变得越来越重要，还是因为这个计划本身重要，才让你选择了一位中国妻子？

王志：中国妻子在这个战略之后，而不是在这之前。我不断地到中国来访问，见到她、认识她、爱上她，然后和她结婚，过起了新的生活。

王志：那她到底什么地方吸引你呢？从我们通常人的观念来看，你们俩的年龄差距，你们俩的文化背景都是有很大的区别的？

默多克：我的文化和我的年龄可能没什么关系，当然我的妻子的年龄和我的年龄比较不同，这的确是事实。我很幸运能够讨到这么一个年轻的妻子。

王志：她到底对你有什么样的影响呢？

默多克：我觉得她扩大了我对人生的理解。我这一生中绝大多数时间是在澳大利亚、美国和英国度过的，那是一个说英语的、西方的世界。而现在我则有了第一手感受来自于另一个世界，一个更大的、更古老的世界。你知道，我对中国人的一些风俗习惯越来越了解，我指的是大陆的中国人。她不断地告诉我，各地的中国人是不一样的，我们西方人老觉得中国人都一样，不管他们来自香港或是别的什么地方，而我的妻子不断地告诉我说，不是这样的。大陆中国人跟别的地方不一样，大陆中国人更坚强。她使我保持思想的敏锐，保持年轻。

## 范例二 俞敏洪做客《面对面》节目时与主持人的对话

【情景】 2006年9月上旬，新东方教育科技集团在美国纽约证券交易所上市。一个月后中央电视台《面对面》的节目主持人王志第一时间采访了新东方教育集团董事长兼总裁俞敏洪。以下是对话的精彩片段。

王志：那从上市成功的那一刻开始，就没有自我陶醉的时候吗？

俞敏洪：没有，新东方的上市吧，比如说我知道有一些中国的企业，私营企业也好，或者等等也好，他们到海外上市以后，有激动得泪流满面的那种情况出现。对我来说，在新东方上市的时候，我就觉得那就是新东方整个的道路上的那一个点而已，这一点你几乎可以忽略不计。我跟你说一句实话，到现在为止，新东方上市已经一个多月了吧，40多天了，我总共看新东方，自己亲自上网看新东方股价的次数，4次，我从来不关心新东方股价是多少。

王志：说明什么呢？说明你对股东不负责任？

俞敏洪：不是，因为我，恰恰说明了我对股东负责任。那上面的升和降都是每天股民炒作的结果，跟你一点关系都没有，跟新东方也一点关系都没有。你意识到这一点了，你就知道什么是最重要的，而且你的心态能更加平和一点。如果任何一个公司的CEO，他每天都在上网看这种股价，今天发现少了三块钱很焦虑，明天多了三块钱很喜悦，这个 CEO 永远当不好这个股市的主导。

王志：现在所有的人对你的猜测，就是你身价多少呢？

俞敏洪：那个真是不值得说，你看看中国那个胡润排的那个百名富豪榜的前十位的，今年有一半都已经下去了，有的都已经出事了，有的都已经进监狱了，不能谈这个东西。所以我一看今年不又排了一下嘛，给我排到 150 多位去了，我觉得挺好，中国富有的人越来越多。去年这个号称我这个身价都排在七八十位的嘛，今年一下给我打到 150 多位去了。我觉得挺好，中国有进步了。

王志：对金钱现在还有概念吗？

俞敏洪：对金钱坦率地说没什么概念，我对金钱的这种感觉就是从我当初连 10 块钱都要挣扎，最后买个馒头，买堆青菜都要考量考量在北大的时候，到后来慢慢慢慢地办了新东方以后，就觉得有饭吃，有衣穿，最后也开始买了房子，最后也买了汽车，尽管刚开始买的是一辆大发车，但是现在我的车已经是奥迪了。我对生活没有太多的奢求。

王志：天下人都知道上市的直接的原因，直接的动力就是圈钱。

俞敏洪：新东方坦率地说是个例外，因为新东方从来没有缺过钱，新东方的账上加起来，原则上一般都不会少于两亿人民币，其实从来没有缺过钱。

王志：上市带来的资金，你准备怎么使用呢？

俞敏洪：我就有一点跟投资者讲得非常清楚，不管你给我多少钱，我只做教育，其他的什么都不做，教育文化是我这个不可以离开的行业，而这个投资者也很开心，投资者最怕你去做别的事情。今天想开歌厅，明天想开饭馆，像中国的这个上市公司拿到那些钱就什么都做了，他们最害怕这个。

王志：在你们这个行当，新东方是个神话，在很多的年轻学子心中你就是个神话。但是，你的道路并不平坦，当你遇到那么一些挫折的时候，你怎么去克服？

俞敏洪：坦率地说就是把这么多错加在一起吧，你会觉得有挺多的挫折的，当把这个挫折分开以后，你一个一个来看的时候，也就是你有那么一段时间在克服一个困难或者一个挫折，也就克服过去了。

王志：那当时你在中关村一带刷小广告的时候，你会想过有今天吗？

俞敏洪：从来没有想过，最艰难的时候是挺恐怖的。我的贴广告的人员，贴一张广告就被捅一刀，那你选择的只有两个嘛，就不干了嘛，你要干下去你自己也被捅刀子了，但是我觉得不干，我的活路在什么地方啊，我就没活路了，我就回北大去，北大还不要我了。那你得干下去。你不刷广告，你干吗呢。刷广告的目的，是你每个月多赚点钱吧，养活老婆，养活老婆以后，老婆她都会对我好一点吧。我这个人有一个好处，就是你把我身边所有的东西都拿走了，我立刻就会创造另外一个生命目标。

王志：这么多年关于新东方的争论，或者新东方的这种猜疑、质疑，从来没有断过？

俞敏洪：我坦率地说，每一步走，某种意义上都是被推着往前走的，但是推着往前走的时候你依然在选择方向。这一点我觉得还是比较骄傲的，新东方选择的方向，从大致来说，还没错过。

## 范例三　易中天做客《面对面》节目时与主持人的对话

【情景】 2006年8月，著名学者易中天接受中央电视台《面对面》节目主持人王志的专访。在这段麻辣对话中，王志反应敏捷、对易中天步步紧逼，而易中天不温不火，从容应对。以下是对话的精彩片段。

王志：我们走进这个房子里的时候，有人告诉我们说这里是富人住的地方。

易中天：不是。我楼下有住着出租车司机呢。这个房子刚开始的时候价位并不高。

王志：但是现在易老师在人们的心目中间，你确实已经属于有钱人的行列了。

易中天：什么叫有钱，多少钱叫有钱，其实比我有钱的多了去了。一个教书匠凭着自己劳动，挣了一点钱，怎么就撑破了新闻界的眼皮儿了。

王志：但是银行里存折数字的变化让你晚上睡得好吗？

易中天：这有什么睡觉不好的，我根本不知道它在怎么变。

王志：包括电视导演都觉得你是一个天生的一个上电视的一个学者，那么所有这一切是有人帮你策划的？

易中天：没人帮我策划。

王志：他们为什么选择你？你觉得？

易中天：我可以不觉得。我干吗要觉得呢？我非常简单，其实我是一个头脑简单的人，没有你们那么多弯弯绕。我就是这个活儿，你来找我，我就是一手艺人对吧，你来找我，那我觉得这个活儿我乐意干，也觉得能够干，就干了。

王志：电视对于很多学者来说，书斋里的人来说，它可能是一个很别扭的东西，易老师没有感觉到吗？

易中天：我是觉得再有学问的人，它也得吃热干面吧，对吧。你再有学问的人，你也得吃喝拉撒吧。

王志：你听到过对你的批评？

易中天：听到过，没有当面的。我倒真希望他面对面地坐在这儿，来批评。没有人来。

王志：你怎么看待这些批评？

易中天：三项基本原则。第一指出硬伤，立即改正。第二个学术问题，从长计议。第三个原则就是讲述方式不争论。历史能不能这样讲，历史该不该这样讲，易中天讲的这个《百家讲坛》，是学术呢？还是娱乐？他的成功是学术的成功呢？还是商业的成功呢？我的回答是这个问题，不争论。

王志：你会因为这些批评妥协吗？改变你的风格。

易中天：第一基本观点不会改变，因为这是我这么多年思考的一个结果，除非他能指出我思考确实有误，所谓有误无非是逻辑起点错了，或者是逻辑过程错了。那我认为只要起点不错，推理过程也不错，就像我们穿衣服一样，我第一个扣子只要扣对了，然后顺着往下扣，我肯定这衣服是穿对了，那不会有问题，我不会改变。第二个讲法问题，我从来就是这么说话，所以让我改变说话方式是根本不可能的。我不愿意我也做不到，那么不喜欢我这种讲述方式的，他只有一个办法，就是发动群众把我轰下去。他发再多的文章都没有用，他写再多的帖子都没有用，他在网上再嚷嚷都没有用。

王志：那过去可能没这个可能，但是现在是不是有了这种可能性呢？

易中天：如果有了可能，我自觉下台嘛。如果说观众说我们都不喜欢你这样讲。因为很简单，观众他可以用遥控器来投票对不对？

王志：但是也有评论认为，易老师的红，你的火爆，只是恰好迎合了社会上一种浮躁的心态。

易中天：我肯定是恰好迎合了社会的某种心态，或者说某种需求。至于是哪一种心态和哪一种需求，让评论家去说三道四，让研究者们去得出结论吧。

王志：那你介意“学术超男”这样的称呼吗？或者电视明星？

易中天：这个不是我能介意，或者不介意的，我介意和不介意的结果是一样的，我何必要介意呢。比方说今天说厦门要刮台风了，我介意吗？天要下雨，娘要嫁人，我介意吗？我肯定不介意。但是你问我说喜欢吗？我不喜欢。

王志：那你怎么给自己定位呢？你是一个传播者还是一个研究者，还是一个什么？

易中天：最怕这种问题。

王志：都有？

易中天：我是一个大萝卜，一个学术萝卜。萝卜有三个特点，第一是草根，第二是健康，第三个是怎么吃都行，你可以生吃，可以熟吃，可以荤吃，可以素吃。而我追求的正是这样的一个目标，老少皆宜，雅俗共赏，学术品位，大众口味。

**范例四** 马云做客《新闻会客厅》节目时与主持人的对话

【情景】 2005年，中央电视台《新闻会客厅》节目对阿里巴巴集团主席和首席执行官马云进行了独家专访。以下是对话的精彩片段。

主持人：人在创业的时候，有时候也会带着改善个人的生活，或者物质条件的目的，挣到多少钱的时候你觉得这个任务已经完成了？

马云：我好像第一天就完成了。出来创业的时候我就觉得一个人消耗的钱其实并不会很大，但是选择不一样，有的人是为了生活压力，为了更多的钱，我出来就是为了更多的经验和经历，到现在为止，后来开始慢慢上升到我想影响别人，帮助更多的人，然后再回过头看，还挣了不少钱，那是一种结果，所以我认为赚钱不是目的，赚钱不是任何企业的目的，赚钱是任何企业的结果，赚钱也是每个人想成功。你第一天创业的时候是为了改善自己的生活，为了赚钱，你脑子里想的是钱，这个眼睛是人民币，这个眼睛是港币，讲话全是美元，这样的人是不会成功的，别人不愿意跟你做生意。而我是希望帮助别人，希望能够完善这个组织机构，这样别人会跟你合作的。

主持人：你能拿到这2000万美金的投资过程，也已经被传成神话了，讲话6分钟，投资就拿到手了，是这样吗？

马云：是。这其实还是一句话，真诚交流，其实我又不要钱，主要的问题，因为你脑子里没有去想钱，很多人不相信这一点，但事实上，因为我脑子里没有想过问他要钱，因为我跟他见面就是一个朋友见面，我觉得很正常，所以五六分钟，我讲了讲将来想做什么，我根本不要钱。正因为我脑子里不要钱，就是一个梦想，想创办这么一家公司，可能在讲的过程中，有一点或者两点打动了孙正义的想法，然后他就开始投资。

主持人：这是不是像你说的，因为你脑袋小，只能想一个问题，想三个问题就承受不了，所以你的思维方式会很简单，这样反而恰恰会一下抓住人。

马云：我觉得也一样，世界比我能做的人很多，但是世界上比我更想做中国电子商务的人并不多。正因为你很想做，你的心，你的行为，你讲话和你的眼神，让那些真正一流的投资者看起来不一样，就像今天很多人跟我聊天的时候，我从他们的眼神里能够判断出他到底是真诚的还是假的，他有没有机会赢，因为这是经历。

主持人：相当多 IT 业的 CEO 都是所谓精英、海归，而你是在普通人当中摸爬滚打过来的。

马云：我是百分之百中国造，我没有在海外读过书。

主持人：像这样生活的经验、经历，你认为对你做人和做企业有什么影响？

马云：我觉得挺好，正因为我从普普通通的一个家庭出来，从普普通通的学校出来，高考也失败，我跟绝大部分中国的老百姓一样。在冯小刚的电影里我明白他想说明什么问题，我跟大妈、阿姨，跟我外婆一讲，我就知道他们想干吗，他们的目的是什么，也许正因为这样，我特别能够了解中国老百姓的心态和市场客户小老板的心态。我又学的是英文，所以我知道西方社会里倡导的是什么，同时我自己当老师，我懂得学习其他很多知识，所以我觉得这些都是很好的经验，人的一辈子很多经历都是为一件事两件事在努力，如果你能够专注好这个，应该做得不错。

主持人：你用一句话回答我，如果你算成功，你成功的原因是什么？

马云：如果我成功，我成功的原因是什么，我觉得是永不放弃，没有放弃。

主持人：这答案有点普通。

马云：很多东西都是普通的，好的东西都是普通的。

### 范例五 沃伦·巴菲特做客《领导者》节目时与主持人的对话

【情景】2010年9月29日晚，比尔·盖茨和沃伦·巴菲特在北京与商界、慈善界人士会面交流，就慈善事业发展这一话题进行深入探讨。巴菲特来北京期间，做客中央电视台《领导者》节目，央视财经频道主持人芮成钢对巴菲特进行了专访。以下是对话的精彩片段。

芮成钢：沃伦先生，很荣幸今天能够请到你来参加我们的节目。查理·芒格今天告诉我，他并不是很赞成你和盖茨这样的非常高调的慈善活动，他说他会直接把钱捐给需要的人，并不会组织一个像这样的活动或者晚会。你对你的老朋友有什么想说的吗？

巴菲特：我会说，每个人都有不同的做法。我们做的只是为感兴趣的人们进行解释，在美国我们就是这么做的。我们在美国的时候，我们可能联系了80个人，其中只有40个人对此感兴趣。我们很高兴有40人对此感兴趣，我们也不会因为其他不感兴趣的40人而生气。

芮成钢：你赚了很多的钱，现在你又把这些钱还给社会，为什么要一开始就努力赚钱呢？

巴菲特：我很享受我所从事的工作，我并不是为了赚钱而工作。我想要赚钱，那是因为这是我为成千的投资者所做的工作，我希望伯克希尔哈撒韦公司有一个很优秀的记录。我为我今天从事的工作感到高兴，我在25岁的时候会为此感到高兴，现在我依然为此感到高兴。如果我现在回到25或者30岁，我当然会更加高兴，但是我现在已经感到很高兴了。我到底拥有多少钱并不会改变我的生活，所以我认为，现在应该是捐赠一些东西的时候了。并不是要捐赠我现在必需的财产，而是捐赠出那些我现在并不需要的财产。我四年以前就作出了这个决定，决定了我如何捐赠这些财产。

芮成钢：有不少你接触的中国人，他们在20年前刚刚开始的时候非常的艰苦，过着十分贫穷的生活，甚至是10年之前，有些人认为现在出现了一个过度补偿的效应，他们想要享受美好的生活。

巴菲特：我完全支持。

芮成钢：有的时候，他们确实相信，财富金钱等于快乐。

巴菲特：不，不，不。爱等于快乐。如果有许多的人爱你，那么你就是一个快乐的人。健康也是其中的一个因素，但是那只是运气，我在健康方面只是运气很好。如果你让我在200亿美元与爱我的20个人之间作出一个选择，我会选择爱我的那20个人。

芮成钢：你对你自己的孩子们说过什么？你给他们留了足够的钱，保证他们有个美好的生活吗？

巴菲特：当然。他们有足够的钱来过好自己的生活，如果我在他们之间平分我的财产，那将是很夸张的。我的每一个孩子都会过得很好，他们非常的感激，他们知道他们出生在这样的家庭非常的幸运，他们在教育和健康需求方面等等都被照顾得很好，但是他们并不会只是因为是我的孩子就变得异常的富有。

芮成钢：在中国，有许多的人为了与你共进午餐，愿意出几百万美金，从他们的角度来说，他们与你共进午餐的主要目的就是要学习赚钱的秘籍，是这样吗？

巴菲特：很有意思，这样的午餐已经开始有大概10年了，人们来的时候也经常会带上他们的家人，我们一般会在一起聊天大约三个半小时，其实他们想聊多长时间都可以。有一些谈话是与投资有关的，但是也有许多的谈话是关于生活，家庭以及其他的一些问题，他们想聊什么都可以。到目前为止，人们在午餐之后都感到很满意。午餐谈话的内容并不仅仅是局限在怎样进行股票投资或者一些相关的事情上。与我共度午餐的很大一部分人都已经是成功人士了，否则他们也不可能负担得起这次午餐。

**范例六** 潘石屹做客《财富中国》节目时与主持人的对话

【情景】 地产界的风云人物潘石屹2008年9月接受《财富中国》节目主持人的现场访问，两人的对话你来我往，十分精彩。以下是其中的精彩片段。

主持人：人们说潘石屹是喜欢盖房子的人，您自己建了红石、SOHO，您对房地产充满了感情是吗？

潘石屹：其实原来我不是学建筑学的，这10多年却一直在建房子。你自己要想，你身上的长项是什么，弱项是什么。你一定要扬长避短，就跟田忌赛马似的，跟别人在那儿比赛的时候，三局里面你要能够胜两局。

主持人：您的长项是什么？

潘石屹：我第一个长项是设计产品，我觉得建筑产品最灵魂的东西还是设计。第二个长项是我对市场的理解。

主持人：敏感？

潘石屹：非常敏感，就是市场上消费者需要什么样的房子，什么样的房子给人住才能舒服，我对这个东西比较敏感，所以我就要发挥我的两个长项。

主持人：有人确实非常认可您在营销方面的一些做法和理念，包括危机公关处理，等等。那次户主打人事件您是凭什么把它巧妙化解掉的？

潘石屹：这件事情对我的触动是非常大的，我判断这个世界变了。现在完全是信息时代、媒体时代，在这个时候人最需要的品质是诚实，错不要紧，你不可能每一件事情都是对的，不可能每一句话都是对的。所以你错的话，你就道歉，可是你不能够欺骗，你如果欺骗媒体、欺骗客户、欺骗公众的话，就很糟糕。让我受启发的是克林顿跟莱温斯基的事情。出了这个事情以后，别人给克林顿出主意，说你要这样说，你要那样说。最后给克林顿 5 大罪证，说他做假证，影响司法公正。他跟莱温斯基的事情都没事了，反而是这个事被人家揪住了，因为这个过程中，他没有跟大家说实话。如果克林顿在这之前就对着媒体说：我对不起莱温斯基，我对不起我老婆，我对不起美国人民，他说一声，大家肯定就原谅他了，我想这个时代都是会原谅的，可是大家不能原谅你几个小时几个小时说假话。

你做一个项目，有上百万平方米，有几千户人家、几万人在里面居住，一定会有矛盾，会有冲突。这里面有我们的错误，我们的失误，如果有，我们就摆出来处理。中国的客户一般愿意私了，给我一笔钱吧，要不我就给你曝光。大概有一个客户说要 80 万，如果不付 80 万就给我曝光。可是我付你 80 万，你照样可以曝光，你可以要我 800 万，还可以要我 8000 万。所以照我的原则就是你爱到哪儿曝光就到哪儿曝光，我做错的事情如果你想通过法律解决，法律上面判下来该怎么处理就怎么处理。所有说私了的，我没给过一分钱。后来就有一个给曝光了，找的《工商时报》和中央电视台，我觉得曝光就曝光吧，那我就面对它。

主持人：我听说您特别喜欢哲学，有人说很难定义您是一个成功的地产商，还是一个哲学家。您对哲学有特别的研究吗？

潘石屹：我在我们办公室里放了几头猪，都是一个艺术家的作品，非常大。好多人一见我面就问“你是不是属猪的，为什么要放猪呢？”这个艺术家叫徐摊，他说所有的人分两种，第一种人是痛苦的哲学家，天天忧国忧民，皱着眉头思考问题，活得特别痛苦；第二类人是快乐的猪，吃了睡，睡了吃，天天高兴得要命，人应该选择第二条路，做快乐的猪，吃了睡，睡了吃，别忧国忧民的，想问题太多了就痛苦，所以尽量不要成为痛苦的哲学家，要成为快乐的猪。

主持人：可是网上骂您，您还是觉得不高兴。

潘石屹：人总是有一个活着的愿望，他都说你 2004 年就死了，你看了以后当然不舒服了。

主持人：就是再快乐的猪也不高兴。

潘石屹：猪也想活下去，杀猪的时候，猪肯定不高兴。

### 范例七　李彦宏做客《鲁豫有约》节目时与主持人的对话

【情景】 2006年12月李彦宏在《鲁豫有约》节目中接受主持人陈鲁豫的专访，并与其展开了有趣的对话。以下是对话的精彩片段。

鲁豫：有一个特别好奇的问题，外面把你和百度都传得很神你知道吗？我有一个同事梁冬去了那，然后我们公司就传说梁冬现在身价多少多少，我们每天帮他算身价，然后所有人都特别崩溃，说他今天值3000万、明天值4000万什么的，然后我们还传说你们公司扫地的阿姨都值500万。所有这些只是传说，因为据说她是最开始创业时期的员工之一，所以身价特别高。

李彦宏：没有没有，传说，它就有正确的有错误的，所以有关个人财富的问题我觉得我很难替别人去回答。

鲁豫：我们现在老说身价多少多少，就账面上那些数字会有那么多零，你以前没想过有一天自己身后会有这么这么多零吧？

李彦宏：我没想过。

鲁豫：等会儿等我数一下，个、十、百、千、万、十万、百万、千万、亿、十亿，得有十个零啊。

李彦宏：我还真没数过这个，因为我觉得钱到一定地步的时候，你一个人一天就24个小时，能干的事情其实没有那么多，关键是要干自己喜欢干的事情，而我喜欢干的事情，很可能不花钱。我喜欢上网，也不能说不花钱，在家上网的话一个月要花一百多块钱。

鲁豫：噢？你拥有百度，上网也得花钱？这我们就平衡多了。

李彦宏：百度花很多钱的。

鲁豫：按照最俗的理解就是李彦宏一下子特有钱了，那你觉得自己的生活在此之前之后有特别大的明显的变化吗？

李彦宏：我觉得没有什么变化。我首先声明就是没有一个人认为我是首富，所以我并不是最有钱的。

鲁豫：你非得当首富才能有变化，那你还让不让我们活了？

李彦宏：我是觉得金钱和真正的幸福不见得是成正比的。

鲁豫：这我承认。

李彦宏：所以我经常说的就是说世界上最有钱的人一定不是最幸福的，而最幸福的也一定不是最有钱的。你自己喜欢什么，你每天过的日子是不是充实，是不是真的高兴，这个只有你自己知道，很多时候不是简单地可以用金钱来衡量。

鲁豫：百度今天的一切你觉得是比你想象的更好还是就是一切在你想象之中？

李彦宏：基本上在我想象之中，但我觉得今天只是一个开始，我们还有太多事情要做。就好比以前说公司小，公司现在能够发展到两千多人的时候应该是一个很大的公司了。而比如说我们这个网页检索，当初 5 个工程师也做了这样一个搜索引擎，当时也觉得做得很不错，但是现在 500 个工程师的时候，每一个工程师还仍旧都特别特别忙，都还有做不完的事，这就说明当你走到这一步的时候，你能够看到外头可做的东西更多了！我们总觉得说整个游戏才刚刚开始，我们未来能够做成的事情跟现在相比真的不是一个数量级的，是很多人现在还难以想象的事情！

鲁豫：你现在做这一切的时候，最开始那种极大的激情仍然有吗？

李彦宏：仍然有，因为我觉得还真的是刚刚开始。其实 2000 年的时候我觉得是开始，2006 年了，我觉得我还是在开始，因为这个大幕才刚刚拉开一点点，人们只是看到了一个缝，其实里头那么美妙的景色大多数人都没有看到。我呢，也只能想象，但我更希望有能力把这个大幕真正地给它拉开，让大家都能看一看。

鲁豫：一开始我说你是一个挺传奇的人，你觉得你自己传奇吗？

李彦宏：我没觉得，可能我天天都跟我自己在一起，所以就觉得每天都很正常。

鲁豫：但是时势造英雄，真的是这样，我觉得就是也属于赶上这样好的一个时代。

李彦宏：机会赶得不错，这一点我必须得承认，而且从这个角度来讲我是一个很幸运的人，正好赶上了这几个浪潮。像美国的互联网商业化时正好是我进入工业界开始工作了，中国互联网起来之后正好就是我回来创业的时候，就发现缺这么一个中文搜索引擎，然后就做起来了。很多时候这个机会想一想没准也有些巧合的东西。有些机会我自己也觉得“哟，挺可惜的，这机会我没抓着”！比如说在20世纪90年代中期的时候，其实我们周围的一些朋友已经开始回国。他们那个时候回国主要就是被他们的美国公司派回中国去做中国代表什么的，做这些事情，我当时特别羡慕他们，觉得他们怎么能够赶上这个机会。比如说，他是一个汽车厂或者说什么造纸厂搞化工的，中国这些东西都发展很快，也很需要人，那么美国公司会考虑到正好你是中国人，那就派你回去做吧，而工资一分钱都不少，这样在中国去消费的话以那个时候中国的消费水平来衡量比美国要低很多，所以就会觉得很爽！那我说计算机这个东西怎么没人派我回去呢？就是中国不需要这个东西？我有时候想一想也挺郁闷的，也挺想早点回国的，但是没人派我回去。我后来又一想，人一生当中你这个机会丢了可能下一个机会比这个机会更好，如果你是有心人的话就总能抓住一些机会，你也不用抓住太多，抓住一些机会就能够做得很好。

鲁豫：对，上帝关上一扇门一定会打开另外一扇窗。

李彦宏：那个机会可能就不属于你，会有更大的更好的事在等着你。

鲁豫：我相信很多年轻人会希望向你学习，如果要你通过你自己的经验给他们一个最大的忠告，你觉得应该是什么？

李彦宏：我觉得两条吧，第一条就是做自己喜欢做的事情，因为如果你做的事情你不喜欢的话碰到困难你很有可能就退了、放弃了、不去做了；第二条就是要做自己擅长做的事情。

### 范例八　韩寒做客《一周立波秀》节目时与主持人的对话

【情景】 2010 年 2 月韩寒在《一周立波秀》节目上与周立波展开精彩对话。以下是对话的精彩片段。

周立波：我对你的小时候非常非常感兴趣，因为我冥冥当中感觉到，我们可能会有异曲同工之妙。你小时候调皮吗？

韩寒：调皮。

周立波：你爸爸妈妈打你吗？

韩寒：打我。

周立波：爸打还是妈打？

韩寒：爸打，妈也打。

周立波：那你比我痛苦，我主要是我妈妈下毒手。爸爸妈妈打你的话，分不分部位，还是打到哪儿算哪儿？

韩寒：其实我爸妈还是挺疼我的，他们一开始打我头……后来觉得可能会打傻掉，就拧屁股，但是这就给了我逃跑的时间嘛，因为你打脑袋是没有预备的，你说着说着，一下，直接就中了，但是拧屁股你就必须得先把你这个人按住，然后再开始拧，就像找着车一样，它是需要一个过程的，所以我就容易逃。

周立波：OK，我明白了，那你爸爸妈妈打你的时候，到后阶段有没有动用什么凶器什么的？

韩寒：后来他们就打不到我了，我就跑步跑得很快了。

周立波：像我妈妈会用凶器，例如拖鞋啊、尺啊，她会借助器具来打我的。

韩寒：那你这个就很难防了。

周立波：在博客上写了那么多文章，你会不会觉得是一种负担，或者是有时候会有点厌，或者是很长时间不去更新博客。

韩寒：反而这个倒不是一个负担，因为博客其实是很好的一个信息传播的、交流的一个渠道，因为它很直接。我相信你肯定也有这个感受，因为在这个国家里发生了各种各样的时事，真的是太刺激了。像我这样一个很懒的人，就经常情不自禁地会勾起创作的欲望，所以我觉得写这些博客来说，完全没有任何的负担了。

周立波：那你觉得你的创作、你的写作是为自己还是为社会？有的人写作他完全是为了自己一种自我欣赏，还有一种他是有一种所谓的责任感，那么还有一种就是职业了，他就把这个当工作了。

韩寒：我觉得其实为自己是最开心的，你就要确定你自己这个人不是一个反人类、反社会的人，那么为自己其实就是为社会。

周立波：那比方说，在你的文章当中，因为你的观点都比较犀利，比较独特，有没有想过比方说涉及具体的人或者事，有没有会想到别人，别人会对你有看法，或者你在乎不在乎别人怎么看你？

韩寒：牵涉到具体人的时候呢，我以前会写到具体的人，我经常会跟那些人打打笔仗，后来我发现，那些具体的人都不大跟我玩了，我就没人玩了。

周立波：你所从事的写作和你所从事的高风险的职业，这两个东西怎么能有机地结合在你一个人身上？

韩寒：因为我不喜欢站着工作，我发现无论是写作还是赛车，都是坐着工作，所以我觉得这两个工作能够结合在一起。

周立波：你是个赛车手，你在路上会不会开快车？

韩寒：我开车开得很慢。

周立波：哦，是吗？

韩寒：因为我觉得没人付给我薪水跟奖金，没有必要开这么快。

周立波：哦，你的速度是计时的啊？

韩寒：因为就好比你在街上你也没有必要去表演脱口秀一样，我觉得这个还是得留在它必要的时候，然后再去把这些技术发挥出来。

周立波：冒昧地问一下，现在有没有女朋友？

韩寒：有的。

周立波：是长线的还是短线的？

韩寒：我觉得关于上海市市长这个问题会更多的。

周立波：那你有没有考虑那个，一旦结婚以后，对你很多你的女性粉丝会是造成致命的伤害。

韩寒：不会。

周立波：你已经是很多人的一种梦想。

韩寒：我觉得不会有，因为我的一些女性的读者，我觉得应该都具备一定的智商。不一定像刘德华，非得要……不是说刘德华的粉丝，就是我不一定非得要像刘德华那么做。

周立波：你买房子了没有？

韩寒：我北京有一套房子，买得很早，3900 买的。当时有人问我卖不卖，那现在开完奥运会以后，大概也涨到一万多嘛。那他问我什么价钱卖，我算了一下，因为我房子在我手里有了好几年，虽然没有住过，但是有一个折旧率嘛，像车一样。所以我想了一下，我说那可以 3500 出。

周立波：3500？

韩寒：就是我觉得其实这个才是正常的，因为如果大家都这样的话，我想这个社会可能会更加的美好一些。当然这只是我很单纯的想法，很有可能今天这个 3500 收了这个房子。

周立波：好，现在有请韩寒送给我们电视机前的观众新年祝福。

韩寒：电视机前的观众朋友，大家好，祝大家新的一年快乐！

周立波：这句话他去年也这样说，快乐。

# 第六章

# 竞赛或选秀类活动情景应对

范例一　2009中华小姐环球大赛上参赛选手面对评委提问时的作答

【情景】凤凰卫视主办的“2009中华小姐环球大赛”总决赛10月31日晚在上海国际体操中心举行。12位来自世界各地的华人女性角逐当年的华姐三甲，在比赛中除了要比赛容貌外，在评委问答环节也要考查参赛选手的口才。

评委赵汝蘅：我特别注意到你不怕别人说你的缺点，我想问你一个问题，如果你今天在这6个人中被刷下的话，你会怎么对待呢？

参赛佳丽杨文杏：其实我确实是一个在这么长的时间里，我确实我的姐妹们都比我强，我也在不停地学习和吸取，即使被刷下来，我可以看到冠军、亚军和季军姐妹身上比我好的优点，这就是我所得到的，没有失哪有得，我会祝福她们，我把她们当做我的榜样。

主持人胡一虎：欢迎6号李若凝，她已经是图兰朵中国公主的代言人了，已经有了公主的美梦，在此时此刻中距离后冠就只有一步，请问心情怎么样？

参赛佳丽李若凝：心情很兴奋，因为这个舞台是我梦想已久的舞台，我喜欢聚光灯洒在我身上的感觉。

评委关锦鹏：我想请问李若凝，你喜欢什么颜色？

参赛佳丽李若凝：我喜欢黑色和白色。

评委关锦鹏：和你的个性，这两个颜色代表你性格的某个特质吗？

参赛佳丽李若凝：我觉得是代表的，大家都叫我冷美人，我外表看起来会比较冷，但是我内心很干净，很简单，很喜欢真心地交朋友，其实是一个性格很直接的孩子。

评委关锦鹏：很好，你就是我刚刚说的率性的其中一位。

主持人胡一虎：第三位佳丽 8 号田桐，欢迎她。刚刚她得到的是最上镜头奖，今天晚上的后冠会不会戴在她的头上呢？你觉得你获得最上镜奖赢在哪里？

参赛佳丽田桐：可能是微笑吧。

评委宋祖英：我问一个与音乐有关的问题，音乐是沟通世界最好、最简单的语言，你会选择用什么方式将中华小姐智美善良的理念传达给全世界的人们，并使他们更好地了解中国？

参赛佳丽田桐：我想用我们每一年中华小姐的主题曲，这说明了我们这一届选手各方面的美，记录了我们从头到尾每一步的历程，我想让全世界的人都看到。比如这一届从北京到拉萨，在希望小学，既有歌也有内容。而且这个歌词非常好，我唱一点点。

评委李纯恩：其实我想问一个很简单的问题，你为什么会参加这一次选美？

参赛佳丽刘倩：这是一个很长的故事。

评委李纯恩：以你的才情，你可以很简短地说出来。

参赛佳丽刘倩：我就说一个直接原因和根本原因。直接原因，是由于去年在汶川地震的时候，我特别想去做一个志愿者。当时有一个朋友说有一个比赛，你可以通过这个组织去参加，于是去年我就知道了这个比赛。去年在工作，所以不能请假，我对这个比赛就有一个认识，它和慈善是有关系的。

根本原因，是因为我从小到大从来没有登过舞台，从来不知道自己是什么样子的，我其实挺需要一种肯定，一种对我自己的肯定。

评委李纯恩：你觉得现在肯定了吗？

参赛佳丽刘倩：已经得到了肯定。因为进12强开始我就觉得我的认识完成了，因为我代表的不是我自己，是一类像我这样的女孩。我这里想多说一点，因为我在来到这儿之前，我有一个朋友曾经给我写过一段话，我想把这段话念给你们听，可以吗？这个女孩给我写了一封信，她说："我从来没有羡慕过别人头上的光环，因为我觉得自己很淡然，当有一天发现自己需要帮助的时候，我发现自己很渺小，所以我期盼自己头上有一个光环，因为这样可以赋予我力量。"肯定有很多这样的女孩，也期望在这样的舞台上。

主持人胡一虎：谢谢你，一个非常有爱心的佳丽。接下来是来自上海主场的佳丽13号：朱盈菲。有没有信心做这个最后的赢家。

参赛佳丽朱盈菲：我能够站在这里就已经胜利了。

主持人胡一虎：你选择了网友提问的方式，网友的问题也是我要问的，网友最关心的话题只有一个，就是问选手有没有男朋友，你必须诚实回答，你有没有男朋友？

参赛佳丽朱盈菲：我想我马上就有男朋友了。

主持人胡一虎：你的男朋友是离你最近的范围吗？

朱盈菲：应该马上就会出现。我不强求他是权重股，但是我希望他是潜力股。中国股市值得我们大家来投入。

主持人胡一虎：谢谢你的回答。最后一位佳丽，她的回答才决定今天晚上花落谁家，有请王志千。最后一关，最后一个评委，是不是很紧张。

参赛佳丽王志千：有一点紧张，但是我很喜欢这种感觉。

评委尹乃菁：你来到台湾上空你的心情如何？你对于两岸关系的未来有什么样的期待？

参赛佳丽王志千：当时对我来说是人生中很美好的一天，我当时在飞机上看到一种光芒，那种光芒非常的美，是沿着飞机的前沿像彩虹一样，是五颜六色的，当时我特别的兴奋，我感觉特别的亲切，不知道为什么，有那种亲切的感觉。

主持人胡一虎：有没有看到宝岛的男孩子？帅吗？

参赛佳丽王志千：真的没有看到。

主持人胡一虎：站在你旁边的就是。谢谢回答。

## 范例二 2010重庆小姐大赛上参赛选手面对评委提问时的作答

【情景】 2010年7月3日，由《新女报》传媒与丝爽国际共同主办的“自由点·2010重庆小姐大赛暨第二届《新女报》封面女郎选拔”举行半决赛。大赛为选手们设置了机智问答环节，问题涉及重庆政治、经济、社会以及世界杯、拜金女、地沟油等时下的热点问题。参赛选手们在这一轮比赛中，极大程度地展示了学习素养和自身智慧。

问：你认为重庆的核心竞争力是什么？

答：重庆的核心竞争力就是2008年提出的五个重庆——“宜居重庆”、“畅通重庆”、“森林重庆”、“平安重庆”和“健康重庆”。

问：你如何看待最近重庆公交车出租车票价调整？

答：我觉得人们不要抱怨，要理解。公交车出租车一直为我们服务，他们涨价自有理由，我们应该和谐一点。

问：你如何看待今年世界杯上裁判误判问题？

答：今年的夏天来得太晚，因为世界杯太“冷”了。……足球的魅力不在输赢，而在于过程。

问：你怎么看待在最近很火的相亲节目中出现的拜金女和富二代？

答：爱情是人们择偶时永恒的标准。金钱只是一时显赫，而爱情却是一生相随。

**范例三** 《中国达人秀》评委与参赛选手的精彩对话

【情景】 2010年8月8日晚上，当《中国达人秀》参赛选手刘伟在舞台上弹奏结束后，观众和评委自发起立为这个坚强的“折翅天使”鼓掌，上海音乐厅传出雷鸣般的掌声。在宣布结果时，评委们表示，无法用“YES”或是“恭喜你”这样的话语来评价刘伟的表演，他们只能对他说一声“祝福你”。

高晓松：匪夷所思，我们用手弹钢琴都要练很多年，何况你用脚。

伊能静：你让我看到了达人中的达人，真正的达人是用生命展示他的才华！我要让我的孩子看你这期的达人秀节目！

高晓松：我实在难以想象，我们正常人要练琴都是很难的事情，你怎么能用脚弹得这么好？还会作曲，你真是个天才。

刘伟：没有人规定一定要用手弹琴。

高晓松：可是你是怎么做到的？我曾经说过，每个弹琴的都是好孩子，而你绝对是世界上最好的孩子。

刘伟：因为我的人生只有两条路，要么赶紧死，要么精彩地活下去。

**范例四** 2009年《快乐女声》某场晋级比赛时主持人与评委的对话

【情景】 2009年6月18日在《快乐女声》的60进20第二场比赛中，评委包小柏和沈黎晖对曾轶可的去留产生争执，最后曾轶可成功晋级20强，而包小柏不满愤然离场，从而引发了快女比赛中史无前例的“离席门”事件。现场主持人何炅面对这种情况处变不惊，从容应对让比赛得以继续进行。

何炅：首先请他们三个上台来，三个创作型的女生，只有一个名额。

沈黎晖：其实，对这个，最后一个名额有非常大的争议，仍然是这样，那我先宣布结果吧，曾轶可恭喜你。

包小柏：中国20强已经确定，我尊重所有赛制最后的结果，但我本人必须要做一点简短的声明：这个舞台是留给有准备的人，有才能的人，有表现的人，有可塑性的人，但在我以一个身处专业领域25年的立场，就刚刚最后一个结果，我愿意用我的身份、专业的身份来交换去留的问题。之后只要这样的选手（晋级），我只能说，她留我走。谢谢。

何炅：我觉得这是对接下来两位选手的一个最好的肯定，但是我想在可能现在电视之前的非常多的观众有自己的评价，我们的比赛还会继续。现在是全国20强，那我们就来看看每一位选手接下来的表现，而这个时候我建议大家用最热烈的掌声送给舞台上的这两位非常优秀的创作歌手！

## 范例五　某模特比赛中参赛者与评委的精彩对话

【情景】为了考察选手是否具有健康、正确的心态，某模特比赛决赛中特别增加了评委提问环节。评委们的巧问和选手们的妙答，给观众们留下了深刻印象。

评委：如果你就业时因为体态较胖，失去一个很好的工作机会，你怎么看？

20号参赛者：首先我要说明的是，我很幸运，我在择业时非常顺利，而且现在工作得也非常开心。如果真的碰到那种情况，我也不会在意。因为我相信，一个真正的好老板看中的应该是员工的工作能力，而不是她的胖瘦。

评委：你想减肥吗？

9号参赛者：不想。我从小就胖，但胖得很健康、很有亲和力，所以我身边的人都很疼爱我。如果刻意去减肥，说不定好运也会跟着跑掉了。

评委：你肥胖的原因是什么？

4号参赛者：有一点遗传关系，更主要的是我有活泼开朗的性格和良好的心态，我每天都开心。

评委：你最喜欢吃什么菜？

7号参赛者：我最喜欢吃回锅肉。

评委：吃回锅肉可是很容易胖呀。

7号参赛者：我是学医的，我相信只要适量，并合理安排，我会吃得很科学、很健康。

评委：假如你跟老公一起上街时，你发现他在看苗条的女子，你会因为自己胖而担心吗？

8号参赛者：我相信在老公眼中，我是最好、最美的。

## 范例六 《挑战主持人》参赛者间的精彩对话

【情景】 《挑战主持人》第50期，同为挑战者尉迟琳嘉与李玮琦在节目开场时进行了一番唇枪舌剑的对话，让人印象深刻。

李玮琦：给我一个机会。

尉迟琳嘉：怎么给你机会？

李玮琦：我以前没有机会，但现在想当一个娱乐主持人。

尉迟琳嘉：好呀，跟观众说吧，看看他们给不给你机会。

李玮琦：帮帮忙。

尉迟琳嘉：对不起，因为我也想做主持人。

李玮琦：不可能。

尉迟琳嘉：我一定要当娱乐主持人。

尉迟琳嘉：大家好，我就是风流倜傥、英俊潇洒，上天入地无所不能，人送外号玉面小飞龙——(其余三人齐声：尉迟琳嘉！）帅到掉渣！那么我今天穿得这么光鲜，俨然就是一个标准的娱乐节目主持人，对不对？所以呢我不打算作过多的自我介绍了，我想介绍一下今天2号选手李玮琦。他高，实在是高！当然是个高啊，那么我们跟他在一起的时候，他总是说他吸的空气比我们吸的空气新鲜好多倍，那我寻思你要跟姚明站一块儿不是照样得吸二手的吗？更何况我们还有马东老师坚定地陪伴在我们身边，这样我们心里很平衡啊！还有他帅，他真的很帅，这老虎的脸上写的是王字，他李玮琦的脸上写的就是个帅字，不过他又打错算盘了，因为在我们台上坐的是号称男人中的极品。帅哥中的帅哥（其他三人齐声：张邵刚老师）所以他真的不适合做一名娱乐主持人，那么他今天有勇气站在这个舞台上。完全是印证了一句话：挑战无处不在！谢谢！

李玮琦：大家好！我就是传说中的2号。既然刚才他夸过我了。现在我也想来夸夸他，尉迟最大的特点就是他的表现欲太强了，特别是在女孩面前（尉迟三人唱：对面的女孩看过来，看过来看过来看过来）没错！我今天讲的可是一个故事背后的故事，想当年尉迟在学校的时候，可以说是英俊潇洒、玉树临风，被学校评为玉面小螳螂。有一天他到水房打水，左手拎着水壶，右手拿着暖瓶，一个箭步他冲进了水房（尉迟三人齐声唱：速度70迈，心情是自由自在。希望终点是——水房）说时迟那时快。在他身后嗖嗖嗖出现了几个漂亮的姑娘（尉迟三人齐声：漂亮），等一下，这时候尉迟的表现欲又来了，他挤眉弄眼、搔首弄姿，摆出一个非常有风度的造型说了一句：（尉迟三人齐声：May I help you sir?）忽然间意外就在这个时候发生了，滚烫的热水，哗的一下洒到了他的手上，要不是说尉迟不愧是一个真正的爷们，他纹丝不动，其中的一个女孩子急切地走了过来问了一句：哎，你的手没事吧？啊，没事，一点事都没有！听到这样的回答女孩子转过身对其他人说：讨厌！今天水又没开！（尉迟三人齐声唱：心碎，在扰攘的街。我的伤悲你没发觉）悲痛欲绝的尉迟仰天长啸，大叫一声（四人齐声：挑战无处不在！）

# 第七章

# 销售情景应对

范例一　某西装店的售货员向特定顾客推销西装时的对话

【情景】　某西装店内，售货员麦克用对话了解到顾客比尔的真正需要，同时在发问中表现出了一切为客户着想的热忱，顾客比尔的态度也很友善，整体谈话气氛十分融洽。

麦克：比尔，你穿多大的西装？

麦克：比尔，想必你一定知道，以你的身材想挑一件合身的衣服，恐怕不容易，起码衣服的腰围就要做一些修改。请问你所穿的西装都是在哪儿买的？

比尔：近几年来，我所穿西服都是向梅尔兄弟公司买的。

麦克：梅尔兄弟公司的信誉不错。

比尔：我很喜欢这家公司。但是，麦克，正像你说的，我实在很难抽出时间挑选出适合我穿的衣服。

麦克：其实，许多人都有这种烦恼。要挑选一件自己喜欢，适合自己身材的衣服比较难。再说，到处逛商店去挑选衣服也是件累人的事。本公司有 4000 多种布料和式样供你选择。我会根据你的喜好，挑出几种料子供你选择。你穿的衣服都是以什么价钱买的？

比尔：一般都是 400 美元左右。你卖的西服多少钱？

麦克：从375美元到800美元都有。这其中有你所希望的价位。我能给顾客带来许多方便。他们不出门就能买到所需的衣服。我一年访问顾客两次，了解他们有什么需要或困难。顾客也可以随时找到我。比尔，你很清楚，现在一般人如果受到良好的服务，会令他受宠若惊，他会认为服务的背后是否隐藏着什么其他条件。这真是一个可叹的事。我服务顾客很彻底，彻底到使顾客不好意思找其他的厂商，而这也是我殷勤服务顾客的目的。比尔，你同意我的看法吗？

比尔：当然，我同意你的看法。我最喜欢具有良好服务精神的厂商。但现在这种有良好服务的厂商越来越少了。

麦克：提到服务，本公司有一套很好的服务计划。假如你的衣服有了破损、烧坏的情形，你只要打电话，我立即上门服务。

比尔：是啊，我有一件海蓝色西装，是几年前买的，我很喜欢，但现在搁在家里一直没有穿。因为近几年我的体重逐年减轻，这套西装穿起来就有点肥。我想把这套西装修改得小一点。

麦克：比尔，我希望你给我业务上的支持。我将提供你需要的一切服务。我希望在生意上跟你保持长久的往来，永远替你服务。

比尔：麦克，什么时候让我看看样品？

麦克：你对衣服是否还有其他的偏爱？

比尔：我有许多西装都是梅尔兄弟公司出品的，我也喜欢剑桥出品的西服。

麦克：剑桥的衣服不错。比尔，以你目前的商业地位来说，海蓝色西装很适合你穿。你有几套海蓝色的西装？

比尔：只有一套，就是先前向你提过的那一套。

麦克：比尔，谈谈你的灰色西装吧。你有几套灰色西装？

比尔：我有一套，很少穿。

麦克：你还有其他西装吗？

比尔：没有了。

麦克：我现在拿出一些样品给你看。如果你想到还有没提到的西装，请立即告诉我。

**范例二** 某店员销售手机时与顾客的对话

【情景】一位顾客来到某手机店想要买部品牌手机，手机店店员向顾客成功推销了某款国产手机。

店员：欢迎光临××电讯。您好！先生，请问有什么可以帮到你吗？

顾客：随便看一下。

店员：这是我们公司最新的营销活动，您可以参考一下！请问先生是您自己买来用的吗？

顾客：不，我老婆用的。

店员：哦，先生您真有心，您老婆真是幸福。

顾客：呵呵，还可以。

店员：请问先生喜欢什么品牌，或什么款式的机型呢？要不要我帮您介绍几款。

顾客：我自己看下就可以了。

店员：先生要不看下这款我们店内的特价机型，MP3、MP4、滑盖机型，款式时尚，价格适中，如果您太太用最合适不过了。

顾客：我只要简单实用的知名品牌，不想要杂牌子。请问有没有诺基亚的。

店员：有啊！

顾客：拿这款手机看下。

店员：先生，您真有眼光，这款诺基亚6030是诺基亚机型中最为实用、美观的一款机型。而且有收音机功能，空闲时可以听歌，听一些媒体节目。

顾客：是吗？

店员：先生，怎么对国产品牌那么反感？其实现在所谓的进口品牌都是在国内设厂生产的，而国产品牌全部都是进口技术的啦！中国人都可以上太空了，不是吗？

顾客：呵呵……是啊！我们中国人也不弱啊！

店员：其实现在的手机功能都是全面性的，已经不是单单打电话这么简单。先生，您想一下，同等或差不多的价格，别人可以买到，不但打电话，而且可以听歌、拍照、摄影的手机，先生您的手机除了打电话就没其他用途。您说是不是有点可惜啊！

顾客：你说的也对哦！那有没有1000元左右，像你说的那种功能的手机呢？

店员：有啊！请您稍等一下！先生，您有没有听过××公司。

顾客：有啊！我记得以前××公司是生产电子的。我家现在还在用××的老产品呢？

店员：是吗？××集团成立于××××年。××金融电子有限公司依托××多年的电子信息产业优势，在“科技无限、文明共享”理念指引下，以“满足顾客需求，实现员工价值、创造股东利益”为企业使命，以“管理，创新，诚信，合作”为竞争策略，致力于推动我国行业信息化进程，专注成为中国金融、税务、公用系统信息化解决方案主流提供商，努力实现以优质的产品和服务不断地全方位服务社会的目标系统，主营业务为自主知识产权的金融设备的研发、生产、销售和服务。2004年，集团在国家信息产业部公布的第19届电子信息百强企业中排名第20位，同时在信息产业部公布的百强企业产品市场销量统计中，××电话以761万部排名第一。现在××又推出了新款手机！您手中看的就是××手机啊！

顾客：真的吗？真没想到以前用××，现在还是用××！

店员：先生，看样子，你与××公司真有缘。××公司与我们××公司将全天候为您服务。在您最需要的时刻，将会在您的身边！以永无止境追求尽善尽美的服务精神为您提供具国际标准的服务！追求卓越，让您满意，是××公司的信念和标准！我们××的宗旨是：让您买得开心！用得放心！我们××电讯是全国最大的手机连锁店，您有什么问题都可以帮您解决。

顾客：好吧！就拿这一部××手机。

店员：好的。先生，您这个时候购买手机还有好礼赠送哦！先生，有空带您太太可以来本店下载！我们可以提供一个月免费下载的服务。

顾客：好的！谢谢你！

店员：欢迎下次光临！

**范例三** 某推销员向一公司老总推销打印机时的对话

【情景】Z是××公司的打印机推销员，H是本市一家大公司老总，Z成功地向H推销出打印机。

Z：×总，您好！我是小×，这是我的名片，昨天跟您联系过的，您还记得吧？

H：记得，记得。咦，小伙子不错，看你年纪轻轻的，居然是业务经理，有前途啊！坐，坐，别客气！

Z：×总，您过奖了，跟×总您相比就是九牛不及一毛哪！最近听说贵公司又成功收购了两家公司，现已成为我市行业的龙头啦，真是恭喜恭喜啊！

H：哪里，哪里。

Z：×总真是有远见有魄力啊，区区五年就把公司发展得如此壮大，真是让晚辈望尘莫及啊！

H：哪里，哪里。是公司所有员工共同努力的结果，才使得公司有了现在的规模！

Z：那也是您领导有方啊！听闻×总对待员工就向对自己的亲人一样，而且贵公司给予员工的工资、福利等待遇，都远远优于别的公司，一直有

"打工者的天堂"荣誉称号，我有个朋友做梦都想进你们公司！

H：是啊，我一直都认为人才才是对企业最重要的！要以人为本，企业才能更好地发展！

Z：×总说的是啊！但是听说贵公司现在经常加班，是这样的吗？

H：哎，是啊，公司规模大了，业务越来越多了，员工只有加班才能完工，我给了他们高额的加班费来弥补他们！

Z：那您一年要额外支出多少费用呢？

H：大概30万元吧！

Z：哦，您刚刚的意思是贵公司的员工要经常加班，您一年要额外支出30万元的费用，您说对吗？

H：嗯，是这样的！

Z：那您有没有想过更新设备呢？

H：这倒没想过，现在的打印设备虽然老了点，但是还是可以用的！

Z：您看，这就我们最新打印机的资料，您边看着，我边给您介绍。我们新开发的××××，打印速度比普通打印机速度快两倍，一分钟出纸40张，可实现彩色打印，高质又经济！非常适合贵公司使用！

H：真有那么好？速度快的话，打印的质量肯定不怎么好吧？

Z：嗯，您说的是！但我们的新产品解决了这一难题，××××产品不仅速度快，而且质量又好！××、××等大公司用的都是我们的产品！您看，这是我们对他们的售后满意度调查表，他们都表示非常满意！

H：嗯，挺好的，不知道价格怎么样？

Z：价格您肯定会满意的，市场价格8000元，向您这样的大客户，我们肯定是给优惠的，就和××和××一样，一台7500元。

H：感觉还是太贵了，我考虑一下再给你答复吧！

Z：您说的是！可是您想一下，它可以让贵公司员工工作更加快捷，提高贵公司的工作效率，也节省了您需要额外支付的费用，这难道不是很值得吗？

H：那这产品售后服务怎么样呢？

Z：一年包换，三年包修，每月派人上门服务，保证让你们放心满意，您需要订购多少台？

H：那就先订购100台吧！你们什么时候能送货？

Z：一周内保证把货送到，您看，合同我带来了，您看看，要是没问题的话，我们现在签了吧？

H：那也行！小伙子有前途啊，真是长江后浪推前浪啊！

Z：×总，您过奖了，还要好好向您学习！要不晚上一起吃个便饭？

H：那倒不必了，我晚上还有应酬。下次吧！

Z：嗯，那您忙，我就不打扰您啦！改日再来拜访您……×总再见！

H：嗯，再见！

### 范例四 某汽车销售顾问向来店顾客推销汽车时的应答

【情景】一顾客到××汽车4S店，销售顾问向顾客介绍汽车的性能并进行推销工作。

销售顾问：您好！欢迎光临××4S店，我是销售顾问，请问您贵姓？

客户：你好！免贵姓张，我在网上看到的三厢的新爱丽舍，主要是家用，要耐用、经济实惠、安全的系数高的车。在网上看到PSS后轮承随动转向，我认为很适用。

销售顾问：张总，您说的很对，PSS在弯道和高速变线时防滑，不易甩尾，更平顺，减轻晕车，提高了操控性和驾乘舒适性。新爱丽舍采用整体承载式车身，“6横4纵”车身底板加强梁，为驾乘人员提供全方位安全呵护，它的车门也是一体的，没有一个焊接点，不像日韩系车，我们的是欧系车，特别地注意安全性，为客户想的多。

客户：在网上还看到什么防撞梁，燃油自动切断装置是怎么样的呢？

销售顾问：是的，爱丽舍四门都装有防撞梁，进一步提高了车身侧面的抗压和碰撞性，还有燃油自动切断燃油供应、减少燃油泄漏的风险和火灾隐患，张总您对这款车很了解呀。

客户：本来就是想买车，也对这款车感兴趣，所以在网上找了些相关的资料看了看，今天就是来看样车的。

销售顾问：谢谢您关注我们东风雪铁龙的车，我们新爱丽舍的ABS+EBD系统是独有BOSCH8.1德国博士最高版本的，ABS+EBD系统抗电磁干扰能力很强大，单位制动频次倍增。系统感应更灵敏，制动效果加倍，大大提高它的安全性，降低了事故率。而且我们这款车的后备箱容量大，后排坐椅可折叠，靠背可2/3、1/3折叠和翻转，不用下车都可以在车内直接取放后备箱物品。能满足您的实用的需要和便利。

客户：看来这款车的安全性还挺高的，后备箱空间也很大，舒适性也可以，现在定的话有什么活动和优惠政策吗？我想五一前能有车。正好还有一个月时间，我还可以再考虑一下。

销售顾问：张总，下星期我们有个车展应该会有一些政策的，要不请您留下电话，到时我通知您。车展那天您要有空也去看看吧，也许车展那天当场购车会有更大的惊喜呢。

客户：好呀，具体是哪天，到时你一定要通知我。记下我的电话了吧，谢谢你给我介绍这款车的安全与实用性能，我回家和老婆商量一下，有车展时可以和老婆一起来，就现场当天购车，都增添些喜庆气氛吧。

销售顾问：好的，您的电话我已记下了，车展那天我一定通知您，您走好。祝您工作顺利！再见！

## 范例五 某网上销售客服与顾客的对话

【情景】 某顾客想在网上购买洗车水枪，下面是他与客服人员的网上对话。

顾客：你好，这款机器有现货吗？

客服：没有，贵重商品需要从厂家现提，样品有灰尘不卖。

顾客：我看官网上要比你这里贵一些的，请问你的是正品吗？

客服：是的。官网上什么都要得贵，都是这样，主要是让人信任吧。

顾客：你这个有品质保证吗？

客服：有的。

顾客：那保修多久呢？

客服：主机一年，其他易损件不包。详细见包装内保修卡，快递送到尽量当面验证，不满意您就拒签。如果不要也没有关系，7 天内退回，质量问题我们承担运费。

顾客：保修发到哪里？

客服：我这里，你发到厂家维修慢，我去跑就快点。

顾客：别人家这个型号有 740 的，你的和这个一样吧？可以优惠吗？

客服：嗯，看起来一样，您详细问下卖家。网上价格说不准，也许他们搞特价……但我进不到。

顾客：你们什么时间做特价，我好买一台。

客服：特价天天有这个不可能！现在有满 100 就送的活动您看看。这个买的人少，我们定价就低，都是金融危机闹的，花钱慎重了。今年我们的洗车水枪就卖得比去年还好，有车族也开始自己洗了，其实不差钱。

顾客：也是啊，太便宜我就不敢买了，你这个有人买过吗？对了，水枪是怎么用的？

客服：年前在店里卖过一个，并且就卖一个，是以前用过这个的，否则不会在网上买了。洗车方便，接自来水就 OK。

顾客：好，我去拍，不好我退货。

客服：好，按既定方针办，感谢您的信任！运费修改好了，您查看下，这个因为是从北京总部发出，时间应该是 3~4 天，您是今天发货吧？

顾客：已经付款了，你看看。麻烦给包装结实点像你人一样实在哈，谢谢！

客服：不用客气。

## 范例六　某品牌营销员与经销商之间的对话

【情景】 某经销商希望能够低价代理某品牌商品，该品牌营销员为了说服对方，与之展开了如下对话。

经销商：这么贵，我们这里消费水平没有你们北京那么高，再说我们服装一般200–600元左右。我看过网站上的价格，如果6.5折也要300多元左右呢，批发价这么高，你们的鞋是金子做的啊，给我这么高的价格，我还有房租、员工工资，哎，你们的产品，没法做呀！

营销员：××小姐，你说的有道理，我也非常能理解你说的话，我们的价格是基于以上几种情况而定的。首先；材料的选择，非常的珍贵。即使是中羊皮，我们也是用的上等的中羊皮，一般都选头层皮，这是我们公司从最初的手工高级订制以来，就自始至终坚持的选料原则。我们公司的产品90%以上的都是羊皮内里的，穿着非常舒服。其次，我们公司产品的工艺模具是经过推敲修改后才投入生产的。你对鞋子的了解也是很专业的，在生产之前都要打板的，常规的女鞋估计打板一次也就开始上流水线生产了，但我们××90%品牌的鞋子，都是要反复推敲三次样板以上再决定上流水线上生产的。你有时间可以来我们公司监管，你会发现我们公司的员工大部分都穿着最新款的鞋子，这都是我们的试板鞋，我们自己试穿没有任何问题后再生产，这样就增加鞋子的成本。我们××的宗旨就是提供舒服的高跟鞋给客户，然后，你在跟我们公司联系之前，肯定在市场上也考虑很多吧！当然在鞋子的领域我们不是最强的，但是鞋跟很高的高跟鞋领域，我们××是排在第一位的，这也是我们引以为豪的。目前，在桂林、上海、悉尼、新加坡、瑞典、莫斯科等地都有我们的经销商，我们已经合作多年了，这也是我们××公司赖以生存的几个主要客户。中央电视台的××、××、××都是穿我们的鞋子，中国第一名模××每一季的服装表演的高跟鞋，全部都是由我公司提供的。国内的明星××、××很多都是我们的忠实客户，××航空公司空姐的高跟鞋每年的4月份都会给我们公司下订单。

经销商：我和他们不能相比呀！

营销员：哈哈，主要是让你了解一下我们公司产品的质量和社会大众的认识、认可度呀！

经销商：总之，你们××的产品太贵，你看××网和你们相同款式“053”卖家才200元零售价，而你们给我的批发价就要300，我怎么卖出去？价格相差也太大了，如果有诚意，你必须给我便宜一点。

营销员：既然你说到网站的类似“053”这样的款式，其实还有比您说的200元的更低的53元的。如果他们也是打着××的品牌，没有我们公司的品牌授权的话，肯定是仿牌的。当然包括我们公司加盟的分销商等有授权的合作伙伴，合作商的价格是统一的、一致的。刚才你说的那些不是我们的经销商，没有品牌授权的非法经营盗版冒牌货，如果你拿冒牌货和正品货来比较价格的话，是不具有可比性的。假冒伪劣产品和正品类不能相提并论的，××小姐您如果计划长期经营您的店铺，假冒伪劣的产品我相信您也不会做的，关于假冒产品的后果您是很清楚的是吧？

经销商：即使是正品的，你们的鞋子也不能这个价格呀，我当然是经营正品，关键是你们的价格真的是接受不了啊！

营销员：××小姐，我想您经营服装、鞋子包包等，首先是您自己喜欢这个行业，对吧？您的店铺的产品都是精品，根本不是普通的小老百姓用的东西，如果您选择一二百的产品和您的服装搭配着卖，您的服装也就更加卖不上价格了，您经营这么多年了也知道，鞋子有一个很大的销售。关于售后服务和断码的问题：鞋子不同于服装、包包那样，型号相对少。高跟鞋穿在脚上必须合脚，相差5mm客户都不会成交的，高跟鞋穿在脚上磨板率很高，如果不选择像我们公司这样的有绝对售后服务的供货商，能够与客户成交，踏实地赚钱，是很难的。关于我们售后服务的保障，我可以这样跟您说：××小姐，您就专心销售鞋，做好您的前期的冲锋，至于鞋子方面的专业知识、质量等除销售以外的所有问题，都是我们××公司为您解决，售后的所有质量方面的工作全部由我方负责。我们承担运输费用，在售后方面为您节省很大的一部分成本，关于售后服务是很重要的事情，在我合作的合同中有清楚的阐述，您如果方便，我把合同发给您看看吧！

经销商：其实，我之所以联系你们××就是你们的款式我都很喜欢，就是价格太高，我真的没法做，您给我优惠点吧！

营销员：我们上海有一个客户已经合作三年了，中途有一段时间没和我们合作，后来又合作得很好一直到现在。从他那得知，原来在广州有一家鞋厂的价格比我们的要低，可是广州那家鞋厂的产品退货率太高了，差点把上海这客户整倒闭了，整天忙于退货、赔偿、失去了原有的客户信任。后来通过我们公司的产品才渐渐把市场又一点点做起来，现在我们合作非常的好。

经销商：是这样啊，您能不能优惠一点，不可能就是一口价啊，优惠点吧！

营销员：公司的规定，我作为销售人员，必须归公司的制度办事，如果大家都乱来，那公司就倒闭了，就乱套了。其实我非常想和您合作，感觉和您说话非常爽快、很高兴，这样如果合理，在不违背公司价格的前提下，我给你返点吧！销售的返点，销售越多，其实就是优惠了，我把优惠这个表格发给您，这是给你的最低的价格了。

经销商：那好吧，我可以考虑跟你们合作。

# 第八章

# 求职面试情景应对

## 范例一　某求职者面试销售职位时的应答

【情景】某求职者应聘销售一职位，下面是他与面试官的对话。

面试者：你为什么辞掉你上一份工作？

求职者：那是一家没有前途的小公司。而你的公司正朝着卓有成效的方向迅速发展。

面试者：你觉得你是一个好员工吗？

求职者：我觉得我的确是一个好员工。如你可以从我的简历看到的，我经常是“本月最佳雇员”。

面试者：上一份工作你做什么？

求职者：我销售各种各样的小汽车、摩托车和大卡车。

面试者：你喜欢你的工作吗？

求职者：当然一直喜欢。我最喜欢帮助我的顾客，当他们高兴的时候我就高兴。

面试者：那你现在为什么想做房子销售？

求职者：我想销售房子是因为房地产业是很有发展的行业。最近，很多家庭都在寻找购买一处好住房，而需要一个友好、有智慧的销售人员帮助他们。我相信我和人们打交道的经验、我的努力以及积极性使我成为这份工作理想的人选。

面试者：你个人的长处是什么？

求职者：我擅长和其他人一起工作，而且我对朋友很好。我认为我们应该把顾客视为朋友。

面试者：你最大的弱点是什么？

求职者：尽管我有很多外国的客户和老师，可我从没有到过国外去学英语，我认为这是我最大的弱点。不过，我希望在不久的将来提高我的英语水平。

面试者：你愿意到国外去学习英语并接受销售培训吗？

求职者：到国外去学习英语和销售是我的荣幸。

面试者：太好了。你对我们有什么问题吗？

求职者：我知道×××销售房子，不过以前你们销售什么？

面试者：我们以销售花园别墅起家，现在我们也还销售花园别墅。

求职者：我们的合同期有多长？

面试者：我们要雇员签两年的合同。

求职者：最后一个问题。就我的工作经验和积极性而言，如果我得到这份工作，我能期望的薪水是多少？

面试者：如果你得到这份工作，你会得到每月 2000 人民币加提成(你销售的一个百分比)。

求职者：谢谢，先生。我希望在将来有机会和你一起工作。

### 范例二　某大学毕业生到某公司参加面试时的应答

【情景】 某刚刚毕业的大学生去某公司参加面试，下面是他与面试官的对话。

面试者：你是否认为大学的学习成绩能决定你在本企业的成功程度？

求职者：我认为有能力取得好成绩是很重要的。如果一个人在每个科目上成绩都不佳的话，那就会让人非常担心。然而，并非所有人都能在每一个科目上取得优异成绩。对我来说，重要的是在个人学习成绩中要有一些突出的地方，因为这些地方代表着一个人的潜力。

面试者：你怎样作出自己的职业选择？

求职者：在上大学四年级前的那个夏天，我决定集中精力在某一领域谋求发展。尽管我是学商业的，但是我不知道自己最终会从事哪一行业的工作。我花了一定的时间考虑自己的目标，想清楚了自己擅长做的事情以及想从工作中得到的东西，最后我得出了一个坚定的结论，那就是这个行业是最适合我的。

面试者：是否有教授或者咨询师曾经让你处于尴尬境地，还让你感到不自信？在这种情况下，你是怎样回应的？

求职者：在我当学生的这几年中，我尽自己所能多学习知识，经常选择一些不熟悉的课程，因此往往会受到教授的质疑。不管什么时候，当我觉得自己对这个科目知之甚少时，我就尝试预见一些问题，为回答问题做些准备。当我被难住时，我尽可能作出科学合理的猜测，承认我不知道的东西，并且从不懂的地方开始学习。

面试者：你是否曾经得到过低于自己预期的成绩？如果得到过，你是怎样处理这件事情的？

求职者：我曾经和一个研究地球科学的教授有过一段令人记忆犹新的经历。这个人一向以偏袒理科生出名，而我偏偏又不是理科生。在我们班上，所有的非理科生都感到，他对我们的知识基础有着非常不切实际的期望。由于他的偏见，这些非理科生大多都表现不好。尽管我表现还算不错，但我还是和其他学生一道向系领导发出了一份声明，建议校方审查一下他的教学方式。

面试者：出于工作晋升的考虑，你打算继续深造吗？

求职者：作为一名大学生，我学到了很多知识。如果有合适的机会，我当然会考虑继续深造。但是，我会认真考虑这件事情，我觉得很多人回学校学习是很盲目的。如果我发现自己所做的工作确实有价值，而且也需要获得更多的教育才能在这一领域做得出色，我当然会毫不犹豫地去学习深造。

面试者：你曾经参加过哪些竞争活动？这些活动值得吗？

求职者：我喜欢小组运动，我一直都尽我所能参加这些活动。我过去经常打篮球，现在有时候也打。同小组成员一起工作，为实现共同目标而努力，在竞争中争取胜利，这些事情确实非常令人兴奋。

面试者：在做口头表达方面你有哪些经验？你怎样评价自己的口头表达能力？

求职者：我曾经看到一篇文章，说公共演讲是美国人最害怕的事情。我认识到，如果大多数人都害怕做公共演讲，那么在克服自己的恐惧并掌握口头陈述技能之后，我就能够在竞争中更胜一筹。因此我抓住所有的机会做演讲，而且我发现，做的演讲越多，就越对演讲感到轻松自如——当然也做得更好。

面试者：你怎样比较自己的口头技能和写作技能？

求职者：从现在的情形看，企业越来越重视职员的能力，希望他们在口头表达和书面表达方面都能够做到清晰、明确。我总是利用各种机会提高自己的口头沟通和书面表达技能。我认为，这两种技能都是极为重要的，任何想要在企业界取得成功的人，这两种技能都应该具备。

面试者：在写专业论文时你最不喜欢哪些方面？

求职者：如果我认真工作的话，我会发现某一题目有无穷多的信息。我认为最难的工作就是判定什么时候才能获得足够的信息可以开始动笔写论文。

面试者：你的好友怎样评价你？

求职者：我的朋友对我很重要。在与朋友的交往中，最重要的是，彼此之间有互相依赖的感觉。我们都很忙，并不能经常会面，但在我可以称为亲密朋友的几个人中，我们都知道，大家随时可以互相依赖。

面试者：在你做过的事情中，哪些是最具智力挑战的？

求职者：几年以前的一个夏天，我在一家保险公司工作。当时这家企业正在构建计算机化的邮件系统。我只是一个暑期助理，但是凭借我的电脑知识，我能够帮助他们去掉系统中的蠕虫。这确实令我非常振奋，因为我可以一边做事一边学习。我还从企业的长远角度考虑，给系统构建提出了一些建议。

面试者：在你所做过的事情中，最有创造性的是什么？

求职者：我最有创造性的一个阶段是在大学时，那时我曾经帮助一个朋友竞选学生会主席。实际上，我基本上是在主持她的竞选活动，具体地说，我为她创造了竞选舞台，制定了竞选策略，而且想方设法增加她的支持率。比如，我们所做的一件事情是开办免费咖啡屋，在这间咖啡屋里，同学们可以听到好听的音乐，并指导我们的竞选工作。这是我一生中最有创造力的一段时光，因为我必须不断寻找新的角度去追求成功。

面试者：如果可以在企业内自主选择工作，你想选择什么样的工作？

求职者：首先，我希望找到的工作能够发挥我的特长和技能，还希望自己的工作能够得到企业的认可，也就是说，这份工作对实现企业目标确实很必要。如果有一定的发展空间或者有多样化的可能，那这份工作就更理想了。

面试者：谢谢。

求职者：谢谢您给我机会。

### 范例三 某职场人士面试新职位时的应答

【情景】 某有工作经验的求职者应聘某知名公司，下面是他面对面试官提问时的应答。

面试者：你好。欢迎你应聘我们的岗位。

求职者：您好。谢谢贵公司给我的机会，我不胜感激。

面试者：你为什么觉得自己能够在这个职位上取得成就？

求职者：从我的经历来看，这是我的职业生涯中最适合我的一份工作。几年来，我一直在研究这个领域并且关注贵公司，一直希望能有这样的面试机会。我拥有必备的技能，我非常适合这一职位，也确实能做好这份工作。

面试者：你最大的长处和弱点分别是什么？这些长处和弱点对你在企业的业绩会有什么样的影响？

求职者：从长处来说，我相信我最大的优点是我有一个高度理性的头脑，能够从混乱中整理出头绪来。我最大的弱点是，对那些没有秩序感的人，可能缺乏足够的耐心。我相信我的组织才能可以帮助企业更快地实现目标，而且有时候，我处理复杂问题的能力也能影响我的同事。

面试者：你怎样影响其他人接受你的看法？

求职者：这是多年来我一直非常努力探索的一个领域。对于好的想法，甚至是伟大的想法，人们有时并不接受。我现在认识到这样一个事实，那就是你表达想法的方式同想法本身一样重要。当我试图影响别人时，我一般会假设自己处在他们的位置上，让自己从他们的角度来看待问题。然后我就能够以一种更可能成功的方式向他们陈述我的想法。

面试者：你认为我们企业是如何取得成功的？

求职者：我已经注意到，你们的企业在过去两年中开发了一系列新产品。看起来你们采取了各种措施来开发产品和制定营销战略。我认为你们衡量成功的标准应该是新产品在市场上的领先程度。

面试者：上下级之间应该怎样交往？

求职者：我认为，能在企业各个层面上清楚地进行交流，这对企业的生存发展至关重要。我认为自己已经在这个方面培养了很强的能力。从上下级关系来说，我认为最重要的是应该意识到每个人以及每种关系都是不尽相同的。对我来说最好的方式就是始终不带任何成见地来对待这种关系的发展。

面试者：你和同事们怎样相处？

求职者：我一般都能与同事相处得很好。当然有时候也可能会同某人发生冲突。这时，我一般会注意寻找冲突的根源，而不是转移到对对方的攻击上。我发现这种方法非常有效，它可以使我同任何人都维持一种相互尊重的关系。另外，通过这样做，我往往都能解决问题，甚至会促进与同事的关系。

面试者：在什么情况下你的工作最为成功？

求职者：我解决问题的方式是一个系统过程，这个过程包括收集与问题有关的信息，清楚地界定问题，制定策略以及实施这个策略。我发现大多数人忽略前两个步骤而直接跳到策略的制定和实施上。只要拥有足够的信息而且能够看清问题，我就可以解决任何问题。

面试者：为了实现自己的目标你会怎样努力工作？

求职者：对我来说，如何努力工作，不是问题。我的做事原则是，如果我制定了一个目标或者被分配了一项重要任务，我就会尽我所能地努力工作，实现预期的目标。所以对我来说，重要的是怎样出色地工作——也就是说，怎样工作才能尽可能简单和顺利地完成任务，这样我就可以把精力转移到其他事情上。

面试者：竞争对你的成就有什么积极的或者消极的影响？它是怎样影响你的？

求职者：如果害怕竞争，我就不会申请这份工作。我知道竞争是始终存在的，对我来说最重要的是意识到竞争，清楚我们在为什么而竞争。当我处在竞争环境中时，我首先要确保自己头脑清醒，理解所处的危险处境。一旦我了解了竞争形势和规则，就会全身心地投入到竞争中去。

面试者：你怎样看待自己未来 5 年的赚钱潜力？

求职者：我相信我的才干可以为我赢得体面的生活；这也正是我在你们这样有名的企业申请工作的理由。我计划赚取足够多的钱，以便能过上舒适的生活，而且我也愿意竭尽全力，以确保自己在整个职业生涯中都能获得丰厚的薪水。

面试者：你在找工作时最看重的是什么？为什么？

求职者：我希望找到的工作能发挥我的长处，我认为还有一件事情也很重要，那就是我在企业中的作用要与企业目标联系在一起。如果工作中偶尔有些挑战，让我超越自己目前的技能水平，那就再好不过了。

面试者：在找工作时，你认为哪些事情对你来说在智力上最具有挑战性？为什么？

求职者：我认为参与企业的短期和长期计划是非常重要的。不管在什么样的企业供职，我都以某种方式参与了它的研发活动。了解企业的发展方向，并且能够成为企业发展的一份动力，这在我的工作中对智力是最具有挑战性的。

面试者：在高薪、表彰和晋升之间，你认为哪种形式最有价值？

求职者：对我来说，这些东西都是紧密联系、不可分离的。尽管我对金钱并不着迷，但我认为，随着成功、晋升以及表彰的出现，它们一定也会给我带来更多的金钱回报。

面试者：你能描述一下自己的成功阶梯并解释这一过程吗？

求职者：我认为，在今天的人才市场上，这是每个人都会遇到的最大挑战。我认为，企业正在改变这种职业阶梯的方式，而且这种改变是巨大的。因此，我认为企业员工也必须适应这种改变，积极主动地规划自己的职业发展。对我来说，最关键的就是找到一家能充分利用自己技能的企业。一旦找到这样的企业，我就会尽我所能为企业增加自己的价值。如果我能作出重要贡献，我理所当然地会获得职业晋升的机会。

面试者：在决定这一职位聘用什么人时，你认为哪些资格是其中最重要的？

求职者：我认为21世纪对企业提出了一些真正的挑战。如果我做招聘者的话，不管什么职位，我都会考虑到以下几个方面：我想招聘那些既可以做决策又能参与团队工作的人；我想招聘能理解全球竞争但又不害怕全球市场的人；最后，我想招聘能真正意识到质量和服务是企业成功之本的人。

面试者：你怎样成为一名领导者？

求职者：我曾经在几份工作中担任领导职务，负责监管工作，并且一直都很成功。更重要的是，在过去几年的工作中，我感到自己的能力得到了发展。我能够发现别人的领导潜能，而且能够培育他们的领导能力。对我来说，帮助别人开发他们的潜能，这才是对领导者的真正挑战。

面试者：谢谢你参加面试。

求职者：感谢您给我机会。

## 范例四 某考生参加国税局公务员面试时的应答

【情景】 某位报考国税局职位的考生通过公务员笔试而进入复试，下面是他在面试阶段对考官提问时的回答。

考官一：你好，欢迎你报考国税公务员岗位，下面我们开始面试。

考生：您好。

考官一：如果你遇到了挫折你将怎么办？

考生：对挫折要有一个正确的认识。事业有成、一帆风顺是许多人的美好想法，其实很难做到一帆风顺，要接受这样一个现实，人的一生不可能是一帆风顺的，成功的背后会有许许多多的艰辛、痛苦甚至挫折。在人生的一段时期遇到一些挫折是很正常的，只有经验、知识和经历的积累才能塑造出一个成功者，许多伟大的成功者，都经受过挫折的磨难。要敢于面对。哪里跌倒要从哪里爬起来，不要惧怕困难，要敢于向困难挑战。要认真分析失败的原因，寻根究源，俗话说失败是成功之母，在挫折中掌握教训，为下一次奋起提供经验。还有在平时的工作生活中要加强学习，人的一生是有限的，不可能经历所有的事，要在别人的经验教训中获得启发。如果由于当局者迷或者知识经历的不足，对于挫折没有好的处理方法，这时可以求教自己的亲人朋友，群策群力渡过难关。

考官二：有人说公务员与企业工作人员相比，没有创新意识，你怎么看。你为什么报考此职位？

考生：我不同意这样的看法。创新有大有小，却无处不在。重大的发现，重大的创造，重大的改革是创新；拓展工作思路，改进工作方法，提出合理化建议，也是创新。的确，企业工作人员拥有更多创新的机会，但并不意味着公务员没有机会开拓创新。公务员作为政府部门的公职人员，日常工作要以法律、法规、政策为依据，处事方式必然要循规蹈矩，但公务员同样为有志青年提供了创新的舞台，因此吸引了越来越多的充满活力和新思维的大学毕业生报考。近年出现的公务员报考热即为证明。创新不是盲目蛮干，而要有科学精神。不遵循客观规律，或者调查研究不细，专业知识不精，或者急于求成，是不行的。要把“体现时代性”和“把握规律性”统一起来，把“富于创造性”和“符合科学性”统一起来；把“大胆”和“稳健”统一起来。正确处理好各种矛盾，把握好各种关系。就我个人而言，当一名公务员是我的职业理想。我比较适合报考国税部门的公务员，在大学期间也为成为一名合格的公务员作了相应的准备。一是在政治上，加入了中国共产党，成为一名光荣的共产党员；二是在学习上，进行了七年的专业课知识学习，打下了坚实的专业课基础。三是在能力上，积极参加社会实践，获得了好评。创新精神的体现和实践主要来源于人的主观能动性，来源于人对社会发展进步的感知能力，来源于对实践的探索和对社会的有效作为，归纳起来就是学习、敬业、奉献和团结。如果我能够成为一名公务员，我将认真向有经验的同志们学习，努力开拓，积极进取，不断创新，决不辜负国家、社会、领导、家长对我的培养和期望。

考官三：你去下属单位实习，觉得领导工作方法死板，处理问题的方式不对，你怎么办？

考生：领导是一个单位的核心，对于整个组织有效运转起着至关重要的作用，无论如何，我们应该尊重领导。每个人有每个人的个性和脾气，每位领导也有每位领导的工作方式和方法。我到下属单位实习，只是感觉领导的工作方式和工作方法存在着不足之处，在对下属单位的情况还不了解的情况下，不能贸然向领导提出意见。而是先进行认真的观察和了解，如果领导的工作方法和处理问题的方式符合基层的实际情况，能有效地组织工作，解决问题。这时，我会坚决服从领导的安排，贯彻好领导的工作意见和要求。如果领导的工作方法和处理问题的方式不利于工作的正常开展，我会在适当的时间、适当的地点、以适当的方式，如用汇报思想、工作情况等方式真诚委婉地与领导沟通，并适时地提出自己的想法。如果领导没有采纳我的建议，我同样会尽力完成好领导安排的各项工作。还有一种情况，假如领导处理问题的方式违背原则，我会坚决提出反对意见；如领导仍固执己见，我会以适当的方式再向上级领导反映。

考官四：现在房价高，政府推出限价房，你有什么看法？

考生：限价房是政府为解决城市中低收入人群住房问题的一项积极措施，是实施宏观调控的系列举措中的重要一项。按照建设部的构思，限价房的主要任务是满足中低收入家庭的自住需求，即解决一部分无能力购买普通商品房，又超过经济适用房购买条件的“夹心层”，从而形成商品房、限价房、经济适用房和廉租房四个层面的住房供应体系。但是我认为，限价房不是降低房价的关键因素，它更应在住房保障体系中发挥作用。原因有三点：限价房不是调控房价的手段。首先，限价房的推出，增加了房地产市场上小户型住宅房的供应量，同时使住房结构呈多元化的发展趋势，这有助于缓解我国的住房供求矛盾，特别是中低收入者的住房需求矛盾。但是限价房的上市，从建设目的上讲，并非直接调控房价，它起到的还是保障层面的作用。其次，建设保障性住房，就是通过支付转移的方式实现社会收入的再分配，使广大中低收入和最低收入人群也能够享受经济发展的成果，从而保持分配公平和社会稳定，是在整体经济发展的前提下进行的一种补偿性分配，和房价没有直接联系。市场上的商品房依然是供应主流，这个领域的房价依然具有主体地位，而且短期并不会受到太大的影响，房价也不会出现太大的变化。限价房只能作为一个助推器。现阶段不应该通过限价房或是其他保障性住房让房价被动下降，限价房只能作为改善整个房地产市场大环境的一个助推器，它所要发挥的是保障和缓解供需矛盾的作用，是针对整个房地产市场的改善和协调。稳定房地产市场，只有通过改善房地产市场的大环境，让房地产市场进入一个健康、有序的发展空间后，再逐步放手让其自行博弈，让房价在一个符合经济规律的前提下稳中升降。能不能有效地限价，取决于控制的深度。加尔布雷思指出："任何有效的价格和工资管制形式都需要一个巨大的管理机构。"如何监督限价房的质量？由谁来监管？这些问题都有待政府部门解决。完善的住房保障，手段应该多元化。一个完善的住房保障体系必须多元化，细致分工，目标明确。

考官：考试结束，请场外等候。

考生：谢谢。

## 范例五　某考生参加宣传部公务员面试时的应答

【情景】　某位报考宣传部公务员职位的考生通过公务员笔试而进入复试，在面试阶段，接受考官的提问。

考官一：现在我国要缩短五一黄金周长假，而把清明、端午、中秋等节日也作为法定节假日，对于这项措施你怎么看？

考生：现在在国内有种现象，在过一些洋节日的时候非常的热闹，比如圣诞节、情人节，而在过我们自己的传统节日时却冷冷清清。比如，过端午时吃几个粽子，过中秋时买几盒月饼，草草了事，没有精神内容。尤其是我们青少年，往往推崇洋节日，崇洋媚外。我个人对于这项措施是非常赞同的，这有利于弘扬我国传统文化，尤其有利于扭转青少年一代崇洋媚外的现象。我们要推崇自己的文化。有句话说得好，民族的才是世界的。尤其在当今世界，以我们中国为代表的东方文化正越来越受到世界的瞩目，如果我们自己都不重视自己的传统文化，那在外国人眼里怎么说得过去呢？总之，我认为这项措施很有必要，我个人也非常赞同，这对于弘扬我国传统文化非常有意义。

考官二：如果单位让你组织一次以“迎奥运，树新风”为主题的活动，你将如何进行？

考生：首先我感谢领导对我的信任，把这么重要的任务交给我，我非常珍惜这个机会，这将使我的能力得到锻炼和提升。如果我来组织这个活动的话，我会有以下几个步骤：首先我要了解清楚这个活动的主题、内容等，然后写一份详细的计划书，除了主题、内容等，还有形式，比如举办演讲比赛的形式，然后是时间、地点、参加人员，最重要的是预算经费等，都要写进计划书，呈交给领导批示。如果领导有修改意见，我要按领导的意见修改计划书。其次，组织各部门相关人员开一次协调会，告诉他们这个活动的主题、内容、形式等，进行动员工作，作人员安排，任务的分配。再次，计划实施，在活动进行过程中，如果出现和计划不相符的地方，我要及时改进，如果有突发情况，我要及时处理，还要适当地请示领导。在活动进程当中，我也要适时地和领导汇报活动进程，做好监督工作。最后，活动结束后我会写一份总结报告交给领导。我还可以拿出当初写的计划书，和这个总结报告相比较，看看那些地方可以改进，那么这对于我以后工作会很有帮助，以后遇到类似情况我可以处理得更好。那么如果有必要的话，我还要做好活动效果的监督工作，有考核活动效果必要的话我还会做一次考核活动。以上几点就是我根据我目前经验的粗浅认识和想法。

考官三：请你以宽容为题做一次演讲，准备2分钟，演讲5分钟。

考生：首先我想说一下，宽容的内涵。那么，什么是宽容呢？宽容就是要有容人之心，心里要容得下事情，不斤斤计较，虚怀若谷。古人也说，君子有度，可见宽容是我国的传统美德。我国社会主义建设事业进入了新阶段，提出了新口号，我们要建设社会主义和谐社会。和谐社会的内容包括宽容。可见宽容对于和谐社会建设也是非常重要的。那么我们要从以下几点在社会上树立一种宽容的风尚：第一，在社会上举办一些活动，树立一些宽容风尚的典型人物，让全社会都关注宽容这个话题。第二，对于我们个人，我们也要加强自身道德修养，我们可以利用新闻媒体这些工具，比如在电视上制作一些赞扬宽容风尚的节目，这是从舆论导向来说。对于我们和谐社会建设很重要，而且在国与国之间的交流中也很重要。尤其是现在，我国改革开放日益扩大。2008 年奥运会即将到来，世界各国人民都会来到我们中国，这时候我们民族的宽容的美德，也是我们展示的风尚。还有，我们国家实行的是和平外交政策，我们不搞霸权主义，对于那些非洲遭受灾难的国家我们也提供援助，这都是宽容的风范，我国也因此受到各国好评，中国屹立于世界。那么如果我有幸成为一名公务员，在我的工作中我也要严于律己宽以待人。这对我今后各项工作的开展也是很有必要的，而且我个人认为我是一个比较宽容的人，虽然我还其他不足，但是在今后的工作中，我会有的放矢地改进自己，我相信我能做得更好。回答完毕。

考官四：如果你有幸成为一名真正的公务员，你的亲戚来求你办事，你怎么办?

考生：如果我有幸成为一名真正的公务员，我想我的工作内容就是依法行政，执政为民。而我的职责就是依法行政，秉公办事。如果我遇到题中所讲的情况，我有以下几个想法：首先，我在与亲戚朋友的日常交往活动当中，要在他们面前树立一种秉公办事、依法行政的形象，让他们有事不会来求我，不敢轻易向我开口。第二，在我的工作中，我也会依法办事，不违背这个原则。如果他们真找到我面前，我要按照实际情况来处理。如果是职责范围内的，合理合法的，我要把他们当做普通的群众对待，该怎么办就怎么办。如果是明显的违法的不合规定的，我要明确地拒绝，并向他们解释相关的法律法规，让他们明白我的工作职责。我还要向我的亲戚朋友宣传法律法规，让他们知道我的工作内容，了解公务员的职责。我相信，通过我的努力，我的亲戚朋友会理解我的。

考官五：如果你是当地领导，上级下达了一条与你们当地实际情况不符的指示精神，你怎么办？

考生：如果我有幸成为一名公务员，那么在工作中会遇到各种各样的问题，题中提到的情况有可能会遇到。如果遇到这种情况，我有以下几点想法：首先我要认真地确定一下，这个指示精神是不是真的那么与我们当地的实际情况不符，如果是真的非常不符，那么我要思考，有没有什么可改进的办法，找出可以和这个指示精神相结合的地方。第二，我要把实际情况汇报给上级领导，并且提出可改进的建设性意见。第三，如果这个问题得到解决皆大欢喜，如果没有，我会进一步与领导沟通。我相信我们会达成新的共识，而且我相信通过我的努力，领导会理解我们的实际情况，会作出新的决定。

### 范例六　某考生参加国考公务员面试时的应答

【情景】某考生通过国考公务员笔试而进入复试，在面试阶段，接受考官的提问。

考官：你好，欢迎报考公务员，考试开始。

考生：您好。

考官：当进入答题室时你有什么感觉？你期望自己怎么样？

考生：当进入答题室的时候，我感觉有一些兴奋，又有一些紧张。有一些兴奋，是因为我为这次面试准备了很长时间，今天终于能够站在这里展现自我，实现心中的梦想；有一些紧张是由于我对这次面试充满了期待，我怕自己步子迈得太快，会摔倒在这里，又怕自己走得太慢，无法触及梦想的岗位，所以我要小心翼翼地守住自己的梦想。我期望我自己能把握住这次机会，把我最真实、最好的一面展现出来，从而走上公务员岗位，踏上我人生规划中重要的一个台阶。但是，我更期待在公务员这个舞台上施展才华，作出贡献，正如孙中山先生所说，立大志做大事，在平凡的岗位上做出不平凡的业绩。我期待着这次面试的结果是我人生的转折，期待着这次面试成为我事业的开端。不过不论面试的结果怎样我都会平静地接受，如果能够成功，那我会努力承担起将来的工作重任，假使不能成功，那这次面试也是一次锻炼自我，认识自我的过程，我也会把它当做自己一笔宝贵的人生财富，珍藏起来，让它成为我将来学习、工作和奋斗过程中的一面镜子。今天面试当中的每一句话都是一个承诺，都需要我用将来的行动来兑现，所以我对这次面试结果最大的期待就是能够通过这次面试更加明晰自己的社会责任，并且我想我已经做到这一点了。

考官：在现实生活中处理好人际关系必须具有：沟通性、协调性、适应性、主动性、原则性，结合你自身你作为一名公务人员你如何去做？

考生：事成于和睦，力生于团结。在日常工作生活中，我们每个人都不是一个孤立的个体，这就要求我们在工作生活中要处理好人际关系问题。尤其作为一名新人来说，更是要妥善处理好人际关系，以促进工作更好地开展。作为一名公务人员我首先要做到主动性和适应性。新进入机关单位，面临的工作内容和工作环境都是新的，这就要求我学会主动适应，改变自己身上的缺点和不足，提升自身的业务素质来适应工作要求。俗话说“弱者坐等机会，强者把握机会，智者创造机会”，在工作中我也要充分发挥自己的主观能动性，主动向老同志学习，因为老同志都有着丰富的工作经验，这对于我尽快了解工作流程和熟悉业务内容有重要作用。同时我在做好本职工作的同时，也会主动帮助同事，主动承担重活、累活。其次我会做好与领导、同事和群众的沟通工作。沟通是处理好人际关系的润滑剂和助推器。在工作生活中，我将始终保持谦逊的态度，对领导多请示、多汇报，以确保能正确领会领导意见，把工作做实做好；对同事多交流、多沟通，倾听同事对我工作的评价，以不断改善自我，提高业务水平；对群众则要多倾听、多了解，真正倾听民意，了解群众疾苦，为群众解决实际困难。再次要在工作中做好协调配合工作。“一个篱笆三个桩，一个好汉三个帮。”在工作中，每一项工作的顺利开展都离不开同事之间的配合和协调，作为一名新人，我会努力做好配合工作，按照工作分工，恪尽职守，尽职尽责。当然，为促进工作更加有效、高质地进行，我也会积极出谋划策，为推进工作的开展建言献策。最后在实际工作中，我们难免也会遇到一些难题，我将会坚持原则性和灵活性相统一的原则来处理。对于违反法律法规，损害国家、单位和群众利益的事情坚决不做。作为一名公务员，只有很好地处理好工作生活中的人际关系，才能更好地融入团队中去，才能更好地在岗位上发挥自己的才能，为单位、为群众作出更多贡献。我将始终秉持沟通性、协调性、适应性、主动性、原则性并重的原则搭建人际关系和谐发展的桥梁。

考官：“被别人信任是件很幸福的事情”，请结合你自己的经历谈谈你的理解。

考生：信任犹如阳光一般温暖，春风一样和煦。信任可以成为力量的源泉，可以冲垮社交过程中的障碍。我们每个人都被信任包围着，都时刻感受着信任带给我们的关爱和责任。正因为有了别人对我们的信任，我们才能够实现自己的社会价值，才使生活变得更有意义。信任可以促进一个人的能力发展，可以改变一个人的个性特征，信任可以营造一个有战斗力的团队，可以打造一段牢固的友谊。我在生活和工作中就被人信任着，这种信任也在不断地督促着我进步。两年前我初入社会，得到第一份工作的时候，由于没有经验，在工作的过程中常有失误，曾经一度彷徨失措，自我否定。但是就在这个时候领导和同事并没有因为我的失误而放弃对我的帮助和培养，相反更加用心地帮助我，同时给了我充分的信任，继续让我担当重要的责任，正是这份信任让我没有自我放弃，使得我正确面对了肩上的责任并在工作的过程中得到了成长。我是在被信任的环境中成长的，这种信任教会了我很多生活的道理。予人玫瑰，手留余香，在以后的工作和生活过程中我也会将信任送给别人，让我的信任之心温暖同事，让我的信任之心关爱家人。同样，全社会都要营造一种信任的氛围，只有人与人之间多一份信任，我们的生活才能变得更幸福。信任可以使蓝天更蓝，信任可以使绿草更绿，信任是萦绕在耳畔的鸟语花香，是呈现在眼前的色彩斑斓。信任是一份尊重，一种责任，一张笑脸，一句感谢，一抹温情。

考官：你接电话想记录，想找笔记录找不到，却发现笔在自己手中；想开门却找不到钥匙，发现钥匙就在自己腰上。现实生活中你有没有出现这种情况？如何理解？

考生：有这样的情况出现过。忙中出错，越忙越容易出错。人在忙乱或走神的时候，容易犯一些这样的错误。人在受下意识支配的时候会忽视眼前的东西、手上的东西。其实我觉得人会犯的错误不止于此。比这严重的是，有些东西你明明拥有，但没有去珍惜，直到失去的时候才痛心疾首。古语云：树欲静而风不止，子欲养而亲不待。说的就是，在父母健康的时候，我们总是借口忙于工作，忙于应酬，疏忽了去回报他们的养育之恩，总觉得将来还有时间，到时候赚更多的钱，给他们更好的照顾。有一天失去了，痛彻心扉的时候，才发现，父母要的也许不是钱，而只是一个电话，要的也许不是大富大贵，而只是一起吃吃饭，拉拉家常。东西在我们手上的时候，我们要学会珍惜。不要等失去了才追悔莫及。生活中也是这样。我们拥有亲情、爱情、友情、健康、平安。这些都是需要我们用心感谢的。生活中，更多的时候，我们会浮躁，去茫然地寻找，却没有发现，自己要的东西，其实就在自己的手心里。对待理想也是这样。理想不在远方，就在自己的手上。把握当前，把握每一天，给自己一个小目标，逐渐地去实现。寻找钥匙应该从自己的手上开始找，寻找理想也应该从自己的手上开始找。做不好手上的事，只会让心情更加茫然，做事更加纷乱。想做一个懂得珍惜生活的人，想做一个知道如何做事的人，就要从眼前做起，从手上的事做起，从现在做起。

考官：当代大学生都较活跃，但是他们往往只做自己分内的事而不去承担更多的责任，对此你怎么看？你自己是不是这样的？谈谈你的看法？

考生：责任是一种使命，责任提升能力。责任感有多大，舞台就有多大。强者敢于承担责任，弱者逃避责任。责任是一种追求，表面上看起来是为别人，其实最终还是为自己。每个人都应该树立责任感，每个人都不应该放弃责任。大学生做好分内之事值得肯定。但把责任等同于做好分内之事就有不妥之处。大学生的责任不仅包括做好分内之事，还要承担必要的社会责任。当代很多大学生思维活跃，但责任感缺失，原因是多方面的。……大学生是未来世界的建设者，他们的健康成长不仅仅是个人的问题，而且关系到国家的未来，民族的希望，所以让大学生成为有健全人格的人，成为有强烈的责任感的人，是当务之急。因此，我们应该从以下几个方面采取措施，让大学生真正成为健康向上的有责任心、进取心的群体。首先，道德教育要从娃娃做起，始终贯彻在整个教育过程中。改变教育机制，注重教育实际，改变教育方法，遵循教育规律，做到方法的科学性，内容的丰富性、时代性。其次，健全高教教育体制，提升道德教育的地位，把责任感教育纳入到教育质量评估体系中，同时纳入到学生毕业的标准中，增强道德教育的约束力和刚性。再次，家长要当好表率，注意对孩子的言传身教，不能片面强调父母的责任而忽视子女的责任，要让子女成为具有健全人格的人，对个人、家庭、社会、国家负责任的人。最后，加大宣传力度，在全社会进行道德教育的宣传，形成一种良好的舆论氛围，让助人为乐、乐善好施、见义勇为、敢作敢当、知法守法、诚实守信等成为社会的主旋律，让每一人深深体会到责任的重要。

谈到我自身，我认为我是一个具有强烈的责任心，而且敢于负责任的人。从小，我的父母给我灌输的思想是，做人要讲道德，做事要敢负责，责任感是做人应该具备的最基本而又是最重要的素质。如果把国家比喻成一座大厦，那么每个人的责任感就是这座大厦的基石。责任心是国家、民族、社会、家庭、单位对每个人的基本要求，古人曾说“人之足传，在有德不在有位；世所相信，在能行不在能言”，充分说明了做人要有良好的道德约束和强烈的责任心。学习责任心是每个人在成长过程中必须要具备的素质。知识改变人生，没有知识的人生是可悲的。在少年时代，学好科学文化知识是我们的首要责任。所以，在我的成长过程中，我一直把学好科学文化知识当做我走向社会之前的人生第一要务。无论是小学、中学还是大学，优异的学习成绩和基本技能的提升一直是我走向社会之前的主旋律。尤其是在大学期间，除了学好本专业，我还选修了法律、经济学、社会学等专业，广泛涉猎这几个学科的知识。这种做法，不但丰富了我的大脑，而且开阔了我的视野，让我用更加理性的心态面对当下日趋严酷的竞争。工作责任心是我走向社会之后给自己定下的又一要求。有了责任心，我们才能获得不断进步的动力，才会具备勤奋工作的热情。在现实工作中，正是因为有了责任高于一切的理念，我们才会不断地战胜苦难，战胜自我，实现自我超越。只有具备了工作责任心，我们才会重视团队合作，才会诠释竞争的真谛，才会养成吃苦耐劳的敬业精神，才会实现个人与团队共同提升。社会责任感是我向社会发出的庄严承诺。国家兴亡，匹夫有责，这是革命战争年代革命前辈对于国家、民族的神圣使命。和平年代，具备强烈的社会责任感，为社会的和谐作出应有的贡献，是我们这一代人义不容辞的责任和义务。所以，我们要力争做一个德才兼备的人，做一个服务于社会，服务于国家和民族的人，而不是做一个碌碌无为、不敢负责任的人。

## 范例七 某求职者面试时的另类应答

【情景】 某求职者参加面试，用完全逆向与非常规的方式回答面试官提问，面试官也并不生气，二人仿佛在展开一场智力与口才的较量。当然，这样的应聘是不会成功的，它带有玩世不恭的成分，但是从中人们可以获得某些智慧。

面试官：简要介绍你自己。

求职者：简历上都有，写得很详细。

面试官：你为什么对这份工作感兴趣？

求职者：说实话，我并不感兴趣，但人毕竟不能没有工作，找到一份先干着。

面试官：谈谈你的优势。

求职者：你是说跟其他的应聘者相比吗？我不认识他们。

面试官：谈谈你最大的弱点是什么？

求职者：太老实，领导怎么说我怎么干。

面试官：为什么你认为自己适合这个职位？

求职者：你们招聘广告上只有这么一个职位。

面试官：你的简历上有些什么值得特别关注的吗？

求职者：封面比较漂亮，花了两块多钱做的。

面试官：你为什么选择这个专业？

求职者：瞎选的，当时不知道自己喜欢干什么。

面试官：你对于短期和长期的目标是什么？

求职者：短期目标是先生存下来，长期的目标还不知道。

面试官：如果我向你的朋友或者家人询问对你的评价，你认为他们会怎样说？

求职者：我觉得你聪明的话应该去问我的仇人，这样得到的答案更有参考价值。

面试官：我为什么要从这么多应聘者中选择你呢？

求职者：你的问题为什么要我来回答。

面试官：你有一些什么问题吗？

求职者：加班的话有没有便当？

面试官：你去年的收入是多少？你对于报酬有什么样的期望？

求职者：我去年玩了一年，没收入。我对报酬的期望是：尽你们所能给得越多越好。

面试官：在过去的日子里，你觉得自己最大的成就是什么？

求职者：在这个世界上活了20多年还没死。

面试官：曾经有人要求你去做一些不道德的事情吗？如果有，你是怎么处理的呢？

求职者：不是每次都去，我有我自己的原则。

面试官：如果你完全不同意你上司的某个要求，你怎么处理？

求职者：同意。

面试官：你怎样在一堆根本做不完的工作任务中区分轻重缓急？

求职者：反正做不完，区分出来又有什么用？

面试官：为什么下水道的井盖是圆的？

求职者：如果是方的你又要问为什么是方的。不管怎样它总得有个形状吧。

面试官：有哪些因素可能会让你失去动力或信心？

求职者：奖金比别人的少。

面试官：积极的态度对你有多重要？

求职者：我不看重态度，我重视的是结果。

面试官：你怎样定义成功？

求职者：认识你的人都羡慕你，这就是成功。

面试官：你大学阶段最大的遗憾是什么？

求职者：钱不是很够花。

面试官：你理想的工作是什么？

求职者：我说了你能帮我实现吗？

面试官：你到一个新的公司，如果你的下属各方面都比你强，你应该怎么处理与他的关系？

求职者：设法把他调到别的部门。

面试官：你希望你的上级应当是个怎么样的人？

求职者：大方的人。

**范例八** 某电动车销售公司招聘时面试官与求职者的另类对答

【情景】 某电动车销售公司招聘员工，某求职者参加面试，无论考题还是回答都不按常理出牌，十分怪异。

问：在杭州90后飙车案中，从交通安全角度，如何看待电动车和汽车的区别？

答：相信两轮，相信雅迪，20公里/小时的速度，你连一只飞速奔跑的狐狸都追不上，永远也不会有机会到5米高空看风景。

问：三国名人的诸葛亮、神话故事的牛魔王、网络红人的芙蓉姐姐和你一起竞聘这个岗位，你认为你们几个人谁更适合？为什么？

答：请刘备、孙悟空、芙蓉姐夫给我评评理，以他们的成就和地位，压根儿没必要和我争这个位子！

问：假如你到一家在第48楼办公的公司应聘，该公司面试主管说：假如你能从这48楼跳下去，还摔不死，我就给你工作，你怎么回答？

答：你先试试，要是你敢跳下去还没摔死，我也免费跟你干！

问：如何帮助你所辖区域的专卖店在流感高发期策划一个方案，把电动车卖给常坐公交车这一接触高危公共场所的人群？

答：在公交车上和朋友大谈因为没钱买电动车骑着上班，又有多少人在公交车上传染患了流感，说完还咳嗽几声。

问：假如销售总监给你一个任务，要求你在美国总统奥巴马访华期间，成功地把电动车送给奥巴马，你只有一天时间，你将如何做？

答：绝对脑残的问题，出考题的人的电话号码是多少，约出去暴揍一顿！我能把车送给奥巴马还用得着来这里面试？

问：你是怎么看待“范跑跑”现象的？如果他来买车，并要求给他优惠，你会答应并卖给他吗？为什么？

答：做生意当然是只认钞票不认人，要是“猪坚强”有钱来买，我都卖给它，优惠嘛，“猪坚强”来还可以谈，“范跑跑”来，没卖他贵已经对得起他了。

## 范例九　某求职者到世界500强公司面试时的应答

【情景】某世界500强公司招聘员工，下面是某求职者面对该公司面试官提问时的回答。

面试官：你能在两分钟内自我推荐吗？大胆试试吧！

求职者：依我的资格和经验，我觉得我对所从事的每一个项目都很努力、负责、勤勉。我的分析能力和与人相处的技巧，对贵单位必有价值。

面试官：对你目前的工作，能否做个概括的说明。

求职者：我干了五年的电脑程序员。具体地说，我做系统分析，解决问题以及软件供应方面的支持。

面试官：你为什么离职呢？

求职者：我希望能获得一份更好的工作，如果机会来临，我会抓住。我觉得目前的工作，已经达到顶峰，即没有升迁机会。

面试官：你如何评估自己是位专业人员呢？

求职者：凭借我良好的学术背景，我可以胜任自己的工作，而且我认为自己很有竞争力。依我的工作经验，我相信能与同事相处得很好。

面试官：你对从前的工作单位有何贡献？

求职者：我已经完成三个新项目，我相信我能将我的经验用在这份工作上。

面试官：你怎么认为你对我们有价值呢？

求职者：我觉得我对贵公司能作些积极性的贡献。

面试官：你如何知道你能胜任这份工作？

求职者：我在研究所的训练，加上实习工作，使我适合这份工作。我相信我能成功。

面试官：你是一位可以同时承担数项工作的人吗？你能承受工作上的压力吗？

求职者：这种特点就是我目前（先前）工作所需要的，我知道我能应付自如。

面试官：你个性上最大的特点是什么？

求职者：乐于助人和关心他人，适应能力和幽默感，乐观和友爱。

面试官：你通常如何处理他人的批评？

求职者：沉默是金。不必说什么，否则情况更糟，不过我会接受建设性的批评。我会等大家冷静下来再讨论。

面试官：你如何处理与同事在工作中的意见不合？

求职者：我要以更清楚文明的方式，提出我的看法，使对方了解我的观点。

面试官：你怎样对待自己的失败？

求职者：我们大家生来都不是十全十美的，我相信我有第二个机会改正我的错误。

面试官：什么会让你有成就感？

求职者：为贵公司竭力效劳。尽我所能，完成一个项目。

面试官：假如你有很多钱可以捐赠，你会捐给什么单位？为什么？

求职者：我会捐给医药研究，因为我要为他人做点事。我也乐意捐给教育机构。

面试官：眼下你生活中最重要的是什么？

求职者：对我来说，能在这个领域找到工作是最重要的。希望能在贵公司任职对我来说最重要。

面试官：你会在本公司服务多久呢？

求职者：只要我能在我的行业里继续学习和长进，我就会留在这里。

面试官：你能预料五年后你会做什么吗？

求职者：说不定，我也许能做你现在主任的工作呢！

面试官：你喜欢那一种薪水层次标准？

求职者：薪水固然重要，但这工作伴随而来的责任更吸引我。坦白地说，我喜欢这份工作，不过我必须要负担我的家庭。

## 范例十 某求职者应聘中学教师职位时的应答

【情景】 某求职者到某中学应聘教师职位，对面试官的提问对答如流。

面试官：教师这个职业有发展前途吗？

求职者：教师是一门很崇高和神圣的职业，当然是非常有前途的。并不是每个人都能当老师的！即便是师范学院的毕业生，也并不一定就具备了当老师的资格的！当老师并不是简单向学生教授书本上印的那些知识。学生从老师那里更多的是学习对生活、对人生、对他四周的世界的理解。在多数情形下，老师影响着学生的一生。教师的身上担着未来的希望，社会对教师的地位也越来越重视，不仅仅给教师更高的社会地位也给教师更好的进修机会。

面试官：假如学生当面指责你，你会如何处理？

求职者：作为教师碰到这种情况千万别急，急了会出乱，乱了就失分寸。我个人认为当面别激发矛盾，面子重要，但我们的修养更为重要。面对学生，教师的言行直接影响到今后的工作，面对学生我们如何有效地进行交流这是一种艺术。

首先，我会搞清楚为什么学生会有这种态度，是我的原因还是有什么误会。

其次，不管是谁的原因都要保持冷静，不要觉得丢脸而打骂学生。

最后，在了解情况后再作出判定，如果确实是我的错，我会表示以后注意自己的方式、方法，但是学生可以私下跟我交谈而不要采取这种过激的方式。

教师要明白正因为不成熟他们才叫学生，正因为是学生，所以才会犯错误，我们不能用成人的眼光看待孩子，教师是教育者，正因为学生的不成熟才需要我们这些教育者的帮助。

面试官：你用什么办法让不喜欢你的学生变得喜欢你？

求职者：要让学生喜欢你，应该先让学生感觉到你很喜欢他，我想只要我用自己的爱心、责任心、人格魅力特别是要对所有的学生公平公正对待，学生应该就会喜欢我。而且我有信心和每个学生成为好朋友。

面试官：你不喜欢什么样的学生？

求职者：每个学生都有自己独立的一面，我相信只要我们能够真正地关心爱护学生，每个学生都会实现自己的人生价值。所以并没有什么不喜欢的学生，只要老师耐心引导，就没有所谓的差生。

## 范例十一　某求职者在微软面试时的应答

【情景】 某求职者到微软公司面试，面对面试官的刁钻问题毫无怯色，一一化解。

面试官：下水井盖为什么是圆的？

求职者：如果我们只考虑圆的，那么它们自然是圆的。

面试官：我的意思是，为什么会存在圆的井盖？把井盖设计成圆形的有什么特殊的意义吗？

求职者：是有特殊意义。当需要覆盖的洞是圆形时，通常盖子也是圆的。用一个圆形的盖子盖一个圆形的洞，这是最简单的办法。

面试官：你能想到一个圆形的井盖比方形的井盖有哪些优点吗？

求职者：在回答这个问题之前，我们先要看看盖子下面是什么。盖子下面的洞是圆的，因为圆柱形最能承受周围土地的压力。而且，下水道出入孔意味着要留出足够一个人通过的空间，而一个顺着梯子爬下去的人的横截面基本是圆的。所以圆形自然而然地成为下水道出入孔的形状。圆形的井盖只是为了覆盖圆形的洞口。

面试官：你认为存在安全方面的考虑吗？我的意思是，方形的井盖会不会掉进去，因此造成人身伤害？

求职者：不大可能。有时在一些方形洞口上也会看到方形的盖子。这种盖子比入口大，周围有横档。通常这种盖子是金属质地，非常重。我们可以想象一下，两英尺宽的方形洞口，1 到 1.5 英寸宽的横档。为了让井盖掉进去，需要抬起一端，然后旋转 30 度，这样它就不受横档的妨碍了，然后再将井盖与地平线成 45 度角，这时转移的重心才足以让井盖掉下去。是的，井盖的确存在掉下去的可能，但可能性非常小。只要对负责开井盖的人稍加培训，他就不会犯这样的错误。从工程学的角度来看，井盖的形状完全取决于它要覆盖的洞口的形状。

面试官（面有难色）：失陪一下，我要与管理层谈点事情。（离开了房间，10 分钟后，面试官回来了。）

面试官：我们推荐你立刻去销售部工作。

## 范例十二 世界 500 强企业求职者面试时的部分精彩应答实录

**【情景】** 想进入世界 500 强企业就职，除了要有不可缺少的专业技能外，优秀的口才也会为求职者加分不少。以下是一些求职者面试世界 500 强企业时的部分精彩应答实录。

面试官：通常怎样的工作情形会让你产生沮丧的情绪？

求职者：如果由于自己一时疏忽而让机会从手中溜走，那我会感到十分沮丧。因为我是一个对工作很有激情的人，一般情况下，一旦决定了工作目标，我就会想要马上把它落实到行动上。也可以说我是一个很具有行动力的人。我总是希望自己在工作中做得更好，力求用最好的方法解决工作问题。无论遇到怎样的困难，我都喜欢接受挑战，渴望在克服困难的过程中超越自我。如果有业务机会在自己面前，我绝对不允许机会溜走，如果因为我自己原因而没有把握住，我会感到很沮丧。

面试官：假设你发现你的上司的一个工作举措是有违公司规章制度的，你会怎么处理？

求职者：首先我会与我的这位上司进行简单的直接沟通，用一种比较好的委婉的方式提出我对他这项举措的困惑，向他确认是不是由于我自己有什么认识上或经验上的不足，而导致我对这项举措认识上有偏差。当我确定这并不是一个误会，不是我认识上的偏差时，我会明确指出他的做法与公司的规章制度是有冲突的，并给出自己的建议。如果上司坚持违背企业原则，违反企业的规章制度，我会进一步与更高层领导沟通。

面试官：你不会担心你的上司会因为这件事而对你有看法吗？

求职者：我认为自己这样并没有做错。这是一个员工诚信的问题，我作为企业的一员就有必要坚持维护企业的利益和规章制度。在这样的情况下，我应该坚持正确的事而非维护看似正确的人，否则就是有违我的职业道德。

面试官：你认为在知识型企业中，如何才能发挥个人领导力？

求职者：我认为知识型企业的特点就是每个员工都是精英，都有自己的想法，很难通过一个简单的命令就调动所有人的积极性，因此要让大家明白这个命令背后的原因。在知识型企业中，需要发挥的不是个人权威，而是个人影响力。只有处理好这种关系，把握好这种文化氛围，才能够推进事务顺利地进行。

面试官：假设你是一名客户服务人员，接到一名顾客的投诉电话，他12天前购买的产品突然无法运作了，要求更换。但是根据企业规定，产品只有在购买日起10天内才给提供调换，这时你会如何处理？

求职者：首先我会站在他的角度看待整件事情，对他的情况表示关心、同情和体谅，为我们此后的沟通建立一个良好、融洽的氛围。然后我会告诉他公司的规定，请他也体谅我，使他明白我无权因为他而破坏公司的规定。但是为了能更好地提供我们的服务，我可以免费为他调换产品出现问题的零件。最后，我会对这位客户进行服务跟踪，定期关心产品的情况，为他提供及时的人性化服务。

面试官：你认为作为一个领导最主要是要做到哪几点？

求职者：我认为一个好的领导必须做到三点。

第一点是要明确告诉下属应该做些什么以及怎么做。领导如果不能让下属明确哪些是他们必须做的，哪些是应该做而现在没有做的，会造成工作局面的混乱。同样，不在一开始告诉他们怎么做，他们在这项工作上就会达不到你的要求，下属也永远学不会自己独立工作。

第二点是明确分工，给予适当的权限。领导必须明确个人分工和职责，最大限度地利用下属的力量。明白每个下属的长处和短处，给予合理安排，使每个下属的潜能得到最大的发挥。

第三点就是对下属的工作无论好坏都要及时给予反馈，要让他们第一时间知道什么是正确的，应该继续下去；什么是错误的，应该立即停止并及时纠正。

面试官：如果你面临一个两难的决策，我们假定两种选择的利弊完全相当，你会怎样决定？

求职者：首先，如果这是一个必须进行的决策，那么无论如何我都会作出一个选择，而不会逃避。而我选择的依据是：如果利弊完全相当，我会看一下哪一个决策更符合当前的利益，更具有可执行性，能够获得更多人的支持，因为只有这样，才有机会将这个决策的利益发挥到更大，弊端压缩得更小。

面试官：你有没有在工作中遇到过你无论如何都难以解决的问题？你的态度如何？

求职者：工作中难免会有些问题难以被彻底地解决，在这样的情况下，我会思考这样几个问题：我是否已经尽了全力，是否还有什么方法或什么人能够帮助我解决问题？我是否已经全面地思考过问题的方方面面，还是钻在死胡同里出不来？我是否能够在目前情况下改善问题，哪怕只是较小程度的改善？有时一些小小的改善积累起来可能最终就能够就此解决问题。

我认为遇到问题的态度切忌慌乱，往往欲速则不达，因此要冷静下来思考。另外就是切忌不停地抱怨，我遇到过很多人因为不停地抱怨不但给人留下了负面印象，甚至因为消极的态度错过了解决问题的最后机会。

### 范例十三 某求职者与面试官的对话

【情景】 某求职者想转行时到招聘单位面试新职位，下面是她与面试官的对答。

面试官：雨晴，你的名字很漂亮呀！

求职者：哦，谢谢，谢谢！我妈跟我说她年轻的时候比较喜欢文学，所以老是想追求一点儿那种阳春白雪的感觉，有点“小资”，于是就给我起了雨晴这么个名字。其实，我可是有一点“名不符实”，雨晴这个名字听起来很温柔很婉约，我倒是比较偏向男孩子的性格。

面试官：为什么要离职呢？

求职者：促使我决定离职的原因是多方面的，第一个原因，老实说，是追求变化。您看，我这七年多以来先做学生再做老师，从来没有离开过校园，我特别特别渴望去体会一下外面的世界。第二个原因就是职业本身的缺陷，在目前这所中专，我即使做到老也评不上教授，也争取不到什么科研经费。当然最重要的原因是我想从事人力资源方面的工作，这两年我读了不少人力资源管理方面的书籍，觉得自己很适合这类工作。

面试官：什么情况下感到压力最大？

求职者：我压力最大的时候，是大家都特别依赖我、信任我的时候，我特别不想让大家失望。

面试官：你最大的优点是什么？

求职者：我是一个做事全力以赴的人，或者说是一个比较拼命的人。

一旦确定了一个目标，我会用上自己全部的力量直到最后成功，或者说即使失败了也要不留遗憾。为了今天和您的这场面试，我提前做了两个星期的功课。

面试官：你最大的缺点是什么？

求职者：我有时候急于求成，或者说做事爱急躁。一旦接手一个任务，总是想要尽快把它赶完，总觉得做完了一件事情心里才舒服。但是，欲速则不达，太追求 efficiency，就会牺牲 accuracy。我现在总是提醒自己 accuracy 第一位，efficiency 第二位，这样会好得多。

面试官：这份工作是很细节的，久了你会觉得很无聊。你怎么看？

求职者：我想，只要看到琐碎事务的价值，就不会觉得无聊。在上一份工作中，我每天要花两个小时左右的时间将 VIP 客户的资料录入电脑。这看上去是一个很无聊的过程。但是，它使得我熟悉了客户的名字、地址、家庭、爱好，当我和客户在电话里或者当面交流的时候，他们就会感觉我很亲切。

面试官：这份工作经常要加班，包括节假日，你有没有心理准备？

求职者：当然有心理准备，我听说项目忙的时候可能一整个月都不会有休息日。我觉得，要应付这么忙的工作，光有心理准备其实还不够，还要有特别好的身体素质。所以，我准备把做健身的习惯一直坚持下去。

面试官：你还有什么要问的？

求职者：马上就 12 点了，您该午休了，我就问一个特别简单的问题吧。我想知道如果我能通过您今天的面试，未来还有几轮面试呢？呵呵！

# 第九章

# 教学教导情景应对

## 范例一　某教师与学生之间的谈话

【情景】某学生成绩退步还出现早恋的苗头，他的老师针对这种情况进行规劝并鼓励该学生努力学习。

教师：想知道自己的成绩状况吗？

学生：想。

教师：知道我们班在本次考试中整体成绩是年级中最好的吗？

学生：知道，但是我退步了。

教师：为什么？要不要我替你分析一下原因？在前一段时间里，你因为我对你的多次点名有些恨我，老师是知道的，你们心里想什么老师都很清楚，你今天恨我不要紧，但是老师不希望在你的成长过程中留下遗憾。老师之所以对你犯下的小错误都不能原谅是因为老师认定你应该是最棒的，但是你没有做到最好。

学生：我没有恨您！

教师：你看你的成绩，再一次证明你的聪明，因为你前一段时间无论是思想还是行为都不像是一个积极进取的优秀学生，你甚至不能按时完成作业，多次上课看小人书……但是，你的成绩仍然很不错，只是有些美中不足。

学生：是我错了！

教师：你对老师的偏见导致你的成绩出现瑕疵，但是老师应该让你明白，每个人的成长都会经历这样一个叛逆的阶段，虽然你不对，但也不妨碍你能成为最优秀的学生，关键是你要认识到自己的性格弱点：骄傲自满，以自我为中心！不过老师最想知道你有没有改变这种局面的想法。

学生：有的，争取期末考试考好！

教师：说一个很私人的话题，你喜欢肖××，对吗？

学生：没有，是同学们笑话的。同学之间总有一些交往，其他同学就以为我们的交往不正常。

教师：你别插话，我说一下我的想法，然后你给我打分，好吗？肖××是一个很不错的女孩，我非常喜欢她内秀的性格，所以你如果喜欢她是很正常的，你会在不知不觉中憧憬和她在一起的情景，你喜欢她，但没有说出来，你很在意她，希望在她的眼中你是坚强的、勇敢的，所以，这学期你学会了打架……想掩盖你喜欢她的事实，是因为你知道中学生的早恋不被看好，你是一个聪明的男子汉，懂得取舍，你要保持你纯洁的大众形象，但是你欲罢不能，所以，偶尔也希望同学们取笑，在那种笑声中你感受到一种快乐，毕竟那是一个很漂亮、美丽而且能干的女孩子，足以满足你的某种虚荣心。在这种收放均不自如的情况下，你没有办法安心学习。现在，你可以给教师打分了！

学生：您别说了，你是对的。

教师：你的快乐和苦衷老师都懂，既然你认为老师读懂了你，你应该听老师的话，喜欢一个人并没有多大错误，但是在不对的时间里表达自己的情感就成了错误。希望你能把这种喜欢收藏起来，把精力放在学习上，用一种积极进取的面貌去面对友情，等到成年的时候再来品味，也许，你会感谢老师今天的干预的。现在，轮到你说说心里的想法。

学生：我明白老师的用心了，只是我不明白老师怎么什么都了解呢？

教师：呵呵，我还知道你从刚才开始就会奋起直追，一定会成为最棒的学生。

范例二 某班主任与处在叛逆期的学生的三次谈话

【情景】 小×是某高中二年级学生，身处离异家庭，父母对他也不太关心，因为缺少家庭的温暖，性格非常叛逆，总是特立独行。为了帮助他在高考中取得好成绩，同时也能够健康成长，他的班主任与他进行了三次推心置腹的谈话。

谈话记录一：

时间：××××年10月25日体育课课后

地点：校园操场

小×：老师好。

班主任：不管你以前的表现好与坏，老师现在希望你能认真起来，认真的人才是值得尊重的。其实你很聪明，我们高二了，还有一年多时间就高考了，现在努力还不晚，我们还是可以通过自己的努力改变未来的命运。只有认真地付出了，将来才能得到回报。像你现在这样天天打篮球能有什么前途？能打进NBA？只能是身体得到了锻炼，但是光有个好身体，学习不好，前途在哪里？男孩子应该有责任心，首先要对自己负责，才能对其他的事情负责。希望你能成为一个男子汉，成为有用之才，为自己的前途打下良好的基础。

（小×这时虽然没有说什么话，但是他已经停止了拍球，好像在想些什么。）

班主任：那我们现在不要定太高的目标，第一步我们先争取进步，有什么困难可以找我，不要管别人学习怎样，只要我们比自己进步了就行，可不可以？

（小×没说什么，但是从行为上可以感觉出来他好像接受了。）

谈话记录二：

时间：××××年11月22日体育课课后

地点：校园操场

班主任：最近学习怎么样啊？

小×：可以。

班主任：可以到什么程度啊？期中考试有进步吗？

小×：进步了，进步了100名！

班主任：真的啊！太好了！这证明你努力了，老师真高兴，因为我的话你在意了！虽然你没有表态，但是老师相信你是个有上进心、有理想的人。学习进步了，其他方面也要注意啊！不要总是跟老师作对，其实老师是为你好，你的变化其他老师也会发现的。我会一直默默地为你加油的！继续努力啊！

小×：好的。您放心吧！

谈话记录三：

时间：××××年1月10日体育课课后

地点：校园操场

班主任：最近学习进步很大啊，现在面临分班，关系到以后上大学的志愿，有什么打算啊？

小×：（默不作声）

班主任：怎么不愿意跟老师讲吗？

小×：我选择读文，至于什么大学，我现在可以不告诉你吗？

班主任：那好吧，只要你有目标，不管是什么，老师都会支持你。这段时间虽然进步很大，那是因为刚开始提高的空间很大，越到最后就越难，要做好迎接困难的准备，这样我们才能把握好心态。只要有信心就一定成功，老师会支持你的。

**范例三** 某教师与学习退步的学生之间的谈话

【情景】 一名学生初中时学习优秀，升入高中后学习退步了，他的老师和他谈心，鼓励他积极调整心态，努力学习。

教师：听说你喜欢打篮球？

学生：是的，初中我还是校篮球队的队员。

教师：经常看 NBA，喜欢姚明吗？

学生：上高中之前还经常看，上高中以后就没有时间了，姚明是我的偶像。

教师：这次段考成绩如何？

学生：不理想。

教师：找到没考好的原因了吗？

学生：还没有。

教师：当然一次考试代表不了什么，但也不能不重视。此次考试成绩不理想说明你这一段时期的学习存在一些问题。我经常听你与同学谈自己初中时如何优秀，感到你还处在中考的胜利喜悦中。

学生：是的，在初中我是全班第一，全校前五名。

教师：中考成功并顺利考入高中说明你在初中勤奋刻苦，学习卓有成效。初中的学习有了一个完美的结局，但上了高中意味着一切又从零开始，一场新的更难的竞争摆在了你的面前。另外，这里也不是你以前的初中，这里高手云集，竞争激烈，要想胜人一筹，须付出更多的努力和汗水。你总是沉溺在往日的胜利喜悦中，不积极调整心态，找出高中学习的特点和方法，这是你成绩退步的原因之一。

学生：老师说的有道理，因为入学成绩较好，我确实有点放松，没想到高中竞争如此激烈。

教师：另外，高中的学习和初中有很大的不同，主要表现在知识的难度加深，范围扩大，更加注重知识的迁移，要求学生必须从以前注重对知识的背记，转变到对知识的理解转化上来。比如，初中的语文文言文就那20~30篇，中考也就从中考一篇，你只要把它们背熟，就能在考试中取得好成绩，但高中的文言文学习更注重对文言词语的理解、文言句式的掌握，重视对知识的转化和迁移。课文只是一个范例，要求学生学会对文章的分析和鉴赏，对重点段落和语句的品味和赏析，更加注重培养能力，而且高考时考的语段也取自课外，这就要求你必须学会利用课内学到的知识解决课外遇到的问题，培养自己对知识的迁移能力。而且高中的学习以培养能力为依托，要按照预习、听课、作业、考试、总结五个环节层层深入，步步推进，并要能把知识的点线面结成科学、严密的知识网。

学生：（点头）

教师：你们现在是住宿制学习，除了重视课堂的学习，也要重视在生活区学习时间的利用和学习效率的提高，要始终保持一定的紧张度，对自己不能松懈。如晚自习后有一个半小时，完全可以充分利用起来，回寝室后应抓紧时间处理好个人内务，一个小时时间可以预习一下明天的功课，可以做两篇英语的阅读理解，可以攻几道数学或物理的难题。总之，这一小时可以充分利用起来，积少成多，集腋成裘，坚持一个学期你们的距离就拉开了。可是现在有个别同学没有重视这段时间的利用，而是串寝，喧哗，静不下心来，相互影响，相互干扰。

学生：我也没有很好利用这一小时。

教师：还有，同学们要重视内务整理，养成良好的个人卫生习惯。一个优秀的人才，不仅表现在学习成绩优异，也表现在他具有健全的人格，优良的心理素质，良好的生活习惯，是整体的、全方位的优秀。生活习惯虽然都是日常生活细节，但对你们这些独生子女来说，恰恰是需要锻炼和培养的。

学生：我以前真的没想这么多，以后在个人内务方面我要在寝室做出表率。

教师：以前在家，生活上都是父母照料包办，现在住校了，虽然有班主任和生活老师关照，但自己也要逐步培养生活自理能力。早晨一定要吃早饭，天冷了要适时增添衣物，生病了要马上向生活老师报告，及时就诊。总之，作为住宿学生自己要照料好自己，健康的身体是第一位的，只有身体健康才能搞好学习。

学生：谢谢老师的关心。

### 范例四 某教师与学生在网上相遇时的两次对话

【情景】 某教师与学生在网上遇到，该教师如朋友般地关心起学生的学习情况。

#### 第一次与学生网上相遇后的对话

教师：数学复习好没有？

学生：复习了！今天的不算是很难啊。我是上网帮我妈找些资料的。

教师：是不是真的啊，以后好好努力啊。时不我待啊。

学生：是啊，我想了一下，真的要努力学习了。再不努力真的是不行的了，因为马上就要到初三了。

教师：嗯！希望你能像我说的那样努力做到，改正自己的学习态度。向你妈妈爸爸问好。

学生：嗯！后几个星期我要努力了，说真的，不开玩笑的。我替他们谢谢你了。记得家长会帮我说点好话。

教师：好话我可不敢多说。不过，希望你能做到真正地监督自己的学习。当自己感觉有所松懈的时候，可以告诉我。我来提醒你。

学生：嗯，说了他们也不理的，他们只会批评，没有表扬的。你有喜事只说几句，有了坏消息的话就说个不停，一天不够还要一个星期拿件事唠叨个不停啊。我现在就是有时感觉自己好像注意力不集中，好像有的时候想睡觉似的。

教师：那么给你一个方法——用醒目的话语提示自己。具体做法：写个纸条，上面的内容直指你爱睡觉的缺点，然后把它用透明胶粘在课桌的显眼处。

学生：可以，但是我都睡着了还怎么看啊，不如更好的，你看行不行？我如果睡觉就叫同桌把我给叫起来，或者看我快睡着的话就让她提醒我，我明天就跟她说。不过我觉得我的毅力好像也没这么差啊。

教师：你写出来的时候，是给你的一个警告，时间久了，你抑制自己多了，就会变好。当然，让同桌提醒你也可以，但是写个条子一定要的。毕竟，同桌不可能次次提醒到你啊。这就是把缺点暴露出来。

学生：行，就试试看啊，不试也不知道嘛。

教师：就是嘛。

学生：嗯，看看这样能不能改掉我的毛病。

教师：毛病要一个一个地攻破，老师希望你在写周记的时候仔细想想自己的缺点，让自己看清楚，然后才有胆量改正。你能试着做吗？

学生：我就是怕有些毛病我自己并不知道啊。

教师：这就要你能冷静下来分析啊。尤其是数学的知识上面的缺陷，你肯定可以在平常的表现中体现出来，所以你要善于发现和总结，这样到一个星期的时候你才知道自己哪些方面有问题，然后才知道要解决哪些方面的问题。你试试做，当然前提是你能安下心来反思，否则这十个星期会很快觉得浪费过去的。

学生：时间过得真快，其中前几个星期好像就是转眼间的事一样，所以现在要好好珍惜时间，我希望我能够在这后十个星期里把我的成绩提高上来。

教师：我也希望你能提高啊。你也希望自己能进步啊。不要害怕自己学不会，我们学不会只是自己没有做到自己该做的事情，所以导致不会。看你的表现了。加油啊。

## 第二次与学生网上相遇后的对话

学生：我今天有不懂的地方我去问了×××，她教了我一些，但是她也讲得不是很清楚，她也有些不懂的地方。我有时看到一些题目就是想不到应该运用哪个公式去做题。

教师：所以，我们现在在小黑板上出的习题你更加应该珍惜。是不是啊？如果不懂的话，我绝对可以帮你解决的。你可以问我。不要只是问其他人就不再问了。

学生：有时又怕你不得闲所以就没去了，今天的小黑板上的题还不算难，自己都可以做出来。

教师：你有没有有意识地运用不等式的基本性质呢？

学生：今天的题目我就想到了。因为我觉得今天的题目不难。但是有些好像很长的题目我就想不起来应该套用哪个公式去做它，所以经常会错。不过问别人应该用哪个公式的话，知道公式的情况，一般的题目我都能做得出。

教师：求人不如求自己啊。所以你要自己把它记住。

学生：我背是可以背的啊，我就是不会运用啊，特别是几何的那几个，看到那些图形就不知道怎么办好，虽然有些图形是以前见过的。

教师：所以，从现在开始你必须学会运用。

学生：我要慢慢去学会怎么去运用其他的那些公式。

教师：我们要一个一个地解决我们现在存在的问题，所以只能一个一个地突破解决。

学生：是啊。

教师：不过，现在我们学习几何应该也要慢慢学会解决几何的问题。要一个一个地解决，那么一天解决两个问题可不可以呢？

学生：可以的，但是我想尽快把这些问题解决掉。

教师：欲速则不达啊。现在来说时间还长，所以要各个击破。希望你能领会。

## 范例五 某教授与学生在课堂上对哲学问题的逻辑探讨

【情景】在哲学课上，某教授与学生们的有关哲学命题的逻辑探讨。

教授：某某同学，你是基督徒吗？

学生A：老师，我是。

教授：那么你一定信上帝了？

学生A：当然。

教授：那上帝是不是善的？

学生A：当然。上帝是善的。

教授：是不是上帝是全能的？他无所不能，对吗？

学生A：对。

教授：你呢？你是善是恶。

学生A：《圣经》说我有罪。

教授：《圣经》？如果班上有同学病了，你有能力医治他，你会医治他吗？起码试一试？

学生A：会。

教授：那么你便是善的了……

学生A：我不敢这么说。

教授：怎么不敢？你见别人有难，便去帮助……我们大部分人都会这样，只有上帝不帮忙，对吗？我的弟弟是基督徒，他患了癌症，恳求耶稣医治，可是他死了。上帝是善的吗？你怎么解释？

学生A：没有回答。

教授：你无法解释。对吧？我们再重新来讨论。上帝是善的吗？

学生A：呃……是。

教授：魔鬼是善是恶？

学生 A：是恶。

教授：那怎么有魔鬼呢？

学生 A：是……上帝造的。

教授：对，魔鬼是上帝造的，对吗？

学生 A：……

教授：各位同学，相信这学期的哲学课很有兴趣。世界可有恶的存在？

学生 A：有。

教授：世界充满了恶。对吧？是不是世上所有的一切，都是上帝造的？

学生 A：是。

教授：那么恶是谁造的？

学生 A：没有回答。

教授：世界有不道德的事吗？有仇恨、丑陋等等一切的恶吗？

学生 A：有。

教授：这些恶是怎么来的？

学生 A：没有答案。

教授：你说，是谁造的？你说啊！谁造的恶？上帝造了这一切的恶，对吧？

学生 A：没有回答。

教授：上帝造这一切的恶，而这些恶又不止息地存在，请问：上帝怎可能是善的？世界上充满了仇恨、暴力、痛苦、死亡、困难、丑恶，这一切都是这位良善的上帝造的？对吧？

学生 A：没有回答。

教授：世上岂不是充满了灾难？上帝是不是善的？

学生 A：没有答话。

教授：你信耶稣基督吗？

学生 A：老师，我信。

教授：根据科学，我们对周围事物的观察和了解，是用五官。请问这位同学，你见过耶稣没有？

学生 A：没有。老师，我没见过。

教授：那么，你听过他的声音吗？

学生 A：我没有听过他的声音。

教授：你摸过耶稣没有？可有尝过他？嗅过他？你有没有用五官来感觉过上帝？

学生 A：没有回答。

教授：请回答我的问题。

学生 A：老师，我想没有。

教授：你想没有吗？还是实在没有？

学生 A：我没有用五官来接触过上帝。

教授：可是你仍信仰上帝？

学生 A：呃……是

教授：那真需要信心啊！科学上强调的，是求证、实验和示范等方法，根据这些方法，你的上帝是不存在的。对不对？你以为怎样？你的上帝在哪里？

学生 A：答不上来。

教授：请坐下。

另一个同学：老师，我可以发言吗？

教授：当然可以。

学生 B：老师，世界上有没有热？

教授：当然有。

学生 B：那么，也有冷吗？

教授：也有冷。

学生 B：老师，您错了。冷是不存在的。

教授：……

学生 B：热是一种能，可以量度。我们有很热、加热、超热、大热、稍热、不热，却没有冷——当然，气温可以下降至零下四百五十八度，即一点热也没有，但这就到了极限，不能再降温下去。冷不是一种能量。如果是，我们就可以不断降温，直降到超出零下四百五十八度以下。可是我们不能。“冷”只是用来形容无热状态的字眼。我们无法量“冷”度，我们是用温度计。冷不是一种与热对立地存在的能，而是一种无热状态。

教授：……

学生 B：老师，世上有没有黑暗？

教授：简直是胡说。如果没有黑暗，怎可能有黑夜？你想问什么？

学生 B：老师，您说世上有黑暗吗？

教授：对。

学生 B：老师，那么你又错啦！黑暗是不存在的，它只是无光状态。光可分微光、亮光、强光、闪光，黑暗本身是不存在的，它只是用来描述无光状态的字眼。如果有黑暗，你就可以增加黑暗，或者给我一瓶黑暗。老师，你能否给我一瓶黑暗？

教授：这位同学，你到底想说什么呀？

学生 B：老师，我是说，你哲学的大前提，从一开始就错了，所以结论也错了。

教授：错了？好大的胆子！

学生 B：老师，请听我解释。

教授：解释。

学生 B：老师，您刚才所说的，是二元论哩。就是说，有生，就必有死。有一个好的神，也有一个恶的神。你讨论上帝时，所采用的，是一个受限制的观点。你把上帝看作一件物质般来量度，但是科学连一个“思维”也解释不了。科学用电力，又用磁力，可是却看不见电，看不见磁力，当然，对两者也不透彻了解。把死看做和生命对立，是对死的无知。

死不是可以靠生存在的。死亡不是生命的反面，而是失去了生命。这是我们国内最下流的一份小报，是不是有不道德这回事呢？

教授：当然有不道德。

学生B：老师，你又错了。不道德其实是缺德。是否有所谓“不公平”呢？没有“不公平”只是失去了公平。是否有所谓“恶”呢？“恶”岂不是失去善的状态吗？

教授：……

学生B：老师，就是因为我们可以为善，也可以为不善，所以才有选择的自由呢。

教授：作为一个教授，我看重的是事实。上帝是无法观察的。

学生B：老师，你信进化论吗？

教授：当然信。

学生B：那么你可曾亲眼观察过进化的过程？

教授：……

学生B：老师，既然没有人观察过进化的过程，同时也不能证实所有动物都还在进化之中，那么你们教进化论，不等于是在宣传你们的主观信念吗？

教授：……

## 范例六　某小学心理辅导教师对有心理问题的学生提问时的应答

【情景】 某小学心理辅导教师与有心理困扰的学生进行交流，解决他们的心理烦忧。

学生A：我为什么老是考试成绩不理想？为什么我平时都能听懂，但到了考试，成绩就不理想呢？

教师：你是不是掌握知识不扎实？

学生A：我大部分都会，应该没问题呀。

教师：家长是不是对你有过过激的话语？

学生 A：爸爸打过我，而且很凶。

教师：那就是了，不过你不用害怕，那是爸爸恨铁不成钢，只要你尽力去做，放下心理负担，放开手去做，就会有大的改观。

学生 A：我试试。

学生 B：我为什么和同学接触不好？同学们为什么对我有意见？

教师：因为你有些地方做得可能不太好，使同学们对你有意见。

学生 B：那我该怎么办呢？

教师：应该学会谦让、宽容，不要斤斤计较。

学生 B：那同学们不接受我呢？

教师：放心，日久见人心，坚持下去，大胆一试吧！

学生 B：老师您要提醒我呀。

教师：放心，我会做你坚强的后盾。

学生 C：我为什么成绩老提不上去？

教师：因你注意力不集中，学习习惯不好。

学生 C：怎样才能提高注意力？

教师：需要你上课认真听讲，不走神，认真回答问题。上课做到心无杂念。试试！

学生 C：那我管不住自己怎么办？

教师：你愿意改正自己这个坏习惯吗？

学生 C：当然。

教师：那就好，你要从心里重视，一旦发现自己走神，立即提醒自己，也可请同位帮忙提醒你。但是你要有耐心，有毅力。

学生 C：我会的。

学生 D：爸爸、妈妈有时候老不相信我。

教师：你平时做事能让爸爸、妈妈放心吗？

学生 D：有时候吧。

教师：爸爸、妈妈喜欢你吧？

学生 D：当然。

教师：那我就明白了：肯定你做得很一般了。是不是离爸爸妈妈的目标太远？

学生 D：可我就是不愿意约束自己。

教师：长大了当然要有高的标准了，你首先要正视自己，然后再与家长沟通，谈你的感受，与家长意见达成一致，不就好办了？

学生 D：可我怕他们。

教师：那也不能逃避呀，我帮你铺垫一下，你再与他们谈。

学生 D：谢谢老师。

学生 E：我为什么老与同学们斗气？

教师：对别人要宽容。

学生 E：可他们老不理解我？

教师：要学会与他人沟通，处理好人际关系。

学生 E：那我怎么办？

教师：平时要为同学多想一些，多想想别人的好处！这样就好多了。

学生 E：好吧，我尽力吧。

教师：我会帮你的，试试吧！

学生 F：我为什么不大方？

教师：那是你平时放不开，心理负担太重，老怕别人笑话你，对吗？

学生 F：是。

教师：人首先要自信，然后别人才能认可你。

学生 F：可我老觉得别人比我强。

教师：我不这么认为，你看你做事认真，心地善良，关心集体，这些很多同学都比不过你。我认为你是很优秀的。

学生 F：真的?

教师：当然。大胆与大家接触，你再看看是不是大家都喜欢你。

学生 F：那我试试看。

# 第十章

# 服务类情景应对

## 范例一　某 12580 客服面对无聊用户来电时的应对

【情景】一名用户与 12580 客服人员的对话，体现了该用户的无理取闹与客服人员的礼貌服务。

12580 客服：您好×××××号为您服务。您好，很高兴为您服务，请问您有什么需要我帮忙的吗？

用户：您好，我想问一下，我家附近有什么好吃的地方

12580 客服：请问您家住在哪儿？

用户：你猜！

12580 客服：这位先生，我们这里没有“猜测”这项服务。请问还有什么需要我帮忙的吗？

用户：我去鸟巢坐什么车去方便？

12580 客服：您现在位置是？

用户：你猜！

12580 客服：先生，我们不能够提供“猜测”这项服务，您告诉我具体地点我可以为你查询。

用户：你们怎么服务的，连我在哪儿都不知道！我要投诉！

12580 客服：这位先生您对我的服务有任何意见都可以在电话结束后

对我的服务进行打分。但我们现在确实没有“猜测”这项服务，您告诉我您的具体要求，我都可以替您查询。

用户：那你们都有什么服务啊？

12580客服：我们可以为您提供出行路线、酒店机票预订、周边饭店查询等相关服务，奥运期间还可以为您提供实时的奥运成绩查询。

用户：你说这次刘翔能得冠军不？

12580客服：对不起，我不能给您妄下结论。

用户：你看，我一问你就又不知道了！

12580客服：对不起这位先生，目前奥运还没有开始，我们确实不能提供这项服务。

用户：我要投诉你！

12580客服：这位先生对您的要求我非常抱歉，请问还有其他需要我为您服务的吗？

用户：你猜。

12580客服：这位先生，我们没有“你猜”这项服务。

用户：你声音真好听。

12580客服：谢谢，请问还有什么可以为您服务的？

用户：能给我唱首歌吗？

12580客服：对不起这位先生，我们没有这项服务。

用户：哦，那我给你唱首歌怎么样？

12580客服：对不起这位先生，我们也没有收听服务。如果您没有其他需要我就要挂机了。

用户：等下等下，谁说我没有需要？请问你们这一分钟多少钱啊？

12580客服：和您打市话是一样收费的。

用户：没有额外的服务费？

12580客服：没有。

用户：那我要非得多给你服务费呢？

12580 客服：对不起，先生，我们就是为了您的利益着想进行的统一定价。您还有其他需要吗？

用户：你猜。

12580 客服：先生，如果您没有其他需要，我就要挂机了。

用户：我就不挂！

12580 客服：先生，非常感谢您对中国移动 12580 的支持，如果您没有其他需要，我就要挂机了，请在挂机后为我的服务打分，谢谢您的配合，再见。

### 范例二　某网上客服对顾客网购商品后的咨询的应答

【情景】某顾客在某网上商城购买了一块国内知名品牌手表，后来发现该手表月份功能不能使用，于是与该商城客服进行了沟通对话。

顾客：你好，在吗？

客服：您好，我是××表的客服人员，欢迎光临本店，请问有什么可以帮到您的呢？

顾客：我想请问个问题，我的这款手表，使用了三个月，有一个毛病，就是月份不走，其他的都很准时，没有问题，请问怎么办？

客服：您好，您买的是哪款呢？

顾客：××表三眼计时月相功能运动石英男表。

客服：您好，这款的月份是要手动调的。

顾客：不是吧，每个月都要手动调？还要月份干什么啊？我还是头一次听说，手表竟然有月份自己手动调的哩，我还要它做什么啊，干脆星期，日期都手动调，我还要手表干什么啊，你说是不是啊，呵呵！

客服：您好，关于手表功能的，我不是很清楚，要专业人士才能给您做出合理的解释。不过，我保证我们是××表的正品。

顾客：好吧，这样吧，请你把我的问题反映下，请专业的人给我答复，再给我留言，我相信你们是正品，这个我不怀疑。

客服：您好，我们保证正品，如果您有疑问可以拨打××表总部电话：0755-××××××××转电子商务部进行查询！

顾客：我说了，我不怀疑你们的是正品，我相信这是正品。只是，我的手表可能出了问题，我希望你们的售后或客服能帮我解决下这个问题，或是维修一下，好吗？不要还没搞清楚什么事情就忙着往外推，好不好？如果可以的话，我只需要你帮个忙，请专业的人士给我回复一下，好吗？

客服：您好，您请放心，如果您的手表还有问题，可以随时跟我们联系的。

顾客：这就OK。

客服：您好，我想专业人士在设计表的时候就是这样设计的吧。但是可能在顾客看来这是一个缺陷。可能跟表的成本有关。月份需要手动调节，不是表的质量问题。至于设计方面，我就没有权利解释了。

顾客：其实，我不想讨论这和什么有关，主要是这个表，月份功能没有用处，你们厂家应该明确告诉大家。我想，这样买表之前，大家都会有心理准备，不至于发生误会，而且，我想和我有同样问题的人应该不少，要是这个表就这么设计的，我们也不能怪你。

客服：嗯，好的，谢谢您的谅解。您买的手表有任何的质量问题，一年内您都可以去××表的维修点免费维修，或者寄回来。非常感谢您的支持和光顾，我们会不断做得更好，欢迎您常来逛逛。

### 范例三　某通讯公司用户拨打投诉电话时与客服的对话

【情景】　一位通讯公司手机用户使用某款手机遭遇网络封锁，于是拨打了投诉电话进行投诉，下面是客服人员与顾客的对话。

客服：您好，有什么需要我帮助的？

用户：你好，我的手机不能 GPRS 上网。我用的是××。

客服：由于网络的原因您的××手机是无法在××使用 GPRS 功能的。

用户：为什么是××地区，而别的地区可以。

客服：这是当地网络决定的，我们无能为力。

用户：你现在代表的是女性工作者还是××在和我对话？

客服：……

用户：××是干什么的，是为手机提供通话服务和上网支持的，我手机现在无法正常使用你们所承诺提供的服务，你们无能为力谁能为力？难道让我自己徒手去铺设网络？要是那样为什么还向我收费？

客服：可是其他地区是可以使用的。

用户：那××为什么不能？

客服：因为××的网络原因。

用户：××是中国的一部分，同样是××公司承诺的服务范围，有什么不同？为什么同样是××地区却只有××无法使用 GPRS 而其他大多数手机可以？

客服：那……也许是您手机的原因……

用户：我手机有问题为什么唯独在××出问题，为什么一离开××就可以上网了？××手机是主流手机，××是该手机中功能绝对全面的手机，我要求上网过分吗？我在问你我的××为什么不能正常上网，而不是问你我新买的皮鞋为什么不能上网！我的要求过分吗？

客服：先生……

用户：况且你们××是非常痛快地收了我 GPRS 包月费用的，既然我不能使用 GPRS 功能，为什么不提前告知我，为什么还二话不说收我的钱？

客服：先生，我咨询了我们的网络技术人员，他们说不仅是××的××无法使用 GPRS 功能，像××，也是一样不能用的。

用户：这是你们服务上的欠缺，能成为你们开脱责任的理由吗？要是那样比，乾隆年间还没有手机呢，如今我能用手机，是一件非常值得庆幸的事情对吗？要是你这样讲，那南非还存在吃人的部落呢，那你们××把我活吃了也是没有争议的对吗？

客服：不是的先生……

用户：小姐不好意思，我并不是针对你个人，我对你个人的服务态度和工作精神是非常感激的，但如今你代表的是××公司在听我陈述对你们服务上的不满，所以我必须如实地反映我的心情，希望你能谅解。

客服：先生我能理解您的心情，可是……

用户：××的服务一向是存在着争议的，但是我正是信任你们的网络才使用你们的服务，今年你们又打出了满意100的服务承诺。但是如今面对用户对你们服务上缺陷产生的质疑却采取如此推诿抵赖的态度是让我非常难以接受的。

客服：这样和您说吧先生，其实我们的技术人员已经说了，是因为您的手机是水货才会无法上网的……

用户：很好，终于等到你说这句话了，我一直在等你把水货和行货分开说。

客服：先生…

用户：你的意思是说，只有行货××手机才能使用GPRS，水货就不能，是吗？水货和行货有什么区别？最大的区别就是行货是××定制的，是会给××带来利润的，而水货不是，对吗？

客服：先生，具体原因我也不清楚，技术部门说是因为水货手机网络硬件有个什么模块导致的……具体我讲不上来，稍后让我们技术人员为您解答吧。

用户：既然是我的硬件造成的，那我们又回到最早的讨论话题了，既然我硬件不能用GPRS，为什么出了××就能用，为什么只有××、××、××被封锁？既然在其他地方能用，就说明移动目前的技术完全是支持让水货××使用GPRS的，而你们这样独裁地搞试点，是在杀一儆百对吗？是让全国产生对水货手机的担忧对吗？这是为了利益的垄断对吗？这是国家法律明令不允许的对吗？

客服：先生……技术上的问题我不懂……我只是……

用户：不要和我谈技术，技术我也不懂，我也没和你纠缠技术问题对吗？现在和我通电话的是××公司对吗？我没有问你贵姓对吗？所以我并没有针对你个人，也不是在利用你不懂技术和你胡搅蛮缠，我只知道我面对的是××公司，你们客服部门是××公司的耳朵和嘴巴，是连接公司和用户的桥梁，所以我说的一切，你没有自己分析和自己决定的权力，你要做的，只是反馈、协调，最后拿出合理的解决方法。我再次重申，我个人十分理解和尊重你本人的工作，可是现在我代表的是所有××、××、××地区使用××手机的用户群体在和中国××协商解决办法。

客服：先生您想怎样解决呢？

用户：我是消费者，我花了钱，是要享受你们提供的服务的，如今你们出现了服务上的欠缺，让我想办法吗？你见过去饭店消费还要自己做菜刷盘子的吗？我想让你们恢复这三个地方对××的网络封锁，就这样简单，至于封锁具体怎么解除，那是你们应尽的义务，就不用我操心了吧？

客服：好的，先生，我们会继续研究如何解决您反映的问题，稍后再给您答复。

用户；谢谢，我把我的意思简要地概括一下，我代表三地××用户要求解除××对我们的网络封锁，理由有三：首先，××公司完全有能力提供服务，因为其他城市都可以使用；其次，我们已经缴纳了包月费用，如果仍然不能对我们提供网络支持，你们已经构成了欺诈；再次，你们这种针对非盈利手机采取的卑劣垄断行为已经严重触犯了相关规定，我们保留对你们的起诉权利，如果得不到解决，我们会向贵公司法人递交律师函的；最后，平心而论，如果你买了辆车，在哪里都可以行驶，而到了××却被告知不能，因为不是你们公司产的。你说霸道吗？我期待你们给我们合理的答复。

范例四 某服装导购为顾客服务时与顾客的对话

【情景】 某顾客到某商场的专柜试衣服，下面是该专柜导购为顾客服务时的对话。

顾客：这件衣服怎么穿起来这么紧？

导购：是的，我们这款的设计确实是稍微贴身一点，不过因为您身材好，所以穿起来其实更有味道，再加上我们的面料都是特别挑选的，弹性好，您穿几次就习惯了。我们上个月就有一个老顾客，她一开始也和您一样习惯穿稍微宽松点的衣服，现在你叫她穿宽松的她还不喜欢呢。

顾客：我觉得这件衣服，穿在我身上有点显胖。

导购：其实丰满一点是一种福气。看您笑脸迎人、红光满面的样子，生活一定过得很优裕、很快乐，很多人求还求不来呢。再说这件衣服本身就很适合您的气质。

顾客：我不喜欢这款，太成熟了，穿起来显得好老气。

导购：是的，这款看起来确实稍微显得成熟一些，不过因为您是希望在办公场合穿，所以成熟一点会显得您比较职业化。其实这样的穿着反而有利于您更好地开展工作，今天上午就有位职业女性刚买了一件这个款式的呢。小姐，我在服装行业做了快五年了，您希望听一下我的意见吗？基于您的身材、皮肤及职业考虑，我个人认为这款衣服您穿起来比较合适，一点都不显得老气。您可能平时比较少穿这一类款式的衣服，所以不习惯而已。

顾客：我确实喜欢这款，但我同事，她也买了一套，而且又在同一办公室。

导购：是吗？哇，那真是太好了！我们这款衣服确实卖得非常好，当然两个人穿一样的衣服每天都见面确实有点尴尬。不过这件衣服其实还有其他类似的款式，我觉得不管颜色还是花色也都一样适合您，并且风格也很接近，您可以试穿一下，看看感觉如何。

顾客：这款衣服还不错，下次我带朋友来帮我看看后再决定。

导购：小姐，那您今天不带朋友来真是太可惜了！这件衣服您穿起来简直就像为您量身定做的一样，价位又不高，而且我们今天刚好又有促销，过几天促销就结束了，并且也不知道还有没有货。如果没有那多糟糕呀，所以我建议您还是今天买比较合适。因为我担心您下次来的时候还有没有这个款，因为我们这款衣服卖得比较快。上次有个顾客看好一款衣服，仅仅晚了两天，结果就没有了，调货也调不到，害她懊恼了好久，搞得我们也很不好意思。所以我建议，您要是喜欢，还是今天购买更合适。来，我帮您拿件新的吧。

顾客：这款衣服我穿起来不大合适。

导购：小姐，您说得确实有道理。其实我们这里还有几套最新到的新款很符合您的要求，我相信您看完后一定会喜欢的。您稍等一下，我去把衣服拿过来。

顾客：大街上经常碰到很多人穿同一款，真不敢买你们的衣服。

导购：您说的这个问题之前也有顾客跟我们反映过，由于我们的衣服款式经典、质量上乘、价格公道并且服务完善，所以我们的衣服走得都非常好。不过现在我们公司在这一点上也作出了改善，增加了款式种类并且对每个款式在每个区域的数量作出了一定的限制。所以您可以不必过多地担心这个问题了，我们的每款衣服不但好看而且很少重复。

### 范例五　某超市主管面对用户投诉时的应对

【情景】某顾客去某大型超市购物，发现钱包丢失，便求助超市保安，想请保安帮忙查监控，却遭到保安的婉拒，于是转而向超市主管投诉。下面是两人的对话。

主管：我是×××的主管，您的投诉我们看了，我们保安部是不允许给外人看监控的！

顾客：我是想请求您的保安帮忙查一下，并没有要亲自看。

主管：我们保安也不能看。

顾客：您的监控起什么作用?

主管：警察要看才能看！

顾客：您的保安也不能说×××就没有监控啊！

主管：我们这卖场上就是没有。

顾客：可我去保安室看到监控录像了。

主管：那是对着我们消防通道的。

顾客：可我看到卖场的情况了。

主管：反正我们×××就是不允许看监控！这样吧！我们会对当日保安进行处罚！必要就开除他！您看这样的结果您满意吗?

顾客：不满意。我觉得这是你们整个保安部的处事态度，而不是一个小保安的问题。这事换了别人一样会这么做。我也不想害他丢工作！

主管：您想怎样?

顾客：我不知道，只是想请您来帮助解决。

主管：您就是想让我们赔您300块钱×××购物卡，是吗?

顾客：您要是这么说那我就没话可说了。

主管：我这么处理您满意吗?

顾客：说实话，不满意。

主管：怎样您才满意?

顾客：我没得说了，但这已经是您的处理结果了，我也只能这样了。再见。

主管：好吧，再见。

## 范例六 某银行客户投诉时与银行工作人员的对话

【情景】 一名客户丢失信用卡后拨打银行电话询问挂失费用问题，在关于挂失费用与发票问题上，客户认为银行收费不合理，于是与银行客服和客户主管进行了以下的对话。

客户：挂失费是多少？

客服：80元。

客户：那你有发票吗？

客服：我们只提供收据，不提供发票。

客户：收据不具有法律效力，我要发票。

客服：对不起，我们没有。

客户：没有还被你说得振振有词的？你觉得你不提供发票合理吗？你觉得我要发票无理吗？

客服：但是我们从来都是收据，没有发票。

客户：没有发票，我就会认为你们乱收费。而且，咱们这种交易属于商务交易，你必须得提供发票。

客服：我们没有。

客户：我不明白，我要投诉你，投诉电话是多少？谁受理？

客服：你告诉我就行了，我受理。

客户：你是被投诉者，自己受理自己，你觉得合理吗？有说服力吗？

客服：那我给你接到我的同事那。

客户：我怎么知道你和你的同事不是沆瀣一气，不是一个鼻孔出气？给我转到你的领导那里。

客服：今天周末，我们的领导可能不在。

客户：你们领导不在？你吓唬谁呢？当我没在服务行业干过是不是？给我转过去！

客服：那我试试，给你转吧。

……

客服主管：很高兴为你服务。

客户：你好。我要投诉。你们的挂失费80元，我觉得不公平。你们凭什么定价为80元？而且还不提供发票？有进行过听证会吗？有社会相关监督部门的允许文件吗？还是你们公司内部从上至下的领导批示？我要看你们定价80元的依据！还有，我要投诉×××号，刚刚我说要投诉他，他说自己受理。我不能接受自己受理，所以还得麻烦你。

客服主管：挂失费80元是我们的一项执行的规定，不是单对你一个人。因为我们挂失是属于相关服务的，所以是收费的。

客户：我知道不单对我一个人，但不是每个人都有这样的勇气出来吃这第一个螃蟹，这80元收得极度不合理，所以你们已经宰了不少人，今天你说定80，我给了，如果你定1000，我也照给不误吗？既然是属于服务类的收费，我也承认，也就是你们进行了商业行为，所以请给我发票。

客服主管：发票我们可以给你申请，我们的收费也不是乱定的，你在办卡的时候会收到一个使用手册，上面是说明白的。

客户：使用手册，是印刷品，不具有任何意义。我收到，不代表我就认同，今天就是我们签订了合同，从合同法的角度来说，我认为这一条也有失公允，到了法律的层度，也不执行。或者换句话说，这一条是霸王条款，法律不是支持的，除非你给我相关的证明！就是定价为80元的整个流程。基本上有两种：一是你们进行了定价听证会，社会上有关部门批准，会有相关的文件给你们，那请给我这个文件的复印件。二是你们公司内部定价，从上到下层层签字，这个文件也请给我，我拿着到有关部门问一问，这个定价合理与否。如果合理我不再追究，80元我照交不误。如果不合理，我们再说。我就吃定你们这只螃蟹了。

客服主管：这个，我不清楚。

客户：不清楚？好啊，找清楚的人来和我说话！把我的电话转到你的领导那里去。

客服主管：今天周末，我们领导的确不在，他下午回来，我把你的问题总结一下，给反映上去，好不好。

客户：可以，我下午3点等你们的电话，如果没有回复，我会投诉你×××号。对，说到投诉，我是想投诉×××号的。请你受理。他本来说自己受理，或找他的同事受理，我不能接受。我不能不怀疑有包庇的可能。对于你也一样。你们接受投诉，会重听电话录音，有两种处理可能，一是理在我，那你们处理他，二是理在他，你们安抚他。但这两种处理结果我都要。你们发文或致电给我。一是不要忽悠我，让我的投诉石沉大海，来证明你们确实处理了这个事。二是如果我错了，冤枉了×××号，我致电道歉！总之，我要知道你们确实在处理此事。

客服主管：好的。我们会电话通知你的。

客户：你们处理周期是多久。

客服主管：5个工作日。

客户：5个工作日内我等你电话，如果没接到，我会投诉你×××号。

客服主管：好的。

客户：我下午3点前，等你领导的解释，再接不到我依旧会投诉你。

客服主管：可以。

客户：再见。

## 范例七 某网上商城客服遇到两位无聊顾客骚扰时的应答

【情景】网上购物时不免有一些无聊人士来咨询，以下为某网上商城客服对号称购买钻石和耳机，实际却是前来搭讪的顾客的应答。

### 遇到号称有意购买钻石的顾客

顾客：能用来割玻璃吗？

客服：一般是不可以的。

顾客：这个划玻璃应该没有问题吧。

客服：可以的。

顾客：到底能不能啊？

客服：您可以买完后试试，我们也不能确定。

顾客：你好，尊敬的客服人员！我想问下这款钻石我能分期付款？如果可以，首付给70万可不可以！

客服：不支持分期付款。

顾客：姐姐，钻石是世界上最硬最硬最硬的东西吗？

客服：可以这么理解的。

顾客：可不可以用放大镜加太阳晒下啊？这么小颗不爽，我想拿放大镜在阳光下炫一下呢！

客服：不建议这样，小心保护眼睛。

顾客：我想批发。请问批发价是多少钱一斤？

客服：此商品不论斤卖。感谢您对××的支持！祝您购物愉快！

顾客：买了可以当假牙吗？晚上一张嘴就不用开灯了？

客服：好主意。

顾客：请问有人在××买钻石吗？

客服：有的。

顾客：买几车回去当鹅卵石铺地肯定好看。

客服：我觉得也是，欢迎付款购买。

顾客：从没听说××产钻石啊，是不是假的啊？

客服：我公司商品均为正品，还请您放心购买。

顾客：我有三个问题想咨询一下客服MM：1. 这个东西有什么用？2. 带上了是不是人就不会死的？3. 你喜欢这个吗？我把它送给你的话你愿意不愿意嫁给我？

客服：您好！1. 用处各有所好吧；2. 此商品无延年益寿功效；3. 不

嫁，我不爱钻石。

顾客：那这钻石到底有什么用啊？

客服：钻石代表了美丽忠贞的爱情，追求幸福的象征。这么珍贵的礼物，您还是送给自己心爱的人。

顾客：把房子卖了也不够钱呀！可不可以让我摸摸是什么感觉？

客服：抱歉，不可以。感谢您对××的支持！祝您购物愉快！

顾客：请问该物品的配送方式，可否有风险？如何保证品质？

客服：我公司会有专人配送，我公司商品均为全新正品，请放心！感谢您对××的支持！祝您购物愉快！

顾客：想问问此商品是不是支持货到付款？

客服：不支持。

顾客：我上个月花了399买了个高档诺基亚手机，你们××正好12年店庆，据说是普天同庆，我也特来拜谢，请问可否把这小东西当个赠品送我，俗话说得好“礼轻情义重”，是不是？我估计你们家老板不会这么吝啬吧！等你好消息。

客服：抱歉，此款是钻石哦，不能当赠品的，还请您见谅！

顾客：这个支持货到付款吗？现金支付？全部用毛票？

客服：此款目前暂时不支持货到付款，需要您付完款再送货的。感谢您对××的支持！祝您购物愉快！

顾客：我家连土房都没有，可以免费赠送一个不？为了构建和之又谐社会，降低贫富分化比例，就送一个呗？

客服：东西太贵了不能赠送。

顾客：哪里能挖到这样的钻石啊？去弄一颗。

客服：抱歉暂时不知道哪里有挖的。

顾客：这个能砸死人吗？

客服：一般是不能的。

## 遇到号称有意购买耳机的顾客

顾客：我戴上这个耳机，头会不会被挤坏？

客服：您好！不可能那么脆弱的。

顾客：××动力是什么力？

客服：您好！××动力是此款耳机的品牌。

顾客：请问可以由您来送货上门吗？

客服：非常抱歉，我公司内有明确的岗位分工，会有配送人员送货上门的。

顾客：请问这个耳机是山寨品吗，怎么这么便宜我觉得不像正品。

客服：您好！请放心购买，我公司所售均为正品行货。

顾客：问下明年房价还涨不？

客服：您好！我希望降。

顾客：我可以用我的“森海”跟你换不？

客服：您好！不能！

顾客：客服，请问我买了这耳机，你会答应跟我约会吗？

客服：您好！不会！

顾客：请问戴上此款耳机，山寨 MP4 能否变成 IPAD？

客服：您好！必须不能。

顾客：请问此款耳机是不是核动力的，会不会有发生爆炸的危险，万一发生爆炸××会不会负责呢？

客服：您好！质量保证，放心使用。

顾客：如果我买了这副耳机，客服 MM 能陪我过圣诞节吗？

客服：您好！圣诞节全球的人都会过这一天，就相当于全球的人陪你一起过了。

顾客：你好，问个问题，用这个耳机打 CS，就可以看得见敌人所在的位置吗？

客服：您好！此款是耳机。

顾客：我想知道，××的客服妹子都像你这么犀利吗？

客服：您好！我们哪点犀利了，请指点。

顾客：请问特斯拉是什么东东？是远古的怪兽？跟奥特曼有关系吗？

客服：您好！这个有待于您去调查一下。

顾客：请问这个耳机为什么这么贵，去年4万亿公共投资砸下去都是为了研发这个耳机吗？

客服：抱歉，商品价格随市场价格的波动每日都会有涨价、降价或者优惠等变化。

顾客：亲爱的客服MM,我与西门吹雪，在圣诞之夜在紫荆之巅有一场别开生面的生死决斗，你说我戴这个耳机千里之外是不是能听见他拔剑的声音？

客服：此款不是听诊器，没有探听功能。

顾客：请问贵公司有没有提供戴了这个耳机之后魅力值提升的测试或者有没有员工反映测试这款耳机的员工在戴上这款耳机之后忽然变帅了？

客服：您好！目前还没有相关测试。

顾客：请问戴这个耳机打DOTA是不是就不会输了？

客服：您好！应该可以激发您的潜能。

顾客：你好，请问买这个的话，考四六级时候能不能收到答案？

客服：您好！还是多复习的好，感谢您对××的支持！并真诚地祝您购物愉快！

顾客：戴上这个耳机后我的羽绒服就能卖完吗？

客服：您好！要看天气如何。

顾客：买了这么贵的耳机是不是就可以有女朋友了？

客服：您好！需要自身的努力。

顾客：这个耳机是不是听完以后就笑了。

客服：您好！取决于所听的音乐的感情色彩。

顾客：戴这个耳机听曲子时间长了，会不会增加很多很多的耳屎？

客服：您好！没有进行过相关测试。

顾客：请问戴上这个耳机上班能涨工资吗？

客服：您好！听高音质的音乐，心情愉悦效率自然高，涨工资也不是不可能的事情。

顾客：客服你好，请问这个耳机可以折叠后放在耳朵眼儿里吗？

客服：您好！那需要您耳朵眼儿有足够大的空间了。

顾客：请问戴上这个是不是驴叫也会变天籁啊？

客服：您好！要有善于发现美的耳朵。

顾客：请问为神马这耳机比“浮云”还贵？可以借我试听一下吗？

客服：您好！非常抱歉，目前不提供此项服务。

顾客：请问，这是炒作帖吗？

客服：您好！抱歉，您可以下单订购的。

顾客：我是围观的，围观能改变价格吗？

客服：您好！抱歉，具体以我公司商城所标价格为准的，请见谅。

顾客：请问，听这款神器后，是不是白天也可以让子弹飞了。

客服：您好！让子弹飞是很危险的，此神器无法完成。

顾客：戴上这个耳机，可以练就降龙十八掌吗？

客服：您好！这个无法实现。

顾客：用这个耳机是不是听周杰伦就可以听清楚了啊？

客服：您好！能否听清周董的声音，跟设备没有关系。

顾客：这个耳塞里面有多少斤铜线？

客服：您好！这个不是耳塞，是头戴耳机。

顾客：请问孕妇听了这个耳机后，孩子是不是就是音乐天才呢？

客服：您好！相信孕妇用这么好的耳机听音乐会有一个好心情。这样会影响胎儿往好的方面发展。

顾客：请问这个耳套的保暖功能如何，卖9000多块，相当于天桥边老太太卖的那个 1000 个的价钱了，是带电暖的吗?

客服：您好！××是用来听音乐的，不是用来保暖的。

顾客：这神器，据说不属于人间凡物，是真的吗?

客服：您好！的确这种产品是 10 年才会出现一次。耗费了工业设计师的很大心血。

顾客：请问，××什么时候出过××？

客服：您好！××是××动力的产品。不是××××品牌的产品。

顾客：请问是黄金打造的吗?

客服：您好！这个是采用全新的特斯拉音圈技术的 HI—END 级耳机，是 HI—FI 顶级标准。

顾客：客服你好！我是外星人，戴上这个耳机能听见人类讲话吗?

客服：您好！您的中文说得挺好的。

顾客：用这个搭配 A1 听，是否可以听出电源采用火力发电和水力发电的区别?

客服：您好！水电或者火电这个用仪器是无法区分的。谢谢您的热心关注。

顾客：客服你好，我爸是李刚！请问可以免费送我一个吗?

客服：您好！我公司一视同仁。

顾客：这个耳机有没有翻译英语的功能？看电影直接翻译成中文?

客服：您好！关于××为何能价值万元级，你可以到百度上搜索相关的介绍。这个耳机已经达到耳机 HIFI 的顶级。

顾客：请问戴了这个耳机就能听懂外国话了吗?

客服：您好！需要自身努力。

顾客：请问服务员用它听过歌吗，是不是像进入天堂的感觉？它是几克拉的?

客服：您好！这个产品是德国的工程师历时数年，采用特斯拉音圈技术研发成功的顶级耳机产品。算是耳机行业的一个里程碑。对声音细节的表现，相当完美。

顾客：戴上这个耳机后是不是能满血全状态原地复活？

客服：您好！我公司没有条件进行相关测试，您可以试验一下。

顾客：请问这个是干吗用的？

客服：您好！听音乐用的。详细的可以上百度搜索××相关的资料。

顾客：戴上这东西是不是以后就不用吃饭了？

客服：您好！不建议。

顾客：这东西戴上能听出电池是哪个牌子的吗？

客服：您好！你可以拆开看。

顾客：戴上这个耳机能听到外星人的广播吗？

客服：您好！我公司没有进行过相关测试，您可以自行测试。

# 第十一章

# 酒席宴会即席情景应对

## 范例一 生日宴会上的即席讲话

【情景】 在母亲70岁生日宴会上的即席讲话。

尊敬的各位领导、各位来宾、各位亲朋好友：

借此机会，我也想讲几句内心话。第一句是感谢。感谢妈妈，感谢父母的养育之恩。今天下午回来的路上，我在想，我妈妈走过的这人生70年，大体可以分为这么五个阶段。前10年，是生在旧社会，长在苦水中，寄人篱下。后来的10年是艰难困苦，勤奋求学。之后的20年，是含辛茹苦，养育我们三个子女，同时和很多那个时代的中国人一样，经历了10年浩劫，横遭迫害。改革开放以后，中国迎来了好时代，我妈妈也才有机会努力工作，报效国家，回馈社会。退休之后，还是乐于助人，退而不休。在这过去的70年中，妈妈勤奋、刻苦、坚强、正直、仗义执言、敢作敢当。这些优秀的品质，也深深地影响着我们，成为我们成长道路上宝贵的精神财富。因此，要感谢我们的妈妈，不仅把我们抚养成人，更教会我们如何做人。这是我要讲的第一句话。

第二句话还是感谢。感谢在座的各位领导、各位来宾、各位亲朋好友。我想，今天的聚会，体现了“三情”。一是割不断的亲情，二是左邻右舍的真情。我们做子女的长期在外，妈妈平时在家，得到了邻居们很多的关照。三是在长期工作交往中结下的深厚友情。中国有句老话叫“人以类聚，物以群分”，我想，正是我妈妈这些可贵的品质，得到了大家的认可，也才能和大家建立了长期的真挚友谊。这些浓浓的情意，让我们全家深深地感动，也值得我们久久珍藏。在此，我们全家再次向各位领导、各位来宾、各位亲朋好友表示深切的谢意，谢谢大家！

现在，我邀请大家和我们一起，为我妈妈献上一首《生日快乐》。

### 范例二　升学宴会致辞

【情景】在升学宴会上家长和孩子的致辞。

#### 家长的致辞

各位来宾，各位亲朋好友：

大家好！

首先我代表我们全家对大家能够在百忙中来到饭店参加小女的升学宴会，表示衷心的感谢和热烈的欢迎。相逢皆是情做缘，祝福只因榜题名。我的女儿经过十二年的寒窗苦读，顺利地考入了大学，即将开始她人生的大学生活。今天大家的相聚，是为了分享她金榜题名的喜悦，品尝一份收获成功的甘甜，送上一份真诚的祝福。在这里我也要对她说几句，一定要有一颗感恩的心。滴水之恩当涌泉相报，这是古训，也是做人之本。不能忘记十二年来老师们的谆谆教诲，同学们的相互帮助，亲朋好友的亲切关注，家长的热切期望。在即将开始的大学生活里，正确地处理好师生关系、同学关系，勤奋学习，努力掌握好基础知识和基本技能，丰富人生的阅历，为将来走向社会、服务社会，打下坚实的基础。在生活上，一定要艰苦朴素，不攀比、不浪费，有计划、合理地安排好自己的需求，踏踏实实求学、本本分分做人，不辜负家长的期盼，学有所成，将来对社会尽自己的一份责任，为父母争光、为家乡争光。

参加今天宴会的亲朋好友，有的不惜长途跋涉、远道而来，有的是全家都来给我们捧场。多年来爱女的成长直接或间接地得到了各位亲朋好友的关心和呵护。今天略备薄酒，敬请各位开怀畅饮，以此分享我们的幸福和快乐。借此机会我也要祝愿在座的各位家庭和睦、生活幸福、身体健康、工作顺利、万事如意！同时还要感谢酒店的工作人员热情周到的服务。最后借用一位演员的话：大家吃好喝好！谢谢大家！

### 孩子的致辞

各位叔叔阿姨，同学朋友：

首先，我要感谢大家在百忙之中抽出时间来参加我的答谢宴，在这里我谢谢大家（鞠躬）。今天我能够站在这里，与在座各位的支持，学校老师的教导，班级同学的帮助是分不开的。在这里，我要特别提到两个人，他们就是我的父母，一对平凡而又伟大的父母。说他们平凡是因为他们同样是万千考生背后那些默默操劳的家长中的两位，说他们伟大是因为他们给予我的恩情我这一生也报答不完。所以，我想我不会在升入大学以后而有所懈怠，相反，我将以一颗感恩的心发愤努力，以更好的成绩来回报各位，回报老师、回报父母、回报社会。谢谢。

## 范例三 毕业酒会上的发言

【情景】 在毕业酒会上的讲话。

各位同学：

大家好！

今宵我们又欢聚一堂。只是，今宵的聚首是为了离别。就要离别了，我们每个人的心里都有很多话要讲。

4 年前，我们从祖国的大江南北、四面八方来到了大学的青青校园。四年的同窗生活中，我们同心并肩，一起走过了许多风风雨雨的日子。

尤记得，大海边，我们中秋聚首赏明月；

尤记得，长城上，我们烈日挥汗诉豪情；

尤记得，田径场，我们奋力拼搏争荣誉；

尤记得，教室里，我们埋头苦读修人生；

尤记得，校园里，我们点点滴滴的纯真故事。

正是这点点滴滴，情深、意长、味重，我们一生都忘记不了。在 10 年、20 年、30 年之后，当我们细细地回想这一切时，我们仍会记得那青青校园里的良师益友，仍会记得那流金岁月里的成长故事。

要离别了，我想起了古人的十里长亭别友人，那里头是一丝丝的忧愁和悲壮。但我们拥有更多的快乐和更多的豪情，“十年寒窗苦，今朝凌云志”，我们就要怀着成熟的人生理念、丰富的专业技能踏上工作的岗位了。曾经有一首歌中唱道“再过 20 年，我们来相会”，今天，让我们也来相约 20 年。20 年后，希望我们在座的各位中既有 IT 界的精英、又有军队里的将才、更有企业界的巨子，我深信我们大家都将会在各自的岗位上做出一番骄人的业绩。

有语云：无酒，何以逢知己；无酒，何以诉离情；无酒，何以壮行色。让我们举起杯，为了我们这 4 年的相聚；为了我们的相约 20 年；为了我们辉煌灿烂的明天，干杯！

谢谢大家！

## 范例四 同学会上的讲话稿

【情景】 同学会上的讲话稿。

各位老师，各位同学：

你们好！

首先感谢大家邀请我参加这次同学会。

时间似流水，弹指之间已分别好几年了。时间过得真快，说起时间，我便想起了孔子的几句话，他说时间步伐有三种：未来姗姗来迟；现在像箭一般飞逝；过去永远静立不动。这三句话正好概括了我们一生时间：过去——现在——未来。

是啊，过去永远静立不动，不知同学们可否记得，初中生活将会给你留下什么痕迹，那时你们正值青春期，你们无形之间会多了一份好奇心，多了一份羞涩心，在课桌上也多了一条楚河汉界，同桌之间不能越界，否则会吵架。想一想幼稚有趣的事很多，但“过去”已经一去不复返了，有什么后悔的事或留恋的事都无济于事，也只能从中总结经验教训，以利于现在的行动。

“现在像箭一般飞逝”，成了过去。过去十几年的时间里为了养家糊口，为了事业，你们都忙忙碌碌地工作着，来来往往于人群之中，这里面也许充满了许多坎坷、失败与挫折，但同样有成功、喜悦与胜利。现在同学们都凭自己的智慧和才华、信念与意志，经过不懈努力，成就了自己。而我凭自己的三寸不烂之舌向学生讲授知识，用自己的手笔丰富了学生们的精神世界。有一句话说得好：滴自己的汗，吃自己的饭，自己的事情自己干，靠人靠天靠祖先都不算是好汉。但你们真的都是好汉，你们不是富二代，也不是官二代，都是靠自己的实力拼搏出来的，真的很了不起。

“未来”是我们所期盼的，所以往往显得姗姗来迟，对此急躁是无用的，应当深谋远虑，安排未来。未来是未知的，所以现在很重要，重要的是有一个健康的身体，俗话说得好，“身体是革命的本钱”。只有有一个健康的身体，才能再创造出源源不断的财富；只有有一个健康的身体，才能享受天伦之乐。人到中年欲望很多，但万事都得小心。小心能驶万年船，欲望像水——水能载舟，亦能覆舟。所以你们要做一个聪明而幸福的人，不要把飞逝的现在当做友人，也不要把静止的过去当做仇人。

在茫茫人海之中，我们能相遇是一种缘分，并且成了师生关系、同学关系，这种缘分更加难得，我希望能让这种缘分延续下去。

最后，祝大家身体健康、心情愉快、万事如意！

## 范例五　一位父亲在女儿婚宴上的讲话

【情景】一位父亲在女儿婚宴上的即席讲话。

亲爱的朋友们：

我 27 岁有了女儿，多少个艰辛和忙乱的日子里，总盼望着孩子长大，她就是长不大。但突然间她长大了，漂亮健康、也有了知识，今天又做了幸福的新娘！我的前半生，写下了百余部作品。而让我最温暖也最牵肠挂肚和最有压力的“作品”，就是××。她诞生于爱，成长于爱中；是我的宝贝，是我的贴心小棉袄，也是我的朋友。我没有男孩，一直把她当男孩看，××家族也一直把她当做希望之花。我是从困苦境遇里一步步走过来的，我发誓不让我的孩子像我过去那样贫穷和坎坷。但要在“长安居大不易”，我要求她自强不息，又必须善良、宽容。二十多年里，我或许对她粗暴呵斥，或许对她无为而治，××无疑是做到了我要求的这一点。当年我的父亲为我而欣慰过，今天，××也让我有了做父亲的欣慰，因此，我祝福我的孩子，也感谢我的孩子。女大当嫁。这几年里，随着孩子的年龄增长。我和她的母亲对孩子感情越发复杂，一方面是她将要离开我们，一方面是迎接她的又是怎样的一个未来。我们祈祷着她能受到爱神的光顾，寻觅到她的意中人，获得她应该有的幸福。终于，在今天，她寻到了，也是我们把她交给了一个优秀俊朗的×××。我们两家大人都是从乡下来到城里，虽然一个原籍在陕北，一个原籍在陕南，偏偏都姓贾，这就是天定的良缘。两个孩子都生活在富裕的年代，但他们没有染上浮华的习气，成长于社会变型时期，他们依然纯真清明，他们是阳光的、进步的青年。他们的结合，以后的日子会快乐、灿烂。

在这庄严而热烈的婚礼上，作为父母，我们向两个孩子说三句话：第一句是一副老对联："一等人忠臣孝子，两件事读书耕田"，好读书能受用一生，认真工作就一辈子有饭吃；第二句，仍是一句老话："浴不必江海，要之去垢；马不必骐骥，要之善走"，做普通人，干正经事，可以爱小零钱，但必须有大胸怀。第三句话，还是老话："心系一处"。在往后的岁月里，要创造、培养、磨合、建设、维护、完善你们自己的婚姻。

今天，我万分感激着爱神的来临。她在天空星界，在江河大地，也在这大厅里，我祈求着她永远地关照着两个孩子。我也万分感激着从四面八方赶来参加婚礼的各行各业的亲戚朋友。在十几年、几十年的岁月中，你们曾经关注、支持、帮助过我的写作、身体和生活。你们是我最尊重和铭记的人。我也希望你们在以后的岁月里关照、爱护、提携两个孩子。

我拜托大家，向大家鞠躬！

## 范例六 同学聚会上的感人发言

【情景】 在多年后的同学聚会上的感人至深的致辞。

亲爱的朋友们：

给同学联谊会致辞，我感到十分激动和荣幸。首先，请允许我代表全体同学向敬爱的老师们，尤其是今天到场的班主任杨老师及其夫人刘老师、语文何老师、数学瞿老师表示真心的感谢。是你们的谆谆教诲，给了我们一个清醒的头脑、一双洞察的眼睛、一颗热忱的心灵、一个健壮的身体、一双不息的铁脚。

亲爱的同学们，这次联谊会，我们盼了漫长的二十年。二十年前的匆匆一别，带给我们二十年魂牵梦绕的彼此牵挂，带给我们二十年咫尺天涯却难得一见的彼此思念，带给我们二十年每逢佳节的彼此祝福，带给我们二十年里无数个重回龙中的梦境和抹不去的记忆。可记得当年睡过的上下铺？可记得半夜起来打手电筒读书？可记得排着长长的队吃上七八个馒头但依然喜气洋洋？可记得运动会上声嘶力竭的呐喊？可记得足球场上众志成城赢下的酱爆肉？可记得荡秋千揪紧了全班同学的每一根神经？还有中河坝春游时费翔的歌声，后山坡夜晚漫步时的月影？还记得那严谨严厉、关怀呵护的班主任吗？那质朴亲善、笃学旷达的语文老师吗？那睿智幽默、敦厚洒脱的数学老师吗？当年的花季少年已经迈进 40 岁门槛，再不聚会，更待何时？这次由 × ×、× × × 等同学发起筹备的同学联谊会，顺天时、应地利、得人心。难怪同学们听到消息后奔走相告，激动不已，好像当年得到老师的表扬，天真得像个孩子。被生活压弯脊背的学友们，为岁月雕刻塑造得难以相识的同学们，握紧我们的手，贴近我们的心，放开所有的顾虑，放松所有的神经，歌之哭之不为过，舞之蹈之亦动容！

我们“八九级文科班号”航船，是兼收并蓄的一届，从 1986 年那个炎热的秋天启程，到 1989 年那个同样炎热的夏季抵岸，一路风雨一路歌，乘风破浪溢满情。有的同学提前转走，有的同学中途友情加盟，正是这种吞吐吸纳，壮大了我们的队伍，积蓄了我们的力量。毕业时，已有一百多位同学，老师因我们而骄傲，母校因我们而自豪。

亲爱的同学们，我们在各行各业里把学到的知识和做人准则应用于工作和生活之中，创造了一个个辉煌的业绩。我们是时代真正的风流人物，我们是商海劈波斩浪的弄潮儿，我们是从军从政的时代骄子，我们是才华横溢的理财能手，我们是学富五车的讲师教授，我们是勤勉务实的工薪阶层……我们遍布天南海北，我们在自己的领域里得心应手、驰骋纵横、勤于建树、锐意进取。但南充的山是我们的筋骨，嘉陵的水是我们的血液，亲友同窗是我们永远的依恋，故乡的情是我们不竭的动力。尽管我们走的路不同，但××中学的精神终生受益，那就是务实创新、携手共进、锐意进取、永不言弃。因此，我们在竞争中永不言败，我们是时代的精英。

我们八九级文科班向来珍视来自童真的情感，心最齐、胆最壮、义最豪。大家互相勉励，互相帮助，谱写了一曲曲友谊之歌。过去三五成群，七八结对的中聚小聚司空见惯。2004 年几十名同学团聚的情形犹在眼前，但组织如此规模的大团聚，请来我们敬爱的老师们相聚一堂还是第一次。本着“大家的事大家办”的原则，同学们出钱出力无怨无悔，体现出八九级文科班超强的凝聚力。黄金有价，友情无价；同学之情，血浓于水。无论我们今天的地位和条件如何不同，我们依然要像当年那样，心相通、情相融、力相合。同学之间要永远团结起来，拧成一股绳，大家常相聚、共携手、齐相进。一人有难，全班支援，展现八九级文科班的风采。希望我们两年一小聚，五年一大聚，让这份师生情、同学意永远伴随我们，永远激励我们。希望我们形成班级交际圈，成立八九级文科班基金，像浙江的温州商会，广东的潮州商会，在八九级文科班圈子中成就更多的人士，打造辉煌的八九级文科班。

## 范例七　尼克松在欢迎宴会上的讲话

【情景】 美国总统尼克松在 1972 年 2 月 21 日访问中国时在欢迎宴会上的讲话。

总理先生，今天晚上在座的诸位贵宾：

我谨代表你们的所有美国客人向你们表示感谢，感谢你们的无可比拟的盛情款待。中国人民以这种盛情款待而闻名世界。我们不仅要特别赞扬那些准备了这些盛大晚宴的人，而且还要赞扬那些为我们演奏美好音乐的人。我在外国从来没有听到过演奏得这么好的美国音乐。

总理先生，我要感谢你的非常盛情和雄辩的讲话。就在这个时刻，通过电讯的奇迹，看到和听到我们讲话的人比在整个世界历史上任何其他这样的场合都要多。不过，我们在这里讲的话，人们不会长久记住。我们在这里所做的事却能改变世界。正如你在祝酒时讲的那样，中国人民是伟大的人民，美国人民是伟大的人民。如果我们两国人民是敌人的话，那么我们共同居住的这个世界的前途就的确是黑暗的了。但如果我们能够找到进行合作的共同点，那么，实现世界和平的机会将无可估量地大大增加。

我希望我们这个星期的会谈将是坦率的。本着这种坦率的精神，让我们在一开始就认识到这样几点：过去一些时候我们曾是敌人；今天我们有的巨大分歧，使我们走到一起的，是我们有超过这些分歧的共同利益。在我们讨论我们的分歧时，我们哪一方都不会在自己的原则上妥协。但是，虽然我们不能弥合双方之间的鸿沟，我们却能够设法搭一座桥，以便我们能够越过它进行会谈。因此，让我们在今后的 5 天里一起开始一次长征吧，不是在一起迈步，而是在不同的道路上向同一个目标前进。

这个目标就是建立一个和平和正义的世界结构，在这个世界结构中，所有的人都可以在一起享有同等尊严；每个国家，不论大小，都有权利决定它自己政府的形式，而不受外来的干涉或统治。全世界在注视着，全世界在倾听着，全世界在等待着看我们将做些什么。这个世界是怎样的呢？就我个人来讲，我想到我的大女儿，因为今天是她的生日。当我想到她的时候，我就想到全世界所有的儿童，亚洲、非洲、欧洲以及美洲的儿童，他们大多数都是在中华人民共和国成立以后出生的。我们将给我们的孩子们留下什么遗产呢？他们的命运是要为那些使旧世界受苦受难的仇恨而死亡呢，还是他们的命运是由于我们有缔造一个新世界的远见而活下去呢？我们没有理由要成为敌人。我们哪一方都不企图取得对方的领土；我们哪一方都不企图统治对方；我们哪一方都不企图伸出手去统治世界。

毛主席写过："多少事，从来急；天地转，光阴迫。一万年太久，只争朝夕。"现在就是只争朝夕的时候了，是我们两国人民攀登那种可以缔造一个新的、更美好的世界的伟大境界的高峰时候了。

本着这种精神，我请求诸位同我一起举杯，为毛主席，为周总理，为能够导致全世界所有人民的友谊与和平的中国人民同美国人民之间的友谊，干杯。

# 第十二章

# 会谈类情景应对

## 范例一　广东省领导与“2003广东经济发展国际咨询会”全体顾问的会谈（节选）

【情景】 2003年11月3日上午，时任广东省省委书记的张德江在广州白天鹅宾馆会见出席“2003广东经济发展国际咨询会”的全体外国顾问。时任广东省省长的黄华华和几位副省长也出席了会见仪式。以下节选的部分会谈记录。

张德江：很高兴今天有这个机会，见到世界上很多著名的企业家，现在已经是第二届咨询会了。感谢各位在百忙抽出时间来参加这届咨询会，关注广东社会经济发展。广东是中国最早实行改革开放的地方，改革开放二十多年来，广东发生了巨大的变化，2002年国内生产总值比1978年翻了四番。应该说改革开放二十多年，广东创造了奇迹。

邓小平、江泽民、胡锦涛等中央领导同志，历来对广东的发展非常重视，今年4月份胡锦涛总书记视察广东，希望广东要继续在全国当好排头兵。进入新世纪以后国际形势发生了很大变化，经济全球加快，经济科技信息快速革命，对广东来说既有机遇优势，广东过去二十多年所取得的成绩，是我们今后发展的基础，但是成绩只能归于过去，我们要立足现实面向未来。

本世纪头20年是广东加快发展的重要战略机遇期，立足现实，面向未来，2010年广东的国内生产总值要争取比2000年翻一番，到2020年还要再翻一番，全面建设小康社会，率先基本实现社会主义现代化。应该说，这个目标任务是艰巨的，我们对广东的发展充满信心。

今年我们上半年战胜了非典的影响，仍然取得了社会经济发展的好成绩，1到9月份广东省GDP增长了13%。但是我们也看到广东的任务很艰巨，需要进一步增强综合实力，特别是要提高国际竞争力。所以，这次咨询会选择“国际竞争力与广东发展”这一讨论主题，非常必要。我们就是要在原有的基础上调整我们的经济结构，提升我们的产业层次，培养我们的知名品牌，增强广东产品在国际上的竞争力。

这其中也包括了加强法制建设，加强市场秩序与管理，加强基础设施建设与环境建设，还包括提高人民生活水平以及改善政府的管理能力。我还要特别强调，广东最重要的是要提高人民生活水平及科技水平。

我衷心的希望各位著名的企业家、专家学者，能够对广东的发展提出很好的意见和建议，我们将认真的研究吸收。同时，我也告诉大家，珠三角地区是目前全国经济发展最具活力的地区之一，所以也欢迎世界各大企业，各个公司，能够到广东来投资和发展，过去有许多公司、企业在广东的建设，我们也欢迎你们来。我还要说一句，包括粤港澳在内的大珠江三角地区是目前世界上最具发展潜力的地区之一，广东完全有可能成为世界上最重要的制造业基地。要把香港的优势和广东的优势，把澳门的优势和广东的优势结合起来，将来大珠江三角洲是最具发展潜力的。

我还要告诉朋友们，我们正在谋划广东，包括香港、澳门以及广东周边的九个省市的泛珠江三角洲，我认为这是更具潜力的大事。

中国有句俗话，耳听为虚，眼见为实，所以希望各位朋友，在参加完广东国际咨询会之后，能够安排出时间到广东其他地方去看看，考察一下。因为接下来还要开大会，我也不讲长话了，祝各位在广东身体健康，精神愉快。欢迎各位经常到广东来，谢谢。

美国国际集团格林伯格：尊敬的张书记、黄省长，各位副省长，我谨代表各位在座的顾问，向各位领导表示感谢，感谢你们在百忙中会见我们一行。您刚才向我们勾画了广东省非常有趣、非常生机勃勃的一幅画面，刚才您也说到百闻不如一见，我本人曾经多次到过中国，眼见为实，我的确看到了这幅画面。

贵省的 GDP 已经超过了东南亚的不少国家，而贵省由于有宏大的计划，包括珠三角发展的计划，以及与港澳密切的联系，我敢说贵省的繁荣是肯定的，是不容置疑的。

我想在座的各位顾问，对贵省在战胜非典疫情上所表现出的迅速、果敢，留下了很深的印象，贵省的动作很快，而且非常的坚决，很好的解决了这一问题。

同时，广东省自从改革开放以来，人民生活水平迅速提高，也给我们留下了深刻的印象。而且您讲到广东要树立自己的品牌，这一看法也是极具远见的，我相信广东只要在研发方面作出投资，广东是完全有能力树立自己的品牌，建立自己公司的。同时，您要建立良好的法律秩序和法律体系的这一眼光，对于吸引外资，是非常重要的，我很高兴您把这个作为广东省的重点工作之一。现在中国已经成为 WTO 的一分子，我相信这将对中国是有长远意义的。

张书记，非常感谢您的亲切接见，我本人和我的顾问同事们都非常期盼着今天的闭门会议能有建设性的讨论，而且我们也能够从广东学到一些东西。

谢谢!

## 范例二 在亚布力中国企业家年会分论坛上南北企业家的会谈（节选）

【情景】亚布力中国企业家论坛第十届年会于2010年2月26日-3月1日召开，主题为：亚布力10年——企业家思想力。在分论坛上，部分南方及北方的企业家毛振华、蒋锡培、曾强、任志强、刘晓光、翁以登、苗鸿冰进行了会谈。以下是会谈的部分节选。

毛振华：蒋锡培老总说了一下南方企业家的变化，由过去传统的乡镇企业个体经济走到了结社结帮的状态，特别是浙江的比如说浙商做得很成功，通过这些表现可以看出企业家的状态，这个是蒋总的一个很重要的观点，北方企业的情况呢？任总请你说说北方企业家的状态。

任志强：您看节目单上没有我，突然把我给揪了出来，还搁在中间位置了。

曾强：你再不来三分之二的人都走了。

任志强：中国历史上南方以个人发财为主，北方是以国有经济为主，改革开放以后，北部地区还是国有经济占统治和领导地位，所以可以看到东北经济改革和工业改革和振兴都是以国有企业为主。因此，我们看胡润的富豪表，大部分是南方人，环境特点决定了，北部的个体户、私营经济、民营经济的发展都晚于或迟于或者是落后于南方。

刘晓光：这次去达沃斯我有很大的感受，去达沃斯就想怎么挣钱。到了达沃斯就想谁跟我是合作者，找一下。我们要重新改变思考设计世界，档次完全不一样，这跟中国企业家的素质，中国国民的素质，中国经济的状态还是有很大的关系。反过来再讲，就是南北企业家的差异。我感觉南方企业家有很多我们要学的地方，但是北方企业家也有很多南方企业家要学的地方。刚才我跟振华讲，应该互相挑挑毛病，北方企业家怎么看你们南方企业家，你们又怎么看我们，这就有意思了。

毛振华：翁总我想听听你的看法，你怎么看南北企业家的差距？

翁以登：谢谢，其实刚刚您说的大概在4年前，我跟晓光在南北论坛上的论辩的确是非常激烈，而且题目也比较新鲜。可是我个人认为，南北企业家的异同的题目其实是亚布力10周年，头10年的题目，下一个10年就不应该有这个题目了，我认为下一个10年基本上应该讲东西，讲怎么国际化，怎么样跟世界经济融合。刚刚晓光说的，他在达沃斯发现了一些外围的合作伙伴，他们的思维方法是完全不同的，所以我想讲一讲是不是南方企业家对未来中国10年的经济，对国际发展有优势；还是北方企业家跟外国人的一些交流或者管理，或者是一些合作有一些优势。你也知道，这个题目所有的东西不可以一概而论，只是用一些典故来讲讲而已。我认为香港是一个很好的例子，可是也不是能够完全的代表南方，因为大家都知道，香港的历史是有一点不同的，100多年的英国殖民地历史，是一个很特别的历史。

毛振华：我想俞总，他是南方人，在北方发家，现在是南北通吃，学校遍布全国，而且也上市了。你说说看？

俞敏洪：首先我认为在现在的大环境下面，讨论南北企业家的区别和意义不是很大，因为企业家的协会都是全国性的，不再分苏商、浙商、京商等等，不再分了。其次我想说的是，中国人很会做生意，中国只要给点机会，做生意的人就很厉害。

我再想说一个所谓不充分的市场条件，中国的政治文化特征决定了什么呢？决定了很多企业家都不能叫企业家，当然我不是说任总他们。

任志强：我们肯定不可以算。

俞敏洪：我认为讨论南北企业家的问题，不如讨论如何让政府给企业家，给中国做生意的人真正一片天地。为什么说南北有区别呢？区别就是南方政府给企业家的天地相对比较宽一点，主要是这个原因。北方政府领导的企业意识和市场意识，整体比南方要差，这也是近几年国家为什么把南方的政府领导调到北方当领导的一个原因。

毛振华：从我这里看，你还是有点以偏盖全。

俞敏洪：没有任何人的观点不是以偏盖全的。

毛振华：苗总做得成功，没有官方的背景，也没有官方的权力，但是我不知道他的看法你同意吗？

苗鸿冰：有点同意，讨论我本来想跟你对着干，但是你说得有道理，没法对着来。我是做时装的，这个行业特别有一个特点，比如说做外头衣服的人北方的人多，做内衣的贴身的都是南方人。这个很有意思，比如说内衣需要呵护的感觉比外衣更严格，所以很细腻，按照北方话来讲，叫“活儿特细”。做外边的你稍微糙一点可能不会特别明显地反映出来，这个是行业里面很有意思的一件事情。还有这些年来，最初做加工型的南方的企业特别多，而现在做品牌的企业，北方反而越来越多了。在北方来讲，可能适合于做外头好看，面子上好看的事，这些北方人做得多一些，可能里头细节的需要呵护的，贴身的关爱的东西，南方人确实做得比北方人好很多，这一点可能是南北方一个很大很大的差异。

当然了，还有，女人选衣服的感觉不一样，南方女性选时装的感觉非常在乎自我感受，而北方人绝不是自我感受，是别人的感受。比如说很多领导人穿我们的衣服，要镜头效果，因为有时候，很多女领导干部到了一定级别以后，她穿衣服已经不是给自己看，是给别人看，给媒体看，给电视里面的视频看，所以她一定要色彩亮丽和华丽，又不可以不时尚；南方人很在乎时尚，要搭配得自己舒服，甚至对价格的敏感度不一样；北方人越贵觉着越好，南方人是价格合理最好。

所以南方和北方不太一样，这个是从我的角度来讲。从企业家的角度来讲，我感觉确实是南方人很细腻，他对活儿细的东西研究得很深，北方人就活儿比较糙；南方人活儿细得让人舒服，北方人活儿糙的有点大气，从这两个角度是这种感觉。

毛振华：你把缺点都变成优点了。

任志强：北方人是做战袍的，南方人不是，南方人是过日子的，过小日子。

毛振华：曾总你是南北融合，你说说你的看法？

曾强：中国今天社会和经济主要可以用四个字概括，东、西、南、北。过去30年，中国社会出现了第一次的争论，皇权几千年的国家，突然出现了跟皇权金字塔相对抗的一个西方的市场化。作为企业家来讲，中国几千年来讲，从上世纪发芽了一下消失了，七八年以后又重新起来，所以中国就出现了所谓10年前的南北企业家之分。这个分别特点非常的明显，就像刚才苗总说的，南方企业家可能针脚比较细腻，北方企业家大的外表比较细腻。

但是金融危机出现了一个南北企业家联手走向世界的局面，今天金融危机带来了三个绝好的时机，应该说带来中国企业的三把悬剑，一个是南方的出口业出现了毁灭性的打击，大量的订单在去年一下就消失得很多，南方企业破产非常多；第二就是人民币的汇率一定要增长，而且要升值；第三，购买中国制造的订单的买主，西方国家出现了一些困难。这三把悬剑，插得最深的是南方的企业家，如果是北方做资本的、做品牌的，和南方做制造业的、做管理的结合起来，去联手收购品牌公司，比如像著名的Kmart，像美国的一些公司，在资本和品牌上和大的威势上，也许北方的企业家可能更高一点，因为他们行走在天空，如果和南方企业家一起走向世界的话，我感觉可能是一个南北通吃的局面，这是我的一个结论。

毛振华：通过大家的分析，大家可以看到中国企业家的基本走势，南北企业家都在成长。我感觉这个题目下来，要回到第二个主题，就是商帮文化，为什么中国的企业家走到现在开始出现了这种情况，为什么走到商帮，商帮是以什么形式来出现的，在亚布力论坛上也产生过几个小帮，这不是南北企业家的概念，就是互联网这圈人，他们也是很紧密的文化，现在在全中国满大街可以看到的就是浙江商会，什么商会，福建商会，这些都是比较厉害的，我们讨论另外一个话题，为什么现在中国的企业家要这么的把商帮的经营变成很大的凝聚力，再一个话题，大家从自己的感受来看，你个人对商帮文化的作用和走势如何看，简单一点，每个人两分钟，从晓光开始，这样转过去。

刘晓光：好像北方没有这些，都是南方有温州帮，福建帮。

毛振华：宁波帮，汕头帮。

刘晓光：北方没有这个帮，这是第一点。

毛振华：山西也是有山西帮。

刘晓光：现在也有，内蒙古也有，但是北京不明显。有两条，第一条可能有需要，一帮温州人在北京，可能需要沟通信息，互相提携，救危解难，互相支持，这让我想起了当年的犹太人，犹太帮，那时候打拿破仑没有钱了，犹太人写欠条筹资。温州人和汕头人很像犹太帮。第二，帮现在的形式就是商会了，温州商会，汕头商会，我看他们有商会，很多很小的地方也有很小的商会。从北京的角度来讲，好像没有这个。

毛振华：很多商会叫北方湖北商会，北方浙江商会，北方福建商会。外地没有湖北和北京商会。

刘晓光：我想说明两个问题，第一，北京人更开放，融合，不管你是山西还是湖北帮，温州帮还是什么都可以融合，更开放；第二，北京的情况太复杂，有中央国企，地方国企，有各企业的上市公司总部，有全世界的大公司。

俞敏洪：主要是在北京做生意的企业家并不是北京人，所以没法变成北京帮，我们在座的都在北京，我们几乎来自全国各地，这个企业一定是以家乡为主的，一般的帮都是以地域为主，中国人比较重视乡土观念，可能有乡土关系大家愿意在一起帮忙。但是北京怎么样形成帮呢?

刘晓光：从专业角度来讲，做IT的，做证券的是这样。

苗鸿冰：帮的问题，我自己一直在思考，这几年为什么很多的商会都出来，我感觉大家干了一段时间可能有情感的需要，比如说民营的企业家，我们没有上级的主管部门，大家找一个倾诉自己的情感和互相交流的场所，大家就做了这么一个东西。但是我一直有一个关心，我担心什么呢？当商会强势到一定程度，会招来麻烦，招来麻烦我感觉不一定是一件好事，这是我对商会的一种看法。

任志强：这个可能和文化有关系。北京是一个移民的文化，大部分北方人的移民文化，从游牧民族开始到移民文化，有移民文化的特征。移民文化就一定要靠五湖四海，没有五湖四海就生存不下去。第二个特征，现在北方的官方文化，不需要以地域为主，是以系统为主，所以以系统为主，我的手可以随这个系统伸到任何一个地方，想拉大门就可以拐弯把它打开。南方为什么要靠地域呢？就是因为它没有系统，没有系统就要自己建立一套系统。实际上各地的商会，比如说温州商会、浙江商会、江苏商会，它在每个地方有北京会，都是它自己建立起来的，而官方已经有这些系统了，所以不需要。它一定是五湖四海的。

毛振华：北方商帮要想发达，就要更与国际接轨一些。

曾强：南北方的商帮，有两个方面的原因，一个是人的本性形成的，一个是南北的建筑。北方的文化是通过组织来形成的，比如说协会，商会，信息协会，房地产协会，各种协会，所以到北京，北京会是最多的，最火的酒店和餐馆就是各种组织请客吃饭。他们寻求是通过组织来形成的；而南方没有这种组织，而且他们是这个组织当中的末梢。而且南方是以做生意为主，他认为形成丐帮或者是帮派还有可能形成一种组织，这种组织在信誉上能够获取他们想要的经济利益。我为什么说南北是由于人的本性来形成的呢？人在第一个轮回的时候，0 岁到 12 岁的时候，生理上需要依靠的人是他们的父母；第二个轮回，12 到 24 岁的 12 年，需求主要是靠老师和同学；到了第三个轮回的时候就开始创业了，在南方和北方当中，北方是寻找组织，24 岁毕业以后要寻找组织，分配到什么行业，什么公司，国企，民营是寻找组织；南方是寻找某种家族，有血缘上的关系，到了第三个轮回以后，生理上，南方的生存是我要挣钱，北方的生存是我要当官。当官的文化是排斥性的，一个萝卜只有一个坑，所以你不能形成帮派，形成帮派之后，每个人都是你的竞争对手，只有当你成为某条线的时候，才形成正常的帮派。而南方是商业上，只有联合起来力量才大，跟权力是不一样的，金钱是相吸的，权力是相斥的，南方就出现了以挣钱为核心，以家族血缘为组织纽带的地方帮派，而且特点是一个越小的地域，形成的关系越亲，形成的特点是区域性地区的老乡形成了非常精细的行业的分类。比如说一个缝纫机，张村去做缝纫机的板，李村做缝纫机的针头，赵村去做缝纫机的线，可以把缝纫机拆了，变成最大化，这就是南方偶合的血缘关系；而北方，只有成为一个政治上的、组织上一条线的时候，才可以形成一个统一的方面，其他人在这个坑上都是竞争的，所以是相斥的。最终的特点是北方是以组织方式形成的，南方是以血缘地域方式形成的。

毛振华：北方的企业家是这么看商帮的作用和走势的。

俞敏洪：我认为中国的帮派和团队的形成，最根本的原因是处于不安全感，而这种不安全感从社会因素来说，一个人打天下和一帮人在一起互相帮忙，这个原因是不一样的，这个是社会因素，还有政治因素。

为什么北方的其他地区，比如说东北地区，商业上也没有讨论过比如说黑龙江商会等等，它是跟地域的个性有关系，跟人的个性有关系。北方人就是彪悍，个人强大的个性。因为在这么严酷的环境中间，个人如果不彪悍生存就很难，既然自己很强大，他就会形成一个相对来说个性更加独立的状态。

所以北方人是这样的，一个人大气，一帮人小气，这是北方人的特点。为什么呢？因为大家都很彪悍和强大，几个彪悍和强大的人凑到一起去，这个事就没法干了。南方人就比较文弱，比如说我，比如说蒋锡培，一坐到这，体型就没法比，两个人站在一起，才可以比得过一个人的体重，所以拉帮结派是没有办法的事情，这个是一个前提条件。未来形成一个朋友圈也好，地域圈也好，这个是中国的一个传统，不管中国的经济多么发达，政治多么开明，未来有多么多的机会，商帮还是会形成的。中国改革开放平稳的话，商帮会有渊源，时间越长，会越成为一个有历史意义的东西。

帮本身并不可怕，可怕的是什么呢？刚才提到了，不要把它放在政治里面，把它放在政治里面很麻烦，做生意就是做生意，中国企业家做生意就喜欢和官方联系得很密切。比如说我团队中间的人，凡是纯粹南方的，我说的南方是长江以南地区，只对你每年给我多少钱，完成多少业绩感兴趣。北方不一样，在团队中间的北方人，除了钱以外，需要职位，有时候宁可钱少一点，但是职位给我，让我有一种荣耀感，这就是南北的区别，北方人更重官，南方人更重商。

毛振华：你已经 4 分钟了。

俞敏洪：下一个主题我就不说了。

毛振华：蒋总是全国常委？

蒋锡培：我不是政协委员，下次你选我有可能。我感觉目前情况下，无论你需要不需要，假如说暂时没有这个需求，参加商会一定程度上也没有错，多少对你有好处。有好处的事情你为什么不做呢？从现实的角度来说，我们做企业的，有名有利的多做，对你一定没有坏处。参加商会，你即使贡献一点时间和财力也没有关系，你也一定有更好的口碑，有更好的发展。因此，在座的各位，我相信可能不只参加一个协会和商会，有很多是兼着行业协会的会长，哪怕是地方商会的会长，副会长。我其实也参加了非常多的商会。

而且，如果自己愿意的话，可能有 50 个，100 个，都会找你。总的来说，无论你现在有没有，或者是已经有省一级的，地一级的商会的话，参与参与都没有坏处。

翁以登：当年为什么有这么多南方人成立同乡会呢，可能跟海外当时有关系，当时一个村的人都移民到外面去了，这可能有关系。现在中国的情况，我认为商会是会越来越发达的。

范例三 广州市相关领导与第七届羊城“小市长”王子曰的会谈

【情景】 2010 年 9 月 24 日下午，由网易独家承办的“小手牵大手　迎接亚运会”——万庆良市长与历届羊城小市长代表座谈会在市政府礼堂举行。广州市市长万庆良、亚组委广州亚组委志愿者部部长王焕清等领导与历届羊城小市长代表进行了会谈。以下是相关领导与第七届羊城“小市长”王子曰的会谈记录。

王子曰：尊敬的万市长，您好！我是第七届羊城“小市长”，来自广州市第七中学的王子曰。大家都知道，还有两个月的时间第 16 届广州亚运会就要召开了，我作为羊城“小市长”，也应该带动我身边的人，一起来投入亚运，参与亚运。

我记得奥运会举办前，张艺谋导演在全球征集笑脸，一首歌也这样唱“请把我的歌带回你的家，请把你的微笑留下”，由此可知，微笑在人际交往中非常重要。我会发动我的家庭、学校在迎亚运中，讲礼貌、讲文明、微笑待人，笑对每一个亚运客人，让微笑真正成为广州亚运会最好的名片。

亚运会来到了广州，亚洲乃至全球各地的人们都会来到这个城市，共同来关注这一体育盛事。我建议在学校、机关、企业和社区，进一步加强文明礼仪的培训教育，特别是战斗在第一线的志愿者，让每一个广州市民都微笑起来，进一步塑造广州文明形象，为广州创建全国文明城市打好基础。

万庆良：你的意思就是要让微笑成为我们广州最好的名片，让我们感受到广州的微笑带给你热情、带给你温暖，更好的树立广州的形象。你提议要加强机关企业的文化教育，你的意思是让志愿活动在机关、企业、学校开展起来。有关这个方面的活动，请亚组委回应一下吧。

王焕清：感谢王子曰同学非常好的建议，我觉得这个建议非常有见地，非常符合广州的实际，非常好。亚运志愿者从去年 4 月份开始，向全球开始招募，受到了热情的羊城人民的支持，也包括世界各国朋友，都纷纷报名参与成为我们广州亚运会志愿者。目前报名参加亚运会志愿者的人数已经超过 120 万，非常的踊跃。广州亚运会志愿者在市委市政府的重视下，目前的进展是顺利的，包括有三类志愿者，首先就是赛会志愿者，这是服务场馆内的；第二类是城市志愿者，他是服务整个城市运行保障的；第三类是前期志愿者，也就是亚运之前有关的前期工作。

刚才子曰同学讲到的主要意见是要让微笑成为广州东道主最好的名片，这与我们想到了一块儿了。我跟大家讲一个情况，在 9 月 11 日市委市政府，包括广宁书记和万市长，都一起参加了整个迎亚运、讲文明、促新风、城市志愿服务全民行动的启动仪式，当时我们市的四套班子领导带领广大市民一起做志愿者，号召大家一起来做微笑使者，做好东道主，都来当志愿者。目前整个城市志愿服务的全民行动贯穿于刚才子曰所讲的方方面面，包括各级党政机关、事业单位，各个企业、各行各业，都包括社区、学校、农村等等，包括文明出行、社区共建、双语，同时这里面九大行动里有一个很重要的行动，那就是微笑使者活动，动员广州市民一起来当微笑使者、微笑迎宾客。我们都想到一起了，子曰同学也讲的非常对，我们要将微笑使者活动贯穿于亚运志愿者全过程，让它成为亚运最好的名片，同时将岭南文化、广州历史文化向客人们进行有效的推荐。非常感谢你的意见。我就做这样的回应，谢谢王子曰“小市长”。

### 范例四 “2011 市长与跨国公司对话会”的第二场会谈

【情景】 “2011 市长与跨国公司对话会”在 2011 年 9 月 26 日 -27 日在山西省太原市举办。会上，与会市长与部分跨国公司代表举行了会谈。以下是会谈的记录。

主持人蒋璐阳：请我们的来宾就坐，感谢大家的配合，我们政府的领导也说了，要有办事的效率，刚才前面的朋友表现的还不错，但是我希望时间的控制和效率的控制能够继续的发扬光大，接下来我首先要介绍第二轮会谈的这个小组，空气化工产品公司副总裁毛肇敏，3M 中国总裁余俊雄，南昌市市长陈俊卿，合肥市副市长江洪，迪卡侬大中华区总裁孟东，阿卡迈中国董事长凌洁。

刚才都知道了，我们想总结一下这个观点，我们的主题是战略性新兴产业对中部地区的发展共性。

陈俊卿：必须从招商引资的角度看待这个问题，因为我从事企业很多年，在政府工作才4年多，作为我们政府来讲就是如何构造一个诚信的政府，法制的政府，和为企业做好服务，企业就是赢利，如果你不能赚钱就换一个地方，到能赚钱的地方去，所以这就是服务的意识，我也想构建新的团队，我们的新政府刚刚成立，我们都是新的成员，有这样一个强烈的意识，再一个我们把外包的企业作为5大战略性企业发展的，所以我们欢迎，大家多多来到南昌来看一看。

主持人蒋璐阳：陈市长有过去经营企业的背景，所以对这个是非常了解了，那么在中部地区发展的因素，你现在是代表政府，过去也代表过企业，如果您有一些关键成功因素的话你觉得最重要的是什么？

陈俊卿：事实上中部地区是大陆地区最大的，咱们也有人看一下，最发达的地区是东部地区，他已经发展到一定的程度了，他必须有战略转移，这是大家共识的，但是这个战略转移要转移到哪儿呢，中部是必经之地，我不可能跑到西部去，因为他有自己的特点，但是我们有本身交通的优势，比如说南昌，是全国唯一的一个珠三角毗邻的城市，交通发达，有海铁连运，海空连运，你不选择南昌你将来都后悔，加上他的优势，加上我们后来的发展阶段，决定了中部肯定很快的崛起，像第一名第二名很多都在中部，当然我们还不行，还要努力。

江洪：我非常同意他的话，我觉得把这个做上去，另外还要加一个词就是思想的解放，思想解放的程度就决定我们经济发展和我们社会发展的变化，我觉得解放思想改革创新创造了一个良好的发展环境，吸引大企业大老板去投入这个区域。

主持人蒋璐阳：我不知道你们有没有这样的感觉，我觉得这市长应更开放，我觉得你们要活跃一点，我请余总来说说，因为市长谈到创新了，刚才您也提到了，还要再加上改革，再加上解放，你觉得从企业的角度您觉得关键的成功因素是什么，你觉得能够给中部的地区代表的建议是什么，他们能够更多的改革创新。

余俊雄：创新是不局限在企业里面的，其实在座的六省的领导自己也可以作出很多创新的举措，今天我听你讲了很多次新兴产业，不见得一定要新的产业，你拿钞票去银行存款的时候，他不管你是新产业、新能源还是新型产业的，是成败论英雄，讲到他自己从哪一个层面来想，创业不仅仅是产品技术，关键是现在每个省本身都有他自己的特长，你们现在自己已经发挥了很多的，比如说合肥大量推那个光伏产业，现在跟合肥竞争很难了。那其实如果在省跟市方面做一些创新，做一些别人没有的东西，打一个比方，如果站在外资的立场来讲，我们最讨厌的，最不喜欢的东西就是被盗用，如果有一个省或者是城市，所有假冒的东西抓到的话，穷追猛打赶尽杀绝，包括你不只是在中国出名，你全球都出名了，但是你仿冒的机会没有错，但是机会就少了很多，这个例子很多了，待会儿我们再讲，下一位。

主持人蒋璐阳：我觉得如果提到这个问题发生在咱们这两个城市，我们现在会有什么应对方法？

嘉宾：我发表一下你说的跟我们已经形成共鸣了，我们一个共同的观点，我们谈到了一个创新，企业创新，制度创新，以及我们任何一件方法的创新，只不过大家都谈一谈这个创新，我非常同意你的观点，我最大的创新就是如何更有效的服务给您，再一个就是提出了一个观点，所以我就提出了我说司法公正就是生产力，如果司法是公正的，你到我这个当地来投资，我对待你和我们当地的对待是一样的，那么这个经济的发展就是必然的，如果没有公正的政府不能发展也是必然的。

主持人蒋璐阳：孟总您要发言，请毛总先讲？

毛肇敏：我要讲一句良心话，我们的市长全世界来讲是最优秀的市长，我们的省长全世界来讲是最优秀的省长，他们的水准，他们做的事情，比全世界的都好，所以我们不是人民的问题，是市长素质的问题，所以我就是带了投资，带了技术，市长说什么，我就做什么没问题。

主持人蒋璐阳：这个话市长听到很开心的，然后毛总也代表企业做了表率了，那这个当中你就100%都满意了吗？没有别的地方？

毛肇敏：我可以这样说，全世界我走了50多个国家，沿海都到处的跑，所有的市长都非常的完美，我今天感觉就是非常完美，没有什么要求的，我建议我的项目经理赶快来追求吧，不然会后悔的。

主持人蒋璐阳：我们底下有媒体录像的，你一定要兑现的，明年的中博会还请你来的，我们明年对应一下。

毛肇敏：中部六省我才投了20个亿，10年内我保证投100个亿。

主持人蒋璐阳：到时候原班人马我们见证一下。

毛肇敏：你做不到的话我已经走人了。

江洪：知识产权的保护问题，在合肥的时候最有体会了，我们国家的司法城市，第一基地都在合肥，所以我们合肥一系列的创新都从合肥出来的，我们资产的保护和我们这些企业家去都是同样的感受。

主持人蒋璐阳：我真的很欣慰，因为我都做了功课，跟他们做了单独的沟通，就是企业跟领导同台讨论能不能开放的说，我心里有这个问题，包括知识产权的问题，我们公司的代表都谈到这个问题了，害怕我们的领导不太愿意谈，结果没想到，咱们跨国公司没提，咱们领导提出来了，这个不是说良心话，这个是事实，我们孟总快把你急坏了，怕漏了您。

孟东：说到创新的概念，我们也找到一个共同点，为什么要创新，创新的目的是什么，是为了追求利润的最大化，你企业的目的和政府是相结合的，以我们公司零售这一块来说我们有一个大众创新的概念，就是这个宗旨和我们的概念是相结合的，所以这一点来说，如何创新，如何保证您公司的宗旨是不变的，这个达到了公司的目的，但是政府如何能达到这一点，这是我们有期望的目的。

主持人蒋璐阳：您在记笔记，我不知道您要表决心还是要提出一些新建议呢？

凌洁：因为我做的东西，我们做的东西不是一个点，而是一个面，那全球 70 多个国家，都有市场，刚才说了中部六省的协作是非常重要的，所以我希望能有机会到相应的市里面去，希望在那儿能得到支持。

## 范例五 内地企业家与李嘉诚的会谈

【情景】 2006 年 4 月 8 日，30 多位中国内地著名企业家在香港集体拜访李嘉诚。包括傅成玉（中国海洋石油总公司总经理）、李东生（TCL 集团股份有限公司董事长）、牛根生（蒙牛集团董事长）、马云（阿里巴巴网络技术有限公司 CEO）、朱新礼（汇源集团董事长兼总裁）、江南春（分众传媒董事局主席兼首席执行官）等在内的 30 多位内地著名企业家，与这位 78 岁的商界老前辈进行了倾心会谈。

李嘉诚：当我们梦想更大成功的时候，我们有没有更刻苦地准备？当我们梦想成为领袖的时候，我们有没有服务于人的谦恭？我们常常只希望改变别人，我们知道什么时候改变自己吗？当我们每天都在批评别人的时候，我们知道该怎样自我反省吗？”

问：商人与好人矛盾吗？

答：正正当当做一个商人是不容易的，因为竞争越来越激烈。如果个人没有原则，从一个不正当的途径去发展，有的时候，你可以侥幸赚一笔大钱，但是来得容易，去得也容易，同时后患无穷。“知止”非常重要。

问：怎样平衡奉献社会与回报股东的关系？

答：作为一个公众公司，你一定要为股东创造你应该创造的利益，这一点是无可厚非的。但是基金不同，基金是你个人拿出来的。成功之余能拿出一笔钱贡献社会，做自己一生都觉得永远高兴的事情。这两个并不冲突的。

问：对于人才，能力和品德哪个更重要？

答：用人最主要是看其忠诚可靠程度，与企业结合在一起的意向、期望及工作能力有多大。对于忠诚的员工，企业将会给其最大的发展机会。在信任员工的同时，亦必须有一个制衡制度。如果单凭个人的意愿，觉得某个人不错，就随便任用，最后出了问题，不只害了自己、企业，还害了这个人。

问：宏观调控下民营企业如何发展？中国企业家要成为世界级的企业家，要经历哪几个阶段？

答：宏观调控政策是重要的，国家无论推行什么政策都不会让经济出现大波动的。事业要成功，自己要投入。有兴趣，力量就有了。要按部就班，不要投机取巧，有困难时更要培养自己的兴趣，来为改变环境而努力。国内的企业家应该自己想出一个办法去直接寻找市场，现时由于中间经过多重转折，工厂制造的产品所赚的都是蝇头微利了，出口商赚得反而更多。如果想要做一家跨国成功的世界级企业，市场是要靠你自己建立起来的。

问：您这些年投资上最成功的思路是什么？

答：要永远相信：当所有人都冲进去的时候赶紧出来，所有人都不玩了再冲进去。要步步为营，一定不冒进。

问：这些年以来，您有哪些管理心得？

答：我们公司一向是以西方的经营模式来管理的。我作为公司的领导，对同事和经营的方针都会掺入一点我们中国人的人情味。当你看到员工对你的企业有贡献，同时对公司忠心并盼望在公司长期服务的，而你也感到他的品格正直，那么你就要留意他，要令他觉得前途有保障。在信任员工的同时，亦必须有一个制衡制度。如果你早有一个制衡制度，就不会出这个大毛病。美国科学化的管理有它的优点，可以应付急速的经济转变，但没有人情，业绩不太好时进行大规模裁员。我们做不出，因为会令员工没有安全感，也会导致许多人突然失业。我们糅合两者的优点，以外国人的管理方式，加上中国人的管理哲学，以保存员工的干劲和热诚。我相信可以无往而不利。

问：一个企业如何保持变革创新的热情？

答：商业并不是严肃的、枯燥的、毫无乐趣的事，商业是一场游戏，是每天我们都想打赢的一场游戏。有人要在游戏中打败你，有人要把你的饭碗抢走——这就是我们为什么每天都要创新的原因。

问：您怎么管理您的孩子？

答：应该让孩子吃些苦，让他们知道穷人是怎么生活的。我从 12 岁就开始投身社会，到 22 岁创业时过了 10 年非常刻苦的日子。我的两个儿子到美国斯坦福大学读书，我只给他们买了两辆自行车，给他们开了两个银行账户，一个账户他们绝对不能动用，里面是足够他们完成博士课程的费用。至于另一个账户，如果他们要动用，必须写信向我报告，我会在 24 小时内回复。后来因为他们功课太多，才接受他们要求改用电话说明。这才是有用的疼爱，我个人认为太多的物质反而有害。

问：能不能用一句话概括您的人生感悟？

答：建立自我，追求无我。

# 第十三章

# 辩论类情景应对

## 范例一 苏格拉底千古雄辩

【情景】 公元前399年，雅典举行了一次轰动一时的审判。被告人是古希腊伟大的哲学家和思想家——苏格拉底。雅典公民墨勒图斯等三人对苏格拉底提出起诉，指控他危害社会。罪状有二：一是信奉异端邪说；二是“腐蚀青年人的心灵”。雅典公众组织为此组织了500人的庞大陪审团来审判此案。当时，苏格拉底已70高龄，他完全有机会离开雅典而保全自己。但他认为，那是可耻的，他必须为自己辩护。

苏格拉底（以下简称苏）：你认为应尽量给予我们的青年人以好的影响，这是最主要的事，是吗？

墨勒图斯（以下简称墨）：是的。

苏：那么，就请告诉这些尊敬的陪审员，是谁给予了青年们比较好的影响。

墨：是……法律。

苏：请说出具体的人名。

墨：就是这些尊敬的陪审员，苏格拉底。

苏：这一回答对陪审团所有成员都适用呢，还是只对部分成员适用？

墨：对所有陪审团成员都适用。

苏：好极了，多么大方的回答。现在在法庭上的这些旁观者是否也对青年们有好的影响？

墨：对，他们对青年人也有好的影响。

苏：500 人会议成员呢？他们是否也对青年们有好的影响？

墨：对，500 人会议成员也对青年人有好的影响。

苏：墨勒图斯，公民大会成员肯定不会腐蚀青年人吧？他们也都对青年人施加好影响吧？

墨：当然也对青年人有好的影响。

苏：那么，看来除我之外，所有雅典人都在使青年人变好，只有我在使他们道德败坏。你的意思是这样吧？

墨：非常正确。

苏：至少，墨勒图斯从来没有关心过青年人的问题。因为即使是关于马，人们也知道只有少数人（如驯马师）对之有益，而大多数人对马有害（因为他们只会骑马）。是不是坏人会对经常接触他的人产生坏的影响，好人则会对经常接触他的人产生好的影响？

墨：当然没有。

苏：那么，当你说我诱惑青年人，败坏了他们的品质……你认为我是有意这样做的呢，还是无意这样做的？

墨：我认为你是有意的。

苏：墨勒图斯，你以为我老糊涂了吗？你已经指出，坏人总是对最接近他们的人有坏的影响，好人总是对最接近他们的人有好的影响。我总不至于愚蠢到有意去犯如此严重的罪行的地步。我不相信我会这么蠢，我想任何人也不会相信的。我说没有对青年人施加坏影响，也不会有意伤害他们，所以你对我在这两方面的指控都不属实。如果我无意中对青年人产生了坏的影响，对这种无意的犯罪，正确的法律程序不是把犯罪者召到法庭，而是私下对他们进行教育的斥责……要知道，法庭是为惩罚而设立的，而不是为教化而设立的。

你在起诉书中说得很清楚，说我教唆青年人相信新的神而不信国家所供奉的神。正是这种教唆造成了腐蚀青年的不良后果吧？

墨：这正是我的意思。

苏：那么，墨勒图斯，以我们共同信奉的神起誓，请你再向我和陪审团把你的意思说得稍清楚一点儿，因为我不清楚你的观点究竟是什么。

墨：我认为你根本不信神。

苏：你的回答真让我吃惊，墨勒图斯，你这么说的目的又是什么呢？奉太阳和月亮为神是人类的共同信仰，你是否认为我连日神和月神都不相信呢？

墨：尊敬的陪审员们，他当然不信，因为他说太阳是石头，月亮是一团土。

苏：你是不是在告发阿那克萨哥拉呀？可爱的墨勒图斯，你也太轻视这些陪审员了吧！难道你以为他们如此孤陋寡闻，以至不知道克拉佐墨奈的阿那克萨哥拉的著作中充斥了这些理论吗？……老实告诉我，墨勒图斯，这就是你对我的看法吗？我真的根本不信神吗？

墨：对，你根本不信神。

苏：你根本证明不了我有罪……墨勒图斯，世界上有这样的人吗，他只相信人类的活动，而不相信人类的存在？我再问，会有这样的人吗，他不相信有马，却相信马的活动？或者他不相信有音乐家，却相信作曲和演奏？显然没有这样的人，尊贵的朋友。如果你不想回答，我可以为你，也为这些尊敬的陪审员作出回答。但下一个问题必须由你来回答：会有这样的人吗，他相信神奇的活动而不相信神奇的存在物？

墨：没有这样的人。

苏：在法庭的强制下你作出了一个多么简明的回答。好，那么你不是断言我相信并教唆他人也相信神奇的活动吗？在你的证词中你就是这样郑重宣称的。但如果我相信神奇的活动，我必定也会相信神奇的存在物。难道不是这样吗？既然你不回答，我就认为你默认了。我们不是认为神奇的存在物就是神的后裔吗？这么说你同意吗？

墨：当然同意。

苏：那么，如果你断言我相信神奇的存在物，如果这些神奇的存在物就是神，我们将得出这样的结论，即：首先说我不信神，然后又说我信神，因为我相信神奇的存在物。另一方面，如果像人们通常所说的那样，这些神奇的存在物是众神与山林水泽的仙女们或其他母亲们的私生子，世界上有谁会只相信神的子女而不相信神本身呢？这就会像只相信有马驹或驴驹而不相信有马和驴一样可笑。那么，墨勒图斯，不可避免的结论是，或者是作为对我的智力测验，或者是再也找不到可指控我的真正罪名，你才对我提出这样的控告。你说我相信神奇的和神的活动而不相信神奇的存在物和神的存在，你想以这个极为愚蠢的理由来说服任何稍有理智的人，是绝对不可能的。

尊敬的陪审员们，事实上，我感到无须就墨勒图斯的控告再为自己辩护了，以上所作的辩护已足够充分了。你们很清楚这样一个事实，这我在前面的辩护中已经说到过，即我招致了大量的敌对情绪。如果说有什么东西能毁灭我的话，那既不是墨勒图斯，也不是安尼图斯，而是众人的诽谤和妒忌，正是这种敌对情绪能导致我的毁灭。诽谤和妒忌已经给很多无辜的人带来了不幸，我想，这种情况还会继续下去的，我不会是最后一个受害者。

一个人只要找到了他在生活中的位置，无论这是出于对自己有利还是出于服从命令，我相信为了荣誉，他会正视危险，不惜付出生命和一切。

## 范例二 英国国王查理一世法庭辩论

【情景】 1649 年 1 月 19 日，暴虐横行的英国国王查理一世被送上了最高法庭。以克伦威尔为首的进步人民，决定“以下院、国会以及全体英格兰善良人民的名义”审判这个倚权枉法、并在内战中阴谋组织反革命活动的国王。最高法庭主席布拉德肖宣布开庭，下面为部分精彩片段。

布拉德肖（以下简称布）：查理·斯图亚特，会聚在这里的国会、英格兰下议院，注意到因你的肇端，使这块土地上流满鲜血，对此，你是有罪的。它已决定审讯并判处你，因此建立这个法庭。现在请检察长予以宣读起诉书。

查理一世（以下简称查）：住嘴！

主席：阁下，你已听见了指控，法庭等着你作出答复。

查：我想知道是哪一种权威召我到这里，我指的是合法权威，因为有许多非法的权威，诸如强盗的权威。在我回答你们的指控之前，我要知道这个。

布：如果你注意到法庭在你来时所说的话，你定会知道这是一种什么样的权威。这是以英格兰人民的名义要求你作出回答。

查：不，阁下，对此，我拒绝承认。

布：如果你对本法庭的权威提出异议，我必须使你明白，法庭驳回你对起诉的异议，你必须进行辩论，否则法庭将认为你已服罪而对你判处。法庭已经听取了你的发言，按惯例将对你判处。把犯人带走。法庭休会，下星期一继续审讯。

布：阁下，不论是你还是任何别的人，都不容许对本法庭的审判权威进行抗辩。

查：阁下，我要说一句话，希望别打断我。

布：先听法庭的，轮到你时再说话。

查：阁下，希望你听我说，只说一句话。

布：阁下，会在适当的时候听你说的，你必须先听法庭的。

查：阁下，我要说的关系到这样一件事：我认为法庭对我判决后，再要撤回一个轻率的判决，就是一件不容易的事情。

布：你可以讲话。但现在必须住嘴。

查：我请求，我在这里的发言能被上院和下院都听到。我将提出建议，对王国的和平和人民的权利来说，比之我个人得以保全更为重要。

布：如果你没有别的可说的话，我们将进行宣判了。

查：阁下，我没有什么可说的了，希望把我说过的话记录在案。

布：审判国王是合法的行为，法律高于国王，而国会高于法律，因为法律就是代表人民的国会所制定的，从而法官根据法律审判国王是合法的。国王虽然高于别人，但是却低于全体人民，因此他不能认为自己比法律高。上帝、法律及法庭是高于国王的，国王的政权是受它们限制的。查理·斯图亚特作为暴君、叛徒、杀人犯和国家公敌应斩首。刚才宣读的判决，是最高法庭全体成员的一致行动和共同判决。

查：阁下，您愿意听我一句话吗？

布：阁下，判决之后，不能听你说什么了。

查：不能了吗？阁下。

布：不能了，阁下。士兵们，把犯人带走。

查：阁下，蒙您开恩，我可以在判决后讲话，我可以在判决后讲话啊！历来如此，请允许我……

布：拖下去！

## 范例三 安得列阿斯·肖伊法庭辩论

【情景】 安得列阿斯·肖伊，奥匈帝国时期奥地利工人运动活动家。他支持巴黎公社革命运动，多次通过《人民意志报》给予声援。1871年9月20日维也纳陪审法庭指控肖伊构成赞许犯法行为罪，理由是肖伊在6月3日的《人民意志报》上刊登了两篇醒目的、框以致哀黑边的文章：《巴黎社会主义者的失败》和《法国的社会革命》。针对当局的指控，肖伊两次发表答辩辞，在法庭上进行辩护。

庭长：检察院认为这篇文章（指《巴黎的决定性战斗》）企图为巴黎的暴乱者的行动方式辩护。

肖伊：我在这篇文章中丝毫没有发现这一点。这篇文章除了报道巴黎事件之外，什么也没有写，并且里面没有一句话是赞扬屠杀和纵火的。既然大家承认公社保卫者在斗争时发扬了英雄气概，那么我就不明白，为什么《人民意志报》应当对此保持沉默。要知道，即使是最保守的报刊也谈论过公社战士们的英雄气概。巴黎人民是英雄好汉，这并不是因为他们曾被迫烧了几幢房屋，而是因为他们为自己的生存，为自己的荣誉而进行了斗争。

政府当局谈到非法行为时，奥地利政府当局认为它有权决定在这场使各种自发势力都迸发出来的斗争中，什么是合法的，而什么是非法的——我对此提出异议。公社战士是交战的一方。公社代表巴黎居民中最文明的部分，它是由人民的绝大多数进行自由选举而产生的。谁掌握政权，谁就制定法律，这是事实，凡尔赛和巴黎曾为争夺政权而进行斗争；在这场斗争中哪一方将获胜，这在起初并不清楚，但毫无疑问，胜利的一方必定会运用政权的力量，按照自己的意愿来制定各种法律。然而，战争只知道一条法则：有利于自己，有损于敌人。这样，在这方面就谈不上什么非法行为。因此，合法这一概念如同政权一样，不是永恒不变的。我回想起1851年12月2日路易·拿破仑的政变。当时，共和国是合法的，而路易·拿破仑是叛乱分子；但是，他胜利之后，就有权将共和国和法律的保卫者送交法庭审判。而在色当惨败之后，法国的法庭处于相当困难的境地——他们应以谁的名义来宣判呢？在一个政权同另一个政权斗争的时候，恰恰不可能断定什么是合法的……我认为在评价不在奥地利刑法权力范围内发生的事件时，应用该项法律是不适当的。

庭长：……不过，在这里，这并不是有决定意义的。公社的兽行，是众所周知的，而你却加以赞许。

肖伊：我抗议把公社的行为称为杀人犯和纵火犯的行为，同时却把凡尔赛政府的类似行为看做是合法的处决。无可争辩的事实是：胜利的一方总是以自己的原则为尺度，来评价失败的敌人的。其次，现在所讨论的事件并不是在奥地利发生的。英国法官鉴于巴黎斗争的政治性质，已宣告法律上不许可引渡在英国的公社参加者。这些人恰好不能看做是刑事犯。被列为罪证的那段引自帝国大学教授罗·冯·施泰因的著作。这两篇文章都没有赞扬任何违法行为，陪审员们裁决时应当依据被指控的文章本身，而不是以没有表达出来的思想为依据……

庭长：你是否把巴黎的战士描述成英雄，而把凡尔赛的军队说成了刽子手？

肖伊：当然，前者为自己的信仰而斗争。凡尔赛集团的军队的情况就不一样了。

庭长：这个集团就是指大家承认的政府吗？

肖伊：目前它确实是统治者，但是立即就出现了反对派。对凡尔赛政府的产生，巴黎人民是起了很大作用的，但当它出卖了国家，并想扼杀共和政体时，巴黎人民就抛弃了它。

庭长：你所说的巴黎人民，大概只是指社会主义者，他们都属于工人阶层。

肖伊：公社内有各阶层的人，既有无产阶级的人，也有有产阶级的人，这是事实。

庭长：现在不是谈这些人，而是谈那些跑上街头，鼓动杀人放火的人。

肖伊：他们从来没有鼓动过杀人和放火，只是到了最后没有其他办法时，才作为自己的极端办法加以采用的。

庭长：你不是还赞扬了革命吗？

肖伊：这一点我至今还认为是理所当然的，因为历次革命都使各国人民获得巨大的成就。

庭长：在第二篇文章中也有类似的说法吗？

肖伊：文章中有告诫法国资产阶级的话，叫它不要高兴得太早；让它知道，它应当向劳动人民作出让步，应当改变当前制度。

庭长：这里指的是什么制度？

肖伊：财产的不合理分配。

庭长：你指的是什么？

肖伊：每个人应当享有自己劳动的果实。少数人对群众的剥削应当终止，欺骗、掠夺和舞弊应当消灭。

庭长：你在这里所说的是一无所有，而且也没有任何东西可以丧失的那个阶级吗？

肖伊：不言而喻，这个阶级是资产阶级自己造成的，并且（正因为它没有什么东西可以丧失）它同这个资产阶级进行着斗争以保证自己的生存。其他报纸上的文章也证明，在法兰西存在着这种制度。那些文章说的正是：现在法国政府的做法会导致新的灾难。我毫不明白，政府当局怎么竟想要我对历史事实确定不移的逻辑负责。

庭长：被告还要说些什么为自己辩护？

肖伊：检察官先生说，公民们的个人财产没有得到不受巴黎公社暴力掠夺的保障。他同时还企图证明，公社的唯一目的就是掠夺有产者。然而，我肯定，并能证明，还没有一个政府能像屡遭诽谤的巴黎公社一样要根除盗窃行为。我只要举五月法令作为实例，该法令的精神可用一句话表示：处死窃贼！显然，公社并不是按照这条声名狼藉的阶级格言的字面意义来行动的，它不仅绞死小偷，而且也针对现在各处都逍遥法外的大盗进行打击。正是这一措施使公社遭到联合起来的欧洲强盗们的本能的仇恨。公社不会只满足于砍掉分蘖，而让莠草的主茎有可能更加繁茂地生长；它会很好地将罪恶连根铲除，并且消灭特权，从而使私有财产受人尊重。此外，我还必须提到，在德国和其他国家举行过公开的声势浩大的声援游行，当着政府官员的面表达对公社的同情，更不用说报刊上的声援了，而当局对此并不干涉。然而奥地利的检察院却想充当全欧洲法官的角色……

**范例四** 文天祥在公堂受审时的答辩

【情景】 文天祥是南宋政治家、文学家。在南宋末年的勤王抗元斗争中起了重要作用，1279 年兵败被俘，解往元大都（今北京）后，在枢密院公堂受审时，他进行了针锋相对的答辩。

博罗（元朝宰相，下称博）：跪下！

文天祥（以下称文，长揖不跪）：我们南朝的揖，就等于北朝的跪。我是南朝人，行的是南朝礼。既然揖过了还用跪吗？

博：拉倒他！

文：国有兴亡，人有生死。天祥忠于守国，不幸到此地步，只求一死，没有什么好说的。

博：就只有这些吗？

文：我乃宋朝丞相，国家亡了，以职责论当死。今天被你们捕来，以法论也是死，还审判什么？

博：你刚才说，国有兴亡。我倒要问问你，从盘古到今天，是几帝几王？

文：一部十七史从何说起？我今天不是来同你谈古论今的，没工夫跟你谈这些。

博：好！我再问你，自古以来，哪有为人臣的把国家的土地送给别人，自己却逃走的？

文：你是说我在做丞相的时候，把国家卖掉又逃走的事吗？那时我被扣在皋亭山，卖国之事一概不知。卖国的人是贼臣，为了图利才卖国，既然有利，他还愿逃跑吗？所以卖国者必不逃，而逃跑者必不卖国。从前我出使北营，与伯颜（元朝大将）谈和，谁知你们竟把我软禁起来。不久，贼臣卖国求荣。国家既亡，我本该为国而死，所以不死，是因为高宗皇帝还有两个儿子在浙东，我计划返回江南，辅助二王。

博：投降的恭帝，是不是你的皇帝？

文：当然是。

博：弃掉皇帝，另立二王，能算是忠臣吗？

文：恭帝不幸失国，此时此刻，社稷为重，所以另立新王。历史已有先例，晋朝的怀帝、愍帝被北人掳去，当时如果跟随二帝北去便是不忠，随元帝南行才是忠臣；同样，本朝的徽宗、钦宗二帝为金人掳去，若是跟从二帝投降金国，就算不得忠臣，唯有随高宗南行，才是忠臣。

博：你身为丞相，当时就该引兵出城与伯颜决一胜负，才算是忠臣，怎么可以拥三宫出走呢？

文：你说得很对，可惜骂错了人。当时如果是我当权，可能就不是今天这种局面了。你的话，可以责怪陈丞相，而不能责怪我。

博：你后来拥立二王，又有什么大功劳？

文：国家不幸破亡，我立君是为了保存宗庙，活一天，就要尽一天臣子的责任，哪能说什么功劳呢？

博：既然已知道国家没救了，又何必救它呢？

文：你有所不知，人臣事君，如子事父。倘若父母不幸患了重病，做儿女的能够说，反正要死了，不必找医生求医，而眼看着他们死去吗？对一个孝子来说，他会不会这样？你比我更清楚。

博：你要死，没那么容易。我偏不让你死，我要把你关起来，看你受得了吗？

文：我以义死，囚禁又何惧之有！

## 范例五 王若飞法庭辩论

【情景】 王若飞（1896-1946），中国无产阶级革命家。1919年赴法勤工俭学。1922年，与周恩来等组织旅欧中国少年共产党，同年转为中共党员。历任中共豫陕区委书记，中共中央秘书长，江苏省委常委、书记等职。1931年10月，王若飞在归绥（今呼和浩特）被国民党逮捕。王若飞在绥远省伪高等法院受审时，进行了不屈不挠的法庭斗争。

法官：你参加共产党后有什么犯罪活动事实？

王若飞：你身为法官，可懂得法律？

问：我是问你犯罪的事实！

答：我先问你，什么叫犯罪？

问：犯罪就是触犯了“危害民国紧急治罪法”。

答：什么民国？是骑在人民头上作威作福的一批强盗。所谓“紧急治罪法”，无非是保护帝国主义、大地主、大资产阶级的法律。试问制定这种法律的时候，有哪一个工人、哪一个农民、哪一个其他劳动者参加过？你们执行这种法律，只能说明你们是帝国主义、买办阶级、封建势力的工具，是他们忠顺的奴仆而已。

问：我不管这些歪理，反正你有罪。

答：我有什么罪？我犯的是反对你们祸国殃民的罪行的“罪”，是反对你们专制独裁、剥削人民、欺压人民、贪赃枉法的罪行的“罪”。如果你们真是英雄好汉，如果你们还有一丝一毫的天理良心，咱们就到大庭广众之中去，让群众评一评，是共产党犯罪，还是你们犯了十恶不赦的滔天大罪。

问：你这样目无法纪，我们不让你到街上去煽动群众！

答：原来你们的法律是见不得人的。

问：不许你这样说。这里不是和你开辩论会。我问你，你究竟干了哪些破坏活动？

答：必须先弄清谁在犯罪，才能弄清什么是破坏活动。

问：这里是审讯，不是讲空话、唱高调。

答：我们共产党人从来都是尊重事实的。我讲的话，句句都有凭有据，是全国人民众所周知的事实。回避事实、抹煞事实的正是你们。法官先生，你们不是对共产党的活动很感兴趣吗？我今天打算谈谈这个问题。不过，首先我要给你们讲一讲马克思列宁主义。

问：我们只问你关于共产党活动的事实，不谈什么主义。

答：先生们，我们共产党人的一切活动，都是按马克思列宁主义的基本原理行事的，你们想了解共产党的活动，必须先了解马克思列宁主义。中国共产党是适应中国的需要诞生的，中国共产党是根据马克思列宁主义建立起来的。

问：对了，所以中国共产党是从外国来的，受俄国指使。

答：先生，你只是个地地道道的帝国主义的学舌人。你大约知道，现在世界各国都有共产党。为什么呢？因为哪里有阶级剥削和阶级压迫，那些被剥削被压迫者就必然要起来反抗，起来斗争。在斗争中必然要产生真正的、领导自己取得胜利的组织，这个组织就是各国的共产党！

问：马克思、列宁都是外国人，一个中国人讲外国的主义，难道还不是卖国？

答：法官先生，你简直太可笑了，可笑得令人齿冷。你竟然无知到这样可怜的程度，真是令人惊奇。对你说话，我得讲一点普通常识：马克思是德国的犹太人，他在德国不能立足，曾在巴黎进行过革命活动，后来又寄居在英国伦敦。他在英国参加工人运动，英国工人阶级很欢迎他。照你的说法，莫非英国工人把自己的国家出卖给马克思吗？列宁根据马克思主义的真理，在俄国建立布尔什维克党，领导人民推翻了反动的沙皇统治，赶走了德国侵略者。难道列宁赶走了德国人，又把俄国出卖给德国人吗？先生们，马克思列宁主义是无产阶级革命的真理，哪国需要就在哪国发展，谁也阻止不了。

你不懂不要装懂，假装有学问。这样自欺欺人，除了给人增加笑料，别无好处。至于卖国，国民党蒋介石倒有大量事实。远的不说，就从“九·一八”谈起吧……

问：停住，停止，不准再往下讲。宣传马克思列宁主义在中国是犯法的。再加上你这样咆哮公堂，侮辱党国领袖，早就够定罪了。

答：（冷笑）这就是你的奴才本色，你在真理面前是没有骨头的。

## 范例六 吉鸿昌法庭辩论

【情景】“九一八”事变后，中国山河破碎、国难当头，吉鸿昌将军在中国共产党的感召下，抗日意向更加坚决。他积极从事抗日活动，于1932年8月加入中国共产党。1933年5月成立了以冯玉祥、吉鸿昌、方振武将军为首的民众抗日同盟军。1934年11月，吉鸿昌在天津租界遇刺受伤，14日被“引渡”给国民党政府。11月23日在“军事委员会北平分会”“审理”吉鸿昌案。

审判长（以下简称审）：吉鸿昌，你为什么进行抗日活动？快快招出你的秘密来。

吉鸿昌（以下简称吉）：抗日是为了救国，这是四万万人民的事情，是最光明磊落的事情，有什么秘密？抗日救国是人人应知、人人能知的事情，哪会有什么秘密？只有蒋介石和你们这班奴才，祸国殃民，残内媚外，和日本人暗中勾结，干些不明不白的勾当，这才有秘密，才见不得人。（他解开上衣，指着胸脯上的伤疤说）看！这就是我仅有的一点“秘密”，是你们的军队勾结日本鬼子留给我的“纪念”。

审：不要想用抗日来掩饰你的罪过。你抗日就抗日好了，为什么要反蒋？作为一个军人，难道你不知道“服从是军人的天职”吗？

吉：我吉鸿昌要抗日，蒋介石要卖国，我吉鸿昌不得不为救国而讨蒋；我吉鸿昌要抗日，蒋介石迫害抗日，我不得不为抗日而讨蒋。所以我的军队就叫抗日讨蒋军，这不是名正言顺吗？难道说，你能指出来蒋介石有一点抗日的行动，或者有一点允许他人抗日的意思吗？就拿你来说吧，如果你还有点儿中国人的味道，扪心自问，也不能不反蒋吧？

审：那么，你是不是加入了共产党呢？你抗日好了，为什么加入这个“危害民国”的共产党呢？看，我们这里有张慕陶证明你早已加入共产党的字据，你可不要想抵赖。

吉：你说，我干什么要抵赖？你说，你说……

谅你也回答不出来。对，我是中国共产党党员。由于党的教育，我摆脱了旧军阀的生活，转到工农劳动大众的阵营里来。我能够加入革命的队伍，能够成为共产党的一员，能够为我们党的主义，为全人类的解放事业而奋斗，这正是我毕生最大的光荣，这正是我不同于中国一般流俗军人的所在。我能够毁家纾难、舍身报国、拒绝利诱、见危受命，这样来抗日救国，这也是党给我的感召，这正是党的意志。

你们说我们共产党是“危害民国”，到底是谁“危害民国”？试问，你们蒋介石国民党干了些什么？你们当政七年来，掀起了无数次的内战，酿成了空前的水旱浩劫，断送了东北三省，断送了热河、察哈尔，又快要断送华北各地，你们的贪赃枉法的政治，你们的残暴专横的措施，哪一样不曾“危害民国”？哪一样不是“危害民国”？我们共产党真心爱国家，为人民，在你们蒋介石国民党背叛革命的时候，举起革命的大旗，在中华民族解放运动中不怕牺牲、不辞艰苦，正是要保护民国！

## 范例七 科学与宗教的交锋辩论

【情景】 田纳西州曾是个具有浓厚宗教气息的地方，基督教徒在人口中占有很大比例。该州还是最早通过反进化法案的少数几个州之一。1925 年 7 月，一场酝酿已久的科学与宗教的大辩论在代登（田纳西州一城市）法庭上展开了。起因是里尔郡中学教师约翰·施柯普斯向学生讲解人是从猿进化来的。法庭以违背“圣经宣扬的人的神奇诞生”为由，拘捕了施柯普斯。圣经派领袖人物布莱因亲自出任此案的检察官。舌战大师丹诺，主动担任被告的辩护律师。

丹诺（以下简称丹）：你对于圣经有相当研究，不是吗，布莱因先生？

布莱因（以下简称布）：是的，我研究圣经大约已有 50 年之久。

丹：你认为圣经中的一切都应该按字面解释吗？

布：我认为圣经中的一切都应按原来所写的加以理解，有些部分是以例证的方式表达的。例如：“你们是地球上的盐。”我不认为人实际上是盐，或者人是有盐的肉，而是指盐拯救上帝的人。

丹：当你读到鲸鱼吞下约拿时，你如何按字面解释呢？

布：当我读到一条大鱼吞下约拿时，我相信此事，我也相信上帝能造出一条鲸鱼，造出一个人，使两者做出上帝喜欢他们做的事。奇迹都是一样容易被相信的。

丹：圣经中说若纳斯把太阳留住，以便让白天更长。布莱因先生，你认为太阳是围绕地球转的吗？

布：不，是地球围绕太阳转。不过，我想圣经是用一种当时人所理解的语言说的。

丹：布莱因先生，洪水发生在什么时候？

布：纪元前 2348 年。

丹：你相信不在方舟中的所有生物都毁灭了吗？

布：我想鱼可能活着。

丹：你不知道有很多文明可以上溯到5000年以前吗？

布：我对于自己所看到的任何证据都不满足。

丹：你相信地球上的每种文明，每种有生命的东西——也许除了鱼之外，都被洪水毁灭了吗？

布：在那个时候是如此。

丹：你对于今天有不同种族、人种、文明和动物存在于地球上的时代，不感兴趣吗？

布：我对于人们努力要驳斥圣经所表现的观点或研究，没有多大兴趣。

丹：你不知道中国的古文明，至少已有6000年或7000年了吗？

布：不知道！但根据圣经，中国的古文明不会超过上帝创造宇宙的时间——6000年。

丹：你不知道其他宗教是否同样记载地球为洪水所淹没吗？

布：基督教已使我满足，我不认为有必要研究其他竞争性宗教。

丹：你读过关于原始人的书吗？如泰勒的《原始文化》，或者波亚斯的作品，或其他伟大权威的著作？

布：我想我没有读过你提到的那些书。

丹：你一生都不曾试图去发现地球上其他种族的事——他们的文明史多长、他们在地球上生存多久吗？

布：没有，先生。我很满足基督的宗教，所以我没有花时间试图去发现不利于它的论辩。我有自己赖以生活、死亡的一切信息。

丹：你认为地球是在六天之中创造出来的吗？

布：不是一天有24小时的六天。

丹：圣经是这样说的吗？

布：没有。

丹：你相信夏娃是第一个女人吗？

布：是的。

丹：你相信她是用亚当的肋骨造成的吗？

布：我相信。

丹：你认为太阳是在第四天被创造出来的吗？

布：是的，圣经是这样说的。

丹：你怎么解释白天存在于太阳诞生之前呢？

布：我说的绝不是24小时的那种一天，而是一个时期。

丹：请告诉我们，这个时期有多长？

布：不知道。

丹：是一段相当长的时间吗？

布：可能。

丹：你相信夏娃被蛇诱惑的故事吗？

布：我相信圣经所说的。请读圣经，我就回答。

丹：好吧，我来念：我要叫你与女人彼此为仇，你的后代与女人的后代也彼此为仇；女人的后代要伤你的头，你要伤她的脚跟。又对女人说：我必多多增加你怀胎的痛苦，你生儿育女必多受痛苦，你必须依恋你丈夫，你丈夫必须管束你。这是对的，是吗？

布：我接受它本来的情况。

丹：耶和华上帝对蛇说：你既然做了这件事，就应受诅咒，比所有牲畜野兽更甚；你必须用肚子行走，终生食土。你认为这是蛇被迫用肚子爬行的原因吗？

布：我相信是的。

丹：你知道在那个时间之前，蛇是怎样走路的吗？

布：不知道。

丹：你是否知道它用尾巴行走呢？

布：不知道，我无法知道。阁下，我想我可以缩短见证。丹诺的唯一目的是诋毁圣经，但我能回答他的问题，我会立即回答。我要让人们知道，这个不相信上帝的人，正试图利用田纳西的一个法庭。

丹：我反对你的陈述。我正要除去你的愚蠢观念，世界上聪明的基督徒所不相信的观念……

## 范例八 “七君子”法庭辩论

【情景】 20 世纪 30 年代，国民党政府力图以笼络手段窃取救国会的领导权。在屡遭救国会领导沈钧儒等人的拒绝后，恼羞成怒，转而采用镇压手段，在 1936 年 11 月 22 日深夜将沈钧儒、章乃器、沙千里、邹韬奋、李公朴、王造时、史良七人逮捕。这就是震惊中外的“七君子事件”。案发后，国民党政府迫于全国汹涌澎湃的抗议声潮，被迫改秘密逮捕为公开审案，企图借此审出个“联合共产党反对政府”的结论，以镇压进步人士。法庭上，“七君子”义正词严，与审判当局展开了多次激辩。

审判长（以下简称审）：你赞成共产主义吗？

沈钧儒（以下简称沈）：赞成不赞成共产主义，这个提法是滑稽的，我请审判长注意这一点，就是我们从不谈什么主义。起诉书竟指被告等宣传与三民主义不相容的主义，不知检察官何所依据？如果一定要说被告等宣传什么主义的话。那么，我们的主义就是抗日主义、爱国主义。

审：抗日救国不是共产党的口号吗？

沈：共产党吃饭，我们也吃饭，难道共产党抗日，我们就不能抗日吗？审判长的话，被告不能明白。

审：那么你同意共产党抗日统一的口号了？

沈：我想，抗日求统一，当然是人人同意的。如果说因为共产党抗日，我们就需要说不抗日；共产党说要统一，我们就需要说不统一，这种说法，是被告我所不懂的。

审：共产党真能抗日吗？他们一面主张抗日，一面主张土地革命，你晓得吗？

沈：这要问共产党，我不知道。

审：你知道你们被共产党利用了吗？

沈：假使共产党利用我抗日，我甘愿被他们利用，并且谁都可以利用我抗日，我甘愿被他们为抗日而利用。

审：组织救国会是共产党指使的吗？

沈：救国会会员很多，是否有共产党，无从知道。对于入会之人，不能问他是不是共产党，只问他抗日不抗日。并且共产党哪里会自己说明是共产党呢？所以要问也问不出来。

审：你是否煽动罢课？

沈：罢课太多，究竟问的是哪年哪月哪日哪次？是全上海，还是哪个学校？是哪个煽动的？证据何在？与救国会有什么关系？

审：你们主张容共吗？

李公朴：民国十三年孙中山先生主张容共，实行容共，中山先生错了吗？连我们集会纪念中山先生，援助日本纱厂罢工工人，也被列为罪状，试问你们要不要做中国人。

审：你们主张联合共产党，是不是危害民国？

史良：好比一家人，强盗打进门来，我们叫家里兄弟姐妹不要自己打自己了，首先应该联合起来共同抵抗强盗，这有什么错？能说是危害民国吗？只能说是危害帝国——日本帝国主义，除非检察官是日本人，才会判我们救国有罪。

审：《生活日报》说人民阵线和人民救国阵线是一样的，是不是？

邹韬奋：去年7月，一位读者来信曾用“人民阵线”四字，我答复说团结抗日很好，但用人民阵线四字有毛病，不可再用，以免误会。起诉书反说我提倡人民阵线，岂非断章取义，故入人罪？

检察官：被告刚才说本检察官断章取义，故入人罪是不对的。你们给张学良的电报，叫他出兵抗日，他没有中央的命令，怎能抗日？并且他离绥远很远，事实上也不能抗日，本检察官代表国家行使职权，被告不能随意指责。

邹韬奋：我刚才说断章取义、故入人罪，是指人民阵线而言，检察官却牵涉到张学良问题上去了，真是牛头不对马嘴。

辩护律师李文杰：绥远和陕西是毗邻省份，检察官说距离甚远，实在太无地理知识。

邹韬奋：我们打电报请张学良抗日，起诉说我们勾结张、杨兵变，我们发了同样的电报给国民政府，为什么不说我们勾结国民政府？共产党给我们写公开信，起诉书说我们勾结共产党，共产党也给蒋委员长和国民党发公开信，是不是蒋委员长和国民党也勾结共产党？

检察官：因为你们给张学良的电报引起西安事变，给国民政府的电报并没有引起兵变。

史良：比如一个刀店，买了刀的人也许去切菜，也许去杀人，检察官的意见，是不是买了刀的杀了人要刀店负责？

沙千里：给张学良通电，因为张是东北人，应该去打日本、收复失地。至于西安事变是否因通电而引起，应该去问张学良。

章乃器：检察官代表国家行使职权，是应当的，但我们更希望能代表中华民族的人格，否则给他做一个中国人，也丢尽我们老百姓的脸。

检察官：这是恶意侮辱检察官，你叫什么？你叫什么？记入笔录，我要检举，我要起诉。

## 范例九 布莱特的高妙辩论

【情景】 1671年5月，英国伦敦发生了一起英国历史上最震撼人心的盗窃犯罪活动，英国国王的皇冠被一个以布莱特为首的五人犯罪团伙抢走了。英王查理二世得知此事后，对这些目无法纪、胆大妄为的歹徒颇有好奇之心，决定亲自提审为首的布莱特。布莱特不仅胆大包天，还极富“辩才”，他借此机会同英王查理二世进行了一次饶有兴味的法庭辩论。结果很有些出人意料。

查理二世（以下简称查）：你在克伦威尔手下时诱杀了艾默恩，换来了上校和男爵的头衔？

布莱特（以下简称布）：陛下容禀，我不是长子，所以没有继承权，除了本人的性命以外别无所有，我得把我的命卖给出价最高的人。

查：你还两次企图刺杀奥蒙德公爵，是吗？

布：陛下，我只是想看看他是否配得上你赐给他的那个高位。要是他轻而易举地被我打发掉，陛下就该挑选一个更适合的人来接替他。

查：你越干胆子越大，这回竟然偷起我的皇冠来了。

布：我知道这个举动太狂妄了，可是我只能以此来提醒陛下关心一个生活无着的老兵。

查：你不是我的部下，要我关心你什么？

布：陛下，我从来不曾对抗过您，英国人互相之间兵刃相见已经很不幸了。现在天下太平，所有的人都是你的臣民，我当然是您的部下。

查：你自己说吧，该怎么处理你呢？

布：从法律角度来看，我们应当被处死。但是，我们五个人每一位至少有两个亲属会为此落泪。从陛下您的立场看，多十个人赞美您总比多十个人落泪好得多。

查：你觉得自己是个勇士还是懦夫？

布：陛下，自从您的通缉令下达以后，我没有一个地方可以安身，所以去年我在家乡搞了一出假出殡，希望警方相信我已经死亡而不再追捕，这不是一个勇士的行为。因此，尽管我在旁人面前是个勇士，但在您——陛下的权威下只是一个懦夫。

查：免除你的死刑。

## 范例十 2010国际大专辩论赛决赛

【情景】新闻价值和人文道德哪一个更重要。正方：新闻价值比人文道德更重要（武汉大学）；反方：人文道德比新闻价值更重要（中国政法大学）。

正方三辩：谢谢主席。对方辩友说我们混淆了概念，新闻价值到底包不包括客观公正，在场观众自有公论。但对方辩友直接把人文道德等同于道德，到底是谁偷换了概念呢？请正面回答我，请问有没有哪个新闻报道能够背离新闻价值。

反方三辩：今天没有一个新闻报道可以背离新闻价值。但，是不是为了追求新闻价值，我们就要减损人文道德。我手中是一张最近传得很火的挟尸敲诈的照片。这张照片的确非常震撼、很真实，追求了新闻价值。但我手中捂住的部分是死者的遗体，这是死者的家属造成的二次伤害。请问你能不能用不道德的手段追求有价值的新闻？

正方二辩：你说得很好。他是没用道德的手段。所以说你方的人文道德一定不能背离。可是你刚才也正面承认了新闻价值同样不可背离。既然二者都不能背离，你方标准如何论述你方观点呢？

反方二辩：对方辩友，还是回到刚才我们"饥饿的苏丹"这张照片。我们今天不谈，说是不是一国的价值重于一个人的生命，说是不是这个真实和客观一定会被道德所减损。我问你一个最简单的问题，如果你是这个孩子的父亲，你能不能做出同样的选择呢？

正方一辩：好的，对方辩友。那我们就回到你方的立论来看看到底应该怎么做。你方立论一开始就告诉我们，今天人文道德是一个社会的准则。可是请大家注意，新闻价值是不是一个新闻工作者的准则？如果两者同样的准则，如何得出你方结论？

反方二辩：新闻工作者首先是一个人，人的准则是不是比新闻工作者的准则更重要呢？你还是没能回答我方的问题，如果你是这个孩子的父亲，你会不会做出同样的选择？

正方三辩：如果我是这个孩子的父亲，我把我孩子，以及我孩子背后这个国家深重的灾难用新闻的方式，呈现在世人面前，吸引对方的关注，我不知道有何不可？请对方辩友正面回答我，现在你方标准告诉我有所减损，那么我想知道，如果我是一个新闻记者，我孩子病了，我为了报道丰富一线，没有关心我的孩子，那是不是在你方标准也可以得出我方的结论呢？这时新闻价值比人文道德更重要呢？

反方三辩：对方辩友，这时候你选择的不是新闻价值。而是你报道这个事件本身所彰显的人文道德。还想请问对方辩友，在这个菲律宾人质事件中，我们看到媒体它大肆地报道，不断地渲染这个事件中的细节，最后导致持久的情绪失控。第三次请问你，我们是不是用一个不道德的手段追求一个有价值的新闻？

正方二辩：谢谢。你方的确是很煽情地告诉我们，不能以不道德的手段。但是在逻辑上充其量只能论证人文道德是一个新闻报道的必要条件。如何论清它更重要呢？新闻方的新闻工作者背负着摄像机而不是医疗箱，奔赴汶川大地震的现象，你告诉我们，他们何错之有呢？

反方一辩：对方辩友请你正面回答一下重要原因，能不能用不道德的手段追求有价值的新闻？

正方一辩：好的。对方无非在告诉我们，不能不择手段追求有价值的东西，是这些价值就不重要了吗？今天我们不能不择手段追求任何事情，是不是任何事情也不重要了呢？请你正面回答我方汶川地震的例子。

反方二辩：感谢对方辩友已经承认我方观点。不能牺牲道德来追求新闻价值。但反过来说，我们说为了道德，就应该放一放新闻价值可不可以呢，我认为是可以的呀。

正方三辩：好，我来告诉你可不可以。今天我们为了彰显人文道德，能不能放一下新闻价值呢？北京电视台曾经有这样一件事情。记者为了彰显人民和社会对于市民未知安全问题的关注，就制造了一个假新闻。我想请问你，为了人民道德的彰显制造一个假新闻，是不是在你方可以的范畴？

反方一辩：对方辩友，假新闻是不是不符合人文道德，请对方正面回答。

正方二辩：对方辩友，它恰恰是为了吸引人们对自己生命的关注，这是最大的人文道德呀。可是以人文道德为初衷，一样也制造假新闻，还是说明二者都不可缺离嘛。

反方三辩：对方辩友，你这个例子恰恰说明了我们在追求人文道德这个过程中，不能片面化。我们制造一条假新闻，可是在传播学上，假新闻恰恰是有新闻价值的。假新闻本身正好论述了不能片面追求新闻价值最大化，而必须遵守人文道德。再请问你，美国记者协会 SPJ，它有四条原则，其中最重要的是最小伤害原则，请问你为什么不是最大真实原则？

正反一辩：好，对方辩友无非还是要告诉我们，在追求新闻报道过程中，一定要注意千万不能违背人文道德这个底线。可是你想一想，新闻记者在报道时是不是也千万注意，一定不能违背新闻价值呢？所以请你正面告诉大家，那些在汶川地震坚守记者报道一线，没有亲身求援的记者，他们何错之有？

反方三辩：所以我来回答你。美国新闻摄影协会有一条很明确的规定正好可以解释这个问题。面对自然灾难的情况下，这是一个及时而紧迫的情况下，记者在这种极端的情况下，必须先救人后摄影。你觉得这说明了什么？

正方二辩：你方充其量只能论证缓急嘛。但是今天论证轻重对不对？在泥石流事件中，扛着摄像机难道是去直接救人吗？

反方一辩：对方辩友，今天说两者都不可以撇下，但请你正面回答我，当二者冲突时你选哪个？

正方三辩：很简单，我方已经说了，今天在二者冲突的情况下比不出结论，为什么？因为在二者冲突的情况下只能得出一个结论，就是谁更急，比不出谁更重。而真正的重是要看我们今天这个记者扛着什么到灾区，到底是以什么为灾区的重中之重。

反方三辩：对方辩友，二者在冲突的情况下比不出轻重吗？那为什么我们的记者要选择坚守人文道德的底线，而降低那一点点的新闻价值，而不是说放弃人文道德，而刻意地追求新闻价值。他们的取舍说明不了轻重问题吗？

正方一辩：对方辩友，新闻价值不用刻意追求。只需要把记者真实看到的现象告诉大众，我们每个人看到汶川地震传播一线镜头时都感动得流下了眼泪。为什么没有人去苛刻那个记者，你为什么没有去救人而告诉我们真相呢？

反方二辩：对方辩友，真的不用刻意追求吗？都城晚报有一个记者，为了拍摄暴雨中行人连续跌倒的壮观场面，守在了一个明知坏了的警告旁边蹲了一个整整的下午。你告诉我这是不是刻意追求新闻，你告诉我能不能以不道德的手段追求一个有价值的新闻？

正方三辩：我再次告诉你，不行。不能以不道德的手段追求有价值的新闻。但今天不择手段追求新闻价值，到底是不择手段错了，还是新闻价值错了，请你正面告诉我。

反方二辩：对方辩友，汶川地震这个例子你一直在追问，我给你解决一下。想一想汶川地震这个情况，记者来到现场，旁边有警察和医生，这是分工不同。人文道德和新闻价值并没有必然的冲突。如果在这种情况下记者在报道的时候，不要过度报道这个血腥的画面，要照顾到社会普遍的情感，我想请问一下这是不是在遵守人文道德呢？

正方二辩：感谢你终于看到是因为分工不同。正是因为有这样的分工，才决定了新闻工作者应该以新闻价值为重，扛着摄像机去现场对不对呢？再请教你，在一个泥石流的现场是扛着救生艇去呢，还是扛着摄像机去呢？

反方一辩：对方辩友，还是应该看情况吧。如果有人去救，还是应该保持一个客观的状态。这时候人文道德和新闻价值不冲突啊。可是没人的时候，只有他一个人时候，这是不是应该先救人，这是冲突时选择人文道德嘛。

正方一辩：对方真的好奇怪啊。对方今天的人文道德好像是忽高忽低喔。一方如果有人救援，我就可以袖手旁观，也不算不道德。我真不知道你方所说的人文道德标准何在。那么请你告诉大家，如果今天你去现场，记者开的不是报道车，而是救护车，他们是不是走错了？

反方一辩：按照你方逻辑，我去医院应该是救死扶伤，而不应该让医生来救？这是不是不符合人文道德呢，按照你方的逻辑。

正方三辩：这是你方逻辑推导的基础啊。你方反复在说那种最危急的时刻，记者该怎么办。我告诉你，记者该出手时就出手，没有任何问题。这个问题就是什么呢？今天我家里的保险丝一旦断了，我家里电器都不能用了，是不是以你方标准得出，保险丝比我家所有电器都重要呢？

反方三辩：这恰恰说明了在面对冲突的情况下我们心中把什么放在了第一位。在面对泥石流的时候，如果没有救人，我们把价值，把人文道德放在第一位。为什么按照你方逻辑你就觉得是一个轻重缓急的问题，而不是一个价值轻重的问题呢？

## 范例十一 美国总统竞选辩论

【情景】 2008年9月26日美国总统竞选辩论第一场，奥巴马与麦凯恩的激烈论辩。巴拉克·奥巴马参议员：民主党总统候选人；约翰·麦凯恩参议员：共和党总统候选人。下面是两人关于“全球金融危机”的精彩辩论节选。

主持人：艾森豪威尔将军在1952年总统竞选中说：“我们必须在确保安全的同时具有偿付能力。实际上，经济强大是军事力量的基础。”我们根据这一论断提出第一个主导性问题，先生们，在今天晚上这一关键时刻，你们的金融复兴计划是怎样的？请奥巴马参议员先说，你有两分钟的时间。

奥巴马：……现在是讨论美国未来的关键时刻。你们知道，我们正处于美国历史的决定性时刻：我们国家卷入两场战争，我们陷入自大萧条以来最严重的金融危机。尽管我们从华尔街那里听到不少消息，但我认为，你们这些在“美恩街”（“美恩街”是百姓日常消费的地方）上的人正在拼命挣扎，你们也很清楚，这次金融危机会影响到经济的各个领域。你们都在纳闷：金融危机是怎么影响到我的？它是如何影响我的工作的？它是如何影响我的房子的？它是如何影响我退休金储蓄以及我送孩子念大学的能力的？所以，我们必须立刻行动起来，必须明智地行动起来。我提出了个一揽子方案，其目的就是在这次关键的救市努力中保护纳税人……现在，我们必须认识到，这次金融危机是对由乔治·布什提出的、由麦凯恩参议员支持的8年失败的经济政策的定论。他们依据的理论主要是说：我们可以取消政府对市场的干预和对消费者的保护，给大多数国民越来越多，这样，就会逐步繁荣起来。但这并不奏效。我认为，基本经济原则正确与否必须用中产阶级是否受到公平对待来衡量。这就是我竞选总统的出发点，这就是我今天晚上想讨论的话题。

主持人：麦凯恩议员，两分钟。

麦凯恩：……我认为，最近所发生的许多事情是怎么强调也不过分的，那些正面临挑战的美国人也有同感。但今天晚上，我略感轻松，我要告诉你们这是为什么。因为，我们今天晚上在这里进行辩论，这是很久以来共和党人和民主党人终于又坐在一起，正设法找到解决我们所面临的这场财政危机的办法。毫无疑问，这场危机来势凶猛。我们不想谈论华尔街制度的失败，我们要谈论的是“美恩街”的失败，我们要谈论的是，如果我们在接下来的时间内找不到化解这场最严重的财政危机的办法，那些人就要失去工作、银行存款以及住房，我稍后就对此进行阐述。然而，重要的是——我们终于看到共和党人和民主党人坐下来共同研究，提出了一个一揽子救市方案。这个一揽子救市方案是透明的。它必须是负责的和缜密的，它必须让那些经营不善的企业主有对贷款的选择，而不是政府接管那些贷款。这个一揽子救市方案必须包括一系列其他必要的措施。是的，我回到华盛顿后，会见了众议院的共和党同人。我知道，磋商的范畴不包括那些必要的措施，是众议院的共和党议员决定应把它们列入解决危机的一揽子方案中的。今天晚上，我想对所有美国同胞强调一点，一揽子救市方案并不意味着这场危机的结束，即使我们拿出一个让所有制度稳定的方案，这也只是个开端。我们还有很多工作要做，我们必须创造就业岗位，当然，摆脱对进口石油的依赖也是其中的一项工作。

主持人：好了，让我们回到我的问题上来。你们是怎么看待这个救市方案的？你们彼此解释一下，一共有 5 分钟的时间。我们现在就可以对此进行讨论。我的意思是，奥巴马参议员，你支持这个方案吗？还有，麦凯恩参议员，你赞同这个方案吗？

奥巴马：我们还没看到这个方案的文本，但我确实认为众议院正在做一项建设性的工作。所以，我要对正在看我们辩论的电视观众说，我对我们能合作制订出一个方案持乐观态度。我认为，首要的问题是，我们必须深刻反省：我们是如何陷入这种困境的？但是，我们也一定要深思，我们为什么要取消这么多的调节？我们没有建立起 21 世纪的调节机制来应对这些问题。尽管经济学讲，政府调节总是坏的，但我们还是要适时采取调节政策的。

主持人：麦凯恩参议员，你会对这个一揽子救市方案投赞成票吗？

麦凯恩：我——我希望是。但是……

主持人：以美国参议员的身份……

麦凯恩：当然了。

主持人：对这个计划投赞成票？

麦凯恩：是的。但是——我要——我要指出的是，我也警告过“房地美”公司的贪欲无度，警告过首席执行官的天价薪水等诸如此类的问题。我们多数人都看到了这列经济列车驶入了泥潭。但是，也有责任问题。你刚才提到德怀特·大卫·艾森豪威尔总统。在诺曼底登陆前夜，艾森豪威尔将军在自己的房间里写了两封信：一封是写给美国陆军将领和盟军的，祝贺历史上乃至今天以及将来最伟大的登陆战役的胜利；另一封是写给美国陆军部的，请求为诺曼底登陆的失败辞职。可我们不知何故丧失了那种责任。当我提议美国证券交易委员会主席辞职时，我遭到猛烈抨击。我必须开始鼓励人们具有责任感，我们也必须奖赏那些具有责任感的人。但是，今天的华盛顿——恐怕也和华尔街一样——贪得无厌得到奖赏，利欲熏心得到奖赏，腐败渎职得到奖赏。如果我当选为美国总统，我要让我政府班子里的人负起责任。我向你们保证，那将会实现。

主持人：奥巴马参议员，你对麦凯恩参议员刚才所说的有什么看法？

奥巴马：嗯，我认为我们确实需要更多的责任，麦凯恩议员完全正确，但我们不应只在危机出现的时候才需要它。我指的是，在过去的数年时间里，占统治地位的经济思想总是考虑什么对华尔街有利，而不是什么对城镇大街（上的人们）有利。而且，在危机发生之前，就有那么一些人在挣扎了。这也是为什么我们在解决这个短期问题的时候，看看一些深层次的问题是如此重要。这些问题让普通美国人的工资和收入下降，让医疗系统破碎，让能源政策失效。……你知道，10 天前，约翰还在说经济的根本还是健康的……而我根本就不同意这点。除非我们不论什么时候都让我们负责，而不是在出现危机的时候。让某些有权力和影响力的人可以雇佣说客而已，坦白地说，对于护士、教师、警员，每个月的月末，都有着金融危机在上演。

主持人：那么，麦凯恩议员，你同意奥巴马议员刚才所说的吗？如果你不同意，告诉他你不同意什么。

麦凯恩：不同意……你看，我们得修理系统。这个系统的根本有些问题，而城镇大街上的人们正在为华盛顿和华尔街的无度和贪婪付出代价。

所以，毫不怀疑，我们有很长的路要走。而且，很明显地，对各种各样没有做好他们工作而导致了这场危机的管理机构更加严格地整理和合并。但我心中深信美国劳动人民的善良和力量。而且美国劳动人民是富有生产力和创造力的人民。美国仍然是最大的生产国、出口国和进口国。但我们一定要熬过这段时间，我深信美利坚合众国能做到。我还相信，在正确的领导下，幸福的生活就在我们前头。

## 范例十二 诸葛亮舌战群儒

【情景】 东汉末期，曹操挟天子以令诸侯，较有实力的军阀大都被他消灭了，唯独刘备和孙权还有发展壮大的可能，曹操自知一下子吞并这两股势力还比较难。于是，曹操就派人拿着他的书信去东吴，想和孙权联手消灭刘备。孙权手下的谋士大都主张降曹自保，只有鲁肃主张联刘抗曹。但鲁肃自知难以说服孙权和东吴的文臣，特意请诸葛亮来当说客。

张昭（以下简称张）：听闻诸葛先生在隆中之时，曾自比管仲、乐毅，此语果真如此？

诸葛亮（以下简称诸）：是。那不过是亮平生一个寻常的比喻而已。

张：听说刘备三顾茅庐，幸得先生，以为如鱼得水，并立誓要席卷荆襄之地。可是如今那些地皆被曹操夺去，不知先生有何见解？

诸：夺取荆襄之地，易如反掌，我主刘备躬行仁义，不忍心夺取同姓同宗基业，刘琮年幼，听从奸言，才令曹操得逞。方今我主屯兵江夏，别有良图。非等闲之辈可知也。

张：这就是先生的言行自相违背了。先生自比管乐，可知管仲辅佐齐桓公称霸诸侯，乐毅扶植微弱的燕国攻下齐国七十余座城池，此二人真乃济世人才。刘备未得到先生之前尚且能纵横寰宇，攻略城池，得到先生后，曹军一出，则弃甲抛车望风而逃。弃新野，走樊城，败当阳，奔夏口，如今已无立足之地。可见刘备得先生后反不如当初。难道管仲、乐毅也是如此？

诸：鸿鹄之志岂是燕雀能知？当年我在隆中耕作时，每遇到病重的人，总是让他家人用稀粥喂他，服用平和的药物，等到有所好转，再食用肉类，再用猛药除去病根，如果直接用猛药会使病人病危。我主刘备现在正处于弱势，就像生病的人，新野兵缺粮少，但博望、白水之战让曹军挫败，管仲、乐毅用兵未必比我高明。当阳之败，数十万百姓跟随军队，刘备不忍心丢下百姓，行军缓慢，甘愿战败，这是大仁大义。当年高祖几次败与项羽，但垓下一战打败项羽，这难道不是韩信的谋略吗？

虞翻：请问孔明先生，曹操百万军队进逼江夏，孔明先生有何高见。

虞：曹操乌合之众，何必害怕！

庾：先前弃新野，走樊城，败当阳。如今来江夏求救，还说不害怕？

诸：我主刘备兵少不敌曹操仍殊死抵抗，东吴兵多将广却有人劝其投降，这不是让天下人耻笑吗？如此相比刘备不愧为不惧怕曹贼之人。当年虞翻在王朗手下就曾劝说其投降孙策，没想到如今还要劝主降曹。看来是旧病复发啊。

步子山：难道孔明先生想像苏秦、张仪那样来说服东吴吗？

诸：苏秦、张仪仅仅是说客吗？他们是真豪杰。苏秦佩带六国相印，张仪两次出任丞相，二人皆有匡复国家的大智大勇，怎么能和欺弱怕强的人相比？现在诸位还没与曹操军队交锋就闻风丧胆，乞求降曹，有什么资格嘲笑苏秦、张仪。

薛敬文：孔明先生认为曹操是什么人。

诸：曹操是汉贼，何必问。

薛：汉命数已尽，现在曹操有天下的三分之二，万众归心。刘备不识时务，以卵击石，怎能不败？

诸：天地之间，以忠孝为本，你本是汉臣，不为汉朝报效不是汉贼又是什么。此等国贼，应天下共诛。

陆绩：曹操挟持天子，而刘备虽自称汉室之后，却无凭证，如何与曹操抗衡？

诸：曹操身为汉臣，蔑视皇帝，蔑视祖宗，是乱臣。而刘备被当今皇帝亲口称皇叔，为何没有考证？而且高祖出身贫寒，但最终夺得天下，目前的苦难又有什么可耻可言？

严曼才：请问孔明先生这些高论出自什么经典？

诸：没有什么经典。自古治国人才不拘泥于经典，不过人才以前还是奴隶耕夫。至于后世的张良等人才，也没听说过什么经典。可叹现在书生张口都是经典，却只会混淆黑白。当年杨熊虽有文才，但投靠乱贼王孟，最终落得跳楼自杀的下场。如此下场，不可仿效。

# 第十四章

# 学术报告提问情景应对

**范例一** 第二届世界汉学大会清华大学李学勤教授发言后对提问的作答

【情景】 2009 年 10 月 30 日，第二届世界汉学大会在中国人民大学举行。清华大学李学勤教授作了题为“如何重新发现经典”的发言后，大家进行了提问，他一一解答。演讲由中国人民大学孙郁教授和俄罗斯国家科学院伊里娜·波波娃教授主持。

主持人孙郁：女士们、先生们，大家好！大会的演讲现在开始，大会演讲今天由我和俄罗斯国家科学院伊里娜·波波娃教授一起主持。演讲的是李学勤先生，题为“如何重新发现经典”。

主持人伊里娜·波波娃：大家好！我给大家介绍一下李学勤先生，李先生不需要什么特别的介绍，因为他是非常有名的人。原来我在学习的时候，我的老师就告诉我，李老师的著作是非常有名的，他是非常著名的汉学家，他的著作非常多，所以不需要特别介绍他。

主持人孙郁：李学勤先生大家也很熟悉，他的发言我想也会给大家带来一些新意，我们期待着。下面请李学勤先生为大家演讲。

李学勤：……（报告部分）

主持人伊里娜·波波娃：李学勤先生讲的是如何重新发现经典。现在是提问题的时间，欢迎大家向两位学者提问。我们可以对李学勤先生提两到三个问题。

问：我是中国教育报的记者，我想请问李学勤先生一个问题，您能不能再介绍一下你们关于清华简的研究近况。

李学勤：关于清华简的情况，我们在媒体上做了一定的介绍，我想向大家报告一下。清华简是战国晚期的竹简，本身这个简书写的时间，大约在公元前 300 年上下，属于战国中晚期之间的一批简。这个简的内容都是书籍，没有过去一些像埋葬的器皿单子，书籍内容以经、史为主。而在经、史里面，主要是尚书，或者类似尚书的一些内容。主要的一个东西，是有一个长篇的历史，这个历史从周朝初年，一直讲到战国前期。

问：问李学勤先生一个问题。请问中国汉学的精神与特质。

李学勤：中国的汉学，如果从汉学本身是研究中国历史文化的学问，我想中国自己从来就有一种研究历史和文化的学问，就是我们现在常常说的中学或者国学，这是中国的传统。可是中国的国学在和西学接触以后，我们和西方，包括向其他的国家学习了很多东西，所以今天我们说的国学，当然已经不是传统的、旧的意义的中国传统学问，而是在世界的影响之下，正在走向现代化和世界化的一些新的研究。这方面我们向各个方面的学者有很多的学习。我想中国很重要的一点，近些年，大家都谈到中国的学问核心的一个观念，很多人说是“天人合一”这个说法是不是对，大家有不同的看法，可是强调了“人”，特别是“人”和环境、自然界之间有和谐的关系，这点是大家现在很注意的。但是我想，这不是今天的，而是从中国有历史以来，中国文化产生以来，就是核心的一个内容。谢谢!

一位印度学者提问：我听了李老师的讲话，他说明清之际，中国和西方有了文化交流。中国文化跟外国的交流史追溯到唐朝，那个时候印度的佛教也传到过中国，从那个时候，佛教对中国的文化产生了很大的影响，所以这个问题应该注意，我想了解一下李老师的意见。

李学勤：非常高兴回答这个问题，本来今天我的演讲内容还要长一些，因为限于时间，我把它压缩了，没有提到一些问题。刚才谈到，我想中国历史文化也有一个很突出的特点，就是中国在历史上一直在吸收其他文化的特点、其他文化的一些优秀传统，这些方面中国做得时间很长。刚才提到佛教，这是一个非常重要的方面，可是我想，实际在佛教以前，中国已经向其他周边的国家，当时交通所能够通向、所及的国家学习了很多，这个交流是长期的。今天我不知道到底应该早到什么时候，因为有些事情我们现在不太了解。大家要知道，即使在商代的时候，我们从考古学来看，已经有和境外的交流，这些问题留待以后专门去讨论。

刚才所问的问题，就是佛教在中国起到什么样的影响，这个影响非常深远，而且非常深入。大家可以看到佛教的信仰，比如佛教一个根本的信仰观念就是轮回，人是有轮回有业报的，这样的观念在中国的民间是非常普遍的，大家都有这么一个信念，在历史上是一个很深入人心的思想。而且我必须说，佛教很多的宗派，从唐朝以来，唐朝兴起几个主要的宗派，比如像天台、三论、禅宗，等等。特别是后来流行的禅宗净普，所以佛教是在外国的影响下中国发展的。

主持人孙郁：李先生做了非常精彩的演讲，大家也做了互动，由于时间的关系，我们这次演讲到此结束，感谢李学勤教授，同时也感谢伊里娜·波波娃教授。

### 范例二　北京大学法学院朱苏力教授在西安交通大学举行专题讲座后对提问的作答

【情景】 10月17日晚7点，北京大学法学院院长朱苏力教授在西安交通大学教室为在校师生举行了题为“司法职业化与司法的社会需求”的专题讲座。讲座由法学院院长单文华教授主持。在互动环节中，朱苏力教授耐心回答了同学们提出的各种问题。

单文华院长：今天是一值得纪念的日子，因为我们大家久已仰慕和期待的朱苏力教授来到了我们大家中间。我觉得这是我们的一份荣幸，我决不忍心让大家继续等待。下面就让我们用热烈的掌声欢迎苏力老师给大家作报告！

朱苏力教授：……（报告部分）

朱苏力教授：如果有什么问题的话，我愿意回答大家的问题，什么问题都可以回答。

现场提问：您刚刚提到法学学生的就业率是比较低的，这也反映出大学生就业问题是很严重的，但是你也提到中西部法律人才严重缺乏的问题，这当中有什么矛盾？

朱苏力教授：你注意，在中西部地区的法学学生中只有百分之六十的就业率，但是他们的希望是能到城市就业，而不是到农村基层就业，在基层就业意味着你可能要在那里待一辈子，没有电视、电影、互联网等等这些。这个问题在整个西部都存在，你比如说西藏，有的一个县里面就只有一个法官，我说中国最司法独立的就是那个县。可是你觉得那样的独立是好的吗？在一个县里，你又是院长、又是法官，但你连一个合议庭都组成不了，到公安局、到检察院去找吗？不要以为有工作你就愿意干，一个月工资 800 块钱的工作你干吗？就说西藏这样的地方，在海拔五千米的地方，你很有可能会牺牲生命，工作十年下来你很有可能就折寿十年。当然还有一个问题，中国一方面是供给不足，另一方面是需求不足，中国的律师基本上是集中在四个大城市，北京、上海、广州、深圳。十五万的律师总数，大概这几个城市就占到五万以上。所以大量的人才都集中在大城市或者中小城市，而基层却呈现缺乏状态。过去还有一些五十多岁的转业军人、农村干部可以调解纠纷。但是这些人总归会老去，会退休。大家看过一个电影叫《马背上的法庭》吗？一个四十六岁就退休的老法官，是个少数民族，只有初中文化，当年把他招进来，就是为了培养女法官，方便与少数民族沟通，但是培养好了，四十六岁也就退休了。还有一个法官也是少数民族，结果自己从悬崖上掉下来给摔死了。这个电影其实也反映了我们司法改革的一些问题，所以说艺术家要比我们法学家、政治家更加敏感一些。

现场提问：我提两个问题，第一个问题就是您刚刚提到的中西部法律人才缺乏的问题，我觉得这个没有办法下定论，包括教科书也不能给我们解释，这是一个个人判断力的问题，现代体制下造就的这种学术倾向，就是向前走，这是一个大趋势，这是整个法学的问题，你要是反映到整个法学学术中，就是对整个大法学的反思。那么苏力老师您作为一个实用主义者，实用主义有时候是比较可怕的，您是比较关注实践运作，关注整个法制的改变，您倾向于新法制的一种话语权力，还是诉主的一种逻辑？

朱苏力教授：我觉得我不是实用主义，实用主义是让大家看清问题，你觉得我没有理想主义成分吗？看到中国的这些问题我为什么要去关心。我已经当上北大的教授了我为什么要去关心这些问题？我为什么不加入他们大合唱？这样我升官升得可能更快一些。我为什么不去做律师还能多赚钱？实用主义就没有理想主义的部分吗？不是的，我讲这些是让大家看清问题，如果我只讲理想主义那些空洞的部分，大家一定觉得我是个骗子。如果我今天没有把这些问题摆出来，可能在我讲之前很少有人会注意到，大家都知道三个至上，社会主义法制理念，但是不知道这些是存在问题的。所以我觉得实用主义是一种策略，就是把这个问题提出来，培养大家去分析问题的能力。我们不能仅仅下个判断，中国存在什么样的问题，我们必须让大家真实地感受到，从各个方面，从各个案例当中感受到确实是存在这样的问题。我觉得我的实用主义是体现在这些方面，我相信我是一个理想主义者，而且我觉得我讲了那么多，很多人也感受得到。对有些问题仅仅做个判断是不够的，很多时候问题要讲出来，让大家从一些真实的现实中体会到这样的问题。任何一个时代都是存在问题的，我们仅仅是反思现代性的问题，其实是没有必要的，我们要结合政治、经济、文化这些种种来反思所有的问题。

现场提问：朱老师你好，我是管院的，今天是慕名而来，刚刚您说不太喜欢过于宏观的，但是我想问一个偏宏观的问题。我是学管理的，其实现在管理跟法律面临的是一样的问题，一个是制度，一个是人才分布的不平衡。我的法律知识是比较有限的，但是据我所知，中国大部分的法律是参考国外的法律来制定的，而且外国有一个判例法，但是为什么在中国并没有被实施？就是说国外的法律是结合的他们本国的文化，而中国在照搬国外法律的时候是不是也在某种程度上对外国文化做出了一种认同？长此以往，中国的文化会不会被慢慢地侵蚀掉？

朱苏力教授：我们讲，判例法确实是有好处的，在中国为什么没有选择判例法，而选择条文法，是有具体的考虑的。如果你在中国选择判例法，贪污会更多。根据条文法，你过红灯，一律罚款200元；但是根据判例法，你要视情节轻重来给罚款，有的罚200元，有的罚50元，有的罚800元，那这个警察会多腐败？法条主义用在中国就是为了防止这种可能的腐败。第二个是说，把判例法引进，是不是忽视了中国的具体国情，不是的。我们去参考国外的法律，都是要考虑中国的国情的。至于说把外国法律搬进来，是不是失掉了中国文化本来的面目？就算失掉了又怎么样？我们今天不都穿着西装么？你也穿的是夹克。我们从来不觉得这存在问题。不是说不穿唐装，不留辫子就觉得不对了。我用手机，你用手机，我们不也都在用手机么？我作为一个知识分子，我不关心我的生活是否很好，我关心的是中国普通的老百姓他们的感受，如果他们觉得这样的生活很好，那么我再怎么觉得有问题也没有关系。知识分子不能够老是以自我为中心，认为我要把我认为好的生活方式带给大家，但是什么样的生活方式有什么关系么，只要大家觉得好就行了。现在穿唐装的人大部分是穿西装已经穿腻了的。不要以为我对中国文化不尊重，我其实写了好多关于中国文化的文章。我尊重，但是我认为所有的知识都是为了解决一个特定时代大部分人他们面临的比较长期的问题。因此，在这个意义上，也许这个时代会变化。坦白说作为一个知识分子我不是很喜欢名胜古迹、民族化的一些东西，因为我讲得越多别人会越没兴趣。很多人都觉得金庸的小说很不错，我觉得很一般；很多人都喜欢《还珠格格》，我不喜欢，但是我不能因为我不喜欢就反对大家的这种生活方式。所以我觉得不是按照我的方式，而是要按照中国老百姓你能够接受的来。

现场提问：朱老师，我想表达的意思是，是不是在法律移植的过程中，维护了少数富人的利益，而牺牲了大多数中下层的利益。就是说，当年中国跟美国谈判的时候，在制裁盗版者这方面制裁的都是单个的消费者，你说中国到底失掉了什么，在法律移植的过程中？那么我的问题是，在这种环境下，是不是法律做了政治的晚礼服？就是说是不是在维护少数富人阶级利益的时候，它失掉了更多中产阶级或者说农民的利益？

朱苏力教授：你说农民的利益会不会有损失，工人的利益会不会有损失？肯定会有。但是这个损失是总体上来说我们的生活整体上来说不够好，只能找到一个有一个比它更好的制度来替代，这种替代在这种情况下才是有可能性的。如果没有这种替代我们就说自己的生活是最好的，那我们说中国的农民会不会受到损失？肯定会有损失，但是整体上来说生活是在进步的。从经济学家的立场来看，农民的收入现在是增长最快的时候。实际上我觉得中国共产党是把全中国都考虑进去的，可能在改革开放初期让一部分人先富了起来，但是现在要求的是让全中国都富裕，所以才会修建青藏铁路，才会开发西部。那你说有没有一些人是绝对的失落？肯定会有，比如说地震，就算中央给你捐助了几十万块钱，但是你家丢了，这就是绝对的失落。但是总体上来说，农民的生活是在不断改善的，你看现在农民的家用电器，生活水平都是在不断改善的。但要注意一点，不要在改善过快的时候把中国的潜力给忽视了。而且有些事情看起来是在改善农民生活，实际上对农民是有害的。比如说《劳动合同法》，最终是谁受了损害，受了损害的是农民工，受损害的是你们。之前中国的诉讼一直是在下降，直到 2008 年才上升，一个原因是诉讼费的下降，而另一个方面是《劳动合同法》的出现。所以这种保护弱势群体的事情不一定就真有益的。但是政治家、法学家们还是以长远的利益为考虑的。所以不要把法律看成是纯善良的。法律不是一种小小的同情心，法律是一种大爱，大爱无疆！

现场提问：您在您的一本著作《法律与文学》中提到了中国的清官文化，那么我的问题是中国的这种清官文化对当下的这种司法改革和司法职业化的这种动力是什么？这是第一个问题。第二个问题，您刚也提到了经验对于法律实用的重要性，那么作为北大的教授，您在这方面有什么好的建议？

朱苏力教授：清官最重要的就是清明，这里提供了一个很重要的基础。但是注意我们中国最大的问题是把制度上的问题，技术上的问题都归结为一个清官的问题。这是用道德来解决技术问题。我们印象当中昏官都是肥头大耳，传统上认为贪官一定是愚蠢的，这是一个很大的谬误。另外，清官是不能解决所有问题的，有很多技术性的问题不是清官能够解决得了的。中国其实有技术问题，你觉得清官能够把火箭送上天吗？第二个是经验的问题，坦白地讲我是个书呆子型的，但是我当过兵，所以也是有一些经验可讲的。我其实是比较缺少实践经验的，但是有一点，我觉得我观察生活的角度很深入，我能够联想到这个问题跟哪些因素有关。比如说我看“秋菊打官司”，我注意到秋菊是在冬天的时候打官司，刚好是农闲的时候，没有人会在农忙的时候打官司。因此打官司是个成本问题，反正闲着也是闲着。所以大家要注意多联想。这不仅仅是借助经验，需要从经验当中凝练出学术性的问题。但不是要求所有人都要去做这个，在学习过程当中，大家要根据个人的特点优势来发挥自己的所长。也有你学完法律之后发现自己并不适合法律。你比如说我，我为什么不去当律师打官司，因为我发现自己有一个弱点，就是太爱说实话，肯定是会得罪人的。你说我如果像秋菊一样闲着也是闲着，当了大法官，那秋菊岂不是气死了。而律师呢，我又不喜欢陪人吃饭、喝酒，吃完埋单。还有一个人际关系的问题，我总是猜不透别人心里在想什么，我觉得读书是最简单的，书的意思就在那里，它永远不会变。所以就是说，大家要找到自己擅长的地方来发展自己的职业，这对你的将来是有好处的。谢谢大家！

## 范例三　美国总统布什在清华大学演讲后回答学生的提问

【情景】美国总统布什在清华大学发表演讲，并回答了学生们的提问。

清华学生用英文提问：昨天您和江主席进行了谈话，并且开了联合发布会，您在这个会上没有清楚地回答一个问题，那就是战区导弹防御系统是否会包含台湾在内？另外，我还想问，谈到台湾问题的时候，您说和平解决，您对和平统一是怎样的看法？

布什：非常好的问题。首先，我很赞赏你的英文，非常好！讲到台湾问题，很重要的一点就是美国的政府在讲到如何和平解决台湾问题的时候，总是说到和平、对话，我们强调和平这个字，我们指的是双方都要以和平的方式来解决，哪一方都不可以进行任何挑衅的行为。

我跟中国的领导人有过多次的谈话，每一次我们都强调我是支持一个中国的政策，而且这是长期一贯的政策，到目前为止没有改变。

至于有关导弹防御系统，我已经说得非常清楚，这是一个防御性的系统，是要帮助我们的盟友和其他一些国家来保护他们免受无赖国家的攻击，这些国家是希望发展大规模杀伤性武器的，我想制定这一点，对和平是非常有重要的，我昨天也非常清楚地说明这是事实。我们目前正在发展导弹防御系统的过程中，目前还不知道可行不可行，但是我觉得对全世界的和平会带来贡献。

还有一点，我觉得无论对中国人来说，还是对美国人来说这一点都必须要知道，美国政府希望能够以和平的方式解决发生在全世界的许多问题，因为美国现在处理的问题非常多，好像中东的问题。你们从新闻上看到以后知道了，这是一个非常危险的时代，我们正在努力地致力于和平，我们希望克什米尔的问题也能够和平解决，这对中国也是非常重要的。我来中国以前，我到了韩国，我也明确表示，希望以和平的方式解决朝鲜半岛的问题。

清华大学传播系学生：很遗憾，您刚才还是没有明确的回答，您总是说和平解决，而没有说和平统一。三天前您在日本访问时，在议会发表演讲说，美国将牢记对台湾的承诺，我想问总统先生这样一个问题，美国是否还牢记他对十三亿中国人民的承诺呢？那就是遵守《中美三个联合公报》和“三不”政策。

布什：感谢您，我想台湾问题是全世界都关心的问题。我想，就台湾的问题，我已经再明确不过了，就是我急切地想看到，台湾的问题能够得到和解，这就是我为什么说到需要和平对话的原因，我也希望这件事情能够在我有生之年，或者你有生之年能够成功，这将是一个重要的里程碑。

清华大学经管学院学生：总统先生，欢迎您这次来访，感谢您刚才精彩的演讲。我们可以预见到，中美两国的学术文化交流活动前景是非常广阔的，那么，刚才在您精采的演讲当中，我也看得出来，您对我们清华大学给予了很高的评价。那么现在我的问题就是，如果将来您的两个宝贝女儿有机会继续深造的话，您愿意让您的女儿来我们清华大学吗？

布什：但是她们已经不再听话了。我想，你知道我的意思吧，首先我希望她们能够来清华，因为这是一个非常奇妙的国家。我第一次来中国的时候，是 1975 年，跟现在相比，我实在很难用言语来形容中国发生的翻天覆地的变化。我当了总统以后第一次来中国是到的上海。她们跟美国的很多学生一样，都希望到中国来看一看。所以我觉得我们两国之间，进行学术，或是学生交流是非常必要的。而且，我也觉得美国应该欢迎中国的学生到美国去学习。因为我觉得这样子对中国的留学生来说是有好处的，对美国的学生本身也是非常有好处的。我想，很重要的一点就是我们必须了解，我们两国的人民必须了解我们都是人，我们都是有七情六欲的，都是有我们的烦恼的，都是有我们的快乐的。连年纪比较大的公民，像我们的副总统也是一样的。因为我们如果一起交流，我们一起有时间在一起的话，我们能够双方更加了解，这是对我们有利的。因为，在我们双边的关系中，我们的的确确有一些问题是不能够百分之百地达成一致的意见。但是，当你能够跟一个人相互更多的理解、更多的了解的话，您可能就这些分歧进行更好地讨论，毕竟我们是人，是有血有肉的人。

我觉得非常重要的有一点，我们认识我们毕竟是血肉之躯，我们毕竟是人，所以有一些事情，比如我提到了家人，我认为家庭在社会中是不可分割，也是一个非常重要的组成部分。中国在历史上、文化上，有敬老爱幼、尊重家人的传统，我希望美国也有这样的传统，这个概念不只是给某一个国家的，这是全球性的概念。当两国的学生聚在一起，一起学习的时候，我们能够更加理解对方的价值观，我想这样就能更加贡献于世界的和平。

清华大学传播系学生：去年圣诞节前，您的弟弟曾经访问过我们清华大学，他来的时候讲，在美国有很多人，特别是政界对中国有很多的误解。刚才副主席和您提到，两国都想促进两国之间的关系健康发展和人员之间的交流，我的问题是：作为美国总统，您打算采取哪些具体的措施促进我们人员之间在各个层面的交流？

布什：首先，我想来到中国访问，来到清华大学就是回答你的问题。因为美国人现在非常注意我访华的整个行程。那我想大家应该有兴趣知道，我上回先到上海，很短的时间内，在冬天来到了北京。在很短的时间内两次访华，这一点可以向您说明，我如何看待我们双边的关系。很重要的就是让美国政界的领导人能够访问中国，很多已经来过了，还有许多人还要来。能够来看一看，我们回去向他们形容中国的时候，会比较准确。我回到美国以后，我会告诉他们中国是一个伟大的国家，有非常悠久、优秀的历史，但是不止如此，还有非常美好的未来。

很多美国人对中国非常感兴趣，不只是来看非常漂亮的中国，而且想对中国人、对中国文化有更进一步的了解，我想我们两个国家都必须继续鼓励双边的人民相互访问。

我想可以在很大程度上改变全世界对中国印象的一个机会，就是当你们举办奥林匹克运动会的时候，这将是一个太好的机会了。到时候全世界的人都要来到中国，不只是看运动会，还可以看到中国现代化的发展；不只来的人可以看到，全世界的人通过电视转播都可以看到，所以，奥委会让北京得到2008年奥运会的主办权是有道理的。

学生提问：您1975年来过中国，到现在20多年过去了，您刚才也提到中国发生了很多变化，您有没有发现除了经济以外的中国社会的一些进步？

布什：我想，我来中国发现最凸现的一个现象，当然是稍微跟经济有关的，但是总的来说就是整个人民的态度的改变。因为在1975年的时候，我来的时候，每个人的服装都是一样的，现在你们高兴穿什么就穿什么。你看你们第一排的，全都是不一样的服装，因为你觉得这是我喜欢的，我要这么穿。当你要套上漂亮的羊毛上衣的时候，你说这是我做的决定。当你主动地作出这样的决定的时候，别的人看了，他们也要作出自己的决定。因此，一个产品的需求就影响了整个的生产，而不是由生产来影响产品的需求。如果你能够认识到在市场上的每一个人的这种需要，这就是自由社会的一个现象之一，这就是我们解释自由的其中一个意义。

所以，我来到这里，我看见的不只是高楼大厦，我觉得最明显的就是每个人现在可以自由地作出自己的选择了。有了做个人选择的自由，你就可以有其他的自由，你可以自由地做其他的事情。所以，您就知道为什么1975年跟现在相比，我这么惊叹中国如此大的变化，但是我觉得还要加上一句，就是这个变化是朝更好的方向发展的。我只能再回答一个问题，然后我跟你们的主席吃饭去了。

学生提问：谢谢您给我提最后这个问题的机会。我以前有幸读过您的一本自传，您提到美国社会存在的一些问题，校园犯罪、青年暴力、贫困儿童问题。据我所知，我们清华一位校友去年在美国就学期间被枪杀了，这种问题现在还在越演越烈。作为美国的总统，您对解决目前美国的人权状况有何打算呢？

布什：首先要告诉你们的是，现在暴力犯罪率在美国已经开始下降了，但是只要有一起犯罪案就算太多了。只要一个人对他的邻居会施行暴力，那就是不能接受的。在美国的确有很多人还处在贫困当中，美国政府花了很大笔金钱来帮助处于贫困中的人，希望他们以后能够自力更生。当我们竞选的时候，我们最大的一个讨论，或是一个辩论的题目就是如何帮助别人自力更生。当然，对美国总统来说，在选举的时候，外交问题也是一个重要的课题。但是，美国的选民他们更注意的是国内政治局势，他们比较关注国内的问题。所以，当经济出现疲软的时候，就像美国目前的情形，他们就想要知道现在应该怎么样拯救经济。如果经济情况好的话，他们根本不谈经济。我们常常在竞选的时候谈到两个主要的关键问题：第一个就是我们的社会保障制度的结构问题，就是如何来帮助美国的这些需要社会福利的人，帮助他们有一个条件，就是不能让他们过度的或是长期地依赖政府；另外一个常常讨论的问题就是教育，这个问题在竞选的时候可能不是那么重要，但是你当选了以后就非常重要了。当我还是德克萨斯州州长的时候，我常常说一句话，如果你能够给一个儿童非常好的教育，你就能够避免他以后出去犯罪。

当了总统以后，我跟两党的议员们都希望制定一个计划，就是帮助学龄前的儿童能够有一个非常好的开始，还没有到学校，就可以开始学习了。现在美国一个比较令人悲伤的事实，就是现在在美国有一些四年级的小学生，没有办法达到他们那个年级的阅读能力。

如果你想想四年级还不能阅读的话，那他到了初二的时候就更不能阅读了，他毕业了以后，根本无法继续上大学。所以如果这种情形继续下去的话，对美国来说是一条死路。所以，在去年的时候，我就向国会呈上了一个议案，我们在国会中经过了很多的讨论，今年，我也希望州一级和地方一级的立法机关，就这个问题，继续推动这些倡议。我想我们的重点是放在教导他们阅读方面。今年我的夫人和我也要继续推动一个计划，就是学龄前的儿童能够得到教育，我将慢慢地会回答你的问题。教育就是反犯罪的一个最好的途径，执法是很重要的。让人们因自己的行为而受到惩罚或者负担起责任，这是重要的。但是我们坚持我们政策的一致，也是非常重要的，也就是说，你如果犯罪了就必须受刑罚。

所以，最符合美国利益的，最能够长期解决这个问题的，就是让每个人都有受教育的机会，我想这对我们的未来是非常好的。

谢谢大家。

## 范例四　白岩松在清华大学演讲后对学生提问的回答

【情景】　清华时代论坛上著名主持人白岩松作了题为《幸福·信仰·青春》的演讲后回答了同学们的提问。

问：我们的心真的有所皈依吗？比如埃及穷人都生活得很开心，为什么再为它国大业奋斗呢？有人说，我们在规则的社会可以，在潜规则的社会不行。如果人生看不到希望，还有什么意思。问题：一代人一代人都有困惑，到底怎么样痛也能感受到快乐。

答：怎么样才能痛并快乐，答案很难寻找，唯一可行的是，你真的要问你自己，你要什么。很多人没有希望，因为是在外界的巨大压力面前产生了扭曲。日本每年的自杀率很高，说明也在经历这样一种境地，年轻的时候要洒脱地确立这样一种目标。我也有很痛苦相同的感受，但是必须理性地告诉自己，尊重每个人的选择是一个健康社会的标志，虽然不喜欢，但是你必须尊重这样的追求。那么多老外都觉得中国这是一个泥沙俱下的国度，在日内瓦的下午打了一场排球，被举报了，因为被认为扰民了。我们喜欢的不是成熟，而是走向成熟的过程。也许我们喜欢的不是理想，而是走向理想的过程。给自己一个目标，并信仰，让它成为真的信仰。我的某些理想也可以随风一笑，可是如果你信它，你会显得很充实，虽然现实中有很多反例，如果你不信它，你才会有痛苦和快乐。否则就真的没了。比如你所信天主的人，真的信么，它可能也是这么一个道理。

问：我是大一新生，31 天。您说的年轻人应该会追求，您当年的浪漫是什么样的？

答：恭喜你满月了，是你自己的真正的满月。年轻的时候半夜起来写诗，到工体看球没买到票就在外面听广播，从工体走回广播学院。1986年拿着很少的钱从重庆漂流到南京，我们会问梁老师的家在哪，推门就进去了，请人家讲座。89年为国家热血沸腾、热泪盈眶、直至默默无语的过程。50年代的人的浪漫是文化大革命，1989年，1970年是误炸大使馆的抗议，1980年是反日游行，在我看来都是浪漫的事情。为国家哭过，为女孩子也哭过。

问：大二，人生在年轻的时候是加速度，在40岁时有要折返的。请您说一下，什么是需要前进的，什么是需要折返的？看过你耶鲁的演讲，特敬佩你的母亲，我的母亲没有和我一起生活，医学院，还需要7年，我不知道该如何处理这样一种关系，怎么能让她不孤单。

答：我父亲在我8岁的时候去世了，母亲一个人带大我们两个人，我哥毕业就回去了，换来了我的自由，我又到北京上大学。你想象的母亲和真实的母亲，真实的母亲比你想象的母亲还要坚强，你期待的回报不一定是你的母亲最想要的东西。你好，就是你母亲最大的希望，当你接到清华大学录取通知书的时候，那种幸福是无法取代的，母女之间不是用物质来衡量的。没舍得吃，我妈说我你们这代人是天下最浪费的人，一看保质期过了，其实不是更大的浪费么。你现在依然可以做到甚至可以做得更好，因为你更单纯的只是一个女儿。对母亲言谢是没道理的，人当然要孝顺，但是人的责任是一代一代传承下去的，当你的母亲传承给你的时候，你又会传承给你的孩子，行孝有很多种方式，你的母亲可能更需要的就是密度更大一点的电话，其实父亲也是，就像感动中国母亲得奖的多，谁让中国的父亲留给我们的只是一个背影。中年最可怕也最挑战，稍一松懈就躺在一坡一坡间徘徊。折返回呢，是脚步要慢下来，能很开心地和自己相处，我经常是和自己相处，宅男状态，可以不会和外界困扰，正因为我有了，我才知道它们没那么重要。

问：某个春节的路上忽然碰到一个女孩膝下有一张海报正打算回家，却没有钱了，但是貌似您又是在别的节也见过她，这次你会怎么做？

答：第二次简单，第一次难。第一次其实你也似曾相识，因为很多人都看过所以实际上不是第一次。我会让儿子去送，而我不会，每天我都会看到街角有这样的人。社会存在普遍的不信，帮她的人会很少，如果她真的是需求帮助的人，她当然会很不幸，而是职业的，不帮是对的。可是换个角度想，其实还是不对的。从这个角度想，也算是一种卑微的职业吧，培养自己心中愿意相信的东西，不信的多了，世界就会成为不信的世界，信的多了，世界就会成为信的世界。

问：新闻传播学院，从《痛并快乐着》到《幸福》，一直在看着您的书，这十年究竟是怎样的心路历程，您新书中提到未来会闲下来，中国的新闻事业能否搞好，您认为真正优秀的新闻人是什么样的？

答：我的意思是，还有没有人愿意走进新闻的世界，走进这个行当来看待这些现实。参与权、表达权、知情权，就是写给新闻人的，知情、表达是给官员们看的。实际上很多官员不懂这个报告，传统压力加新的压力，媒体自身的生存压力正在扭曲着新闻。生存正在前所未有地扭曲着新闻人，我们很多的假新闻都与此有关，我也去过几次。你的第一个问题是什么，这就是你问两个问题的后果。其实我是考你。10 年前很少受伤，现在受了很多的伤，痛并乐很直接，幸福了么是当下的时代的问题，也是我自己的问题，民主自由的词汇已经不再敏感、混沌、迷茫又充满希望。

问：关于他人的期望听它们还是不听？感觉迷茫，但是真正的理性是什么。

答：凭直觉我觉得和家里安排的道路有很大冲突，我做节目的时候我从来不想可能有一亿或两亿人，否则我就不敢说话了。孩子和父母之间也是一种谈判，谈判是双方妥协的艺术。如果演变成单方面的赢，那不是谈判。很多时候父母操心的是物质的，但是精神层面的他们更操心，但是父母没办法告诉你怎样在精神上获得更多，人的一生都是一场谈判的过程。

问：内部晚会是怎么样的背景？

答：需要改变的是，你们也会说粗话，也会搞笑。我痛苦于人们的思维方式，非黑即白，非好即坏，其实不是这样的。每一个人即使大学教授即使校长也有不可告人的东西，人性是如此的复杂，我也是，幸福 5，痛苦5，平淡 90。天天放礼花是噪音，天天送鲜花未必是真的爱你，偶尔送偶尔放才显得美丽。我们的思维方式，特别是清华的方式千万不要非对即错，我们不能因为一件事就，白岩松就不能搞笑就不能说脏话？我们那的联欢会都是我主持的，需要你激活你的理性，但是生活中你的搞笑你的什么就需要的。我是一个混搭的人，我是想说，谁都如此，我们不要对复杂的人性做简单的评价。我们都有这样的时刻，当你走向社会的时候才会心平气和，否则你会觉得我是清华毕业的，我怎么还得抄数字抄两年（航天）呢？聪明的人是善于把 90 中的一部分过渡给幸福的人，所以我想，清华人要做幸福的人。

## 范例五 连战在北京大学演讲后回答学生的提问

【情景】 2005 年 4 月 29 日，中国国民党主席连战在北京大学办公楼礼堂发表演讲后，回答同学们的提问。

北京大学国际关系学院一年级本科生：刚才您提到今天回到母校，看到实草、实木、实人、实景。我想说，您作为北大的学子，提到“包容、自由、互助、双赢”、“维护现状”和“坚持和平”的十六字的美好远景，我们作为北大学子也是倍感鼓舞，深受感动。我们知道连战此行被称为“破冰之旅”，我们也希望看到随之而来的两岸交流的航道，我们希望在 50 年后的历史教科书上写下您的此行。

连战：我刚才也说了，我大胆地提出这个方向，因为我看到历史的一个潮流，我很高兴在历史转移的时刻，我已经搭上了这一班的巴士，我们没有落后感，我们没有走错一步。我们曾经看到很多的事情，就是因为在关键的时刻没有掌握住，那我们就走错了，我们就落时了。我个人认为，任何人都能够为这个来共商共举。当然我们也要了解，西方有一句话“你不能加快、加速历史的脚步，历史的脚步方向往往不是真正以个人的主观意愿为转移”。我刚才也讲，我们看到刚才的例子，整个的历史过程，方向只要掌握住，一步一走，我们大家成功在望。

学生：您好，我是来自北京大学政府管理学院的硕士生，我们北大学子对您的大陆之行一直非常期待，记得在当您乘坐的飞机刚刚降落在南京的机场时您曾发表感言，真是有一种相见恨晚的感觉，刚才您也提到先进的大陆已经跟您的记忆完全不吻合了，请问时隔将近 60 年，当您再踏上大陆的土地时，您眼前见到的和您记忆中的有什么最大的不同？

连战：最大的不同就是完全不同。我离开大陆的时候是 1949 年前跟我母亲从上海回到台湾的。我可以跟各位来报告，我的童年可以说是在一个兵荒马乱的环境里面成长的，我的家庭是来自于台湾台南，但是我的祖父不认同，也不能够忍受日本在台湾的殖民统治。他是民国元年的时候代表华侨在日本选出来的华侨的参议员，那时候有一个参议院在北京。民国成立的时候，张继、张普权先生是部长，因为这个关系他们成为莫逆之交，所以在民国 20 年我的父亲在日本念书的时候，他就把我送到张普权的身边追随他一直到抗战胜利。他写了一封信给张普权先生：“乳连到海，一步嫡亲，气血锥心”，黄帝的子孙，怎么能为他族做贱奴，为日本人的贱卑的奴隶，气血锥心，这样怎样能够行。这样就把他的孩子送到大陆来，要光复台湾先要建设国家，所以我没有生在台南，而生在陕西西安。后来就把祖母接到陕西去了，老太太一句国语都不会讲，讲的都是闽南话，那时候我还小，就在那样的环境中长大。八年抗战，所以我说我这次到西安去，向我的祖母来致敬、敬拜，看一看小时候的环境，但最重要的我想是寻洞，找防空洞。前几天媒体报道在西安，年轻人在那里谈情说爱，记者问他说防空洞，年轻人说什么洞，没听过。所以时代不同，那个时候就是战乱，日本人占了洛阳、轰炸重庆，天天从西安上面过去，然后回来，用不完的炸弹都掉在西安。所以我的生长的环境跟各位不太一样，所以抗战以后从重庆坐船到南京，简直是满目疮痍，没有办法，有的时候整个一个村，是空巷的。不是万人空巷的，是无人空巷的，就是那样一个环境，今天跟现在怎么能够比较。

北京大学信息科学院 03 级硕士生：我曾经在网上看到很多这样的文章，就是介绍台湾的现状。在台湾大概三四十岁以上的这些人他们接受的是一种正统的中华教育，所以他们对中华文化、历史以及大陆的人文地理都比较熟悉。但是在台湾像我们这个年龄段，20 多岁甚至更小的人，他们接受的教育是在这种“去中国化”的氛围里，他们在这些方面可能会降低。我想请连战先生结合这方面的情况说一下这种趋势会对未来两岸的交流有一些什么样的影响？

连战：我们觉得所谓“去中国化”这种政策是非常让人遗憾的事情，所以我们非常关心这个事情，但是我想不只是政党关心，台湾不晓得多少的父亲、母亲家长也都关心这个事情。不但是台湾的学生的母亲、父亲家长关心，甚至于在台湾的很多外国人，也都关心这个事情。因此他们有很多的补救方式，那就是大家自己提出来自己的资源，找机会、找老师、找场所、找教材，及时地让我们的小朋友们、儿童以及青年人能够同样地接受应该接受到的华夏、中华文化的内涵。当然这样的做法我认为是非常不应该的事情，是一个偏执的做法。我相信台湾没有多数的人会认同这样的做法，今天有很多的事情在国外看起来或者是在大陆看起来匪夷所思，的确是如此，但是我相信，我也愿意在这里报告，大多数的人不会接受这样的一个发展。

## 范例六 巴菲特与比尔·盖茨回答哥伦比亚大学学生的提问

【情景】 2009年11月12日，美国两大亿万富翁沃伦·巴菲特和比尔·盖茨参加了CNBC电视频道在纽约市哥伦比亚大学召开的公开集会。在这次名为“使美国继续了不起”的活动中，巴菲特和盖茨共同回答了哥伦比亚大学学生的提问。

问：有人认为，贪婪和不道德行为，是引发美国去年金融危机的两大关键因素。请问两位对此如何看？

巴菲特：贪婪和不道德行为，肯定在引发美国金融危机中扮演了部分角色。贪婪是人的本性，这并不是过去数年中才出现的新现象。去年第三季度期间，美国公众确实恐慌了一阵子，而贪婪和恐惧影响了他们的行为。这场金融危机源于华尔街，然后逐步扩散到美国所有产业领域。但我们永远也无法摆脱贪婪，同样也无法消除恐惧。就像盖茨所说的那样，我们拥有的是一个体系，该体系基于市场法则，因此大家能够获得发展机遇，同时必须遵守相应市场规则，从而能够最大限度地释放公众的潜能。而这种情况，在数个世纪前几乎不可想象。

问：请问盖茨先生，你觉得哪个行业最有可能产生下一个比尔·盖茨？因为我本人就想投身这个行业。

盖茨：每个行业的技术创新步伐并不相同。在软件开发、光纤网络及新型芯片的推动下，IT产业发展迅速。该产业的发展步伐不但令人激动，而且也改变了其他行业的原有运营规则。目前公众能够接触的信息量、互联网产业的发展速度令人难以相信。尽管如此，我想告诉各位，今后数十年内，其他一些行业领域的发展速度也将非常惊人。能源产业将提供新型廉价能源，同时这些技术还非常环保，该产业隐藏着大量新技术，同时也是全球性业务，因此该行业将提供大量新职位。另一个是医学领域，目前我们还无法成功治愈帕金森症、阿尔茨海默症及其他病症。但我们正为此而努力。这就是我所认为各位可发挥自己特长的三大领域。当然其他产业领域也有很好的发展机遇，但我本人最看好这三大产业。

巴菲特：找到你最感兴趣的领域，这样才能激发你的工作热情。在当年我离开哥伦比亚大学时，如果有人告诉我，IT 行业将出现一位比尔·盖茨，但我并不认为自己能够在该产业内做得很好（听众大笑）。我知道如何寻找自己感兴趣的领域。我曾要求为投资大师本·格雷汉姆（Ben Graham）教授免费工作，但他对我说道："你高估了自己才能"。但无论如何，我还是投身于商界（听众鼓掌）。我敢保证，对于你感兴趣的东西，你就能做得很好，对于这一点各位不用怀疑。不要让别人告诉你该做什么，自己的人生道路要自己选择。

问：请问盖茨先生，在你的日常生活中，每天最重要的事情是什么？

盖茨：嗯……我每天做不同的事情。我觉得大量阅读、继续学习很重要。我的（慈善）基金会涉及大量我并不熟悉的领域，如教育和健康，等等。我喜欢大量阅读，用这些知识武装自己头脑后，我就能和各产业领域的专家进行交流并向他们学习，同时使我懂得各产业的实际情况。因此我得说，学习是很关键的事情（听众大笑、鼓掌）。

问：请问盖茨先生，你通过自身艰苦努力而取得了今天成就。你觉得纯粹的幸运因素在其中占据了多少分量？

盖茨：我在很多方面都非常幸运。我个人有些天赋，父母又给我创造了良好的教育环境，他们会同我分享他们的工作成果，并让我购买自己想看的书籍。我个人还赶上了好时机，微处理器是一项了不起的发明，年轻人才会对它们着迷。随后我又对编写软件很感兴趣，而软件才能够使处理器完全发挥出它的长处。我不仅赶上了好时机和具备一些天赋，而且又碰上了好导师，如巴菲特等，我从他们那里学习各种经验。一个人很难在各方面都幸运，但这些幸运，正是我能取得成功的主要因素。

问：请问巴菲特和盖茨，在你们两人之间的职业交往和独特友谊中，你们相互最钦佩对方哪一点？

巴菲特：他应该最佩服我的体育能力。正经地说，我最钦佩盖茨的地方，是他如何处理自己所积累财富的态度。就像他所说的那样，他确实很幸运，生逢其时，其他各种条件也很有利。他最终懂得，他是这个社会的宠儿，但并不是每个人都会像他或我那样幸运。因此他认为，世人无论贵贱皆平等，于是他利用自己手中财富、时间来实现这个理想，他的妻子梅琳达也支持他这样做。他们将自己的后半生财富、精力、才能投入到这项事业当中，目的是改善全球65亿人的生活质量。这是我最钦佩他的地方。

盖茨：巴菲特有许多优点，如他的诚实、幽默，等等。但我最看重他乐于教人的品格，他能把复杂的概念简单化，使人们更容易理解，并能学习他的经验。他愿意为人良师，并在日常生活身体力行，如他在同我通话时也这样做。这是我对他最为钦佩的地方。

问：请问巴菲特和盖茨，你们两人很早就确立了人生目标。对于像我等人生目标并不太明确之人，你们二位有何建议？

盖茨：是这样的。要真正找到自己感兴趣且又擅长的东西，可能得花上数年时间。我和巴菲特都很幸运，很快就找到了自己的目标。我当初并不知道自己的兴趣所在是软件，我只是对它很着迷，当时编写软件还未成为一种职业。我找到了该目标，这相当不错。我想20多岁的年轻人，肯定会尝试不同的职业体验，而其中一些事情会将你带入不同业务领域，并带给你新的工作机遇。我认为，你们可以在最初的工作中寻求不同机会。当你找到自己真正喜欢的东西后，就全身心投入其中。

巴菲特：我觉得，还是首先找个好对象结婚（听众大笑），我不是说着玩的（听众鼓掌）。你的生活将因此而不同，这种情况会改变你的志向及所有事情。你跟谁结婚，这非常重要。除此之外，如果你处在我的位置上，钱财对你而言已经没有什么意义，则应该找到自己喜欢做的事情。我今年79岁了……每天还坚持工作。这才是我最想做的事情。你越早离我所说的目标越近，你在生活中获得的乐趣就越多，你的工作也就会越出色。所以不要被眼前的利益所迷惑。要投入到工作中去。如有可能，为你钦佩的组织或个人而工作。我年轻时愿意为本·格雷厄姆工作，是因为与其他人相比，我对他最为钦佩。我根本不在乎他是否会向我支付报酬。他于 1954 年答应雇用我后，我从奥马哈市搬到了纽约居住。当我获得自己第一份薪酬时，根本不知道具体金额是多少。但我知道，我愿意为格雷厄姆工作。我知道自己每天会从床上一跃而起，对每天的新工作充满期待，等到我晚上回家时，我又积累了工作经验。去找一份你最感兴趣的工作，为能够激起你工作热情的机构或个人工作。

问：请问巴菲特和盖茨，是什么品格使你俩与众不同?

巴菲特：每当我同盖茨同时现身公众场合时，公众总是不明白其实他们也能做盖茨所做的工作，但都认为他们能够做我所做的工作（听众大笑、鼓掌)。我们两人都富有激情，因为我们喜欢自己的工作，而不是为了致富。我们两人或许会感到，如果工作做好了，就会致富。因此工作热情非常重要。幸运的是，我遇上数名了不起的导师，父亲就是我的杰出导师。格雷厄姆是我的职业导师，我很庆幸自己很早就打下了一些基础，随后我原则上不听从别人的意见。我每天照镜子，镜子里的人同我的想法一致。我出门后就去做我应该做的事情，我并不会受到其他人的影响。

# 第十五章

# 人际交往类情景应对

## 范例一 送别对话

【情景】 A与B为合作伙伴，B为外国友人，A为B饯行，聚会上的对话如下。

A：晚上好！

B：晚上好！

A：明天你们走，还有什么事需要我们帮忙吗？

B：谢谢，我们在莫斯科买了返程机票并且已经签好，没有什么可办的了。

A：请入席。咱们边吃边谈吧，请你们就像在自己家里一样。

B：啊，多么丰盛的宴席，这要花费多少时间和心血才能做出这么好看的菜肴，我都舍不得去碰它。

A：今天我们在这里聚会，是为了庆祝合同签字和为各位饯行。

B：非常感谢在逗留期间，贵方做了大量的工作，对我们帮助很大。每时每刻我们都感到了你们的关心和照顾。为此，衷心地感谢你们为我们代表团所做的一切。

A：在这段时间内，我们双方进行了紧张而卓有成效的工作，并签署了很多合同。这是我们双方共同努力的结果。

B：但是在很多方面还是要归功于你们。该办的事都办完了，可以说，我们顺利地完成了任务。

A：哎呀，我们只顾着聊天，都忘了吃了。要知道中国菜必须趁热吃否则味道就差了。请别客气，喜欢吃什么，请随便用。

B：俄国有祝酒的习惯。请允许我先来祝酒：为我们的幸会，为我们卓有成效的工作成绩干杯。

A：我们的关系是建立在互相尊重和互相惠利的基础上。为我们的友谊干杯！

B：顺便问一下，有只凤凰的这道菜是什么菜？

A：这是冷盘，由12种不同的菜组成，其中有：肉、蔬菜、鸭肝、海蜇，等等。

B：切工真精巧，简直是一件真正的艺术品。

A：中国菜讲究色、香、味、形。一般来说，中国人很讲究饮食。

B：对这点我深信不疑。有人告诉我，中国烹调技术主要分为四大派系——山东、四川、江浙、广东。

A：您说得对。除此之外，每个省市都有其独特风味的菜肴。您要不要尝尝我们中国的白酒？

B：谢谢，我不喝烈性酒。

A：那就喝点淡葡萄酒、啤酒。

B：请来点儿啤酒。

A：很遗憾，你们这么快就要回国了。我们很高兴同你们一道工作。希望你们再来。

B：我们也舍不得和你们分手。我们彼此已经熟悉并在共同的工作中建立起了深厚的友谊。

A：中国有句老话说得好："海内存知己，天涯若比邻。"虽然我们快离别了，但我们的心是连在一起的。

B：是的，不管距离多远，时间多长都不能把我们分开。俄语中常说："山和山不能相遇，人与人总能相逢。"希望我们不久能在我国见面。

A：我们也这样希望。请允许我赠给你们这个织着万里长城图案的壁毯。长城是我们的骄傲和光荣，是中华民族的象征。

B：这是一件对中国很有纪念意义的好礼物。当我们一看到它，马上会想起我们两国的友谊。

A：正是如此，我们有句谚语说："礼轻情义重。"

B：完全正确。友谊和合作这是最好的礼物，也请你们收下我们的礼物，礼尚往来嘛。

A：多么大的一把铜钥匙！

B：这是我们城市的象征。人们常常这样说，谁手中握有这把钥匙，谁就找到了通往我们城市的道路，找到了永恒的友谊。

A：多么恰当的比喻。我们相信我们的友谊将继续发展下去，世世代代传下去。

B：借此机会，我代表我们代表团对你们的款待再次表示感谢。欢迎你们到我们国家来，我们等候你们的到来。

A：一定会来的。为我们的成功和继续合作，为我们早日相会干最后一杯。祝你们一路平安！

B：谢谢，再见！

A：再见！

## 范例二 两位母亲的谈话记录

【情景】 A与B是好友，同为母亲，A与B相见谈论关于孩子学习《三字经》的问题。

A：好久不见了。

B：对啊，最近怎么样？

A：正为孩子学习《三字经》的事愁呢。正想向你请教你家小孩当时是怎么学习的，你用的是什么办法？我曾尝试过几种方法，不知道哪种方法是有效的？

B：你尝试过和她一起学习吗？

A：没有过，会有效果吗？

B：这种方法有效。我用的这种方法，有没有效，你完全可以先试验几周看看。

A：我准备让她试试，不过这几天她跟着读了《三字经》第一节后，好像她不太感兴趣了呢，你说说遇上这种情况该怎么办呀？

B：没有什么怎么办，只要当成一种必要，高兴也罢，不高兴也罢，都要读。吃饭难道一定要高兴才吃吗，既然都要读，让孩子表现高兴点，妈妈才会高兴。

A：这也有道理。她自己也问我们是不是她不聪明我们就会不开心。

B：说明你女儿很有智慧，很有孝心，这样的女儿，怎么会教不好呢？

A：对她我感觉还算可以，不过她好像更喜欢写写日记和画画，读诗什么的，她好像读多几次就不耐烦了，对此我真的有点头痛。

B：教育是什么呢，是顺从孩子的喜好，还是引导孩子向正确的方向发展呢？我觉得最好是在喜好的基础上用有效的方法把孩子向正确的方向引导。

A：似乎又很难有两全其美的事，就像画画我自己都还不如她画得好。

B：明白就好，有喜好当然好；没有喜好，难道就不做了吗？很多孩子还不喜欢上学呢，那是学校的问题还是家长的问题？道理非常的简单。

A：是的，你说的我都不得不佩服。

B：我觉得，培养孩子，使其表现优异，并不难。只要父母亲下工夫，一般都会有优异的表现，但是，人人都有一套自己的方法。

A：嗯，我觉得父母对孩子的影响是最大的。

B：关键是方法，是不是简单，能不能让别人效仿，有没有推广价值。简单地说，能不能“克隆”，否则就没有特别的意义，充其量也只能是适合她自己的方法。

A：嗯，对，我赞成。

B：教材你有没有看？

A：有，没有图画，觉得孩子学起来没有兴趣。

B：读经就是读经，不是学画画，学画画有另外的方法。读经，只是一天十几分钟，而且同一段读几周，要图画有什么用呢？

A：教材针对孩子的话，图画就有作用。

B：画几幅画，成本增加，教材加价，家长又要支出更多的费用了，里边有很深的道理，你也未必理解的。正确的学习习惯，就是简单的、朴素、最简单的，才是最好的。这是大家都知道的道理，许多录音里，每段之间，有一小段音乐。这段音乐，听一、二遍没有什么问题，但是天天都听到，这段音乐，就会成为非常讨厌的东西。

A：不知道。

B：在跟读的时候，没读多久，总是来一段，叮叮咚咚，所以我的孩子，跟读其他的录音一定要去掉这段音乐。图画也是这样，开始时有点作用，吸引眼球，但是天天看到，对学习就没有任何作用，反而是副作用大于正面作用。让孩子长期习惯这种图画的教材，本身就是不正确的习惯。

A：嗯，原来这样啊。

B：这个，只有通过实践和思考，才会体会到，仅凭想象，是难以发现的。

A：嗯，看来以后我教育自己的孩子也应该有一套正确的方法。

B：许多所谓的专家就爱凭想象，非常的可悲，中国的教育，就是被这些人弄歪了。正确的、简单的方法，教育效果就好。

A：嗯，我对中国的教育，也有很多看法。

B：不正确的、复杂的方法，教育效果不但不好，家长还莫名其妙，我明明努力了，怎么不行呢？

A：是啊，许多孩子就是被这样的思想给害的。

B：你让孩子读经，弄一本花花绿绿的教材，你说效果能好吗？

A：嗯，那样比较容易转移孩子的注意力。

B：《三字经》，很简单，但是有大智慧。“教之道，贵以专，”不仅方法如此，教材也如此，看懂《三字经》，就知道怎么教育了。

A：和你聊天是一种学习。

B：呵呵，什么兴趣呀、快乐呀、图文并茂呀、动画呀，被一些所谓的专家弄晕了。

A：许多家长都是这样的盲目崇拜啊。

B：所以我常说，家长需要智慧，起码要能分辨，什么是真正的、好的方法，什么是真正的、好的教材。

A：请问一下你有《名贤集》的注解吗？

B：没有，我不主张解释。

A：我女儿她读的时候，向我询问其中的意思，我怕解释得不对，所以就来问问了。

B：多读就行了，能解释就解释，不能解释就老实告诉孩子，妈妈小时没读，所以不是很懂，正要等孩子读懂后告诉妈妈呢。我也是这样做的，但觉得不能给孩子以解释，而对不起她。

A 呵呵，这般说法挺不错的。

B：你小时候没读，不是你对不起她，是你父母没有让你读，责任是上代。

A：其实也不用责怪父母亲，因为我们的兄弟姐妹太多了，加上他们又都是农民！

B：不是责怪，是现实。

A：是的。

B：他们不知道有这种教育，怪不了他们。但是如果我们知道了，再不去教育自己的孩子，就是我们的问题了。

A：说得是。你说，你家小孩读得这么流利，她知道意思吗？

B：有的知道，有的不知道，跟我们一样。我们大人也是有的知道，有的不知道。

A：啊，这样。

B：读够 100 遍，再说意义吧。

A：是哦，读上百遍其义自见。

B：不用老是担心孩子理解不理解，有什么好担心的呢，读就行了。用什么方法呢，累积法就行了。

A：佩服。你这才是一种非常有效的方法。

B：我们父母无为而为，只能边玩边学，其乐融融。

A：当然，我们一直很自豪。

### 范例三 一对准夫妻与亲人的谈话

【情景】 准夫妻与亲人的谈话，亲人询问关于两个人的交往、结婚。

亲人：交往两年多，结婚是什么时候决定的？

男：当初交往的时候就是以结婚为前提，但没有明确什么时候会结婚，也没有求婚的好时机。但因为在海外的工作逐渐增多在日本的时间很少，所以为了让女友安心才有了想结婚的心吧。

亲人：求婚是什么时候？

男：求婚嘛，请跟我结婚吧，这样的话我还没有说过……和她的父母见个面，当面问候下她的父亲。

亲人：是这样的吗？

女：我的父母很严厉，我还在想他当时是不是真的做好了心理准备。

亲人：这是什么时候的事？

男：上个月吧，也就是这一两个月的事…

亲人：什么时候注册？

男：会在过年后选个好日子，具体日期还没有决定。

亲人：和父亲见面的时候，他是什么反应？

男：我想他是理解我们的。

亲人：和她父亲见过几面？

男：两面。

亲人：是说了请把女儿嫁给我吗？

男：是的。

亲人：那个时候你的心情呢？

女：我非常的高兴。

亲人：那时他是什么样？

女：他相当紧张。我父亲的话很少，那天话也多了起来。我想我父亲也是很高兴吧。老实说，起初我根本没有想到会结婚。我平常也很少看电视，所以以前对小田切让先生也不是很了解。

亲人：他是怎么向你父亲问候的？

女：我也记不太清楚了。当时很紧张，因为是第一次带他到我家。

亲人：什么时候开始有结婚的想法的？

男：什么时候我也不知道，不知不觉吧。

亲人：年龄差距的想法？

男：我虽然现在已经 31 岁了，但是她很可靠、非常成熟，所以没有年龄的差距感。

亲人：你们两个人平常是怎么交往的？内容是什么？

男：内容就是会一起吃饭什么的。

亲人：是不是现在感觉特别不自然？娶之为妻子又是为什么？

男：与其说是想娶她为妻，不如说是想和她在一起就好的感觉。

亲人：女孩的想法呢？

女：他真的是经常能站在我的立场上，认真听我说话并且给予理解。

亲人：请举例说明。

女：我经常会和他说我父母的事情，因为我的父母管教我很严厉，必须要在门限的时间前回家，他也是很帮我遵守这个规定。

亲人：门限是几点？

女：10点。

亲人：想创造什么样的家庭？

男：嗯，很普通的家庭，和睦的家庭。

亲人：你们会吵架吗？

女：我们还没有吵过架。

亲人：现在没有住在一起吗？

女：没有住在一起。

亲人：不感觉寂寞吗？

女：一直以来也都是这样的，所以没有什么改变。

亲人：为人妻后的觉悟是什么？

女：我会亲自下厨。

亲人：工作呢？

女：不会有变化的。

亲人：创造理想中的家庭，有没有什么计划，生几个孩子之类的？

女：还没有考虑这些。

亲人：想生几个孩子？

男：独生子有独生子的好处，有兄弟姐妹也会很热闹。

亲人：怎样才是个好老公、好父亲？

男：在我和她父亲见面的时候，对于她父亲对她的感情，还有她父亲的思考方式都让我感触很深，从她父亲身上学到了很多东西。现在如果说作为父亲的形象，我脑子里一下就会想起她的父亲。

亲人：准备在哪里结婚？

男：还没有准备。

亲人：祝你们幸福啊！

男：谢谢。

### 范例四 葛优与甄子丹在电影发布会上的对话

【情景】 两位影帝葛优与甄子丹在出席某电影发布会上的对话。

葛优：知道二十一世纪最缺的是什么吗？

甄子丹：人才，不是你在电影里说的吗？

葛优：不准确，是电影人才。

甄子丹：电影人才不缺啊，我们身边实力派、偶像派的一大堆啊。

葛优：那怎么就咱俩被过度消费了呢？

甄子丹：也是啊。

葛优：你干吗老给自己整那么累？

甄子丹：我那都是功夫片，不真打行吗？

葛优：也是，你累人，我累心。

甄子丹：不累心你头发也不能那么少。

葛优：从《甲方乙方》到现在贺岁档我都演了十几年了，你说我能不累吗？

甄子丹：那是当然，你不演观众也不答应啊！

葛优：我有这么重要吗？

甄子丹：不重要？会有三个导演“抢”你？

葛优：不是我有病，就是他们有病。

甄子丹：谁也没病，是这个行业有病。电影市场这么大，谁会不想挣钱啊。

葛优：那治呀。

甄子丹：怎么治？

葛优：开刀的开刀，截肢的截肢，老拖着也不是事儿啊！

甄子丹：道理谁都明白，你能对自己下手吗？

葛优：也是，其实我们都有病。

甄子丹：怎么说？

葛优：就说你吧，你那都是功夫片，观众天天看你打，他们眼睛也累，你能不累吗？

甄子丹：我也明白，可是我不打我拍什么啊，像你一样演文戏？

葛优：演文戏你不行。

甄子丹：没什么不行，但我的观众更喜欢看我打。

葛优：就我这三部戏，你能演吗？

甄子丹：你是贺岁档专业户，这我比不了。

葛优：别这么说，谁也不是生下来就干这个的。

甄子丹：你是。

葛优：我都被过度消费了，恐怕好日子不多了。

甄子丹：你其实没有被过度消费，只是三部片子聚堆儿的幻觉。

葛优：我其实挺有原则的，一年也就那一两部片子。

甄子丹：那今年怎么多了？

葛优：都是大导演，你能得罪谁啊？

甄子丹：也是，我们都是身不由己的。

葛优：现在是市场经济嘛，你不拍电影观众看什么啊？

甄子丹：是啊，这是我们的工作。

葛优：但你别老整那些审美疲劳的东西，否则这个题材也让你给过度消费了。

甄子丹：转型哪有那么容易啊，我这最高片酬是打出来的。

葛优：不是埋怨你，现在就是个过度消费的时代。

甄子丹：是，我们只是其中之一。

葛优：别烦恼了，出来混迟早是要还的。

甄子丹：我有准备。

葛优：不说了，我要去参加首映礼了，晚了不好。

甄子丹：用我去捧场不?

葛优：你别去了，你去了咱俩就是话题了，我的电影还卖不?

甄子丹：哈哈，好，那我去看午夜场吧。

**范例五** 在周立波的婚礼上崔永元对周立波的调侃

【情景】2010年12月21日，周立波婚礼现场最出彩的除了新郎，莫过于嘉宾崔永元，作为海派清口创始人的新郎官和央视名嘴在婚礼现场你来我去的斗嘴斗智也让台下嘉宾笑得前俯后仰。以下是精彩的现场对白。

崔永元（以下简称崔）：本来说要来弄一个小品，像我和赵本山、宋丹丹那样弄个小品。但是我觉得在这个场合不合适，因为这是喝咖啡的地方，那小品都是吃大蒜的人演的，在上海这个地方只适合说脱口秀。其实我呢是没有接到邀请硬闯过来的，为什么？因为我从小就崇拜周立波（注：作家周立波），我看他的书长大的。

周立波（以下简称周）：崔哥，你呢，可以调侃我，但你不能调戏我。

崔：是，代表作两部嘛，一个是《暴风骤雨》，一个是《山乡巨变》。

周：还有一个《分马》。

崔：对。

周：串了，哥。

崔：我是来了以后，听说这周老先生身体那么好，又结婚啦。来了以后我一看是这个周立波。这个周立波也了不得，他一年一个人创造的产值就是一亿五千万。我听说利润也是一亿五千万。这笑的都是企业家，他们知道是怎么回事。

周：在这个世界上的周立波，一个是180度的，一个是90度的。

崔：别管怎么样了，他不容易。中国这么大，这样的周立波50年才出一个，是不是？

周：秋雨老师他本来说100年。

崔：他来了吗？

周：他没来。

崔：没来，那他胡说，来了就是说得对。

周：其实，平时我们大家爱说小崔，但是呢，我说不出口，我看到会叫永元哥哥，或者叫崔哥。我也特崇拜他，为什么？因为大家都知道，周立波就是智慧，智慧和幽默的那个结晶体。

崔：对。

周：但是，我也崇拜你。我崇拜你是什么地方？就是迄今为止，在这个世界上只有两种微笑是波波无法解读的，一个是蒙娜丽莎的微笑，一个是崔永元的微笑。

崔：我告诉你，网上已经有消息了，蒙娜丽莎的微笑现在已经被解读出来了，她眼睛里有两个字母"LV"。

周：我们经过100多年解读出来，蒙娜丽莎的微笑透露出的信息是原来那就是崔永元的微笑。

崔：嗯，我觉得你这么崇拜我，我特别高兴。但是，我根本不崇拜你，我最崇拜你的母亲。我都不知道在没有警察的帮助下，她是怎么把你培养出来的。

周：……

崔：还有一个秘密大家都不知道，钱文忠教授大家都知道吧？讲三字经那个。

台下：听过。

崔：多厉害，复旦大学教授，他跟立波是初中同学。所以我就特别佩服他们俩的老师。什么样的人，他都能培养成人才。

周：哦，是这样的，我和文忠啊，是师兄弟关系，但是不同届，因为我们有一个共同的语文老师。

崔：是一个语文老师？

周：是我们光明中学的李清老师，我们的李清老师教了文忠两年，但是教了我三年。

崔：他是不是教完你三年，他就退休了？

周：不，他是教完文忠两年，他就不想做了。

崔：反正是教完你们俩，不到退休年龄他就不想干了。

崔：胡洁我觉得你很幸福，你知道有多少女孩她们口头上都表示想嫁给他，所以你是最幸福的女人。我参加过很多婚礼，但是披上慈善外衣的这是唯一的一次。

周：这一直都是小崔同志的风格，是吧，虽然你的话有点过，但是内心……我们不但是慈善的外衣，我们脱掉，我们的内衣也是慈善的。

崔：昨天我跟他商量，我说我知道你的这个号召力能募集很多捐款，你干什么（用）？他说，你猜猜。我一想，我想出来了——保障性住房。知道吧，这是政府最关心的。他说，不对不对，那个不靠我这笔善款。那个我发个微博，一车一车的板砖就来了。刚好可以建保障性住房。

周：我来解释一下，他的意思是说，要做这个保障性住房，它得用钢筋水泥混凝土。

崔：对。

周：他说那没事，你就发一条微博，我可以保证 20 分钟之内有 4 万块板砖向你砸过来。

崔：胡洁以后要嫁给他……

周：不是“以后”，是“现在”。

崔：“现在”那是因为我刚才没上台，我上台讲完这番，你认为她还那么坚定吗？

周：我觉得是这样，当你这番话讲完下去以后，我太太会知道，这世界上不都是好人。

崔：这世界上本来就不都是好人，有时候就是由坏人、好人组成的，但是我们更愿意看到的是坏人变成好人。

周：钱文忠先生说过一句话：我们的季羡林大师曾经跟文忠说过，他说，不要试图去改变坏人，他说，“为什么”？“因为坏人不会改好人。”他说，“为什么？”“因为坏人他本身不会认为自己是坏人”。

崔：错了，你虽然背得这么清楚，但是我告诉你错了，那不是季羡林先生对所有人说的。是季羡林先生对钱文忠说的。

周：而且告诉钱文忠是针对我的。

崔：当你嫁给周立波以后每天会承受很多风险，你在意吗？

胡洁：不在意，我觉得他是一个非常可爱的大男孩子。

崔：我觉得你也不在意，因为你为了他把企业都扔了，你知道用哪四个字来形容你把企业扔了嫁给他最最合适吗？

胡：我为老公的才华和他对朋友的真挚，对父母的孝顺，感到一辈子骄傲。

崔：超过四个字了。

周：那你可以把他缩成四个字。

崔：缩成四个字就是：一时糊涂。

周：崔哥，你今天是来砸场子的，还是来祝贺的？

胡：我再说四个字：夫贵妻荣。

崔：不是，这个糊涂，凯歌导演在这呢，糊涂不是难听词吧？郑板桥先生都说过难得糊涂嘛。立波，你也相信我，我们可能表面上说话难听了点，但是可以永远做你的朋友。因为我们当着你面背着你面说话都难听。千万不要交那样的朋友：当着你的面说你好，背地里说你坏话。那样的人不能交，钱文忠那样的，他没来吧？

周：我们有时候经常活动，他会在大场合，把我说的一句话都没有。我要谦让是吧，我们南方人不都讲究谦让嘛。

崔：北方人不会。

周：我们比较斯文。在公众场合他就说，说得我很闷，然后呢他会一会儿到洗手间里跟我说：波波，别介意啊，前面说得有点过，跟你打声招呼。我想跟你说：崔哥，我希望以后你在厕所里面得罪我，在桌面上跟我赔礼道歉。

崔：他忘了我带他上厕所去干什么去了，因为，因为我的人生信条就在厕所里叫：向前一小步，文明一大步。

## 范例六 禅师与失恋女孩的对话

【情景】 老禅师遇到了一个失恋的女孩，于是就有了下面的一组对话。

禅师（以下简称禅）：孩子，为什么悲伤？

女孩（以下简称女）：我失恋了。

禅：哦，这很正常。如果失恋了没有悲伤，恋爱大概也没有什么味道。可是年轻人，我怎么发现你对失恋的投入甚至比对恋爱的投入还要倾心呢？

女：到手的葡萄给丢了，这份遗憾、这份失落，您非事中人，怎知其中酸呢？

禅：丢了就丢了，何不继续向前走，鲜美的葡萄还有很多。

女：等待。等到海枯石烂，直到他回心转意向我走来。

禅：但这一天也许永远都不会到来，你最后会眼睁睁地看着他和另一个人走了。

女：那我就用自杀来表示我的决心。

禅：但假如这样，你不但失去了你的恋人，同时还失去了你自己，你会蒙受双倍的损失。

女：狠狠地伤害他，我得不到的别人也别想得到。

禅：可这只能使你离他更远，而你本来是想与他更接近的。

女：您说我该怎么办？我真的很爱他。

禅：真的很爱？那你当然希望你所爱的人幸福？

女：那是自然。

禅：如果他认为离开你是幸福呢？

女：不会的，他曾经对我说，只有跟我在一起的时候他才感到幸福！

禅：那是曾经，是过去，可他现在不这样认为。

女：这就是说，他一直在骗我？

禅：不，他一直对你很忠诚。当他爱你的时候他跟你在一起，现在他不爱你，他就离去了，世界上没有比这更大的忠诚。如果他不再爱你，却还装着对你很有情意，甚至跟你结婚生子，那才是真正的欺骗呢。

女：可我为他投入的感情不是白白浪费了吗？谁来补偿我？

禅：不，你的感情从来都没有浪费，根本不存在补偿的问题，因为在你付出感情的时候，他也给了你快乐，你也多了一段经历！

女：可是他现在不爱我了，我却还苦苦地爱着他，这不公平啊！

禅：的确不公平，我是说你对你所爱的那个人不公平。本来爱他是你的权利，但爱不爱你是他的权利，而你却想在自己行使权利的时候剥夺别人行使权利的自由，这是何等的不公平。

女：可是您应该看得明明白白，现在痛苦的是我不是他，是我在为他痛苦。

禅：为他而痛苦？他的日子可能过得很好，不如说是为你自己而痛苦吧。明明是为自己，却还打着为别人的旗号。

女：依您说，这一切倒成了我的错？

禅：是的，从一开始你就犯了错。如果你能给他带来幸福，他是不会从你的生活中离开的，要知道，没有人会逃避幸福。

女：什么是幸福？难道我把我的整个身心都给了他还不够吗？您知道他为什么离开我吗？仅仅因为我没有钱！

禅：你也有健全的双手，为什么不去挣钱呢？

女：可他连机会都不给我，您说可恶不可恶？

禅：当然可恶。好在你现在已经摆脱了这个可恶的人，你应该感到高兴，孩子。

女：高兴？怎么可能呢？不管怎么说，我是被人给抛弃了，这总叫人感到自卑的。

禅：不，年轻人的身上只有自豪，不可自卑。要记住，被抛弃的并非就是不好的。

女：您真会安慰人，可惜您还是不能把我从失恋的痛苦中引出来。

禅：是的，我很遗憾自己没有这个能力，但可以向你推荐一位有能力的朋友。

女：谁？

禅：时间。时间是人最伟大的导师，我见过无数被失恋折磨得死去活来的人，是时间帮助他们抚平了心灵的创伤，并重新为他们选择了梦中情人，最后他们都享受到了本该属于自己的那份人间乐。

女：但愿我也有这一天，可我的第一步该从哪里做起呢？

禅：去感谢那个抛弃你的人，为他祝福。

女：为什么？

禅：因为他给了你寻找幸福的新机会。

# 第十六章

# 工作环境情景应对

## 范例一　同事之间的谈话

【情景】 两个白领同事关于现在生活的谈话。

A：我现在不在乎公司给我多少的工资，我就是要努力地工作，好好地历练历练自己。现在，我的自我危机感很强烈，就是害怕哪一天，自己跟不上形势，就会被淘汰掉。

B：现在的社会这么现实，说不定哪一天就淘汰了，现在能多学一点就多学一点。

A：我们现在还有一份相对来说不错的工作。尽管，每天从早忙到晚，感觉很累，但过得很充实。

B：是啊，的确每天过得很充实。但是有时觉得很累，感觉什么都没有做到一样，还是会忍不住抱怨一下。

A：适当地释放一下心理上的压力。

B：就是不懂得释放心理压力才会有很多事都想不通的。

A：现在想不通的事情，就不要去想它。把简单的事情想得复杂了，就是自我烦恼。做好现在才是最重要的事情。每天见你也是乐呵呵的，怎么会有这么多的烦恼呢！

B：我都觉得我是忧郁型的，老是喜欢想一些很远的事自找烦恼，但是想过了，一会儿不去想它就又没事，不知道是不是我的脑袋有问题，都觉得奇怪。

A：很正常的现象。我每个月也总会有那么一段时间，情绪会很低落的，过了这会儿，也就好像没事人一样了。大家都是一样的，你又多想了。多愁善感不是错，那说明你对自己的期望很高、责任心很强。记着，凡事都是适度的才好的，过犹不及。我自己本来就是一个多愁善感型的人，但是，我现在做得就很好，凡事想开些。一切皆顺其自然的好。你应该经常换位思考，你站在你同学的位置上看现在的你，肯定会很羡慕你现在的工作生活呢。站在不同的角度看问题，你就会有不同的发现和感受。那么就让自己尽量地站在乐观的角度看问题，而不要总是悲观地看待身边的人和事。

B：怎么说呢，其实很多事都是知道的，但是做起来是有一定的难度的。就像人家说的不开心要过开心也要过，为什么不选择开心过呢？但是做起来也不是那么简单的，有时我也知道我现在生活跟其他人来比是算很稳定的，但是有时就是想到其他的事就是觉得完全不对，就觉得好辛苦，还是不知足。都说人的欲望是无法满足的，当现在的生活比以前的好了之后，又想更好，反正就是一直在给自己找借口。

A：说得对，咱们这些现代人，哪个不懂这些道理呀！这些都是大道理。其实关键还是能不能够做得到。不过，你总得一步一步地脚踏实地地走吧？很多时候，现实生活中充满了太多的无奈，逼着你不得不疲于奔命地为生存而奔波。大家其实都有很多的疑惑，我为什么要这样呢？说白了，其实还是一个词，责任。因为我们都已经不是孩子了，我们走出家门的那一刻起，就已经被迫地承担起了家庭的、自己的、未来的各种各样的责任和义务。这些东西，迫使我们必须硬着头皮向前冲。可能，在冲的时候，我们会很疑惑，为什么我要这样做呢？这是我所需要的吗？我们每个人，都有自己的或大或小的梦想，大多数都是关于自己的未来的。作为年轻的我们，有梦想，是再正常不过的了。没有梦想的人，我们很难想象得到他（她）的样子。正因为我们对自己有很多的梦想，所以，我们就这样随着汹涌的人潮到了这里。更确切地说是，随波逐流来到了这里。那么，既然我们来到了这里。我们也就会有种无力的感觉。因为，我们是这激流中的一滴水，我们都是一滴水。多一滴或少一滴，对整个激流来说，微不足道。所以，我们无法选择自己的位置，我们无法摆脱激流的强大力量。所以，我们生出了太多的无奈和烦恼。我们都想改变现实，我们都梦想过，能够在第二天起床的时候，面对的是一个全新的自己，也许我们梦想自己事业有成、家财万贯、家庭幸福、合家团圆，等等。

B：人生活在我们梦中的世界里，而我们却怎么都无法到这个世界里来。原因其实很简单，因为，我们生活在别人的梦境中。每个人都梦想成为举世瞩目的人物，所以，在他（她）的梦想里，别人都是自己施恩的对象，自己都是别人的救星。这种心理落差，你、我、其他人，都有的。不过，现在的关键是，你要学会面对现实。更确切地说是，勇敢地面对残酷的现实。你哭、你伤心、你烦恼，都不能改变既定的现实。我们除了无奈地接受这种现实以外，就是积极地生活工作。心理上不要背负太多的责任和压力。放松了身心地投入工作生活，你会感觉要好一些。说实话，我曾经面对的一些实事，你们都无法承受！可能经历过苦难的人，才更懂得如何更好地生活工作吧！说白了，我们之所以有很多的烦恼，我们之所以喜欢自寻烦恼，皆是因为我们还走在成熟的路途中。如果你具有自知之明的话，等你到了一定的年龄，积累了一定的阅历以后，你就会很淡然地看待这一切。

## 范例二 物业与业主的交谈

【情景】 在某新建的居民区，业主向物业反映问题，以下为业主与物业的交谈。

业主：据部分业主反映，有些单元内的自来水管安装极不规范，而且看上去极为丑陋，为何长期不加以更改和增加管盒？近期开发商在部分单元内重新安装消防设施，在墙体打洞作业，为何不通知业主，而且现在学生放暑假期间，稍不注意，就会出事，存在安全隐患，开发商对此为何不重视？为何在施工前不通知或公告？

物业：关于部分单元内自来水管安装的问题，我们会请示自来水公司。如果供水部门同意在水管外增加线盒，开发商可以出面进行安装管盒，费用开发商可以出。如若供水部门不同意，我们会告知业主。近期，开发商确实在部分单元内安装一些消防设施，也确实没有做到公告和提示，给业主带来担心和顾虑，请业主谅解，这一问题，下去落实，以后如果有相关的施工作业，也一定会提前公告。

业主：小区何以体现“运动·家”的概念？篮球场、羽毛球、乒乓球场地到底如果规划？什么时候交付使用？一些运动器材如何设置？儿童游乐设施边那块地是否用来安装体育运动器材？那块地已出现沉降现象，开发商有没有引起重视？

物业：小区运动场地设在 7 幢与 11 幢之间，规划半篮球场 1 个、羽毛球场地 2 个、乒乓球场 2 个，7 幢的计划交房时间为 12 月底，现争取 10 月底交付业主，到时运动场地也同时交付。儿童游乐设施旁边那块地，我们计划用作老年活动场所，比如老年人跳坝坝舞、练太极拳，至于小区运动器材的分布，我们计划分散设施，没有计划集中投放。那块地的沉降现象，开发商解释为：那个地段的下方为停车库，属于填方路段，因前一段时间雨水频繁，引起路基下陷，属于正常现象，但现在不能马上作出修改，等地基再沉落一段时间，沉陷稳定过后，再重新进行修复和加固。

业主：地下停车库、外部停车位何时投入使用？因为现在小区内车辆乱停乱放的现象特别严重，将来小区是否实行人、车分流？所以如果车库和车位早日投入使用，可以将车辆全部禁入小区内，这样可以减少小区内部的扬尘污染，增加安全系数。

物业：地下停车库已经修好，但要等7幢交付时一并投入使用，希望业主耐心等待。将来小区一定实行人、车分流，到时一切都会整洁美观。

业主：当初在售房时，我们业主看到开发商的一个营销策略就是“以租代售”。现在，小区内租赁户特别的多，管理又不到位，租房的人素质低，太不自觉，锅碗瓢盆随处乱放，车辆随意停放，极不美观，租赁户家中没有排油烟设施，楼道间味道难闻扰民现象特别严重，安全隐患突出，业主反映光一个房子，就住了十几个人，请问开发商知晓否？为何不出面和物管协调如何来处理这一现象？有没有联系公安部门来对租赁户进行登记注册？

物业：是，我们当时是宣传过“以租代售”的营销，那是考虑到销售出现低谷时，所作的一个营销手段，但目前真是我们开发商出租金的并不多。对于租赁户的问题，我们不好去干预，也无从去管。我们也早已意识到这个问题，而且我们在前段时间，还专门给物管两个月的整改期限，应该说现在物管方面有所改善。据物管说，已经联系了公安部门，只是公安部门没有来办理。这个问题，我们会同物管进行磋商，争取解决好。

业主：小区的道路路面质量很差，尤其是一期的路面，有的地方坑坑洼洼，有的还是开发在土建时所用的建筑路面，请问对于道路，能不能够黑化？一期的道路宽5米，二期的路宽4米，请问既然将来要人、车分流，那留那么宽的路有什么用？不如再做一些绿化。

物业：小区路面黑化是不可能的，因为我们当时在设计和报批项目时也没有将小区的路面黑化纳入规划，在交付的标准方面也没有制定，再说，将来实行人、车分流过后，扬尘的问题就会减少。至于路面质量有问题的，我们到时一定会进行修复整改。一期路面宽 5 米，是因为当时消防的要求，不过虽然是人、车分流，但也不可能没有车辆临时通行，加之考虑到地下管网的问题，所以一期的路面不可能重新缩短路面和培植树木。

业主：根据《物业管理条例》，当小区业主入住到一年以上的时间，入住率达三分之二，或开发商将住宅交付业主一年以后，开发商应该出面协助小区业主成立业主委员会，开发商现在做了这方面的工作没有？何时成立业主委员会？

物业：关于成立业主委员会的事，我们交付物管在办理。目前这方面的工作，开发商方面还没有开展，不过，我们会考虑这个问题。

**范例三** 三位高层主管就公司人才流失问题的对话

【情景】 公司业务部的两位员工辞职，因此，业务部副总要求为业务部的骨干管理人员增加20%的工资，人力资源部副总却不同意这种做法。在一次工作会晤中，公司的三位高层主管在办公室展开了对话，话题围绕着激励员工、调动员工的积极性与人事管理。

业务部张总：王总，我认为我们对这个问题存在着根本性的分歧，你觉得我们部的管理人员还年轻、经验不足，不该拿这么高的报酬。我认为决定一个人报酬应该根据他们的能力而不是他们的资历，他们这些年轻人使我们业务部迅速发展，并为公司作出了巨大贡献，而且他们是公司今后发展的骨干力量。目前我们部已有两个人辞职，这两个人工作表现非常出色，但他们对我们的分配方案表示不满意，认为这样的报酬不足以激励他们努力工作。现在他们已被另一家公司以更高的报酬聘用。对这两个人的辞职，该怎么办？如果我们部门的人员都走了，我们将无法完成公司制定的目标任务。所以我想提高这些出色的管理骨干的收入，以使他们继续为我们公司效力。

人力资源部王总：我认为你那几位骨干在公司的收入已经够可以的

了，我们公司的经济分配政策是由董事会讨论批准的，而且每一年根据公司的经济效益做出及时的调整，以保证我们公司职工的收入水平高于市场平均水平。你知道，我们的报酬在人才市场上很有吸引力和竞争力。如果有人因为收入未得到满足而辞职，我们可以以现有的报酬水平到人才市场去招聘替代者。

本月初，我们对业务部的员工进行了一次问卷调查，在这次调查中我们发现，那两位辞职的员工并未对他们的收入不满，而是他们对工作不满意。他们认为工作的目标没有挑战性，不足以调动他们的积极性。同时我们也发现，你们部门的其他人员对现行的收入较满意，但都认为工作有些让他们厌倦。

人力资源部王总：李总（公司总经理），根据我们的调查，我们公司的报酬水平相比同类型和同规模的企业来说，是略高一些的。张总建立的业务部，为我们公司前期发展作出了很大贡献，但随着公司的发展，业务部的任务复杂而且艰巨，人员也由原来的 3 人发展到 30 多人，人员素质也在不断提高，部门职能也发生变化，这就对部门主管提出了更高的要求。但据我们的调查和观察，张总在领导下属完成任务方面表现得不够理想，我认为他的领导方法有待于改进，管理水平有待于提高。他并没有充分发挥部门员工的积极性，致使他们感到工作乏味、缺乏挑战性。因此，导致有人辞职。

总经理李总：那么你的结论是什么？

人力资源部王总：我认为，一份有挑战性的工作对员工来说，比报酬显得更重要。张总在分配下级工作时做得不够好，他没有注意到用挑战性工作激励员工，我认为他在领导方面有问题。作为人事部，我们不能满足张总给员工增加报酬的要求，如果我们这样做，就会打乱整个经济分配计划，还必须调整其他很多管理人员的工资，我认为我们的分配政策必须保持公平。尽管业务部提出辞职的员工的工作极为出色，但我们人事部有能力找到更合适的。

总经理李总：是的，以我们公司的实力，我们可以找到替代的人。但如果让他们留下来会不会更好呢？人才流失的问题在每个公司都会发生，问题是我们如何对待。如果不把有经验、高素质的员工留在企业，似乎他们走了我们也能找到人接替，并且认为这是公司强大的表现，这可能就有点自欺欺人了。假如优秀的人才被我们的竞争对手所用，这可能就成为我们公司发展的阻力。现实中已经有不少这样的实例。另外，如果我们认为，每一个人都能找到替代者的话，那么有些具有特殊价值的人就可能被我们忽视。

业务部张总：李总，你说得对。但在企业的经营过程中经常会有人离职，包括优秀的企业也会有优秀的人才离开的。如果不管代价地挽留他们，则会有很大的耗费，不利于我们公司的发展。

总经理李总：刚才你谈到张总不能给下属以挑战性工作，却要求我们公司增加报酬。也许，这就表现出我们的经济分配制度对出色工作人员的奖励还不够。在某种程度上我们不得不在公平与奖励出色贡献两个方面做出选择。如果将报酬与工作绩效相联系，我们就会发现：一些人与另一些人做同样的工作，但收入较少，他们就会感到不公平。我知道，我们公司的经济分配制度是经过精心设计的，对广大员工来说是公平的，并在市场平均水平以上，也是合理的。但是业务部中确有一些优秀的人才，他们为公司发展作出了贡献，现在公司发展比较关键，正需要这样的业务骨干。如果这些优秀人才离开公司，那我们的业务工作能否做好？

人力资源部王总：但如果我们不让他们走，他们会提出增资的条件。如果他们走了，我们还可以提升其他人员到他们的位置上，这也许是一件好事。

总经理李总：是的。但让优秀的人才离开我们到其他地方去，尤其是到竞争对手那里施展才能，无论如何对我们都不是一件好事。张总挽留人才是对的。

人力资源部王总：业务部两个人的辞职也给该部一个信号，表明他们对现有工作已感到乏味，也许张总应该知道他在领导职能方面出现了问题。他或许应该将部门重新加以组织，让部门的主要管理人员有更多挑战性的工作。

总经理李总：可以让他这样做。但这是解决问题的全部吗？仅靠挑战性的工作就能住留他们吗？难道他们不想报酬再高些吗？你知道，经济分配是最难处理、最不灵活的一类事情，我们公司现在这么复杂的分配制度，目的是为了适应各类情况。一些优秀的人才看起来是因为工作乏味而离开公司，实际上我认为他们是嫌报酬不合理才离开。如果我们用挑战性工作取代增加报酬，这就会使员工感到，我们要求员工更加努力地工作而不必付给他们更多的报酬。我们的报酬制度对优秀人才是否合理，现在是应该考虑一下了。张总的做法应该引起我们对人才流失现象的注意。

人力资源部王总：好吧，我们要好好研究一下这类问题，考虑一下多给一些人报酬。

## 范例四 某公司领导与员工的工作谈话

【情景】 在领导办公室，公司经理与某员工坐下来心平气和地谈心，围绕工作重心开展了对话。

领导：负责现场施工，在所有工作中是最苦的，你们现在应该都了解了一些情况了吧，要做好吃苦的准备！

员工：之前我也在项目上实习过，对施工生产工作有一定的认识。我已经做好吃苦的准备了，而且我自己也比较喜欢这方面的工作，以后我会努力学习、工作。

领导：不过话说回来，施工员相比其他工作发展前景还是很好的，只要你自己好好学习、努力工作，以后公司会给你一个满意的结果。公司里大部分领导都是搞施工生产的，所以你现阶段一定要严格要求自己，多问多学，努力提高自己的能力，这样你才能在现场游刃有余地做好自己的工作、才能在适当的时候抓住机会。

员工：在这一年见习期，我一定会努力学习，争取把各个方面的知识都了解一下。之前我师父对我们说："现在有三个方向供你们选择，也就是钢筋、支模、混凝土，你们现在没有精力一下子把全部东西都学会，最好是每人选一个方向作为重点，其他两个方向先了解个大概，以后慢慢学。"我也跟我师父说了，我先把支模作为重点来学习，多看看图纸、规范。我会对自己负责的。

领导：咱们公司是2003新成立的公司，2006年才开始承接项目，在2009年经过重组之后，公司的面貌焕然一新，这两年发展很快，产值由2009年的9亿多，到2010年上升到100多亿。2010年承接合同额达到130多亿，其中包括2010年3月承接的××项目，合同额100多亿。而且公司在××这边一共只有80多名老员工，再加上你们今年来的60名新员工，也就140余名员工，而××项目这边又这么多，所以这边很缺乏人才，只要你自己有能力，我们很可能破格用人的。

员工：嗯，经理您说的很有道理，我来这边也主要是因为这边对自己的发展好一点，机会多一点。我喜欢做事，喜欢承担任务，也喜欢现场施工这方面的工作。我相信，只要自己努力了，公司一定会给我提供一个展示自己才能的平台。

领导：我对你们要求很高，除了按时完成××公司的新员工成长手册，另外，你们每天还要写自己的工作日记，每周要写自己的工作周总结。你们都能做到吧？

员工：您这样的要求很好，这样，我们就能把自己每天学到的东西进行系统化记录，能增加我们对知识的记忆，我能做到，不会辜负经理对我的期望。

领导：在三局要积极地争先争优，要大胆地表现自己，让大家都知道你，要让大家认识你，那最好的途径就是多发表文章。所以，你要在做好专业工作的同时，还要多发文章，让大家知道你、认识你；还要积极地参加公司组织的各种活动。

员工：我以后会多写写文章，积极参加活动，多展示自己的。

领导：你现在是党员了吧？

员工：是的，我在高中就入党了。之前在大学一直负责我们系的党务工作。

领导：那就好，以后多留心一下时事，对公司的党建工作多关心，以提高自己的思想觉悟。

员工：听君一席话，胜读十年书。经过跟经理您的近一个小时谈话，我之前脑海里的迷离烟消云散了，对自己的前途更加坚信。最后感谢公司安排的这谈话，此次谈话对我的人生道路起到了指导性的作用，同时也感谢经理您对我的精心指导。

## 范例五 某入党培养人与培养对象的工作谈话

【情景】 在党员会议室，某入党培养人与培养对象围绕近期日常工作思想动向展开了对话。

培养人：你的入党动机是什么？这跟你选择政治学这个专业有什么联系吗？

培养对象：我 89 年入学，那时正是东欧剧变时期。那时的政治氛围使我较早地接触到了政治。再加上小时候特别喜欢看历史书，对政治家或者英雄人物充满崇敬，因此小时候我就特别想加入中国共产党。后来慢慢长大了，中国的现实状况常使我觉得我应该承担起一份责任。我感觉中国最需要的，是推进民主与法制。

培养人：我很欣赏你的责任感。有人说做大事而非做大官，是一种人生态度，这是我接触政治专业的青年学生最大的感受。

培养对象：现在的权利保障确实不够完善。比如城乡间的权利享受的差距就很大，这其中有观念原因，更有制度和环境的原因。比如城市的小孩从小就接受良好的教育，尤其是有钱父母的城市孩子，就更比农村的孩子高出一个平台了。这样下去，城乡差距只会越来越大。

培养人：这点我也深有感触，即使拥有同样的学历，农村孩子和城市孩子还是有挺大的不同，比如视野和知识面。不过农村孩子也有先天的坚韧、踏实、勤奋，这些是可以让人受益终身的，而父母的支持是暂时的，一个人是否有出息，真正依靠的还是自己。

培养对象：我确实太高估环境的力量，忽视了人的主观能动性了。

培养人：你以后会考公务员吗？或者说会不会在政途继续走下去？

培养对象：我会试一试，如果考不上我会创业。现在的大学生或者说大学教育普遍缺少创业意识，可是我不会选择打工而会自己做老板。等到获得一定的社会基础，可以再回到政坛。

培养人：据说迂回政策比直接出击更易获得成功的。加油！

## 范例六　交警与路人的对话

【情景】 路人横过马路被交警拦下，以下为路人与交警的精彩对话。

警察：你这样横过马路不觉得危险吗？

路人：你看什么地方不危险呢？警察环视四周，到处都是车流填满道路，出不了声。

警察：这样做是太危险了。

路人：最危险的地方才是最安全的地方。

警察：把你撞死你就安全了。

路人：置之死地而后生。

警察：万一死了，你还嘴硬。

路人：现在不是活过来了吗？

警察：活过来又怎么样？

路人：活过来我可以去上班，可以上班就可以拿工资，有了工资才有生活必需品，这样我就能继续苟延残喘维持我可怜的生命了。

警察：可是汽车不知道你这些可怜的想法。

路人：那你应该拦住它们，告诉车们我的想法。

警察：你别罗唆，我不能随便拦下它们。

路人：你的执法是以车为本，还是以人为本？

警察：你说呢？

路人：该拦的你不拦，你看这么密的车流让人怎么走啊？不该拦的你拦下了，比如我。

警察：我想提醒一下你。

路人：可你浪费了我的时间。

警察：……

路人：鲁迅说，浪费别人的时间等于谋财害命。

警察：我没说过罚你的款啊。

## 范例七　董事长与员工代表的工作会谈

【情景】　某百货集团董事长亲自下到一线员工的工作现场，就涉及员工切身利益的和大家关心的话题展开对话。工会常务副主席、人力资源部经理、公关管理部经理也参与了对话。

员工代表：不知什么原因，三楼层有的柜组的记账员的补贴将下调一级。当初评定补贴标准时他们已经达到了公司要求的工作标准，现在又要降下来不知是为什么，心里感到很疑惑。

董事长：请人力资源部转告财务管理室，对这种情况，要说明理由。昨天，我与住宿员工座谈，他们也反映类似的问题。对新员工或老员工接受一项新的工作，在初期，要多欣赏、多赞美。但过了一段时间，要客观地告诉他们实际的工作状态。否则，一旦有人被免职，个人感到太突然，接受不了。有人说，领导一直在表扬我，为什么现在又不用我了呢？做得不到位的地方要提前告诉他，并为他指出努力的方向。对有些人，在提升的时候可以不找他做工作，只征求意见就行；但对待降职、降级人员必须做好思想工作，要说出让本人信服的理由，没有确切的理由就不应该降。比如，像刚才说的这种情况，为什么降级要明明白白地告诉他，要和本人说清楚。降级的员工本来就受到了打击，对他们更应该做好工作。

员工代表：商厦放的一些歌曲，听说都是董事长您定的，为什么不可以放一些通俗的和流行的歌曲？

董事长：流行的东西都是短命的，我们追求的是持久。在中国的南方，对一些古老的传统节日比北方重视，但南方的改革开放比我们实行得早，比我们搞得好；在北方一些好的传统该保留的没保留，都丢掉了，一些好听的老歌也都没有了，光弄了些流行歌曲，看似新潮，但在思想上又很守旧、很落后，所以北方比南方发展得慢。在制度上我们要创新、要学习世界上最先进的企业管理经验，在生活习惯上还是返璞归真的好。比如我们每天唱的店歌，它的外在形式很传统，但它的内在实质又很前卫。我曾和一些主管们说过，现在的年轻人是没有信仰的一代，在过去极左的年代，一些人搞极端，什么“大公无私，公而忘私，狠斗私心一闪念”，一点私心都不让有，这不现实。由于宣传过头了，所以人们什么也不信了，现在是旧的信仰没有了，新的信仰还没树立起来，正处于混乱时期。很多年轻人盲目地追风赶时髦，我们不能迎合他们，要用企业文化影响和引导他们。八小时以外唱什么歌是你们的自由，来到企业就要按照企业的意图办。歌虽然不是我选的，但主导思想是我定的。我要求放的歌都是健康向上、使人愉悦的。从某种意义上讲，企业文化就是老板文化，老板爱好什么、喜欢什么，这个企业就兴什么，这是无法回避的。

员工代表：我们鞋组工作量稍微大点儿，记账员的补贴是200元，一些其他柜组的老记账员由于承担的项目不同，虽然工作不是很忙，但他们的补贴却是300元。不知记账员的补贴是按工作量的大小还是按别的标准定的。

董事长：以上我曾多次给大家讲这样一个故事："老天爷每天忙得不亦乐乎，但大家对他还是有意见。弟弟替他急得不得了：'哥哥，老天爷最好当了，有权有势、呼风唤雨、颐指气使，怎么你就干不好呢？'正巧哥哥有事需要外出几天，便临时委托弟弟代行职权。弟弟听了高兴得不得了，心想，这会儿我可说了算了，保证让天下的老百姓都满意。刚上任，一个地方要求下雨，好，马上布云行雨。还没等雨下来，路上一位行人正跪在那里磕头求告呢：'老天爷，千万别下雨呀，等我到了家再下吧。'他到家了，可路上还有别的行人呢，折腾了一天，盼雨的也没等得雨来，急得弟弟团团转，嘴上的泡也起来了，光盼着哥哥早点回来。"虽然这只是个笑话，但它说明了一个道理，再高明的领导也不可能让他的下属都满意。但还是那句话，该反映的就要反映。

记账员也分级别。作为一名称职的记账员，不仅要看他的记账能力，还要看他的协助管理柜组能力、带头作用以及工作量，不过这一点还是请有关部门给大家说明。如果还有人认为给自己补得少了，这是很正常的，人往往对自己估计过高，这是人的天性，说明了总会有一部分人明白了。再说，一眼看高，一眼看低的事是很难避免的。

大家可能感觉到了，我这个人是很坦率的，我希望你们也和我一样坦率，和我争论才好呢，不要怕驳我，我喜欢抬杠。"灯不拨不亮，理不辩不明"。我当生产队长的时候，我们二队是有名的杠房，一提二队谁都知道抬杠的多。在我们村（当时叫大队），一共有四个小队，我们小队是最好的。当时，地是打乱了重分的，分完后的第一年，我们队的粮食产量是17万斤，第二名12万斤，第四名7万斤。人口差不多，地也差不多，就这么大的差距，为什么？就因为我们队爱抬杠，一抬杠就出真事，不过抬完杠争论完了最后决定的事，大家都得执行。我是一个普通的凡人，包括各级主管也是这样，有许多事看不到想不到，通过和大家沟通座谈，把你们看到的、想到的提上来，通过争论拿出一套好的解决办法，对企业对个人都有好处，希望大家畅所欲言。

员工代表：针棉组的毛毛特别多，尤其是大针棉，布架上、床底下到处都是。不知这东西对人的身体是不是有危害？还有的人得了过敏性鼻炎，公司能否给我们解决一下？

董事长：请公关管理部派人到现场看看，能不能帮助他们改善一下环境。你们讲的毛花属于草棉，它不是有害物质，虽然经过了加工处理，但也不会对人体造成危害。原来打隧道钻山洞的容易形成矽肺，矽肺是一种职业病，基本上没治。而棉絮吸进去能咳嗽出来，咳嗽是人体的一种自我保护功能，肺里吸进脏东西，一咳嗽从痰里就能吐出来了，不会留下后遗症，这一点请大家放心。如果个别员工有过敏的，可以通过人力资源部调一调工作。

人力资源部经理：原来羊毛衫也存在类似问题，员工们提出来后，我们非常重视。经了解相关人员和上网查询得知，这都是符合国家标准的，对人的身体是没害的，如果发现个别人有皮肤过敏，我们可以考虑调整工作岗位。

员工代表：每个月的月初，是公司为员工发放工资的时间，由于主任或经理出差使员工的工资不能按时发放，我们认为这是不合适的。

董事长：这个问题应该能做到，关键看我们的主管重视不重视，就算有些特殊情况避不开，也应该对员工表示歉意，不能很随便地说一句我出差了，就敷衍过去。

员工代表：我曾带了一个莱芜徒弟，刚开始工作状态还可以，积极性也挺高，后来感觉不行了。他说：刚来企业时，公司承诺有学历工资，后来又说不给了，感到挺苦闷。

人力资源部经理：公司在招聘时承诺大专生有学历工资，但这种待遇不是永久不变的。他们来了以后，企业希望他们将来都很优秀，但入店工作了一段时间，和一些刚入店的高中生相比不是很突出，几乎没什么区别，达不到企业的要求，所以，就把待遇降下来了。前一段，王经理与莱芜的大专生专门开了一个座谈会，把原因给大家都讲清楚了。

董事长：招聘时企业假定他优秀给他学历工资，通过实践达不到要求的，我们没有必要再给他这个待遇，愿意走的我们也不必强留。比如 10 个人反映，有 2 个人要走，让这两个人走了，那 8 个人也就不反映了，他们反映是跟着要走的那两人随声附和。走的人无论说什么理由，咱可以听，不去分辩。有些被劝退的为了给本人留面子不公开说劝退，告诉他到别处更适合，建议他到别处去发展。

员工代表：前不久在我们组发生了一起顾客与顾客动手打架的事，我们组的主任和员工也差点儿被顾客打了。主任说，要为这位员工申请委屈奖，主任申没申请，还是申请了上面没批，我们不清楚，但最后这件事也就不了了之了。

公关管理部经理：凡是员工与顾客发生争执，我们一般本着从如何理解顾客的原则出发进行处理。很多时候，员工与顾客发生争执，总是有原因的，当然不可否认，个别顾客一来就带着气来的，说话很冲动；还有喝醉了酒来的。只要你感到受了委屈，可以和你的商品部经理反馈，如果商品部经理认定你受了委屈，直接向公关管理部反馈，公关管理部先了解情况后，属于委屈的给予委屈奖，不属于奖励范围的也会与员工见面给予安慰或表扬。

董事长：××，你刚才的答复是不是有些欠妥？比如员工是不是受了委屈由商品部经理认定，一个商厦商品部经理这么多，他们的水平是不一样的，认定的标准也就不一样，执行起来很容易出现偏差。我觉得，员工是不是受了委屈，应该以员工的感受为标准，而不能以经理的评价为标准。同样遇到一件事，人们的承受能力是不一样的。作为一名优秀导购员，他可能觉得没什么，因为他经历得多了，但作为一名新员工可能就承受不了。过去我们在这方面是不是把关太严了？以上我曾和你们打过比喻：顾客来退换货，这件商品有可能是顾客的原因造成的，也有可能是我们的原因，面对这种情况如何认定，在分不清的情况下，倾向于顾客。对顾客我们都倾向了，为什么不能倾向自己的员工？应该说我们的员工更通情达理，因为他们都是从社会上挑来的，是最优秀的，觉悟是很高的，所以要相信我们的员工。个别员工在接待中受到了委屈，该给安慰的，作为主管应该主动给予安慰，该给委屈奖的要给委屈奖。当然公司在这方面不好做出具体的规定，但要因事、因人而异，总的指导思想要向员工倾斜，包括工会工作也是这样，宁让员工沾了光，也不能让员工吃了亏。有句庄稼话：只有鞋啃袜子，没有袜子啃鞋的。谁都希望把事情办好，但这里面有个理解程度问题，员工是不是受了委屈，分不清的，按受委屈处理，这样就把事情简单化了，也好操作。

员工代表：明年××商厦开业，有很多双职工要过去。听一些去莱芜的员工回来讲，由于那边家属楼两室一厅建得少，一些老人、孩子过去得住客房。建议××商厦多设计些两室一厅。

董事长：有关新商厦生活设施的安排，我们也在摸索。青县、泊头开始都没建双职工住宅楼，到了桓台设计时才有。莱芜在设计时，董事会没作任何限制，我也有意识地架着他们。你们说需要建多少？不当家不知柴米贵，他们也在算账，因为利润中得扣除投入资金的利息和固定资产的折旧，黄××到现在还有不少在外面租房的。也许这是一个永远解决不了的难题。有人说，我们不会多多地盖吗？这不现实，因为没有那么多的钱，不说别的，你对你们家现在住房满意吗？有多少想买楼的买不起，有多少想盖房的盖不起啊！企业和家庭过日子是一样的，要量入为出。另外，还有一个账，以后各分店要向本土化发展，到那时可能就用不了那么多房了。不过，我可以和他们打个招呼，在现有的条件下，尽量多安排一些。

刚才还提到给经理们搬家问题，以后再安排新商厦开业的日子和搬家的时间拉大一点儿，先过去一批员工帮着搬搬家。开业前，他们在这边也是闲着，过去后并不影响这边的业务。只要组织得好，应该办得到。

员工代表：××开业的时候，也是先过去了一批人，负责安排员工宿舍的床铺，帮双职工搬家。有时晚上8、9点钟甚至更晚车才来，把大家喊起来卸车，当时公司承诺给加班费，并且对加班人员加班时间都作了统计，开业后一直没有兑现。

董事长：这都是不应该的。为什么现在我们给工会这么大权力？我就认准了一个理："家里做好饭，地里不用看"。老辈子家里地多人手少需要雇活的，就到市场上去挑。一些开明的雇主总是嘱咐家里把饭做好了。你们想啊，扛活的饭吃好了，干活能不卖力气吗？所以，我一直主张企业先"做好饭"，员工自然把工作干好了。凡是主管承诺的，就要兑现，错了也要办，因为承诺错了是你的责任，不能说话不算数。这件事由人力资源部负责落实一下，问问统计的名单还有没有？有，就得兑现，就算落实不了也应该给大家道个歉，这也是讲诚信嘛。

员工代表：每次来货，前面的车刚卸完，后面的车又顶进来了。卸下的货物都堵在电梯口，顾客和员工出入都不方便。

董事长：这一块由哪个部门管？我也赶上一回，外面的进不去，里面的出不来，应该安排个调度，就像交警一样，哪里堵了车，交警去了一会儿就疏通开了。

公关管理部经理：这一块属于物业部负责。

董事长：请转告物业部哪天出去进货的车多，临时安排个调度。社会上有些事不好解决，我们自己的事还不好解决吗？关键看领导重视不重视，只要领导重视，什么事都能解决。

## 范例八 某编辑室的工作对话

【情景】 某编辑室工作人员前几天刚刚参加完一次会议，会后在办公室围绕着会议展开了对话。

A：多年跑会议，往往会一完，会议文件也就丢在脑后。这次采访人才工作大会却不一样。大会结束好几天了，翻开《若干意见》，仍然感到一种视觉冲击力。

B：不仅是视觉冲击力。面对《若干意见》中的不少新概念，感觉一些固有的看法都开始动摇了。比如说读到这样一句话的时候：人才“柔性”流动。

C：“跳槽”早已不是新鲜事。显然，这儿说的“柔性”流动，不是传统意义上的人才流动。

A：传统意义上的人才，“人”与“才”不可分割。“人”是“才”的载体，“才”通过“人”得以体现。人才的流动就是“人”与“才”共同流动。

D：所以，有了“进人”这个词。如果某个单位需要某种“才”，那么，就调进具有这种“才”的那个人。

E：在“才”为我用的同时，“人”也就通过户口、关系、住房等等的“捆绑”为我所有了。人成了单位人。

C：至于这个“人”在这个特定环境下能否尽其“才”，是个不需要考虑的问题。

D：我老是想，××究竟缺不缺人才？

C：也是问题。各地到各行业，“引进人才”的呼声什么时候平息过！

B：××人才不足，这是事实。××的专业技术人员中，有将近一半处于闲置、半闲置或者“在职待业”的状态，也就是说浪费严重，这也是事实。

A：这似乎是一个悖论。

E：解决这个悖论，得从体制、机制上破题，而一个绕不开的问题，就是人才的单位所有、部门所有、地区所有。也就是说，一方面，人才短缺；另一方面，相当数量的人才作用没有发挥或者没有充分发挥，人才资本“退化”为人才资源或者半人才资源。

D：老同学聚会，经常听到这样的议论：常常有负荷未满的感觉，但换个单位，一切从头开始，即使单位愿意放，也下不了决心。因为，换来换去都是单位人，万一新单位还不如原单位呢？“人”与“才”捆绑流动，成本难测。

A：单位不换、户口不迁、身份不变、来去自由，以智力服务为核心的兼职兼薪，而前提是完成本职工作、不侵害原单位合法权益 -- 通过这样一种“柔性”流动的经营手段，单位人变成社会人。

C：理念太重要了。没有不求所有、但求所用的“柔性”理念，就不会有人尽其才、才尽其用的“柔性”流动环境。

## 范例九　某单位党员干部组织生活谈话

【情景】 某单位开展党员干部组织生活会，探讨近期工作表现，某领导针对某下属的工作现状展开了对话。

B：我要检讨一下自己：在学习上我还存在着应付思想，表现为态度不够认真，缺乏自觉性，平时强调工作忙而放松学习要求，读书也只求数量不求质量，使自己的政治素质难以提高。

A：这样的观点是错误的。我自己也存在着这样的问题。我在理想信念上对自己没有高标准、严要求，学习不够专心，有时半途而废。我认为，我们应该不断加强学习，全面提高自身政治素质，牢记党的宗旨，增强党性的锻炼。

B：现在我认识到，只有理论上清醒和坚定，才能保持政治上的清醒和坚定，学习是世界观改造问题。理论水平提高了，看问题的能力也会提高，工作能力才会提高。

A：不错。只有刻苦学习理论，才能树立正确的世界观、人生观、价值观，才能保证共产党员的先进性和纯洁性。说到工作上，我要批评你了：就是在业务上满足于现状，缺乏刻苦钻研的精神，对你自己负责的工作都是浮于表面，没有认真从理论上分析研究，深入了解关键所在，难以从本质上提高工作质量。

B：这主要是我的工作主动性差造成的。由于工作压力大，又不易见成绩，所以没有深入钻研下去，没有起到一个党员的模范带头作用。今后我要向先进典型学习，同时勤于学习业务知识，不断改进工作作风、完善自我。

A：你的思想和工作表现都是不错的，你能够遵守纪律、作风正派、工作勤恳，为工作作出了应有的奉献，但在工作中还存在着积极性和主动性不够的问题。在工作标准上不够严格，只按照领导安排和工作要求开展工作，工作按部就班，缺乏工作主动性和积极性，不能够很好地创新工作方式、方法，造成了侨务工作循规蹈矩、没有创新，而且不能充分发挥出工作职能，只满足于应付本职，只求完成任务。此外，对领导安排的工作，存在畏难情绪和急躁思想，精神状态不能很好地适应工作开展要求，不能以平和的心态做好工作，还需要进一步增强事业心和责任感。

B：多谢你的批评指正。我要纠正不正确的思想观念，不断充实工作内容，重在敬业、奉献、求实、开拓、创新上做文章，各方面的工作都要走到前列，争创一流业绩，充分发挥职能作用，力争工作年年有进步，把工作做好。

# 第十七章

# 谈判类情景应对

## 范例一 警务谈判应对

【情景】2005年10月25日上午7时，江汉区武汉某彩印公司门卫室内，因工伤导致右手残疾的胡某挟持女工陈某，在他身上绑着炸药包，左手还拿着一个打火机。下面是谈判专家刘金柱与胡某的谈判。

胡某：快叫公司老板拿两万元钱来，不然我就引爆。

民警：你先放人，我们一定满足你的要求。

胡某：不可能。我放人了，你们就会要我的命。先拿钱来再谈。

民警：已经去找老板了，很快就会来，你千万不要乱来。

胡某：如果中午12点前，没见到钱，我一定引爆。

刘金柱（以下简称刘）：小兄弟，你有什么事不能好好地说呢？（不到万不得已不能击毙，我有信心让他投降的）。

刘：你认识他吗？

胡某：原来的同事，怎么不认识？

刘：你别怕，你们老板也是欺人太甚，他是被气糊涂了，看得出来，他是一个明事理的男人。你们一上午没吃没喝，兄弟，口渴了吧？你来拿瓶水给他。

胡某：不许动。

刘：呵呵，小兄弟，你终于说话了。论年龄，我也大你一二十岁，跟你说了几个小时的话，也没见你回应。从礼节上，也说不过去吧？

胡某：我们之间没得谈，拿钱来再说！

刘：这样说就蛮好嘛，我也愿意帮你要回钱，公司对你确实不公平，关系到你一辈子的事情，要两万元也不多。如果是我，也会这么做的。可惜的是，你要钱的方式不对。

胡某：我找他要钱天经地义，没什么不对。

刘：公司已经将钱转交给了我，但我不想现在给你。为什么？你也不想想，到现在为止，你的行为还没有造成任何严重后果，但如果我现在把钱给你，你涉嫌勒索钱财，就犯了罪，要坐牢。到那时，你要钱还有什么用？

胡某：我不管这么多，拿钱来再说。

刘：你拿到钱当然很容易，但小兄弟你想过没有，你即便是拿到钱了，又能走多远？

胡某：几点钟了？

刘：还早，12 点还差一刻。我是警方的谈判专家，是真心来帮你的。现在，作为你来说，趁你现在还没有引起什么后果的情况下，我负责帮你把你的事情公正地解决，你钱又拿到手了，又不用担多大的责任，让这个简单的事早点有个了断不是更好吗？

胡某：老板有没有钱给我？

刘：我不是跟你说了吗，钱早就在我们手上了。

胡某：你的钱我不要，到底是不是老板的钱？

刘：小兄弟，我们哪有钱支援你？

胡某：我要看一看。

（见到钱的确在警方手中后，胡某果然开始设想后路）

胡某：你们会怎么处理我？

刘：到现在为止，你的事情并没有产生负面影响。把你与公司之间的经济纠纷处理完后，大不了，让你到派出所写个检查，就完事了。

沉吟片刻后，胡某主动打开了门。

## 范例二 商业谈判应对

【情景】 东芝化学社与中国金桥贸易关于购买硅价格的谈判。买方：日本东芝化学社，系日本东芝集团的一员。卖方：中国金桥贸易公司，系中国大型集团下的一个专业贸易公司。

中方：我公司热烈欢迎贵公司再次来到中国，真诚希望我们能够达成一致。

日方：非常感谢贵公司的热情招待，希望我们合作愉快。

中 1：现在很高兴由我代表的我公司与贵公司进行商谈，首先由我来介绍我公司的代表，我是金桥公司的总经理，我叫张倩，这是我的助理，这是我们的市场部经理，这是我们财务部经理。

日 1：现在由我介绍一下我方代表，我叫伊藤博川，是日本东芝化学社执行总裁。坐在我左手边的这位是执行总裁助理雪灵兰，坐在我右手边的这位是财务总监山田优，坐在最左边的这位是市场营销总监佐藤天一。

中 1：这是我公司准备的方案，请你阅读一下。

日 1：这是我们长期研究保留的方案，我看了一下，该方案非常周到和细致。接下来的细节由我的助理详细说明一下。

日方助理：在前期的谈判当中，我们对质量问题和数量问题已经进行了深入的调查，在这次的谈判中，我们希望能够达成一致。

中 1：近几年当中我公司与贵公司有过良好的合作，贵公司良好的信誉给我们留下了深刻的印象，相信我们这次的合作也能达成一致。

日 1：感谢公司多年来对我们公司的关照，我们也非常希望这次洽谈能够顺利进行。

中 1：是的，我们公司一直收到贵公司的订单，对于你们提出的问题我相信你们也能看到一个解决的方案，首先由我的助理向大家展示一下我公司的新发展，以及解决的改进方案。

中方助理：下面由我来介绍一下我公司近几年的发展状况，首先各位看到我们公司在市郊建成了一批新的生产基地，极大地增新了我们的生产线，并且有一定规模的生产区域，已经在五月份开始投入使用了，并将成为我公司未来最重要的生产线。那么各位可以看到生产区的内部的生产状况，基础设施相当的完善，且交通便利，对于物流的服务，有着重要的产品保障。那么上个月我们从德国引进了激光粒度仪，这种高端的仪器对于提高硅的纯度并且提高产品质量有着非常重要的保障，而且我们也邀请国外专家对设备的使用状况提供指导。下面是我公司一些优质产品的图片，希望贵公司可以了解一下。那么最后提到一点我公司已经荣获国家权威机构颁发的全国守合同重信用企业称号，相信这是对我公司信誉的肯定，感谢各位。

日 1：我们看到了中方公司新的发展情况，我相信中方公司在过去的一段时间里有很大的改进，然后我们也相信贵公司有非常雄厚的实力，我希望贵公司这次能够合作成功。

中 1：感谢贵公司的肯定，你们也能看到我们为贵公司提供良好优质的产品，对你们所定的优质产品，硅 3303 产品的报价是 11100 元每吨。

日 1：恕我们对这次的报价很难认同，基于以下几个关于国际大背景我公司认为合理的价格是 10000 元每吨，下面由我公司的营销总监给出最新的市场调查。

日方市场部：随着金融危机的不断加深，原材市场价格的持续波动。这是金属硅 3303 市场价格走势图，上半年金属硅的价格持续上涨，到 2010 年 7 月 9 日，其价格达到最高。在此之后其价格不断下滑，经我们市场部分析为，金属硅 3303 价格还能持续下跌，在全球各个地方受到金融危机的影响程度不同，所以，硅 3303 的市场价格有很大分歧，作为我公司我们将继续观望，寻找一个最合适的价格。

中方市场部：感谢贵公司的市场总监的分析，我谈一下我方的看法。当前金融危机出现几个阶段，许多专家和学者是不同的见解，但是我们可以看到的是各国政府都在采取一些强有力的救治措施，民众在这些救助措施的指导下，对经济有了一定的理解，而且对于经济的信心有了缓慢的增长，而且我们可以看到，金融危机爆发之后，各国的态度一致的，对于救治采取了有力的行动，那么我们看到尽管前一段时期金属硅的价格是在持续走低，但我们有理由相信在未来不长的时间内价格是会反弹的。

日方市场部：鉴于中方市场部经理给出的分析，我方给出的回答是金融危机的不断蔓延，导致全球很多小型电子企业面临倒闭的威胁，像我方这么有规模的公司已经所剩无几，我相信我方会成为贵公司最大的客户。

中方市场部：我们目前已在同各个公司进行接洽，我们销售渠道已经很广泛。

日方市场部：据我们市场部了解，正在与贵公司洽谈的美国一家电子企业已申请破产保护，想必贵公司也受到不少的影响吧。作为贵公司也不想失去我们合作的机会，更重要的是我们同生在亚洲，为了彼此共同发展，为了亚洲经济的繁荣，我们会最先与贵公司合作。

中方市场部：尽管如此，贵公司应该有所了解我公司目前还是中国金属硅最大的供应商，所以说一个销售渠道的阻塞，对于我们来说是不会有太大的影响。

日方市场部：话虽如此，但想必贵公司也不会忘了海外也有很多大规模的供应商吧。说句实话，他们的报价远已经低于贵公司，但由于运输的不便，运费较高，所以我们还在进一步协商，经我们详细核算，只需他们再降一步，我们便将达成协议。但是为了节省一些不必要的麻烦，我公司还是想与贵公司签署协议，希望贵公司慎重考虑。

中 1：经过我跟财务部经理商讨了一下，基于我们是长期的合作，而且以往的合作也很成功，我们决定给贵公司一定的优惠，每吨降价 300

元，现在我们给出的报价是 10800 元每吨，不知贵公司意下如何。

日 1：刚才我详细听了贵公司的市场部经理和我方市场部经理的解释，但是，我们到现在仍然坚持我们刚才的报价，10000 元每吨。因为以前我们多次试图了解，对贵公司的产品有一定的了解，在使用的工程中存在一定的质量不稳定的现象，我们希望就此问题贵公司能做出让步。谢谢。

中 1：就你们的问题，由我的助理向你们解释一下。

中方助理：在刚才的幻灯片当中，相信贵公司也看到了我们刚从德国引进的高端仪器对提高硅的纯度，并且保证质量。

日方助理：在曾经的参观过程中，我们看到了高品质的产品，但是目前为止就我跟我方技术组的商议，我方技术总监认为，贵公司的厂房并不与德国先进的设备相匹配，而且在安装调试及试产品的过程中质量也发生不稳定的现象，而且我们公司此次要求的货物比较急，所以对贵公司产品质量的保证不太相信。

中方助理：针对于对方的顾虑，我想我可以提供国际尚品居质量鉴定证书。

日方助理：非常感谢贵公司能够提供国际质量鉴定证书，对于订货量的问题，我公司还有顾虑，由于目前市场上硅的价格波动很大，我方大量采购会造成资金的占压和后期产品的滞销，我公司考虑从采购的 1500 吨降低到 1000 吨，不知贵公司可否接受。

中方助理：既然贵公司提到减量而增加销售成本，而且刚才也提到了会承担质检方面的费用，所以希望贵公司可以提高一定的价格。

日 1：经过我们的考虑，在原来的基础上加价 300 元每吨，不知贵公司意下如何。

中 1：感谢贵公司的支持，贵公司的诚意我们决定接受。

日 1：非常感谢贵公司的支持，由于我公司已经在价格方面做出了一定的让步，也要提一些要求，我们希望在 2010 年 11 月 16 日下午两点之前能够运到京唐港口。

中 1：就你们提出的日期问题，我们公司可以满足贵公司的要求，现在贵公司给出的报价是 10300 元，而我方的报价是 10800 元每吨，我想与贵公司至今还有一些问题需要商谈，在资金有一些问题，就给我的助理详细向大家解释一下。

中方助理：我公司建议此次采用适度增长方式加以投资的，不知贵方意下如何。

日方助理：全国各地开取信用证，将会增加我们的各种成本而不利于我们生产资金流通和我们的生产经营，所以我方提议能够与新闻部门相结合的方式，对此次将进行支付，不知贵方能否同意。

中方助理：对我方来说，需要承担很大的风险。恕我方不能支持。

日方助理：针对于贵公司的提出的问题，我方将会申请高保函，来降低贵公司的风险。东芝公司是信誉最好的公司之一，我们还有良好的历史合作记录，而且这次是我们要签署使用的长期的合约。如果我们保持一个良好的信誉，我们与贵公司会达到双边的利益，所以，贵公司能看出我们的诚意，给予考虑。

中方助理：经过公司商讨后，同意贵方要求。

日方助理：感谢贵公司的理解与支持，我相信在互利与互信的基础下，我们未来的合作会非常的顺利。还有一些方面的问题需要提出一下，关于货币的问题，我们希望以日元作为起价货币。

中方助理：在国际货币市场上，日元的兑换波动较大，而我公司承担的风险因此较大，所以我公司不能接受，以下是几种常用的支付货币，请贵公司查阅一下。

日方助理：根据最近 3 个月的汇率走势看，我方认为人民币趋强，将不利于我方，可不可以这样，我们以第三国的货币进行起价。

中方助理：经过我们的商讨后，我们提议现阶段使用比较稳定的货币，不知道贵公司意下如何。

日方助理：经过我们商讨后，我方同意以美元来作为起价货币，而且以当天的兑换率为基准，然后月月支付。

中 1：好的，可以。另外我们公司希望贵公司能够像以往合作的那样，预付成本的 30%，并且通过贵公司愿意接受的汇率支付到我公司的账上。

日 1：以前我公司支付 30%的成本预付款，但是这次我们的资金确实出现了问题。这次因为特殊原因，比较困难，恐怕不能达到预付款的 30%，希望贵公司能理解和支持。

中 1：当然，如果贵公司接受的话，我们会给以一定的价格优惠。

日 1：如果是这样的话，我可以冒昧地问贵公司这个优惠起价多少？

中 1：如果贵公司能够在合同生效时立即将货款支付到我公司账户上，会提供 200 元每吨的优惠。贵公司意下如何？

日 1：通过我公司的商讨，我们已经看出贵公司的诚意，我们这次可以接受预付款的 30%，并且非常感谢贵公司提出的 200 元每吨的优惠。

中 1：谢谢。

日 1：另外呢，在运输的主体方面我们没有任何异议，我公司可以派发进货员，可以进货，但是呢将你们需要注意的问题由助理说明一下。

日方助理：好的，谢谢。在运货方面我们公司需要采用封闭无透风的工艺。

中 1：我方同意愿意接受。

日 1：非常感谢贵公司，我相信这次谈判进行得非常顺利，我们过去多次成功合作，再次感谢贵公司的诚意，我们也看到了贵公司今后的发展情况。再次感谢贵公司的热情招待，同时期待我们下次合作。

中 1：我们也同样期待和贵公司的下次合作。相信我们的友谊已经非常深厚，并且期望我们的合作能够持久。

日 1：贵公司的安排实在很细致，谢谢你们的安排。

## 范例三 合同谈判应对

【情景】 河南省新乡市总工会在封丘县召开封丘县荆隆宫乡真空砖机砖行业协会与真空砖机砖行业工会联合会，以下是集体谈判的全过程。谈判地点：封丘县陈桥驿酒店二楼会议厅。衡家庆(荆隆宫乡机砖行业工会联合会主席)、王凤旗（荆隆宫乡机砖行业工会联合会副主席)、窦利可（荆隆宫乡荆西机砖厂工会主席)、袁培梅（荆隆宫乡机砖行业工会联合会女工委员)、靳志勇（封丘县总工会办公室副主任)。协会方谈判代表：杨振生（荆隆宫乡机砖行业协会会长)、孙宁清（荆隆宫乡机砖行业协会副会长)、丁生远(荆隆宫乡机砖行业协会副会长)、温太松（荆隆宫乡机砖行业协会副会长)、李中青（荆隆宫乡机砖行业协会秘书长)。

衡家庆：根据双方商定，今天的集体合同谈判由我工会方来主持。我们工会已在3月5日给你们发出了《要约书》和《集体合同意向书》，各位协会代表都看到了吧？

杨振生：看到了。3月5日，我们协会收到工会发来的这两个文本。收到后，我们对工会提出的问题进行了认真的研究和了解，并与各砖厂业主进行了座谈。今天，我们受业主委托，与工会进行协商谈判。你们有什么问题和要求都可以提出来。

衡家庆：好，今天协商的内容我再重申一下。主要有六个方面：第一是劳动用工问题；第二是劳动报酬问题；第三是劳动保护用品问题；第四是职工食堂卫生问题；第五是为职工缴纳工伤保险问题；第六是劳动时间问题。谈判开始吧。

窦利可：关于劳工我想谈两个方面内容。一是根据《劳动合同法》第7条、第10条规定，每个用人单位在用工之日起都应该签订书面的《劳动合同》。但据我们工会调查，你们机砖行业虽说有80%的农民工签订了劳动合同，但仍有20%的人没签，对于这种情况请协会代表解释一下。

丁生远：我们用的主要是当地的农民工，他们家里都有地，流动性比较大。签了劳动合同的主要是经常在我们这里干活的人。比如说：装坯工、码坯工、出坯工、司机、机修工等。20%没签的主要是在把板、下土的工种这一块。为啥呢？因为这些人流动性太大，干个三两天就走，根本就没法约束他。

窦利可：劳动法对用人单位和劳动者都是有约束力的。

丁生远：如果说签了合同他要走，我也没啥办法。

窦利可：根据劳动法第 37 条、第 90 条有关规定，如果劳动者擅离职守，给企业造成经济损失的，可以通过法律手段，追究他的法律责任。

丁生远：你的意思是告他？他干个三五天就走了，又没挣你几个钱，咋和他打官司？再说，都是一个村的，就因为这点事打官司也划不着。

窦利可：对于这种状况，我们工会将加大劳动法和劳动合同法的宣传和教育力度，让农民工尽可能多地了解自己的权利和义务，自觉遵守劳动合同中的各项约定，以减少这种现象的发生。

杨振生：签劳动合同是法律的规定，签了以后对双方都具有约束力。我们用人单位放心，对农民工来说这也是好事，我看就让企业按要求全部签了。

窦利可：劳动合同签订率必须要达到 100%呀。

杨振生：好，我们没意见。

衡家庆：就劳动合同签订问题达成协议，请双方记录员将每个农民工都应签订劳动合同记下。

窦利可：再一个内容是关于招工问题。根据劳动法第 50 条规定，禁止用人单位招用未满 16 周岁的未成年人。按照这条规定，咱们机砖行业一定要严把此关，绝对不能招用未满 16 周岁的未成年人。

温太松：这条规定我们知道。但有些是本乡本土的人，他要来窑场干活，我们又不好意思不让他来。来了后，没有身份证或其他证明，又不知道他的实际岁数，看来还真要想个解决办法。

窦利可：法律既然有规定就必须执行。你们不要顾忌乡里乡亲的面子，凡是不能证明年满 16 周岁的就坚决不用，如果都按这条做也就不会得罪人了。

温太松：好吧。今后我们严把招工关，不能证明自己年满 16 岁的绝不用。

衡家庆：双方就招工问题达成协议。请双方记录员将“不准招用未满 16 周岁的未成年人”、“工资延缓支付必须经工会同意”记下。

衡家庆：下面咱们谈劳动报酬问题。

靳志勇：这个问题主要包括三个方面。第一是工资的支付办法。根据《劳动法》第 50 条规定，工资应当以货币形式，按月足额支付给劳动者。因此，我们工会提出，把每月 3 号当成工资支付日。

孙宁清：以货币形式支付工资这没有什么问题。但你们要把每月 3 号当成工资支付日不现实，因为这些砖厂开工有先有后。比如说，某个砖厂原来是 15 号开工资，下个月的 15 号才是开支日。而且，到了农忙季节特别是雨季，产品容易积压，资金周转困难。筹集资金需要一定的时间，工资发放有可能要多延缓几天。

靳志勇：企业遇到特殊情况，工资发放需要延缓几天可以理解。只要是没超过当月，并经我们工会同意，可以考虑稍微延缓几天。

衡家庆：（与本方代表商议后）工资延迟发放半个月时间太长，最多 10 天期限。

杨振生：（与本方代表商议后）行吧。

窦利可：工资延缓支付可不能随意，而且必须经我们工会同意，这是前提。

杨振生：既然工会提出了要求，我们就是砸锅卖铁也要保证农民工的工资。

衡家庆：关于工资支付办法双方就此达成协议。请双方记录员将“如遇特殊情况，经工会同意最多推迟 10 天”记录在案。下面谈第二个问题，各工种的分配系数。

靳志勇：据我们对机砖行业切坯、拉坯、码坯、出砖这几个工种的分配系数进行调查和测算，认为出砖工种的分配系数有点低，也不大合理，在一定程度上影响了职工积极性。

杨振生：我们认为，出砖工种的工价并不低。现在一个人一般 6 小时能出砖 50 至 60 丁（注：每丁为 200 块砖）。每丁按最低价 1.30 元计算，一天按 6 小时算，出砖工每天能挣 60~80 块钱，每月工资能达到 2000 多块钱，这已经不算低了。

孙宁清：再说，砖厂各个工种的分配比例都是经过十几年的经验证明了的，而且牵一动百，一动都要动。砖厂的几个工种分配系数是这样的，如果把切坯系数定为 1，拉坯就是 0.5，码坯为 0.25，出砖为 0.4，这个分配关系这么多年来都是这么做的，工人也认可呀。

靳志勇：从综合劳动条件、劳动强度、劳动技能、劳动环境等几个方面的考虑，出砖工种在前三项与其他工种差不多。但就劳动环境而言，出砖的温度高、粉尘大。考虑到这点，我们认为分配系数应提高到 0.45 比较合适。

孙宁清：出砖这个活儿就是这个工作性质。你说的这两个问题我们也采取了措施。比如针对温度高的问题，我们采取用大功率排风扇吹砖，先把温度降下来。比如粉尘，我们给工人发放了防尘口罩，目前的条件也只能做到这儿。

窦利可：但出砖的工作环境确实比其他工种艰苦。出砖职工反映，我干的活儿比别人脏比别人累，但收入和别人差不多。

衡家庆：根据商议，双方各让了一步。出砖工种的分配系数定为 0.44，请双方记录员记录在案。（注：如果系数提高 0.04，出砖工每月可提高收入 100 多元。）

衡家庆：下面谈第三个问题，职工工资增长幅度。

靳志勇：职工工资的增长必须随着企业效益的增长而增长。机砖行业近几年的效益不错，这是大家有目共睹的，职工工资就应该有所增长。

孙宁清：只要企业效益好了，给职工涨点工资不是啥大问题。到时候，我们会根据具体情况给涨的。

靳志勇：我们工会方希望谈出一个具体标准。根据河南省工资指导线和机砖行业实际情况，我们认为，今年机砖行业职工工资应增长 18%。

各协会代表：不行，不行，18%根本不可能。

孙宁清：18%对大型企业不算啥，但我们都是中小私营企业。这几年，砖价虽说涨了一点，但职工工资也跟着涨了呀。如果再涨，涨个 5%~6%还行，再高企业承受不了。

各工会代表：只涨 5%~6%不行，这绝对不行。

靳志勇：只涨 6%肯定是不行的。为什么？因为去年全国居民消费价格涨幅指数达 4.8%，河南达 5.4%。如果工资只涨 6%，扣除 5.4%，工资实际增长只有 0.6%，这让职工根本感觉不到工资的增长，这合理吗？

孙宁清：今年国家力争把物价控制在 4.8%，我们给职工涨 6%的工资已经够可以的了。

靳志勇：我们算过，2007 年你们一块砖的人工成本在 5 分钱左右，再加上煤、水、电、土、税等费用，一块砖的成本在 0.11 元左右，综合成本共计在 0.16 元左右，但纯利却由 0.04 元涨到 0.05 元。也就是说，纯利润涨了 25%，如果职工工资只涨 6%说得过去吗？

杨振生：你说的利润增长 25%根本达不到。现在原材料都在涨价。比如说盖坯的塑料布，去年是 8000 多元一吨，今年涨到了 1 万多元钱一吨。煤灰去年是 120 元一方，今年已涨到 150 多元一方，还有电的涨价？

靳志勇：你说的这些情况我们都知道。在利润上升 25%时，已考虑到生产成本的上升。其实，企业的成本提高和砖价的提高已经基本抵消了。

孙宁清：你们的算法不准确。砖的销售有旺季和淡季之分。旺季每块砖是 0.20 元，淡季连 0.15 元都不到，怎么能说有 25%的利润呢？

靳志勇：去除这个因素，砖厂的利润也在 20%以上。

孙宁清：（与本方代表商议后）涨 8%还可以，高了企业受不了。

靳志勇：拿国有企业来说，企业利润每增长 1%，职工工资就应增长 0.3%~0.7%。参考这些情况，你们最少应该增长 12.5%。

各协会代表：12.5%太高了。

衡家庆：（与本方代表商议后）11%吧。

各协会代表：不行，不行。

靳志勇：我们工会提出 11%是有根据的，希望企业从调动职工积极性上给予考虑。

孙宁清：（与本方代表商议后）那就 9%，不能再高了。

衡家庆：（与本方代表商议后）10%是我们工会提出的最低限度。达不到，我们无法向职工交代。

杨振生：（与本方代表商议后）这样吧，别再争论了。企业也挣钱了，给农民工涨工资是好事，我们也再想想办法降低生产成本，就按工会说的 10%吧。

衡家庆：经双方协商，达成协议。2008 年，各砖厂职工工资涨幅 10%，请双方记录员记录在案。

## 范例四　网络服务器销售员与客户之间的营销谈判

【情景】某网络服务器销售员向某润滑油公司推销自己的产品，并巧妙地让对方接受了自己的意见。

销售员：您好，您好是 × × 润滑油有限公司吗？你们的网站好像反应很慢，谁是网络管理员，请帮我接电话。

前台：我们网站很慢吗？好像速度还可以呀！

销售员：你们使用的是内部局域网吗？

前台：是呀！

销售员：所以，肯定会比在外面访问要快，但是，我们现在要等 5 分钟，第一页还没有完全显示出来，你们有网管吗？

前台：您等一下，我给您转过去。

销售员：您等一下，请问，网管怎么称呼？

前台：有两个呢，我也不知道谁在，一个是小吴，一个是刘×。我给你转过去好吧！

销售员：谢谢！

刘×：你好！你找谁？

销售员：我是××服务器客户顾问，我刚才访问你们的网站，想了解一下有关××润滑油的情况，你看都10分钟了，怎么网页还没有显示全呢？您是？

刘×：我是刘×，不会吧？我这里看还可以呀！

销售员：你们使用的是局域的内部网吗？如果是，你是无法发现这个问题的，如果可以用拨号上网的话，你就可以发现了。

刘×：您怎么称呼？您是要购买我们的润滑油吗？

销售员：我是××服务器客户顾问，我叫曹××，曹操的曹，××的×。我平时也在用你们的润滑油，今天想看一下网站的一些产品技术指标，结果发现你们的网站怎么这么慢。是不是有病毒了？

刘×：不会呀！我们有防毒软件的。

销售员：那就是带宽不够，不然不应该这么慢的。以前有过同样的情况发生吗？

刘×：好像没有，不过我是新来的，我们负责网络管理的是小吴，他今天不在。

销售员：没有关系，你们网站是托管在哪里的？

刘×：好像是西城电脑局网络中心。

销售员：哦，用的是什么服务器？

刘×：我也不知道！

销售员：没有关系，我在这里登录看似乎是服务器响应越来越慢了，有可能是该升级服务器了。不过，没有关系，小吴何时来?

刘×：他明天才来呢，不过我们上周的确是讨论过要更换服务器了，因为企业考虑利用网络来管理全国1300多个经销商了!

销售员：太好了，我看，我还是过来一次吧，也有机会了解一下我用的润滑油的情况。另外，咱们也可以聊聊有关网络服务器的事情。

刘×：那，你明天就过来吧，小吴肯定来，而且不会有什么事情，我们网管现在没有什么具体的事情。

销售员：好，说好了，明天见!

## 范例五 两家公司经理与经销商的谈判

【情景】 在沈阳市场，A公司与B公司一直是竞争对手，A公司是国内知名品牌家电下属公司，在品牌知名度和市场操作方面有优势；B公司是做专业汽车影音产品的，在产品技术、服务方面有优势。经销商刘老板把A公司的高经理和B公司的张经理请到了一起，进行了精彩的谈判。

刘老板：高经理，很巧呀，B公司的区域经理张×也来找我，想让我做他们的4S店渠道的代理。

(高×随刘老板进入会议室，相互介绍后落座)

刘老板：缘分呀，今天两位经理遇到一起了，我以前是做零售的，最近想扩大产品品类，同时也想进入汽车4S店这个新兴的渠道，今天我们只谈市场，不谈公司政策和产品。我现在有点事要处理，你们聊聊，6点下班后我们一起吃个便饭。

(在饭桌上，张经理还带有一个售后服务人员，想突出自己服务方面的优势，对这次谈判也是志在必得)。

高经理：别人都说同行是冤家，我看不一定，同行更应该多沟通，为行业作出一点贡献，为刘老板解忧，张经理，你说是吗?

张经理：哈哈，说得对，说得对。

高经理：那好，张经理，我们要多谢刘老板给我们俩这次机会，我们敬刘老板一杯！

刘老板：高经理、张经理，我以前是做零售的，在行业内有一定的人脉，所以最近两年开始做产品经销，我现在的批发网络不是很全，但我的掌控能力强、执行能力强。如果我看好的产品，我下游的零售商肯定也容易接受，因为他们相信我的为人。

我准备集中资源在新兴渠道汽车 4S 店做大量的投入，因为这个渠道竞争小，不被经销商所看中，我准备投入专人、专车、专款运作这个渠道，今天请二位经理来就是要你们给我出谋划策。

张经理：刘老板，沈阳谁不知道你呀！都知道你对汽车影音市场有独到的见解，如果你做不好汽车 4S 店业务，我看也没有人能做好了。

刘老板：哪里，哪里，过奖了。

高经理：张经理，我们敬刘老板一杯，我们做晚辈的应该多向长辈学习呀！

刘老板：好，两位远道而来，为我们今天晚上的相逢而干杯。

张经理：汽车影音产品经过前两年的混乱，现在已经逐渐规范，消费者也更加理性了，国产品牌的进入，改变了国际品牌一头独大的品牌格局，但现在还是属于产品时代，不是营销时代，就好像当初的家电行业一样，有好的产品就会在市场中异军突起，最后成为国内知名品牌。

高经理：我想在家电方面刘老板是最有发言权的，刘老板曾是某某知名品牌的销售精英，后来出来创业组建了现在的公司，是吧？

刘老板：对。

高经理：上次和刘老板谈到营销时，我们都认为：不管是产品时代还是营销时代，一个产品要得到多数消费者的认可，拉力和推力是不可少的。而且汽车影音行业如家电市场一样，中国没有掌握核心技术，产品很容易同质化，看现在创维、TCL、长虹彩电，哪一家不是靠强大的品牌推力制胜的呢？

张经理：汽车 4S 店是一个非常大的渠道，批发市场可能会慢慢萎缩，因为 4S 店的崛起，直接截流了客户，他们以良好的服务和信誉度，让车主满意，这时进入是最好的时机。

刘老板：我也是这么想的，所以找你们来交流一下。

张经理：我们南方某某代理商，以前每月销售不过 10 万元，前几个月开始做 4S 店业务，在 4S 店销售量一下“火”起来了，而且带动了批发零售市场，上月统计下来已是我们公司的销售冠军了。

刘老板：你知道我们公司对代理商的扶持有多大，特别是驻销人员、技术人员、售后服务人员方面的支持，现在沈阳经销商 Q 不就是我们一手扶持起来的吗？如果做我们的 4S 店经销商，我们会一如既往地扶持。

刘老板：嗯，倒是。

高经理：汽车 4S 店渠道是售后市场最大的一块市场，这是大家都知道的，更重要的是要有具体的操作办法。我们公司根据 3 个市场的实战得出一些经验，形成了策划方案，共有 8 大操作要点、9 大注意事项，我们不会让我们的经销商摸着石头过河，会一步一步教他们怎么走。

B 公司服务人员：高经理，我在沈阳市场看到过你们公司的产品在销售，我也了解到以前你们公司曾经有经销商在经营。现在想换掉经销商，是吧？

刘老板：是啊！我也听说过。

高经理：这个问题是经销商最关心的，我现在就把这个原因分析一下吧！我们公司曾经专门针对沈阳的经销商一事做了案例分析，防止犯同样的错误。公司认为：有两方面的失误是值得销售人员学习的。第一，选择经销商过于急躁。我们公司是第一批进入汽车影音行业的家电知名品牌，对行业不了解，盲目地认为只要经销商有资金实力经营公司的产品，经过公司强大的品牌和产品支持，就可以做到无往不胜，没有更多考察经销商的渠道、人员、售后服务方面的能力。后来才发觉经销商的渠道里流通的大多数是低档次产品，而我们公司产品属于中高档产品，渠道不相融合。这是经销商做“死”的最根本的原因。第二，产品、技术和售后服务培训不到位。因为当时我们公司刚进入汽车影音行业，技术力量不足，前期只有靠经销商自己对下游零售商进行产品、技术和售后服务的培训。而当时经销商没有这方面的人才，没有对零售商进行培训，使很多零售商根本就不知道我们公司产品的卖点。后来我们公司安排人再去培训为时已晚，零售商已经失去信心，开始退货了。

所以，我们现在选择经销商就不再是简单地看进货量、实力，而是在选择合适的经销商后“扶上马，送一程”，直到产品实现良性销售。成为我们的经销商后，我们分三步扶上马：首先，根据零售的合作意愿、店铺大小、产品结构把他们分为 A（重点客户）、B（次重点客户）、C（潜在客户）三级；其次，对 A 级客户经过系统的产品、技术、售后服务等培训，使其掌握产品差异化的卖点、功能；最后，带领经销商的业务人员做出一个样板市场，把产品展示、终端术语、服务内容等都做成一种模式。这样不但提高了经销商系统的计划分析能力，还给经销商带领出一批实战能力强的队伍，而且总结出一种适合经销商运作的营销模式，对以后经销商的成长有相当大的帮助。

把经销商完全扶上马后，我们就放心地把市场交给他们。经销商的成活率相当高，我们公司在北京市场、天津市场、哈尔滨市场都是这样做的。刘老板与我们的经销商也已经非常熟悉了，以前还有生意来往，是吧，刘老板？

刘老板：是呀！我知道你们在沈阳做死了经销商，但他们说你们公司的运作模式好，所以我才找你谈。

高经理：我想 B 公司也是这样做的吧，是不是？

张经理：（先是一愣，随即哈哈大笑）高经理，你们的运作模式的确值得我们学习啊！

刘老板：张经理、高经理，以后合作的机会还很多，你们今天解开了我心中的一个“结”，我想选择 A 公司。

### 范例六 中美建交谈判应对

【情景】 1975 年 10 月 21 日，在北京毛泽东官邸，进行美国与中国建交的机密谈判。主要为毛泽东与基辛格的对谈，与会者还有邓小平、乔冠华、黄镇，中华人民共和国驻华盛顿联络办公室主任王海容、唐闻生、章含之、布什、洛德。

基：总统非常希望能够访问中国，也非常希望有机会能和毛主席见上一面。

毛：我们诚挚地邀请他来访。

基：我们非常重视和中华人民共和国的关系。

毛：是蛮重要的，但没那么重要。你们是这个（两只手指中间空间比较大），我们是这个（两只手指中间空间比较小）；你们有原子弹，而我们没有。

基：是的，但是主席过去常说，军事力量不是唯一决定性的因素。我们有一些共同的敌人。

毛：是的。

基：我们有共同的敌人。

毛：不（把两只手指握得很近）。所以你们和他起了争执。

基：目标是一样的，只是方法有意见。

毛：昨天，你们和邓副总理争执的时候，你说到，美国对中国无所求，中国对美国也无所求。我的看法是，这种说法一部分是对的，一部分是错的。小问题是台湾，大问题是全世界。要是无论哪一边对另外一边都无所求，你们干吗要到北京来，我们又为什么要接待你和贵国总统？

基：我们到北京来是因为我们有共同的敌人，也是因为我们认为你们对世界情势的看法比我们打过交道的任何国家都要清楚。而我们和贵国若干观点一致……

毛：那样靠不住。那些话不可靠。那些话不可靠，是因为根据你们的优先顺序，最重要的是苏联，第二是欧洲，其次是日本。

基：那并不正确。

毛：我的看法就是这样。美国、苏联、欧洲、日本、中国。你看，五个国家。

基：那并不正确。

毛：所以我们有争议。

基：我们是有争议。苏联对我们是重大威胁，但不是最高优先。

毛：这样说不对。它是个超级强权，世界上只有两个超级强权。我们从后往前数美国、苏联、欧洲、日本，中国，我们排最后。美国、苏联、欧洲、日本、中国，瞧。

基：我知道我几乎从不曾和毛主席意见不合，但他这一点并不正确，因为这只不过是我们优先顺序的问题而已。

毛：我们认为你们做的是从我们的肩膀跳到莫斯科去，这些肩膀现在一点用都没有了。你瞧，我们排第五，我们是小拇指。

基：我们在莫斯科什么都得不到。

毛：但是你能在中国取得台湾。

……

基：苏联是超强，难免要优先，我们经常要应付它。但在策略上我们要遏阻苏联扩张，所以中共对我们是策略优先。不过我们不希望利用中国当跳板，因为是死路。

毛：你们已经跳到那儿了，你们也不需要我们的肩膀了。

基：没有，这只是战术性阶段。总统会向您证实。

毛：也请代向贵国总统问好。

基：我会照办。

……

基：毛主席，我看了我们两年前的对话记录，我认为它是最深入的国际事务记录之一，我们对它非常重视。

毛：但有些事我们必须等待观察，我做的一些评估还有待客观的情势来推动。

基：我认为毛主席当时的基本评估到目前为止从情势发展看来都证明是正确的，基本上我们都赞同。因为尼克松总统的辞职我们经历一段非常困难的时期，我们不得不作一些调整。

毛：我认为那是可以的，调整说得过去。

基：它很重要，不过现在这些都过去了。

毛：欧洲现在太软弱了。

基：我同意，欧洲的确太过软弱。

毛：他们怕苏联。

基：他们担心苏联跟国内的情势。

毛：日本在搞霸权。

基：日本还不准备搞霸权。这还需要领导阶层的再一次改变。不过日本仍具有争取霸权的潜力。

毛：是的。

基：我们支持德国的统一，可是现在这样的情况可以防卫苏联的军事行动。不过美国是支持德国统一的。

毛：我们同意这一点，你们和我们。

基：我们并不担心一个统一的德国，不过在此之前苏联在欧洲的势力必须有所减弱。

毛：除非和苏联打一仗，否则苏联的势力不会减弱。

……

毛：你认为目前在欧洲的美军能够抵挡苏联的攻击吗？

基：欧洲的弱点不在我们的军队，而是欧洲本身的军队。我认为以核子武器可以抵挡他们的攻击。

毛：那位记者不相信美国会使用核武。

基：《纽约时报》过去十年来一直在讨论美国遭到击败的事情。假如西欧遭到攻击，我们当然会使用核武。我们在欧洲有七千枚核武，而那些绝不会任人掳获的。这还只是在欧洲，我们在美国更多。

毛：但是有一批为数不少的美国人不相信你们会使用核武。他们不相信美国会为欧洲牺牲。

基：主席先生，我们的国家才经历一段艰辛的路途，部分是因为中南半岛，部分是因为水门事件，而有许多失败主义者因此浮现。但是您若是观察我们过去五年来的作为，我们总是直接面对苏联，而苏联总是退让。我向您保证，我们的总统也会如此，如果苏联攻击欧洲，我们一定会使用核武，而苏联绝对不能不相信否则太危险了。

毛：你对核武有信心。你对你自己的军队却没有信心。

基：我们必须面对现实，我们的军队数量不如苏联，这是事实。而最重要的一项事实是没有一个欧洲国家愿意建立大规模的军队。如果他们愿意，就没有问题了。所以，我们必须定一个符合现实的策略。

毛：敦刻尔克的策略也非完全不可取。

基：主席先生，我们最终势必要对相互间的声明具有最起码的信心。攻击，一旦我们起而抵挡，在我们动员之后，我们会赢得与苏联的战争。

毛：我们采取的是敦刻尔克策略，就是我们允许他们占领北京、天津、武汉以及上海，而透过这样的战术，我们将成为胜利的一方，敌人将会遭到击败。世界大战，第一次与第二次，都是这样进行的，而后来也都打赢了。

基：我认为如果苏联对全球任何一个地方发动大规模攻击，美国都会立刻介入。我也相信美国绝不会在没有打一场核战的情况下撤出欧洲。

毛：在联合国的美国。联合国通过一项美国支持的决议，宣称中国侵略朝鲜。

基：那是二十五年前的事了。

毛：没错，所以它和你没直接的关系，那是杜鲁门时代的事。

基：是的。那是好久以前的事了，我们的想法已经改变了。

毛：但决议还没取消，我仍然戴着侵略者的帽子，我仍然把这视为无上的荣誉。好极了，非常好。

基：那么我们应该更改联合国决议了？

毛：不，不应该这样做。我们从来都没有提出那样的要求。我们宁愿戴上这顶荣誉的帽子。蒋介石说，我们是侵略中国，我们无法否认。我们确实侵略了中国，也侵略了朝鲜。你能不能帮我把这个声明公之于世，或者是在你对记者发布消息的时候透露？我要说的是，苏联封我为“军阀和官僚”，美国则封我为“战争贩子和侵略者”。

基：我想，我会帮你把这些话公开。不过，我没办法让历史正确地进行评价。

毛：我已经在你面前公开这些话。我也对许多来访的外宾说过，包括欧洲人在内。你们到底有没有言论自由？

基：当然有。

毛：我也有言论自由，我放的炮超过了他们放的炮。

基：这个我已经注意到了。

唐闻生：你已经注意到。

基：主席的炮。

毛：请代我问候贵国国防部长。

基：我会的。

毛：我很不满意他去访问日本竟然不来北京。我们要邀请他来这里，让苏联人瞧瞧，但是你们太小器了。你们美国人非常有钱，可是这点你们实在是太小器了。

基：当敝国总统来这儿的时候，我们可以讨论这点。

毛：带他一起来。贵国总统来的时候，可以带一个文官和一个军人一起来。

基：您是指我和斯勒辛格？

毛：是的。但是我不会干涉你们的内部事务，你们派谁来由你们自己决定。

基：好的，他不会跟总统一起来，也许以后再来。

毛：我们希望邀请他参观我国东北、内蒙古和新疆。他也许不会去，你大概也没有这个勇气。

基：我会去。

……

基：我们已经试着向你建议，我们已经准备好就这些当中的一部分问题提供建议或是协助。

毛：就军事的部分，我们现在不讨论。这类事情应该等到战争开打了再说。

基：是。但是你应该晓得，我们应该准备。

毛：所以，会议可以结束了吗？

基：是的。

## 范例七 中美知识产权谈判

【情景】 在入世之前，中美双方代表曾就唱片所引发的知识产权事件进行了激烈的谈判，双方各有所胜。

李：（在谈判桌前坐定，把随身携带的公文包摆到桌面上，掏出来一张光盘和一盘录像带）请看吧，这就是中国的盗版产品！

（中方代表互相传着看了，录像带是《乱世佳人》，光盘是《侏罗纪公园》。不过，光盘封面上注明是外国一家公司生产制作的。）

高：这不是明明写着××国的公司制作吗？

李：我们美国的电影公司根本没有授权给任何其他国家复制光盘。在我们控制范围内的国家里，也不会有人敢于复制。

高：世界如此之大，一定是中国厂家复制的吗？

李：这是肯定的，小偷就在中国，复制者就是你们的××！

（“××”是××激光光学系统有限公司。它是中国最早、规模最大的激光唱片复制厂家。）

李：中国的盗版唱片和盗版软件，每年给美国公民版权造成的损失达到了8亿美元。

高：不久前你们讲损失了4亿，才过了几个月，就增加了一倍，变戏法似的成了8亿，而你们的坎特代表在别的场合又讲10亿。请问，美国人信口开河，是不是在玩数字游戏？

李：就是这么一个数字，你们爱听不听。

高：这不是爱听不爱听的问题。我们来分析一下你这8亿美元。先说唱片，你们提出的唱片损失是3亿多美元，就是30亿人民币。一张唱片的价格按三十多元算，就是1亿张唱片，而我们现有的全部激光唱片生产线加足马力拼命干，一年也就生产1亿张。事实上，许多生产线没有满负荷，有的没有订单，处于半停产状态。退一步说，即使生产了1亿张唱片，难道这1亿张全部是盗版？全部是盗了美国的版？

李：反正，你们的唱片盗版问题是很严重的。

高：说问题严重，我也不反对。但说给美国造成了那么多损失，就显得很荒唐了。其实，受损失最严重的并不是美国，而是我们国家自己的唱片公司。当然，也有外国的公司，如欧洲的。美国在世界五大唱片公司中只占一家，即使有3亿美元的损失，你最多只能占五分之一。所以，你们的这个数字是完全站不住脚的。

李：在图书方面，中国的盗版也给美国造成了1亿美元的损失。

高：这更是开玩笑了。中国影印外文图书的业务已经停止，1992年谈判协议达成后，中国履行协议关闭了从事影印业务的出版社。

李：既然已经停止影印，为什么你们通过版权贸易购买美国图书和杂志的数量并没有大的增加？

高：是否购买与是否盗版，这完全是两个概念，请不要混淆起来。据我了解，外文书的出版数量确实没有大的增加，但这并非由于盗版。美国没有购买多少中国的图书和杂志，难道原因也是美国在从事盗版吗？

李：问题是，私下里的复印行为并没有停止。

高：这方面的情况很难进行统计。即使有，我认为也是正常的。据我所知，在你们美国，国会图书馆的图书资料也是可以复印的，其他国家也是如此。我曾专门看了英国图书馆的资料中心，里面订了世界上上万种刊物，需要什么可以打电话或写信，图书馆复印后给用户寄去或传真，只要付一定费用就行。他们一年提供的资料有好几百万份。属于个人学习研究需要的资料，可以复印。

李：中国的软件盗版很普遍，每年给我国的计算机行业造成多达4亿美元的损失。这个领域的问题，你们应该认账吧！

高：你说的这个数字也是夸大了的，是没有根据的。

李：我们的根据是，中国市场上的软件，94%到98%属于盗版。

高：这种根据本身就缺乏根据。我们承认，软件市场上的盗版情况比较严重，这也是我们中国的管理机关所忧虑的。但是，提出94%到98%这样一个吓人的比例，是很不严肃、很不负责任的。它有什么根据？

你们统计的数字太伤人，大大伤害了合法经营的计算机公司。既伤害了中国的公司，也伤害了你们美国自己的公司。

中国一些大的计算机企业几年前就与美国计算机公司签订有协议，用户可在购买硬件的时候随机购买DOS软件系统。目前，国内大公司的销售额已经占了市场相当大的份额，仅联想一家，就占到10%。按照你们所讲的比例，中国的大公司岂不全部包括在内？难道他们与美国公司的合作都成了非法行为？美国的康柏、苹果、IBM等在中国卖的机器中本身就有DOS软件，有的还配有Windows软件。按照94%到98%的比例，说明美国公司本身就在搞盗版。否则就不会有如此之高的盗版比例。李先生，你要为自己的这种污蔑负责。

中国市场上计算机合法渠道销售的软件收入，每年可达20亿人民币，如果这20亿仅占2%到6%，整个软件的收入就会是一个天文数字，那实在是不可能的。反过来说，既然有这20亿的收入，就说明在中国通过合法渠道是可以赚钱的，这也是美国一些大型企业来华经营的原因。

李：但由于盗版问题严重，我们赚的钱不够多，我们要求中国完全消除软件盗版现象。

高：完全消除？这种愿望是好的，但是，你们美国自己做到了吗？按你们自己公布的数字，美国每年盗版计算机软件造成的损失达16亿美元。请问，美国什么时候能够完全消除盗版？

李哑口无言。

### 范例八　某打印机推销员与客户之间的谈判

【情景】某打印机推销员向老客户推销产品，通过迂回的谈判技巧，成功地说服客户再购置一台新机。

销售员：您好，请问，李×先生在吗？

李：我就是，您是哪位？

销售员：我是××公司打印机客户服务部章×。我这里有您的资料记录，你们公司去年购买的××公司打印机，对吗？

李：哦，是，对呀！

章：保修期已经过去了7个月，不知道现在打印机使用的情况如何？

李：好像你们来维修过一次，后来就没有问题了。

章：太好了。我给您打电话的目的是，这个型号的机器已经不再生产了，以后的配件也比较昂贵，提醒您在使用时要尽量按照操作规程，您在使用时阅读过使用手册吗？

李：没有呀，不会这样复杂吧？还要阅读使用手册？

章：其实，还是有必要的，实在不阅读也可以，但寿命就会降低。

李：我们也没有指望用一辈子，不过，最近业务还是比较多，如果坏了怎么办呢？

章：没有关系，我们还是会上门维修的，虽然收取一定的费用，但比购买一台全新的还是便宜的。

李：对了，现在再买一台全新的打印机什么价格？

章：要看您要什么型号的，您现在使用的是××公司 3330，后续的升级的产品是 4100，不过完全要看一个月大约打印多少正常的 A4 纸张。

李：最近的量开始大起来了，有的时候超过 10000 张了。

章：要是这样，我还真要建议您考虑 4100 了，4100 的建议使用量是 15000 张一个月的 A4 正常纸张，而 3330 的建议月纸张是 10000 张，如果超过了会严重影响打印机的寿命。

李：你能否给我留一个电话号码，年底我可能考虑再买一台，也许就是后续产品。

章：我的电话号码是 888××××转 999。我查看一下，对了，你是老客户，年底还有一些特殊的照顾，不知道你何时可以确定要购买，也许我可以将一些好的政策给你保留一下。

李：什么照顾？

章：4100 型号的，渠道销售价格是 12150，如果作为 3330 的使用者，购买的话，可以按照 8 折来处理或者赠送一些您需要的外设，主要看您的具体需要。这样吧，您考虑一下，然后再联系我。

李：等一下，这样我要计算一下，我在另外一个地方的办公室添加一台打印机会方便营销部的人，这样吧，基本上就确定了，是你送货还是我们来取？

章：都可以，如果您不方便，还是我们过来吧。

# 第十八章

# 主持类情景应对

## 范例一　同学聚会上主持人的情景应对

【情景】 在同学聚会上两个主持人的对话。

男主持人（以下简称男）：尊敬的老师。

女主持人（以下简称女）：亲爱的同学们。

合：大家晚上好！

男：我是××。

女：我是××。

男：二十年前，我们怀揣着同一个梦想齐聚××中学，从此结下同窗情谊。

女：二十年后的今天，我们相会在××酒店，又是为了追忆这份存留了多年的同学情。

男：此时此刻，我们俩和大家的心情是一样的，非常激动。几年的同窗生活，度过了人生那段最纯洁、最浪漫的时光。

女：当时我们所做的一切，无论是对还是错，现在想起来都是那么的美好、亲切，这是一种记忆，也是一种财富，足以让我们用一生去珍惜。

男：在老师的精心培育下，我们不仅收获了学业，更收获了真挚、纯洁的友谊。

女：今天我们很荣幸地请来了王××、王××、郑××、赵××、郭××、刘××、张××等老师参加我们的聚会。

男：在此，我谨代表全体同学向精心培育我们的老师真诚地道一声：

合：老师，您辛苦了，谢谢你们！

男：祝你们工作顺利。

女：身体健康。

男：家庭幸福。

女：万事如意。

男：为了表达我们全体同学对老师的思念和感谢，让我们用最热烈的掌声有请老师们上台。

女：尊敬的老师，请接受我们最诚挚的祝福和感谢！岁月如歌，时光流逝，转眼间我们已走过了二十个春秋。

男：我们大家也从青春年少步入而立，迈向不惑，从单纯的学生成为今天的职场人士。

女：从爸爸妈妈的孩子变成为现在孩子的爸爸妈妈。

男：但无论身份如何改变，角色如何改变，当我们用自己的智慧和汗水，在创造生活和实现自我的过程中，在品味了人生的酸甜苦辣之后，我们就会发觉。

女：让我们最难以忘怀的，依旧是那段青年时代的同窗友情。

男：是的，教室里的欢笑。

女：操场上的打闹。

男：校园里的往事。

女：留言本上的美好祝福。

男：分手时的诺言。

女：不是也常常闪现在眼前出现在梦中吗？

男：如今我们还能再以忙碌为由，去淡漠彼此间的同窗情谊吗？

女：所以今天我们举办这次同学会，就是为大家提供一个平台。

男：一个见面交流的平台。

女：在这个平台上不仅能使我们回顾人生天真烂漫的岁月，更能达到沟通、增进友谊的目的。

男：由于今天到场的同学中，有初中的又有高中的，更由于我们分别得太久太久，所以有个别同学之间可能有些陌生，但陌生阻挡不了真情的传递，所以我们请每位同学给大家做一下简单的自我介绍。也正是为了让我们这真诚、质朴的同窗友谊得以延续，前一段时间一些热心的同学倡导要筹建同学会。

女：当初我们很担心，究竟能有多少位同学响应呢？但在联系的过程中的确令人感动，每位同学的态度都是那么的积极和热情。

男：为了让我们的第一次同学会办得尽量好一些，许多同学做了大量默默无闻的工作，特别是今天所有到会的同学，没有你们的远道而来又怎能把我们的聚会梦想变为现实呢？

女：在此，我代表这次聚会的组织者对全体同学的大力支持和积极响应表示衷心的感谢！

男：师恩重于山，师恩更难忘，没有老师二十多年前的辛勤培育就没有我们二十年后的今天。

女：所以在今天这个难忘的日子里，请我们的每位恩师再给我们上一节人生之课，有请老师！

（老师讲话）

女：老师的希望更加坚定了我们奋斗的目标，让我们牢记这些嘱托。

男：在今后的工作上继续努力，取得更为优异的成绩。

女：这次同学会，我们的筹办人员和各位同学尽了最大的努力与所有的同学想方设法进行了联络。

男：可还是有一部分同学因各种原因未能到会参加，我们深表遗憾，女：但我们在座各位的心情彼此都是非常兴奋和激动的。

男：在此，我们以热烈的掌声相互祝贺和欢迎各位同学的光临。

女：分别二十年后我们又开始了人生的第二次握手，同学会的成立又使我们成了一个更大的集体。

男：让我们每一位同学都认真遵守自己的承诺，尽自己最大的努力去办好今后的每一次聚会。

女：下面，我们的酒会正式开始。

男：有请××同学致祝酒辞。

（致祝酒辞）

女：多么美好的祝愿啊，它仿佛又把我们拉回到20年前的中学时代。

男：又激起了我们多少对往事的思念和回味。

女：同时，也是号召和激励我们进一步加强同学之间的联络和友谊，互相关照和帮助。

男：更是对亲爱的老师和在座同学以及未能参加同学会的所有老同学们的一个深深的祝福。在我们的同学中，有一位叫××的同学，工作在上海，非常遗憾不能赶回参加我们的聚会，但为了表达自己的心意，特意给大家写了一封信，请把他的心里话转达给大家。

女：（××的祝词）

男：今天，就让我们打开珍藏二十年的记忆，敞开心扉。

女：尽情地说吧、聊吧，来畅谈20年来的友情。

男：让我们的倾心长谈使青春时光倒流20年。

女：使我们每一个人的心也能再年轻20岁，去重温我们那美好的中学时光！

男：现在请各位同学与老师一起慢斟慢饮、边饮边叙。

女：因为我们要细细品味20年来我们的相遇、相识、相知和20个春夏秋冬的思念以及所遇所感。

男：请大家举起酒杯吧！让我们为尊敬的各位老师，为我们可爱的各位同学，也为今天难得的聚会，一起干杯！

（同学谈话，同学游戏）

女：通过今天的聚会，我们更加坚信：无论岁月如何改变，不变的是我们彼此之间永远纯真的同学情谊。

男：当然，一次短暂的相聚，虽能了却我们一时的惦念，但了却不了我们一生的思念，希望大家今后彼此之间常联系多沟通，我想这才是我们组织这次同学会的真正意义！

女：有开始就有结束，总要有说再见的时候，这时我最想说的是。

男：在我们的同学会里，没有索取，只有付出，形式上看是虚拟的，但我真心希望同学会能真正设在我们每位同学的心中，让它成为我们倾诉、倾听、交流、沟通的地方。

女：我希望在大家的共同努力下，使这里拥有真诚和善良，拥有激情和奉献，拥有宽容和接纳，拥有我们共同向往的一片宁静的天空！由于时间和经验不足等原因，我们的这次同学会还有许多不尽如人意的地方。

男：但我想这第一次的不尽如人意正是为了我们第二次、第三次的人尽其意，希望大家能给予最大程度的理解和支持。

合：最后，为了大家的再次重逢，请大家共同举杯，共唱同一首歌。干杯，谢谢大家！

### 范例二 《对话》节目主持人与观众的互动对话

【情景】 央视《对话》节目2001年7月22日播出的“你是人才吗”主持人开场白及与观众的互动。

主持人（张蔚）：我想先问问现场的观众有哪些人认为自己是人才的，能不能给我举一下手？全都是人才，我们今天太幸运了，能不能用简短的三句话跟我说一下你为什么觉得自己是人才？再举一下手，这位先生，比较简短地回答，我帮你拿。

观众：我觉得我是人才，第一我做事很认真，第二我很有独创能力，第三我跟同事合作的方法很好。

主持人：所以你是个人才。

观众：是。

主持人：谢谢你，谢谢你。还有哪位观众朋友，这位小伙子。

观众：我觉得我是人才，是因为我有丰富的知识背景，因为我现在学了两个专业。另外我觉得我和同学和同事们相处能力，尤其和他们沟通的能力不错，另外我觉得我有吃苦耐劳的精神。

主持人：跟他有点儿像啊。

观众：是大概吧。

主持人：谢谢。有没有哪位女同学觉得自己是人才？

观众：我觉得我是人才，第一我觉得我做事比较细心，第二我觉得我比较有合作精神，最后一条就是说我比较好学。

主持人：比较好学勤学，谢谢。还有没有哪位观众朋友愿意跟我分享一下？为什么你是人才？

观众：我觉得我是人才。主要是从两方面：一方面从我参加工作以来，从我的同事，从我的上级反馈中得到的，他们一致认为我是个人才。第二方面我认为我这个人有什么好处呢？第一我得到的知识背景很广泛，我知识背景技术性很强；第二我做事很认真负责，我有责任心；第三我注意团队精神，我注意和人的沟通和协作，就是这样。

主持人：他分了两大点，然后第二点有三小点，给他鼓励一下，你觉得除了你以外谁还是人才？

观众：我觉得我们的观众中很多人都是人才。

主持人：比如说出一个，你觉得谁是你最佩服的人才？

观众：我觉得比尔·盖茨。

主持人：比尔·盖茨是你心目中最理想的人才？

观众：我是他的崇拜者，我本人对李开复先生比较崇拜。

主持人：那你觉得他是人才吗?

观众：从技术背景的角度来讲以及从跨国企业领袖的角度讲，我认为李开复先生是今天在座的人才之一。

主持人：我觉得你的话里面好像有点儿保留，不是特别肯定的。

观众：在座的今天我感觉有些跟李开复先生是同一个技术背景或者同一个教育背景的人，比如我今天说李开复先生是唯一的话，就贬低了其他人才的存在，所以我只能说李开复先生是之一。

主持人：比较公正，谢谢你公正的评价。谢谢。其实咱们自己说自己是不是人才还不够，我今天特意为大家请了一位专家，他是华人公认的人才，他还为人才方面的问题特别给我们的青年学子写过一封信，让我们先来看一下大屏幕。我们有请微软公司的副总裁，比尔·盖茨的七人智囊团之一的李开复先生入场。你好欢迎来到我们的节目。

### 范例三 颁奖礼上颁奖嘉宾的对话

【情景】 第23届香港电影金像奖颁奖典礼于2004年4月4日晚8:30在香港文化中心举行。在颁奖典礼中，司仪与颁奖嘉宾妙语连珠，气氛热烈。

曾志伟：冯小刚导演（鞠躬），大家明白了，他作为导演非常有名，我们作为演员，这样做你明白的了?

冯小刚：我可以试着猜一下。

曾志伟：你的手机呢?

冯小刚：我丢在你的江湖上了。

曾志伟：导演，香港金像奖男主角，谁会拿到呢?

冯小刚：他说了这么多，我只听懂了一个词，最佳男主角，在内地的金鸡奖，只要讲国语普通话就可以拿最佳男主角了，在香港金像奖你只要讲广东话你就可以拿最佳男主角了。

曾志伟：这话怎么讲呢？导演你知道今天谁是最佳男主角吗？

冯小刚：不知道。

曾志伟：肯定是五个人里的一个。

冯小刚：这还用说吗？

曾志伟：看一下最佳男主角的提名。

曾志伟：好紧张啊他们。

冯小刚：得罪人的事还是你说吧。

曾志伟：最佳男主角是刘德华。

## 范例四 音乐颁奖礼上主持人与嘉宾蔡少芬夫妇的对话

【情景】 第七届东南劲爆音乐榜颁奖盛典于2009年11月6日在福州举行，众星云集，主持人与嘉宾蔡少芬夫妇的对话。

主持人：好的，我想问一下这一两年的时间里，蔡少芬你的人缘应该不怎么好吧。

蔡少芬：为什么呢？

主持人：因为你看你的朋友陈法蓉她们都没有找到另一半，那你也应该没有什么时间跟她们聊天、逛街之类的吧。

蔡少芬：不会的，我也还是经常跟她们去聊天、逛街什么的。

主持人：我想问一下你假如想生宝宝的话，是想男孩还是女孩？是一个还是两个？还是一个足球队？

张晋：第一个就比较喜欢女孩。

蔡少芬：我想要四个。

张晋：因为我觉得再生的话，姐姐会比较照顾弟弟，但是现在一个都没有，所以有一个之后再说。

蔡少芬：你们两个人似乎很喜欢一起合作，有没有考虑一起拍戏呢？

张晋：现在已经有一部戏在一起搭档了。

主持人：那是什么样的角色呢？也是情侣吗？

蔡少芬：这个看剧本了。

主持人：那你们两个人谁说的算呢？是不是张晋是“妻管严”呢？

张晋：一般是我说的算，但是我老婆在尊重自己的丈夫的时候，她会做得比较好。

蔡少芬：我想说男生是头，是家里面最重要的一个人，所以肯定要听他的啊。

主持人：好的，还有问题吗？假如没有的话，那请两位在墙上签名，大家可以拍照，你们可以一边拍照一边签名。好的，再给各位五秒钟时间，好的谢谢各位，这边请。谢谢。

主持人：好的。再次祝福蔡少芬和张晋。

## 范例五 音乐颁奖礼上主持人与获奖者张杰的对话

【情景】 第七届东南劲爆音乐榜颁奖盛典于 2009 年 11 月 6 日在福州举行，主持人与获奖者张杰的对话。

主持人：下面就欢迎张杰，拿了两座，这边请，首先跟我们报告一下，拿的是什么奖项？

张杰：一个是金曲奖，还有一个是内地最受欢迎男歌手。

主持人：拿到这两个奖项什么感受？

张杰：很兴奋。因为知道大家很喜欢我，而且我最近也发了新唱片，希望大家都能喜欢。

主持人：去年似乎张杰也是最受欢迎男歌手，连续两届，张杰心里的感受怎么样？

张杰：就是觉得拿了这个奖不能白拿，所以要更加努力。

主持人：我们知道最新的专辑叫《穿越三部曲》，跟我们聊聊新专辑好吗？

张杰：这个专辑还挺困难的，因为之前也做了唱片，真的这次是花了很多的精力和时间，老板也花了很多的精力，所以我也非常感谢天宇给我这次机会。

主持人：其实来到东南卫视你也应该感谢东南卫视。我记得前两三年你也来过，可是现在都没来过了。

张杰：福州也来过，上次来拉票的时候，感觉福州人民非常好，福州的媒体也非常好。

主持人：我想问一下新专辑出了，有没有演唱会的计划，假如开演唱会，会不会在福州开呢？

张杰：首先我非常希望在福州开，但是今年定了场地在北京体育馆，在我生日的前一天来开这个演唱会。

主持人：那你的新专辑一下子就获得了很多朋友的喜欢，也是非常难的事，那内地最佳男歌手，我们会想到孙楠大哥，那你觉得你自己跟他们之前是否有差距，能否扛得起这个大旗呢？

张杰：我觉得还要磨炼很多年，因为这个不是一朝一夕的事情，还是需要很多的努力才能做出更多好的成绩。

主持人：那你觉得你现在还是新人吗？现在乐坛最佳男歌手在争夺这个奖之中，你还是年纪比较轻的，那你会怎么去坚持你的梦想呢？

张杰：因为我一直都把自己当成新人，这样的话心态才会更好，才会更加积极地去做音乐，至于之后的唱片，我肯定会很努力地去做。

主持人：最后一个问题，你有没有什么话想和我们在座的歌迷和媒体来说呢？因为大家支持你也已经是一年两年甚至更长的时间。

张杰：我也觉得就是现在大家对我的这种支持，包括前两天在发布会的时候，我看到大家好像有个女孩就起来唱歌，大家一起大合唱，我觉得有些场面是很感动的。可能媒体朋友在北京的时候都看得到，所以对我来讲歌迷对歌手的支持是非常重要的。歌手在台上唱歌，不仅仅是为自己唱，也是为大家唱，就像今天的这个《歌穿越人海》我就觉得不错。

主持人：好的，感谢张杰。我想问一下，你的掌声比他们多，你是不是觉得你自己的影响力超过了黄征、水木年华他们吗？

张杰：我觉得我需要慢慢地努力，自己去加油，自己去证实自己一步一步地在进步，也会向我的前辈去学习。

主持人：好的，还有今天的最后一个问题。

主持人：接下来你会离开天宇吗？

张杰：天宇对我很好，天宇有很好的团队，所以我希望接下来的几年都可以跟天宇好好地工作，希望自己的工作能够顺利，最后北京演唱会的嘉宾会请到自己的偶像来做嘉宾。

### 范例六 音乐颁奖礼上主持人与嘉宾陈法蓉和许常德的对话

【情景】 第七届东南劲爆音乐榜颁奖盛典于2009年11月6日在福州举行，众星云集，主持人与颁奖嘉宾陈法蓉和许常德的对话。

主持人：接下来跟大家见面的就是陈法蓉和许常德。好的，欢迎陈法蓉和许常德，先跟我们福建和全国各地的媒体朋友打个招呼。

陈法蓉：大家好，我是陈法蓉。

许常德：大家好，我是许常德。

主持人：今天两个人是一起颁奖的，颁的是什么呢？

许常德：劲爆港台最佳新人奖、劲爆内地最佳新人奖两个奖项。

主持人：其实我们想问一下，法蓉姐去年有来到我们现场，今年来到现场和去年有什么感觉不一样的？

陈法蓉：两年前。

主持人：有什么不一样。

陈法蓉：我觉得越办越好。

主持人：而且我看你今天的着装也是端庄华丽，而且非常的漂亮。这次也没有预备过。

陈法蓉：女孩子都喜欢爱美，所以都挑自己穿得好看的衣服，大家看了也会开心。

主持人：法蓉姐，下次你再要来我们劲爆榜的时候真的很期待你给自己领一个奖，然后你领的那个奖，就是由我们的许老师作词又作曲的。

陈法蓉：那先唱一首歌吧。

主持人：要不要真的来一首？

陈法蓉：我是五音不全的，只能老师唱歌，我在旁边哼哼的。

许常德：五音不全也有办法。

主持人：许常德老师写过那么多脍炙人口的歌曲，那现在的乐坛你觉得最缺什么样的人才呢？

许常德：我觉得现在的音乐这么不景气，办这样的典礼其实对唱片公司，对音乐是一个很大的鼓舞，因为其实需要舞台，需要凝聚大家对音乐的注重，这个劲爆榜是一个很好的舞台。

主持人：那有没有想过自己签歌手呢？

许常德：我觉得纪佳松就很不错啊，我觉得她很不容易，因为不是每个人在出片之前有那么多经验的。周杰伦以前也是这样的，在吴宗宪公司沉寂了三年。

主持人：问一个和音乐没有太大关系的问题，我知道你最近出了一本新书，在接受媒体采访的时候，你说大学生就业找工作，可以先找工作，在面试成功之后就不做了，为什么会这样呢？

许常德：我每次去演讲的时候，我就告诉他们说不要等到毕业后再送到我们唱片圈，一定要让他在进学校第一天就送到我们这儿，因为他们需要机会，所以我建议公司把每个月的邀歌单给这些学生。

主持人：其实法蓉姐我们也知道，其实你挺想找一个如意郎君的，那你可以说一下你理想的想法？

陈法蓉：男生没有结婚都可以来报名。

许常德：我反对。我最近出了一本书，就是建议大家不要结婚，为什么以前的人可以结婚，就是因为他们漠视我们的生活，但是现在我们要让我们的生活品质更好。

陈法蓉：其实我也想找到一个可以跟我同哭、同笑、同骂的人。

许常德：所以不结婚也是可以，结婚了的话，怎么可能 24 个小时不休息地在一起呢。

主持人：所以两个人可以出一本书了。我想问一下陈法蓉，你刚才跟许常德先生一起走星光大道时，两个人有没有什么感觉？

许常德：这个问题真的很猥琐。

陈法蓉：他也有扶我一下啊。

许常德：主要是我不够帅。

陈法蓉：不是，不是。

主持人：两个人都是有故事的人，可以合作写一本书了。

### 范例七 《非诚勿扰》主持人孟非与嘉宾的对话

【情景】 在《非诚勿扰》的一期节目中，主持人孟非、乐嘉、黄菡与男嘉宾、女嘉宾的对话。

女嘉宾：男嘉宾你好，你是山东人？

男嘉宾：你好！是的。

女嘉宾：山东人爱吃大蒜，你也吃吗？

男嘉宾：吃烧烤的时候会吃，大概一月两三次吧。

孟非：4 号女嘉宾，你问这个问题想说明什么吗？

女嘉宾：是这样的，我受不了大蒜那种味道，特别是接吻时，所以……不好意思。

男嘉宾：请问，你有一边吃饭一边接吻的嗜好？

孟非：好好好，这个问题问得好，这哥们儿有点意思，和我想到一块儿了！

黄菡：吃不吃大蒜有那么重要吗？难道这也要作为一个择偶的标准？

孟非：我很难想象一个人喜欢接吻能喜欢到吃一口饭接一个吻的那种程度。

黄菡：是呀，女嘉宾，即便是你真有这种嗜好，难道说一个月少接个两三次吻就真的那么难吗？

乐嘉：哎呀，笑死我啦……24号你听我讲，男嘉宾每个月的确剥夺了你两三次接吻的权利。但是，你自己有没有想过，理论上讲，你同样也剥夺过他的某种权利。

女嘉宾：我没有。

孟非：你有。

女嘉宾：我没有。

孟非：你有。

女嘉宾：我没有……

孟非：这个你真有。

女嘉宾：我真的没有，我又不吃大蒜。

乐嘉：难道你一个月当中就没有几天是不方便的？

## 范例八 《开心辞典》主持人王小丫与场外观众的互动

【情景】 在《开心辞典》的一期节目中，主持人王小丫与场外幸运观众幽默地互动。

王小丫：这个吸尘器要送给我们场外的观众朋友，来，你来选一位。

选手：开始。

选手：停！

王小丫：山东的138××××7706的这位朋友，我们现在要连线他，送给他礼物。

幸运观众：喂，你好。

王小丫：喂，你好。

幸运观众：你好。

王小丫：你好，请问您是在哪里啊？

幸运观众：啊？你哪里啊？

王小丫：我是北京的，我是…

幸运观众：我山东啊。

王小丫：啊？

幸运观众：我山东啊。

王小丫：噢，山东啊。你好，你好，这位观众贵姓啊？

幸运观众：啊？

王小丫：你贵姓啊？

幸运观众：你贵姓啊？

王小丫：我姓王，免贵姓王。

幸运观众：你干什么？有事么？

王小丫：找你有好事啊，现在要送一个礼物给你。

幸运观众：好事，我是不是又中大奖了？

王小丫：我们是开心辞典，我是小丫。

幸运观众：王小丫么？

王小丫：王小丫，没错。

幸运观众：真的假的，你给我打电话干什么，喂？

王小丫：真的。

幸运观众：是么？

王小丫：真的。

幸运观众：我听着不大像。

王小丫：这样，让我们的选手给你说一句话好不好，让我们的选手给你说一句话因为她选中了你。

幸运观众：是么。

选手：你好。

幸运观众：你好。

选手：你好，这位大叔你好。

幸运观众：大叔？我才二十多叫我大叔。

王小丫：对不起，这位大叔您今年，那个贵庚啊？

幸运观众：……二十五

王小丫：不好意思，您的声音比较成熟啊，因为我们的这位选手她是一个……

幸运观众：你是王小丫么？

王小丫：我真的是。

幸运观众：你怎么打我电话呢？

王小丫：你是我们的会员嘛，所以我们有礼物要送给你。

幸运观众：我对象老爱看你节目。

王小丫：谢谢你，你知道要送给你什么礼物吗？我们要送给你一台家用吸尘器。

幸运观众：我不用交税吧。

王小丫：好实际啊，这个按照国家规定啊，该上的税还是要上的啊。

幸运观众：你不是骗钱的吧。

王小丫：这位 25 岁的大叔啊，你很年轻，是不是遭遇过很多骗子啊，警惕性很高。

幸运观众：我听着现场有观众是吧。

王小丫：来来，我们现场的观众给他，我们来一起齐声说一个开心辞典好不好，来 1，2，3。

观众：开——心——辞——典——

王小丫：相信了吧？

幸运观众：组团儿忽悠我。

王小丫：你真的要拿到这个吸尘器呢，你先关心这是上税的问题，我先关心的呢是，这个开心谜语的问题，你能不能说出我们的开心谜语。

幸运观众：是开心辞典的那个什么开心谜语啊？

王小丫：哎，开心谜语，上面是开心辞典，下面那一句是什么。

幸运观众：不，那个惊喜无限那个么？

王小丫：新的，新的。

幸运观众：这一期的是不是在我身边那个，开心辞典，在我身边吗，是不是啊？

王小丫：没错，在你身边就是在我身边。

幸运观众：你真是王小丫啊？

王小丫：真的是，咱们密码都对上了还是假的呀。

幸运观众：谢谢你，谢谢你。

王小丫：谢谢我们的二号选手啊，谢谢你，再见。

### 范例九　《小崔说事》主持人崔永元与嘉宾姜文的对话

【情景】2011年5月8日，《小崔说事》请到导演姜文。主持人崔永元与姜文两人幽默的对话。

崔永元（以下简称崔）：有两位老导演跟你合作过，一位是谢晋先生，一位是谢飞先生。谢晋导演离开我们了，你现在还能想起来跟他们一起拍戏的事情吗？

姜文（以下简称姜）：二位都姓谢。

崔：所以应该说一声“谢谢”。

姜：谢谢！你的确选择了对我影响特别深远的两位导演。谢晋导演就不用说了，当时我觉得他就像神一样，如果说有人是为电影而生的，那么他就是。我肯定不是，或者说不完全是。他除了电影，对别的事情都没兴趣，要是拍电影时你和他聊别的，他会很反感。

崔：就是只要一进他的剧组，就只能谈电影?

姜：聊别的他就很反感，而且立刻提醒你，做别的事，他也会立刻提醒你。他还有一点非常可爱和令人难忘，就是他不欺负小孩。

崔：这是什么意思?

姜：他比我大40岁，我进他那个剧组时，刚毕业没多久。他这种对我来说像神一样的人，却对我特别尊重。他对我们这批刚开始拍电影的人都非常尊重，而且永远用欣赏的眼光来看待你，并且不断地放纵你去做一些看似非分的东西。

崔：你喜欢《太阳照常升起》，还是喜欢《让子弹飞》?

姜：我呀?

崔：啊!

姜：我跟他们说过，我说举个例子吧，《太阳照常升起》是上天赐给我的礼物，《鬼子来了》，不是，叫什么?《让子弹飞》……

崔：《让子弹飞》。

姜：《让子弹飞》是我送给观众的礼物。我在这儿解释一下，正好《太阳照常升起》的编剧述平也在。《太阳照常升起》就好像不是我们写出来的剧本，而是真有一个声音让我们那么去写。我和述平一样大，那时是40岁出头，都有一些对生命、生活的感悟，很诚心诚意地想通过一部电影把它们不加修饰地表达出来。因为生活是没有起承转合的，是被教育、被《小崔说事》这些给装上起承转合的。而当你单拿一个生活的原型出来，没了这些起承转合，大家就说看不懂了。当然了，电影有电影的一套，大部分人去看电影，都说你得有个起承转合，但这跟你对生活的感悟不是一回事。实际上《太阳照常升起》就是写了一件真事，讲一个警察抓不着犯人，犯人又死不悔改。这难道不是生活吗?生活往往是这样的。但是大家习惯了看好莱坞的电影，说怎么能是这样呢?警察怎么那么笨?好莱坞电影里的警察太聪明了，没那么笨的啊!也没那样的犯人，往往人家都是干坏事干到一半就悔改了。这是大家习惯的一种欣赏电影的方式，但那是电影伪造的生活，离我们的生活很远。

崔：可是当你拍完《太阳照常升起》，就发现知音不足够多。那个时候会对你的心理有影响吗？

姜：当时就没有“多”这么一个概念，只能用“少”来说。

崔：我特意说得委婉点。

姜：足够少。为什么非要说“照常升起”啊，其实我们弄剧本的时候，就想到了。

崔：预感到了。

姜：那肯定的，担心人家会不会看晕了，会不会不习惯看这样的东西？

崔：我觉得你做导演，挺难的。拍个《太阳照常升起》，大家会那样说，拍个《让子弹飞》，虽然票房非常成功，但是也有人说。比如我就说，不大希望姜文拍这样的电影，好像这样的电影好多人都能拍，但是《太阳照常升起》只有你能拍。拍《让子弹飞》是不是因为赌气呢？就是想要告诉大家，其实这样的电影我也会拍。

姜：坦率地说，开始有这么个原因。但是后来就忘了，赌气能赌多长时间啊？其实我觉得也是件好事。拍这两部电影我都不后悔，这是我的幸运。但是我上来就拍《让子弹飞》是不行的，必须得有《太阳照常升起》在前面。

崔：这两部片子是什么关系？

姜：这么说吧，拍了《太阳照常升起》，我就有充分的轻松和底气以及好的心态去拍《让子弹飞》。我要直接拍《让子弹飞》吧，怕人家笑话我，怎么弄了个这么简单的电影，是吧？我自己也不愿意用我 40 出头、正要接到天赐礼物的年岁，来拍一部《让子弹飞》，我并不是说《让子弹飞》不好啊。

崔：我们也没说不好。

姜：我觉得大家喜欢看，总是一件好事，但确实有一个尊重电影规律的问题。

崔：对。

姜：其实尊重电影规律，就是讲究戏剧性。我是学戏剧的，这个容易。我们的编剧，他们这些写小说的，把一部电影写得有起承转合、有声有色、有滋有味，也不难，确实不难。但是想通过一部电影的方式，试图表达一点对生活或者生命的感受，这样的机会很难得，更何况能做得像《太阳照常升起》那么有意思，我一直觉得这是一件需要感恩的事。票房还真就不能太好，太好了也不成。

崔：也就是说再过两三年，姜文导演忽然又拍了一部《太阳照常升起》这样的电影，一点都不奇怪，是吧？或者说你会拍《让子弹飞》的续集，再续再续。

姜：看吧，不知道，你对未来很难设想。

崔：之前我们在网上征集了一些网友给你提的问题，特别有趣的是，在网上提问的时候，好多人都不敢提，说怕姜文骂他们，说他们提的问题愚蠢。

姜：没有直接这么说过吧。

崔：这个问题是，为什么你自己导的电影都是自己演的呢？你能不能不演自己导的电影？

姜：不能。尽管《阳光灿烂的日子》我没演，但是我还是不能，我要不演我自己的电影，我演谁的？他们都不找我演戏，除了小崔在约我。

崔：这还有一个问题，说很多人看完你的电影，会猜想有些情节是暗喻了别人的东西，他们猜得对吗？你真的是在暗喻吗？

姜：没有，都是我的自传，都是真事，没暗喻。

崔：你觉得什么是好电影？是反映现实的镜子，还是逃离现实的去处？这一听就不像我提的问题，我提不了这么深奥的问题。

姜：我觉得小崔要拍的那个就是好电影，他那天跟我说了一个故事，然后我就想不起来了。讲的时候非常精彩，完了之后他就不找我了。杀青了吗，你们那电影杀青了吗？

崔：还没杀呢。

姜：你得把杀青的日子定下来，它就能开拍了。

崔：我们的故事快杀青了，杀青完了就开始编剧。这儿有个问题特别简单，你喜欢看《阿凡达》吗？

姜：喜欢，但那镜子不舒服。

崔：镜子？

姜：不是 3D 的么。

崔：哦，那眼镜不舒服。

姜：我一会儿摘，一会儿戴，摘了看也行，戴了看也差不多，我觉得这点不太好。

崔：这儿有个标准的网上问题，老说“三”。他问，你最喜欢的三位导演是谁？

姜：谢飞、谢晋。

崔：三位。

姜：必须说三个吗？

崔：对，网上就是这样，一问就问三个。

姜：那谢飞、谢晋……

观众：姜文。

姜：那行吧。其实我都喜欢。我觉得能做导演的人，都是可爱的，他们愿意为大家讲故事，而且尤其是电影导演，多累啊。每个镜头都是辛苦拍出来的，还得剪，还得把那几千个镜头连一块儿。反正剪完片子，我就不记得了，必须把它忘了，要不这样，会更失眠。

崔：做演员过瘾，还是做导演过瘾？

姜：那要看情况，碰见好导演就想当演员，碰见好演员就想当导演，这不是套话，就是这样。我巴不得有很多很多好导演，然后我就天天去演戏。我愿意啊，什么都给你弄好了，你不用操心，衣服也都合适，哪哪都对劲。一下子你就在某一个瞬间里边逃离自己，进入了另外一个人的躯壳里，然后你去揣摩他的内心是什么，你可以在有限的一辈子里边活八回、十八回，这是演戏最诱人的地方。

崔：不是跟每一位导演，或者说扮演每一个角色的时候，都能有这样的体验。

姜：有时候导演恰恰是破坏你这种体验的一个原因，所以这个时候很多演员显得脾气不好，那真的不赖人家脾气不好。现在像你这么一笑，或者说句靠谱的话，对着脾气不好的，说点好听的，让他把心里憋着的话吐出来，否则他如果在入戏状态下忍着，会受到身心摧残。所以大家将来要是当导演，不要随便去跟演员说不好听的话，那样真的会伤害人。

## 范例十　香港电影金像奖颁奖礼主持人的对话

【情景】 2009 年 4 月 19 日晚，第 28 届香港电影金像奖颁奖礼在香港文化中心举行，以下为主持人的开场对话。

陈嘉上：一年一度的大 Party 又开始了。

曾志伟：很感谢大家来到第 28 届香港电影金像奖的现场，欢迎大家。

毛舜筠：这个舞狮是代表香港，结合中国文化的，很配合创意。

谷德昭：今年还是香港电影的一百周年，所以我们会大肆庆祝。

何韵诗：刚才大家经过我们的红地毯、钟楼，等等，都是香港的标志，这些都非常有代表性。

王祖蓝：当中虽然有高有低，但永远不会消失，因为我们爱香港，也爱电影。

谢安琪：在 08 年，圈中有很多喜事发生，我们将这些喜事化为动力。

林子聪：希望大家搞好这个颁奖礼，再请出非凡的嘉宾出来帮帮忙。

田启文：总是讲香港电影一百年，究竟有没有人知道香港电影第一部叫做什么名字？

钱嘉乐：我知道，香港第一部电影是叫做《偷烧鸭》，在 1909 年拍摄的，其中内容是讲一个很瘦的小偷偷了很肥的烧鸭，被警察抓了。

卢觅雪：这部戏一百年前拍的，你怎么知道？

钱嘉乐：我有份拍的。

卢觅雪：你有一百岁吗？

吴君如：今年为了向香港电影致敬，我们会用很多导演惯用的经典手法，重拍这部电影，嘉乐仔也有份的，不过假如大家话太多，我们开不了场的。

曾志伟：大家好。

谷德昭：欢迎大家来到颁奖礼的现场。

曾志伟：喜剧很不容易，我们看到电影中的喜剧片很多，但拿奖的喜剧片很少。

谷德昭：拿奖都很少的，两位拿奖都不是因为喜剧，但你们都是喜剧演员。

毛舜筠：以我演的经验，哭一分钟不难，但笑一分钟很难。

曾志伟：观众觉得这么轻易哭，很厉害的演技，但无缘无故笑，都挺轻易，阿毛有时候坐着，也会笑的。

谷德昭：笑得这么漂亮，给掌声毛姐，拍戏笑得很有感染力，很困难，要自己觉得好笑才行的。

曾志伟：我们看一下现场观众的反应，大家看到我们的讲话都会觉得好笑，请大家马上笑一下，请提名影帝的笑一下先，凭这个演技就知道谁可以拿奖。张家辉被提名，是笑得很开心的。

谷德昭：讲了很久，不如马上开始颁奖，首先请出颁奖嘉宾。

# 第十九章

# 会议论坛类情景应对

## 范例一 博鳌亚洲论坛青年领袖圆桌会议情景应对

【情景】博鳌亚洲论坛2010年年会4月9-11日在海南举行。以下为青年领袖圆桌会议论坛实录，主持人为中央电视台主持人芮成钢，参会嘉宾：韩国国会议员洪政旭、腾讯总裁刘炽平等。议会主题为“低碳是否在作秀”。

芮成钢：我们今天的这场论坛主题和危机有关。危机这个话题说了很多遍，我们的主题是危机和危机下的绿色解决方案……我们第一个讨论题，低碳是否只是一个秀。在讨论开始之前，请允许我有请论坛的联席主席做两分钟的发言。现在有请韩国的洪政旭先生发言。

洪政旭：非常感谢，这仅仅是一个秀吗？对低碳经济来说这不是的，对未来的人类和子孙万代来说，绿色发展和低碳经济绝对不是作秀，无论在何种情况下。大家知道，全球的平均温度到本世纪末会上升6.4℃，我们知道大部分的岛国从地球表面消失，比方说印度尼西亚的32个岛和菲律宾的有一部分2045年会消失，而全球社会在哥本哈根由于大家的经济利益不一，再次未能达成一致。所以我们宝贵的时间被浪费掉，我们现在要重新投入到这项努力当中。不仅在国内，在国际合作当中更快达成共识，减少碳排放的目标。我们重新研究这个问题，不仅仅是应对气候变化，和整个人类的生存息息相关，如果我们就此达成一致，就可以说服发达国家先采取行动，说服发展中国家向前走一步。我促请大家共同发动行动。我的发言控制在2分钟之内，谢谢大家。

刘炽平：非常高兴跟大家一起探讨这个问题。我记得去年在这个场地里面有热烈的讨论，我们怎么应对金融危机。我想其实有一个很重要的点，我们看见上一次的金融危机在灾难出现了之后，所有人才动员起来去进行补救。我觉得，这一次我们看到环境危机的同时，我们确实在作一个低碳的秀，是全球一起作的秀，这个秀的本意是唤起大家的警觉。我们可以看到，在慢慢走出金融危机的同时，看到另外一个环境的危机，随着自然灾害的出现，随着整个气候的变化，其实压迫感对我们来说越来越急迫了。但对于整个世界来说，我们有一个惰性，灾难没出现的时候，大家没有付出代价制止灾难的出现。其实，现在各国各地都在作一个秀，但这个秀的本意在于唤起大家的积极性，希望是可以大家正视这个问题，在灾难、危机没有出现的时候，我们用全球力量制止灾难的出现。我在这里抛砖引玉，做一个反向说，这确实是一个秀，这个秀本身可以唤起大家的积极性，给大家做一个探讨的点，希望这次可以获取各个与会的青年领袖每一个人的聪明才智，让我们可以找到方法，除了秀之外如何制止自然危机的出现。

徐明：我觉得低碳有作秀的身份，我们发动电动车，电动车的电来源是从煤炭来的，而煤炭的发电效率只有30%。如果电动车完全是这样也不一定，法国的电来自于核电和天然气，法国的电动车不是秀。美国是第二代的核电技术，如果这个技术比较成熟，美国的绿色核非常成功也是很好的，因此我认为低碳就我们的国情实事求是，而不是一边倒。

霍启刚：我同意，我觉得有某种程度的作秀成分。但是问题不是说是不是秀，我们问一下为什么要作秀？有时候跟政策、政治是有关系的。以美国为例，每十年都有一个选举，政府最多干两届就要持续更换。说到可持续发展有两方面，第一是经济，第二是环保，第三是社会的影响，如果把三个因素放在一起来讨论发展的问题才是合适的。但是，我们讲这个问题的时候，往往是经济的发展站在主要的地位，但社会和环保是处于一个次要的地位。在中国虽然没有一种多党制的做法，但是在中国每一个当选的官员都有五年的任期。也就是说他们业绩的评判根据 GDP 的评判，除非我们采取绿色 GDP，也就是说民意的 GDP 减去成本，我觉得否则就很难避免作秀的成分和现象。

欧翰林：说到这个问题，低碳经济是不是一个秀的问题，那天我没有参加，因为我在出差，但有时候光靠一天的活动是不行的，但这是非常好的信号，促进大家对这个问题的讨论，大家意识到资源的价值。其中一个例子，刚才讲到电动汽车，现在还没有普及，但是我相信朝这个方向努力是非常正确的，我在技术公司工作过，我们要考虑到未来。低碳经济是否是发展的未来，还是一种泡沫？意识到这一点是制定战略需要考虑的重要方面，所以我们一定要考虑技术创新的问题。这是涉及未来发展的关键问题，相信在创新方面的投资会帮助我们带来长期的挑战，现在电动汽车可能是一场秀，但未来会发挥重要的作用。因为涉及技术投资方面，能源的平衡是什么，但是我们必须及早地行动，现在就要开始，而且从长远角度来说，我相信这将成为一个发展的趋势，而且必须把它作为未来发展的重要战略。

杨文俊：首先说低碳也好，熄灯一小时确实是秀，但这个秀越来越好，这个秀让所有人对绿色越来越重视。低碳并不是我们的目标，如果像主持人讲的那样，北京一天增加 1300 辆汽车，如果低碳是一个牺牲人工作的高效率、生活的质量作为代价，这个低碳我们是不是考虑用另外一个名词代替，如何做到碳综合？个人消费多少碳，产生多少碳资源？如果通过自己的行动，把排放的碳更多地综合掉，这个概念远比低碳的目的能够提升个人的水平、工作效率更重要，谢谢。

骆怡君：我想不管这是不是作秀的方式，现在的重点不应该只是政府的首领在这里高调说我们应该节能减排，成为国际上角逐的筹码。我们相信世界的希望在亚洲，而亚洲的希望应该在青年，而青年的希望应该在创业，如果我们是这样觉得的话，反而我们应该考虑，怎么样把大家所说的言论变成实际上的行动。我在这里也想提一个建议，今年在青年领袖论坛完成以后，由在座各位，大家都是从不一样的区块来的，本身就有不一样的资源和不一样的经验，为什么不能把我们不一样的经验统筹起来，在各个区块找一些青年人、年轻人做一个节能减排，绿色能源真的有斗志的，定义成为不同的区块。如果都有这样的区块，大家可以到不一样的区块，学习不一样区块的成长，或者他们对绿色能源上独特的经验，或者有些技术、心灵上的绿色能源。我这里借这个机会提出，有可能在除了“说”以外，希望实质上做点事。

王烁：我很支持杨文俊的看法，恨不得这是一场秀，因为秀是轻松愉快的，是自愿参加的，没有听说过这个人被绑着参加秀。短片中出现熄灯一小时和北京限行，熄灯一小时是自愿参加，北京限行不是这样的，是强制的。低碳与每个人的生活息息相关，应该是每个人基于充分的信息，基于可接受的程序自愿做出的决定，转化为集体的行动。现在尤其在我们国家看到的，以低碳为名所采取的各种政府行动，未必符合我刚才所说的理由。在这个意义上说，我说恨不得呼吁低碳是一场秀。

### 范例二　第四届中国网商大会情景应对

【情景】 第四届中国网商大会暨第二届中国网商节，在杭州正式召开，本届会议的主题是网商的崛起，郭台铭与马云等全球顶尖的企业家和投资家，出席了这次大会。以下为郭台铭与马云同台论道，探讨赢的策略。略有删减。

郭台铭：大家早上好！马云两个月前邀请我来参加这个演讲，把题目都给我规定好了，让我想起二十几年前在美国有个故事，曾经美国有一个成功的企业家被邀请去参加一场演讲，演讲的题目是“如何经营一个成功的企业”。他走到演讲会场，看到的题目，他跟主持人说“对不起，这个题目我不会讲，我要走了。”主持人就很紧张地问他，“你要讲什么题目?”他说，“成功的定义每个人都不一样，在你认为成功，我并不认为成功，所以他的题目我不会讲”。主持人问“什么样的题目你会讲？他说，“怎么样经营一个企业不会成功，这个题目我会讲。”所以从这个故事让我想到了今天的主题，我把马云给我的主题换掉，因为那个主题我不会讲，因为我不认为我是成功，我还在学习过程中，所以我今天跟各位分享一下我个人过去三十几年工作的经验，也希望各位分享一下。我看到很多成功与失败的经验，我们来谈一谈赢的策略，就是双赢的策略。

……

马云：今天我很感谢郭先生给我们做的演讲。两个月前我跟郭台铭先生说好以后，他说你要把提纲和题目给我，前天早上我们还在开电话会议讨论怎么讲，我还没见过一个大老板准备演讲这么认真过。前面两次我们争论比较多一点，但是我坐在下面争论了，不断地表达自己的想法就没有时间听。我在下面一直想，有些东西是让我感慨，第一他感觉到成功，我自己也觉得，我不知道什么叫成功，但我知道什么叫失败，我不敢说我们是成功的，人开始承认自己成功的时候也是开始走向失败的时候。我一直觉得，在武功上面他像外家功夫，我像内家功夫，但是大家基本的想法是一样的，坚持啊、梦想啊、永不放弃啊、细节啊。大家都知道昨天晚上两点钟郭先生还在准备今天上午的演讲稿，他细节的处理，包括每一个字，他自己一笔一笔在做，包括昨天晚上我们在西湖上面谈论项目。一个不断很勤奋的人，很注重细节的人，很有理想的人才会走到现在。所以我们今天，因为我对郭先生以前的了解也是媒体上的，我觉得媒体上绝大部分东西不能相信。至少别人把我说得那么好，我没那么好，别人说我那么坏，我也没有那么坏。所以我今天在这样一个场合，把郭台铭先生介绍给大家。郭先生不是一个继承父母遗产，也就是三十年以来靠点点滴滴走到今天为止的，我们都有一个梦想，我的梦想刚好跟郭先生相反，我们第一次吵架就是从这儿开始，我认为大企业在信息时代会越来越小，我的梦想就是把所有的像富士康的大企业变成小企业，至少把它拆成四零八落的，大家有饭吃，要不麻烦就大了。我们觉得是其实没有新经济和旧经济，我们这个新经济，所谓的互联网就是初始完善的设备，传统行业更加好、更加完善，但是我觉得旧工业时代，上一个世纪，由于规模化，由于资本化，由于各种大企业的资源，逐渐形成了大企业的垄断，而互联网就应该打破这种垄断。

郭台铭：我觉得任何事情从不同的角度就会得到不同的看法，当然现在网络经济的角度，小是没有，可是当我讲过网络经济的一个特色，如虎添翼，可是当一只老虎，网络是它的翅膀，那就可以无远佛界，所以本身你具备的能力还是非常重要。今天也不在规模大小，在于你的能力和你的弹性，小常常是因为弹性，大是因为它具有一定的能力，所以经营一个企业。昨天我也谈到蚂蚁跟象的问题。象做事很笨重，蚂蚁其实是一个标准的网络的经济动物，它一个人发现了糖搬不动，它找了一大堆蚂蚁来搬，所以蚂蚁其实是一个，你可以看到蚂蚁的网络系统，蚂蚁网络系统的话，所以我们叫蚂蚁雄兵。可是，很多年前 IBM 的总裁也讲到“大象会跳舞”，IBM 本身是一个很大的资讯硬体的制造商跟软件的制造商，所以他把所有的每一个功能用很好的信息网络串联起来，我想他造成“大象会跳舞”。这是大家过去的时代跟新的时代，所以我认为蚂蚁会存在，大象也会存在，看你怎么样来做一个平衡，但是这只大象必须要具备跳舞，大象要跳舞，它要有很好的网络寻信息，……所以我认为，只要大象会跳舞，它一样可以跟蚂蚁一样都可以生存。可是蚂蚁将来也是一个团队，这个团队去搬一个糖回来，将来怎么分配这个糖？我是没有看到蚂蚁怎么分配糖的，但是这又牵扯到利润分享与回馈，所以其实这两个本身不相冲突，而且都会存在，不过网络时代真的提供很多的经济，有很多人的行为都会去改变，你像现在的年轻人都在网络上面买东西。我想最可以预见的，已经发生很多年的，对资讯、对音乐，像我们生产的 ipod，iphone。这是我们两年前的一个构想，我的朋友给我提供的平台，iphone 并不是一个硬体，将来是一个数位内容的平台，所以我们共同开发，所以我们才开始。比如将来每一个人，你说一个人结婚了，拍一张照片，他要送给朋友，他不要传统地把照片印出来寄，他只要用网络送到每一个人的相框里面，你就可以把你的喜悦分享给所有的朋友。数位相框现在还可以有一个小孩，母亲可以做其他的事情，你可以通过数位相框看到小孩的行为。很多这种属于软件的东西，你很快地就可以在分享，所以这是在网络经济已经在大量地实施，所以网络的资讯，就是你要买一个音乐，你要买一个电影，很快地我们就可以在网上买电影，通过手机、通过很多的工具来看，大家现在看书，都在网络上寻找资料，图书馆甚至于百科全书，这种属于眼睛看的，耳朵听的网络会非常快。可是你遇到实体上的，你鼻子闻的，现在还没有看到一个香水可以让你闻到味道，现在已经开始在网络上说能够闻到香味，可是到现在还没有办法把这个面送到你的面前，我们也希望能够把这个面送到你的面前。我想这些是实体的东西，可是它有一个很重要的资讯，就是说他改变现在的生活，就是说你要晓得哪里有最好吃的餐厅，哪里有最便宜的产品，哪里有你需要的产品，甚至你有多余的产品跟其他人来交换，我想透过阿里巴巴的平台，透过网络交易模式，我想你就可以很快地取得资讯。

马云：大家慢慢鼓掌，就是我跟他之间不同的想法。我问一个问题，有几头大象能跳舞？真正能跳舞的大象郭先生就在这儿，能跳舞的大象都是国宝，国宝就是少，能长上翅膀的老虎我还没见到过。我发现大企业基本上都这么干，大企业觉得我搞搞蚂蚁太容易了，这么多年了，阿里巴巴的发展为什么专注中小型企业？因为这些蚂蚁最需要帮助，最具有团队意识。就像巴基斯坦的穆罕默德，他讲小企业最有团队意识，以前是大企业有大量的资讯，它拥有独到的资讯，我是觉得沃尔玛由于工业化的大制造形成了沃尔玛的大卖场，他们有资金和信息，所以基本上把中小经济盘剥了。所以到今天为止，如果我们能够把信息迅速传递到中小型企业，同时我们把资金也给小企业，今后是谁越灵活越成功，而不是谁规模越大越成功，所以我希望世界上有更多的蚂蚁超过大象，而且大象不努力也会摔跟斗。我们可能看到郭先生是一个国宝级的“大象”，既能跳舞也能讲理念，也能像蚂蚁一样灵活和专注，但是毕竟这是少数的。但是我觉得，世界由于互联网已经转变了从原先大企业为你生产东西，转变为客户需要我们生产的个性化时代，而个性化时代是中小型企业最大的机会，所以我们第二次的讨论是关于郭先生认为我的大企业也能够制造各种各样的个性化生产，我认为中小型经济的蚂蚁做个性化企业，如果互联网给他们订单，他们会做得更出彩，这是我们之间的区别。

郭台铭：我觉得网商大部分都是中小企业，我也是从中小企业起来的，网络经济的兴起对中小企业比较有利，这是不争的事实，这一点我也同意。原因很简单，就是说个性化的需求，大家可以随便挑选一首歌，随便发表一篇作品，甚至于可以自己再加一个与众不同，全世界只有你有的手机，全世界只有你有的汽车。可是要做一部汽车，没有一定的规模是有困难的，你要做一部手机，你的采购量不够大，我想你可能也达不到一个成本的优势。所以这两者之间其实还是我刚才讲的，一个弹性跟规模之间的平衡，制度的平衡。所以因为个人化的来临，所以很多的制造业要开始走上服务业，就是说客户的需求，不在于卖一个标准化的产品。……我们今天讲网商很多小的企业，你们也会慢慢地变大，当你在变大的时候，你也要经过一个管理的程序，一个制度的规范来规范所有的行为，可是当制度跟弹性，客人跟你之间你怎么样在这之间找到平衡，我觉得这是蚂蚁要壮大，它一定要有专业的知识，它有一定的实力。大象要能够灵活，它必须要有很好的系统，但是必须要有弹性，让第一线的人员能够就像网商一样当场做决定。所以很多敏感性的产品，价钱高低一个东西，一定要有网商，他本身可以决定价格，你不能请管理的人替你做决定，因为我们讲电子产品，每天早上、中午、下午各有一个，所以你怎么样决定这个价钱，是风险，这个东西一定要靠自己。

我想今天网络经济的时代来临，对很多网商是有很多的机会，所以你们不可否认，而且个性化时代的来临，再加上客户的要求越来越多，再加上很多的产品有它的时效性，所以小，它的灵活、它的决定、它的创新，绝对是一个大家的机会。透过网络你能够积沙成塔，变成一个。我想两者是一个相辅相成，我想这两个怎么样能够互补我觉得是非常重要的，这是我对刚刚马云所提出的看法有我个人的见解，不知道大家同不同意？

马云：这个其实就是我特别喜欢郭先生的很重要的道理，这两次的争论其实我们已经基本上达成了高度的认识，我把刚才的问题挑出来，因为前段时间我们争论的过程中就讲到了这个关节，就是灵活和制度的协调性，这儿我希望刚才这段话让很多人去反思，郭先生怎么样从一个小企业变成大企业，很多企业变成大企业又变成烂企业，然后它变成大企业又变成优秀的企业，他讲的跟我心里面想的一致。因为我也走过，我也认同。如果阿里巴巴今天比很多企业做得稍微大一点，郭先生比我们做的大多了，但是我们走的路几乎是一模一样，所以就想想看，很多企业自认为自己大了所以再不注重细节，你不注重弹性，你认为制度就是应该这样，你就应该这样那你的公司就完了，而且如果你觉得自己大，自己是大老板，你就不会做到细节，我们这三场非常清楚。

郭台铭：我打断一下。我想问大家一个问题，阿里巴巴是“大象”还是“蚂蚁”？我是觉得阿里巴巴再加上各位在座，我想应该是一个大象，但它是一个会跳舞的大象，“蚂蚁雄兵”是四个字，不是两个字，大家只看到蚂蚁，蚂蚁要变成雄兵是因为它有一个很好的内务。当一个蚂蚁看到一个糖搬不起来的时候，它可以找一大堆蚂蚁把糖搬走，所以蚂蚁能够搬比它体重大几百倍的糖，那它是一个大象，它决不是蚂蚁，它只是分工合作。今天各位网商有了阿里巴巴，所以你们是蚂蚁雄兵，那蚂蚁雄兵其实就是一个会跳舞的大象。各位，你们是大象还是蚂蚁？其实我们阿里巴巴集合了各位网商，就是变成一个巨人，就是变成大象，就是变成一个会飞的老虎，它由各位网商，由你们在阿里巴巴的平台所凝聚而成。今天阿里巴巴所要承担的社会责任是什么？网商要承担的社会责任是什么？我觉得这个东西大家都了解，不卖假的商品，不去仿冒别人的品牌，不去侵占别人智慧财产权，因为你去侵犯别人的时候，最后的结果都会回来，你的产品也会被人家侵犯，怎么样创新……

马云：刚才郭先生所讲的非常朴实，真正的慈善家讲话都是非常朴实，郭先生可能是亚洲最大的慈善家，大家知道他的并不多，而在出席慈善会议的时候别人记住的都是艺人，而没有人记住他，所以我觉得对任何人来讲，必须以价值观来驱动，什么是对，什么是错，一定要明明确确，所以我今天跟大家讲，我出去做活动的时候，我觉得这几年，碰到最尴尬的事情，我去捐款人家说马云你捐得太少，你瞧人家都是两三千万，你怎么就拿出这么点。如果我捐款都嫌少的话，那么中国的慈善就走向了另外阶段，慈善是心意，不在于多少。另外一个，我觉得慈善不应该在荧光灯底下做，慈善是在心里，该怎么做就怎么做，在荧光底下作的是秀。我讨厌天天想着偷税漏税，天天制造的食品是有毒的，但是他们用这些钱出去捐，做慈善家。我希望我们所有网商群体能够像一些成功的企业家，我们都一点一滴去做，其实社会不需要我们多少钱，但需要一份心意，需要一块钱，这是我认为的慈善事业。所以我讲的就是这个，谢谢郭先生为亚洲，为中国很多癌症人士所捐助的钱和建立的医院，可能大家很少知道这个事。刚才讲了捐了那么多钱，他没有讲一个他捐了多少个医院，多少个人。昨天我们在船上谈了二十分钟，我们谈论了很多关于环境保护的问题，都不是为了赚钱。所以，我们谢谢郭先生！

现场嘉宾提问：我是做制造业的，由于环境的变化，出口加工利润都在减少，成本又在增加，我在想是不是把实业缩小，做国内的市场，把实体的成本转化为运营的成本。这样的思路，我想请教马总和郭总，我需要注意什么？

郭台铭：你这个问题很切入今天的主题，就是说你是制造业，通过网络来销售你的产品，当你接触到阿里巴巴平台以后，你发现到你取得很多的资讯，可是你的制造的资源不足以应付你这么多的资讯，所以你在思考，你要从制造业、制造端，还是从网络经济的这一端来做发展。我觉得你有你的选择，最重要的，我们刚刚讲成功一定要有自己的条件，你自己的条件是什么，你自己在制造业专精，我觉得你应该制作。你作为网商，今天有很多的资讯，你可以从网上得到很多的制造。世界上现在是一个分工，网络经济其实是一个分工，因为经过分工，透过阿里巴巴这个网络可以带领大家合作，所以可以造成一堆蚂蚁搬动大象。所以如果你今天的能力在于网上快速地取得资讯，你再快速地回答，因为你来自于制造，你对制造过程的了解，你对质量的管控，你对交货期间的承诺都能够准确地预知的话，我建议你应该好好地利用阿里巴巴这个网络使你扩大。那么你的制造可以透过网络上面的信息，得到很多很好的供应商，比如富士康也愿意变成你的供应商。我这一只“老虎”加上你这一对“美丽的翅膀”，我们可以飞行在天马行空，像马云一样。

## 范例三 本土新消费时代论坛情景应对

【情景】 由《中国企业家》杂志社主办的“第六届中国企业领袖年会”于2007年12月8日–9日在北京中国大饭店举行。参与论坛的有汇源饮料食品集团有限公司董事长朱新礼、中国娱乐界的老大王中军等。以下为本土新消费时代论坛实录。

包凡：我们今天下午的论坛开始，今天这个论坛的主题是新消费时代，欢迎大家来参加这个论坛。

朱新礼：今天我非常高兴讨论这个话题，因为做快速消费品行业，我们讨论的新消费时代，我当然很有兴趣。我在想什么叫消费时代？消费时代具备什么样的特征？有四个条件：一是消费观念，二是消费环境，三是消费条件，四是消费习惯。如果具备了这四个因素的话，我认为这就是一个消费时代的到来。如果不具备这四个因素，我认为我们的消费时代还很远。首先我说是消费观念。关键就是说，很多人对这个认识并不一定去做，我们改革开放到明年是30年了，前15年是思想观念的转变，这个时候是没有行动的，大家在讨论是非的问题。中国经济高速增长是1992年的时候开始的，特别是小平南巡解决了思想的问题，这15年是日新月异。我想是观念决定消费，决定行动，观念不改，你就认为中式的好，西装是不可能穿的。第二是消费环境，有时候抽烟，自己在家里抽2元的烟，在外面抽2毛钱的烟，怕露富，外国人不是这样。第三就是消费条件，你有没有钱，改革开放30年，很多人已经有钱了。第四就是消费习惯，有观念不一定有习惯。我们早上起来还是喝稀饭，但是西方人是面包、牛奶、果汁，我们有一个副总裁是美国人，每天上班都换一个新的领带，我这个领带两年了还没有换一下，就是一个习惯。我们还有一个副总裁是台湾人，每天换一个衬衣和西装，我的衬衣是两天换一次。这是一个习惯的问题。不光是价值观，最重要的是形成习惯，习惯成自然。我的孩子比我会花钱，我不会花钱，没有这个习惯。会赚钱的不花钱。真正的这四个因素具备了，消费时代就会到来。你穿西装大家觉得很自然了，喝啤酒也很时髦了，在15年前是没有人喝果汁的，是汇源第一个做果汁，1997年就在电视上做广告。你没有这种追求、这种理念，不可能形成一个习惯，到现在很多人喝果汁还没有形成习惯，家里冰箱里有，但是有时候喝个稀饭就接受了。但是欧洲人、美国人早上离开果汁是不可能吃早餐的，还会有一个过程。现在这些本土企业，特别是怎么去塑造品牌，怎么去打出你的卖点来，然后让消费者改变观念，创造环境，创造条件，形成习惯。企业的文化实际上就是习惯，真正企业的管理就是没有管理的管理，那是最高的企业文化，形成习惯了。

苗鸿冰：中国的消费者我用三个“一”来代表：首先是“一堆人”，让全世界人很惊讶的一堆人，他们很能干、很勤奋，财富积累很快速。其次是“一堆钱”，大家通过十几、二十几年积累了很大的财富。这有一个出处，在中国越贵的东西卖得越好是很有意思的事情，最贵的汽车，最贵的房子，最贵的礼物，特别是在这个会场里所有参加论坛的人，大家可能不知道这个牌子是什么，但是很贵。第三是“一个梦”，中国人买东西并不是真正的觉得这个东西有多好。有这样的人，是一批先富起来的人消费，中国有一个词叫“只求最贵，不求最好”。还有一个段子，有钱了咱吃油条喝豆浆，喝一碗倒一碗。这是一个精神上的需求，我买了最贵的汽车、名牌，买最好的房子，收藏最贵的艺术品，这是精神上的满足，这是我从事时装的感受，曾经有一个服装卖了48万，其实是卖了一个感受。真正这个衣服值这么多钱吗？不可能，但是加上品牌的价值，加上中国人的消费心理特点，就使你产品卖得更有意思。

王中军：至于这个话题叫新消费时代，我没有想那么大，什么叫新消费时代。对于一个消费者来讲，每一天都是一个消费的开始。昨天消费的东西和未来消费的东西是不一样的，这是一个习惯的问题。多少年前我的习惯，冬天基本上是买大白菜拉回家，现在谁来拉大白菜？家里的车都是吉普、奔驰什么的，谁拉大白菜。这不是我们去说的，中国的经济差距太大了，北京和西北一些地区，就说我们家和我老家，那差距太大了。我因为是干这个行当的，我觉得看电影也是这几年才真正形成。我刚做电影的时候发一部片子发三千万简直是费了太大的劲了，又请客又什么的，高兴得够呛。现在如果拍戏不说发一个亿，就没有想象力。这是国家在变化，上午刘东华社长说，今年是个好年头，这是我们消费的好年头，每个人都在消费。在这个状态下，企业家起什么角色？就是品牌，就是提供让人值得消费的东西，无论是有形的还是无形的。

马云：我今天是在学习，我听着觉得挺好。我没有什么话要讲，做一个评论，我自己的看法。我们没有必要把国外和国内对比起来，我们已经到了全球化的年代，可能是主持人故意说这个话题。中国人不需要打自己的民族品牌，民族意识对我们走向全球是一个危害，消费者最后还是产品好，无论是国内还是国外，好产品有好的价格，好的渠道总是有办法的。我们不要像斗士一样老去找竞争者，关键是要学习别人，只要踏踏实实服务好自己的客户，定位准确，渠道和产品完全不应该对立起来，我们都是为消费者服务的。而且这个市场也不可能垄断，跨国公司不可能全部灭了中国，中国也不可能全部打倒跨国公司。

李浩：刚才几位的谈话让我很有启发，我想到一个老话，人民的眼睛是雪亮的。套用到今天是消费者的眼睛是雪亮的。其实在消费者喧闹的现象本质后面，我们越来越相信，中国的消费者是非常非常理性的，消费者的眼睛是雪亮的。我还举一个例子，刚才大家讲的是中国品牌和国外品牌的对决之类的，我同意马总的看法，我觉得这是一个没有必要关注的事情。其实你去看国外品牌，他也在聪明地利用消费者的一些品好，有些品牌甚至努力地想把自己变成看起来像中国品牌。我们大概在中国跑了 17 个城市，包括北京、上海这些地方。我们在北京曾经拜访过一些年轻的夫妇，我们到他们家里去录像，你们到底买了什么东西。他们说我们特别喜欢国产品牌，买了很多中国货。但是我们看到他们用潘婷、沙宣，他们认为那是本土品牌。在南京，他们说诺基亚是中国品牌，三星才是外国品牌。他们认为家乐福也是中国品牌，他说他的东西摆得乱七八糟的，和中国品牌一样，我到宜家，他的店很漂亮，但是我找不到我要的东西。家乐福卖的所有东西都是中国品牌，只有中国店才卖中国品牌。这是一个错误的认知，但是已经形成了一个非常有道理非常有逻辑的认知。

苗鸿冰：关于谈到品牌问题的时候，我自己特别有切身体会。我到商店里遇到很多的客人问，白领是中国的，为什么这么贵。我经常很不开心地回答说，白领的品牌为什么不能卖这么贵。我们达成一个共识，我们不需要和国内国外的对立比较。我曾经在一个论坛上这样讲，你认为中国的白领品牌是哪个品牌？他说是中国的品牌。我说中国是哪个？中国是地球的。中国的品牌就是地球的，就是世界的，不需要争论这个问题。顾客是有选择权的，主要是选择产品和服务，对时尚产业来讲，有时间可能选择一个故事。如果未来做好产品，做好服务，我们能多一些故事，中国品牌价值会有大幅度的提升。这是我自己的一点感受。

李浩：我赞同各位的看法，我们与其争论中国品牌怎么打败国外品牌，中国品牌和国外品牌对决，无论你是中国品牌还是外国品牌，最终能不能赢？首先要认同消费者的眼睛是雪亮的，要满足消费者的需求，如果你比消费者更了解自己的需求，你对消费者的洞察力，这是非常关键的。无论是中国品牌还是外国品牌，想赢这是一个核心力量。关键就是我们对于中国消费者到底了解多少，我们对他有多少的洞察？

张志勇：无论是中国品牌还是国际品牌，你提供给消费者的价值是一样的，所以在技术企业里，从来不说消费者崇洋媚外，你必须得承认，这不是企业的原因，而是各种原因，历史的原因，中国又不是先发达的国家，工业化也晚，整体中国企业提供给消费者的解决方案，相对于跨国企业来说是弱，我们必须承认这个现实。我不说某一个领域和某一个点，整体上来讲。但这并不抹杀企业的价值，你为什么做企业？大家说为了提供给消费者价值，还为了什么？那个还大，根本原因人都是自我的，我一直相信这一点。自我在于你自己实现了价值和成功的梦想，但是因为你这个梦想提供给别人一个价值，我们要这么倒过来。我是为人民服务的，别人认为我的服务提供了价值，别人因此尊重我，我觉得高兴。中国要证明你整个这一个群体的价值，证明你的能力，你的能力不是狭隘的不是民族的，不允许说民族，你要开放你要包容，任何先进的东西都要引纳进来，这是我对价值的理解。

马云：我听了以后特别想讲一个东西，我希望中国企业家论坛和国内企业家的论坛里，千万别把民族主义看得太强。你在说民族企业、民族产品，在寻求保护，谁的保护？最大的保护就是市场。国有企业以前因为受保护很多都死掉了，如果放掉保护，强者生存。如果打着民族情绪，不仅被别人看不起，也会为自己看不起。在全球化势不可挡的今天，我们要有全球的眼光，只有消费者是上帝。中国人为什么拿不到诺贝尔奖？这是全世界的，全世界的灾难是我的灾难，全世界的福气是我的福气，如果你参加诺贝尔奖是为了给国家争光，你永远拿不到。要成为全世界的品牌，就要为全世界的客户创造福利，这样才会被全世界尊重。

包凡：说得非常好。中国的经济到了一个新的阶段，在座的品牌以后都会是全世界的品牌。当初的国际品牌到中国来有一个先机，很大程度上是在文化上受了影响，美国的品牌到中国，好多时候有一个先入为主的观念，中国年轻的消费者对美国文化接受很多。王总是做文化产业的，有没有这种可能输入中国自己的文化，在这个前提下把中国的品牌带到全球的市场上去。

王中军：说实话，短时间内比较困难，争来争去，这个话题我自己没有搞明白，也没法说。刚才说的那个东西，一个产品、行业不一样。你说电影，我们在本土挺好，在本土经常打败进口片。人家拍的是进口片，还有一个是国产片。你今年拍得好，你就是冠军，你拍得不好就是人家是冠军。今年没有超过《变形金刚》的，今年还有两部大片，不知道能不能超过。前年和去年的冠亚军都是本土片。我们做得是非常不错的公司，我个人认为我们的产品走出去只是一个想象，我们的文化目前作为主流，让美国人坐在那里看中国电影，不太现实。这么多年来我们有，有《卧虎藏龙》，一亿多一点票房，后来为什么没有了一亿多美金的？习惯没有形成，老外没有形成在那里看中国电影的习惯。但是中国人看外国电影有习惯。中国人的欣赏水平很高，有盗版，习惯了看。人家的盗版也都看习惯了，来了一看这才是大片。这个话题对我们这个行业来讲压力还是很大的。我们的电视剧想走出国门，基本上走的地儿就是新加坡、马来西亚，看的人还是中国人。为什么？第一行业不够大，你说汇源果汁让美国的人都在喝，我觉得朱总说的未来有可能，我们坚持有可能，但是活着最重要，中国的影视娱乐文化公司，我现在已经蛮得意的了，在国内我们基本上把海外的片子打败了。有几个盯着美国电视剧看的？今年的收视率第一是《金婚》，一个老头一个老太太，天天你打他，他骂她，有过高深？但是和消费者贴近。《士兵突击》没有一个女演员，都是傻小子，但是感人，你试试进口电视剧？这是一个类型。我到现在为止最贵的电影也没有多贵，人家的大兵瑞恩几年前就一两亿了，我们《集结号》才一千万。人有梦想，但是要脚踏实地，要本土，中国的电影娱乐首先是中国人，这个基础之后我们再娱乐老外，我是这么想的。

## 范例四 易中天与韩寒关于“所谓文化大国”的探讨

【情景】 2010年2月，在厦门大学举办的“2009南方周末文化原创榜·文化论坛”上，易中天、韩寒，还有中国社科院美国所前所长资中筠以及著名哲学家邓晓芒，四位以“所谓文化大国”为主题发表了演讲，并相互进行了讨论。以下为韩寒与易中天的讨论片段。

易中天（以下简称易）：杂志办得怎么样了？

韩寒（以下简称韩）：还在审查。

易：有人不怀好意地说，这是你的营销策略，制造这个悬念，把账就赖在咱们政府头上。

韩：事实上是这样。这个刊物啊它没有要哪些投资方的投资，是我自己在掏钱。然后每个月要花将近……就是说人员的成本、办公的成本大概需要十多万。对我来说其实拖延没有任何的好处。到时候我连员工的工资都发不起，到时候只能去卖艺了。所以，真的只有我在办这个刊物的时候是进行过自我审查的。就是经过了自我审查了以后我认为没有问题。因为我从来也不是一个反党反社会的人。我只是想把它出版。但是后来我发现人们审查的尺度都不一样。可能有人觉得这个有问题，很多人一看觉得这个会不会要承担一些责任啊，所以就没有人敢让它出版。

易：这么说起来，那问题在这个地方。那么，是审查本身就不对，还是那个审查的人不对？

韩：事实上可能都不对吧。因为我是赞同有一部分的审查的。这些审查主要是面对，一个是真的反人类的东西、反社会的东西，就是说我要去做人肉炸弹啊，我要去强奸一个女的啊，我要去做什么啊……我非常赞同把这些资讯是屏蔽掉的。但是据我所知，我在飞机上看到一个报导说在法国还是德国有一个互联网上有一个法规出台，就是说要禁止任何关于儿童色情类的内容。事实上这个，我想大家都应该同意，而且在那个国家里大部分人包括网民大家都表示很理解，但是最后这个没有通过。是因为他们害怕有人会利用这些东西最后把这些审查扩大到一些思想领域的一些审查。所以我想说其实关于这本杂志啊，到最后，到这样，我相信，可能大家都有一些……因为很多人觉得，包括这个出版我是有问题，因为现在的出版社是国有的，然后呢，有一些出版公司，它们事实上要出版图书只能去买书号。我这个东西是交给出版公司做的，他们就去买书号，书号很便宜，一万块钱一个书号。但当出版社的人看到这个东西他们不会为了这个利益去承担任何的风险。所以对于他们来说，哪怕把这个，哪怕拿一本《最小说》给他们看，他们都可以看出一些……好多东西不能过啊。就到了这样一个程度。

易：那就是说这个审查的人他因为不愿意承担这个责任，对他没有……他既不会因为出版韩寒的刊物就升官，也不会因为出版韩寒的刊物就发财。但是出了事，板子要打在他手上。

韩：对，而且事实上最关键的呢，是我们又没有这么一个标准，比如……因为没有这个标准以后呢，就会很困难，比如说我今天还好好的，但我不知道什么时候突然说话的时候没有控制住自己，就有谁看到不乐意了，但之前的那些作品、那些东西呢都要遭殃，然后那个人就会被连带进去。所以对于他们来说是多一事不如少一事的。那我想对于一个在做文化的人，很多的人，很多很多，相当大一部分比例的人都在想，唉，我要做一个关于文化的内容，我的原则就是多一事不如少一事。那这样一个国家其实离文化大国就差很远。

易：那么由此引出的一个问题就是，什么叫做言论自由。言论自由在我看来有一个很重要的前提就是必须允许错误的言论也有自由。如果错误的言论是没有自由的，正确的言论才有自由，那其实是没有自由的。因为你永远弄不清楚哪个是正确的，哪个是错误的。这个正确的还是错误的是谁来定。

韩：是，因为这个世界上如果没有批评的话，那赞美就没有任何的意义了。

……

易：我看你博客，你看《孔子》了？

韩：我真的看了。

易：感觉？

韩：我其实当时也是为了避免一些口水战。就是我不想让那些孔子的那些崇拜者、追随者来说这些话，就没有评论孔子，我只是评论这部电影。因为这部电影从电影的角度来讲，是非常非常差的一部电影。无论是编剧啊或者导演啊，都是在电影上说是不入流的。所以我当时就没有说这个话。但是后来我发现，其实还真的是中国有很多很多人会拿这些东西来说事，他们就会说，你这样说是玷污老祖宗，是玷污我们的圣人。

易：谁这样说？是你这样说还是电影这样说？是骂你还是骂电影？

韩：骂我，其实我觉得也是骂电影。因为我觉得很奇怪，如果那些人真的是把孔子当成是一个圣人，是一种信仰的话，那他们怎么可能容忍把孔子拍成一个电影，这令我觉得很奇怪，就像……

易：孔子就根本不能拍电影？

韩：对啊，就像如果我把他当圣人，当然我心里不是，那些人就可能……（怎么也不可想象他们会容忍）那些电影会拿票房去说事……就像假设《孔子》的票房赢了，这些人说我们赢了。我觉得这个一方面跟孔孟之道差得有点距离，另外一方面你想在那些伊斯兰国家他们不会拿穆罕默德来拍电影，他们觉得不允许。

易：他们连电影都不允许。

韩：然后包括在西方国家你肯定不能拍一个耶稣的故事啊，包括在印度你不能拍我佛的什么故事啊，释迦牟尼的故事啊。所以我觉得很奇怪，如果真的把他当一个信仰的话，怎么会去容许胡玫去把他胡搞成一个电影呢？和她的老公啊，和一些人一起。

易：那现在这个孔子的改编电影是很热，除了胡玫的这部电影以外，还有两部电影。

韩：所以我其实特别不喜欢这样的电影。这样的电影是扼杀人的想象力的。有一部就行了，我很害怕它获得成功。因为怕它获得成功，以后庄子、孟子、老子、孙子……都拍一遍。

易：咱们现在文化输出啊，要做文化大国。文化大国没有出口肯定是不行的。文化大国并不能自己在家里显示……

韩：根据我对现在的年轻人的观察啊，我发现事实上他们的想象力是足够的，他们的创造力是足够的，但是完全地被束缚了。有的时候你可以去看看网络上的那些帖子啊，那些小聪明啊，已经很多了，可能现在还不足以去汇聚成一个很大的聪明。但是他们显示出这种潜质了。我相信如果要把文化的禁锢、文化的审查放得更宽一些，可以创作的作品更多一些，终会有现代的，属于中国自己的那些文化可以向国外去输出的东西，而不是那些孔子啊，那些孔孟之道啊那些东西。那些我觉得一方面，包括那些在网上叫嚣的人，老祖宗的东西都忘了，但事实上孔子的传人到现在还在台湾，……说了一句话，我这辈子再也不回大陆了。

易：我觉得他们是这样考虑的。我们要做文化大国，因此我们要有文化输出，那么我们要输出什么呢？我们输出的东西它要获得输出的成功必须有条件就是它必须是艺术，就是跟人家不一样的，你如果是人家有的，你还往人家那儿输出，人家说我们这里够了，我必须是个新鲜玩意儿，不同的东西。想来想去，大概就这个，所以拍电影。……同学不算数的，同学是教汉语的。他们很多不明白同学是干什么的，有同学是讲儒家文化的，儒家文化……就是告诉你一二三，韩寒两个字怎么写。

韩：所以我觉得你说的这个，的确是特别重要的一个问题。他们肯定在想这个，我们到底输出什么。人类的那些东西别人已经输出过一遍了，再输出就输掉了，不是输出了。但是我觉得也不能拿孔子去输出啊。

易：你觉得拿什么输出呢？

韩：我觉得最近两年就别输出了，我觉得咱就先培养一下。输不出去的时候没有办法，现阶段的确输不出什么。那就只能输掉了。

易：你是说在输不出的情况下我们就认输。

韩：对，你总得认输，因为现在的确是输不出，真的输不出。

易：可是我们现在站起来了。

韩：是，因为当时有人说了一句嘛，有人在一个城楼上说了一句“中国人民从此站起来了！”

易：他现在还在城楼上待着呢。

韩：但是呢，中国人民从此站起来了以后呢，没想到是往后走了几步，然后就再也没有地方坐下来了。我觉得这也是一个问题。所以我们站起来了以后，包括一种情绪，这种情绪很奇怪，可能真的是跟中国的传统文化有一些关系，但是在全世界范围内可能也或多或少有些这样的情绪。比如说像大学，可能在座的每一位同学都会私底下说厦门大学那个不行，那个不大好，这个要改进，但是突然有南开大学、复旦大学的说你们厦门大学这个不好那个不好的时候，马上就鼓起拳头、挺起胸膛。

易：就像你在家，跟你爸如何如何？

韩：所以当时，在去年的时候，我有一篇文章，当时大家不是流行去抵制家乐福嘛。当时我就写一篇文章说到过，有关的内容，母亲啊，祖国啊这些解释……就说你为什么要去反对那些学生去上街去爱国啊，祖国是你母亲啊。我说谁说祖国是我妈啊，它不是我母亲，我母亲是我母亲，我母亲姓周。

易：我们回到刚才那个问题……对你母亲没兴趣了……站起来了以后，你说要坐下来，人家想的是要走出去。现在我们要讨论的问题是，第一是我站起来了，如果没有站起来就不存在坐下来和走出去的问题。

韩：视觉上站起来了。

易：从哪个角度说视觉上站起来了？

韩：我觉得从文化上还真的是……

易：文化上站起来了。

韩：因为写东西是坐着写的，哪能站着写呢？

易：我明白了。就是我们现在不是要走出去，而是坐下来。

韩：是的，我觉得现在就两种状态，一个是站着写，义正词严，然后觉得自己站在什么样的一个高度上。然后呢还有一种方式就是跪着写，写一些跪着写的内容。但是很少有人是在坐着，正儿八经、正常地写。如果中国可以有一个很好的一个坐着好好写的一个氛围，那我相信不需要多长时间，按照中国人的聪明智慧，五年、十年……我相信，我不知道能够输出什么，但我相信一定会找到可以输出的东西，而不是现在这些东西。

易：好，非常精彩，谢谢韩寒。

## 范例五　周星驰功夫电影研讨会对话

【情景】 2005年1月19日下午，网易与星辉公司举办的周星驰功夫电影暨中国商业电影发展的专题研讨会在网易上海公司举行。《北京青年报》、《新京报》、《南方都市报》、《京华时报》、《东方早报》、《北京娱乐信报》、《新闻午报》、《中国电影报》、《华西都市报》、《新民周刊》、《电影世界》等媒体的代表参加了此次研讨会。

主持人：所以说影响了很多后来的电影制作，在内地上得到的骂声很多，会觉得自己失势，自己之前没有考虑过这些事情吗？

周星驰：考虑也没有用，还是等上映的时候会得到答案。所以之前你去估计怎么样，还是看吧。所以现在当然也会有批评，我知道在香港也会有很多批评，我到其他地方，新加坡、日本，每一个地方都有不同的批评，当然也有好的，也有不好的，都不一样。这也是很正常的。

嘉宾：一个女孩说周星驰是一个不快乐的人，不知道你同意不同意这种说法？很多的影迷都是这么想的。

周星驰：基本上我很快乐，当然在拍电影的时候有很多不快乐的事情，很辛苦，很多问题，想不到的东西，总的来说还是快乐的。

嘉宾：我还有四个问题，我们杂志在去年曾经两次以您在《功夫》中的形象作为封面，这两期杂志卖得非常好，非常火爆，基本上形成一种概念，有《功夫》的那期杂志好卖，《功夫》你的封面杂志更好卖。怎么看待周星驰这个品牌所带来的商业价值？

周星驰：我当然希望真的是这样的。

嘉宾：请问星爷自己电影在香港所处的位置？

周星驰：我不知道我会置身在什么地方，当然我是其中一分子，我也是拍电影的，但是自己没有办法讲，普普通通。

嘉宾：我们在《天下无贼》的时候记者采访冯小刚，他总会说到《功夫》，他说《功夫》很牛，会避开跟您的竞争，今天遇到您，您怎么看待跟冯小刚的竞争关系？

周星驰：我跟他没有竞争关系，有的都是良性竞争。

嘉宾：你们还是好朋友？

周星驰：当然了。

嘉宾：你的喜剧和他的喜剧，你自己怎么看？像冯小刚这样的喜剧只可能在中国内地有，还是你的喜剧只可能在香港有？

周星驰：当然我跟他的电影风格都不同，我也非常喜欢他的一些电影，但是我自己可以说夸张一点，常常都喜欢有动作，因为我自己喜欢动作，不管是跳舞还是武功，都喜欢用这些东西去表现。我觉得当然会有不同的风格，当然我自己希望我的电影可以在这个世界不同的地方可以让观众接受。我相信冯小刚导演也会有这种想法。其实每个电影人希望每一个作品，都可以让大多数的观众接受、欣赏，这是我自己的目标。

嘉宾：华语电影是不是只有靠中国传统武术和功夫得到海外市场？

周星驰：不一定，暂时对全世界观众来说，中国功夫是他们认识的东西，不只是认识，他们还感兴趣，这还是要感谢我们之前的很多伟大的前辈，李小龙先生，他已经把这个基础定下来，他的动作、武功方面的魅力已经让全世界知道了。我们知道武功已经是中国的一种文化，是中国一种特别的文化，他们都感兴趣。这是其中一个渠道，让大家先知道这是什么类型的电影，最不用想的就是这个。但是不代表只有中国功夫，我们中国很多东西。譬如说之前我也拍过《食神》，我自己认为，我们中国饮食文化这方面也有我们中国的特点，我说中国菜也是全世界最好吃的菜，结果说出来我一点都没有难为情的感觉。

嘉宾：原先香港电影市场有一个说法，说票房最好的“两周一成”，您肯定听说过，周润发、周星驰和成龙，一周和一成早就去好莱坞挣美金了，剩下的一周是不是也有好莱坞情结，也非常想去那儿？

周星驰：如果我选我想继续在香港和内地拍我的电影，因为都是自己的地方，做事情比较方便，还有自己比较熟的东西。要我拍一些我根本不了解的，我不认为我会做得好，除非我有很多时间去做，但是最重要还是要自己喜欢。我希望我拍的电影可以在全世界更多的地方，让更多的观众喜爱，让他们都接受。因为我觉得每一个拍电影的人，都应该有这种心态。因为电影本身非得要有市场才能生存，当然我们国内就是一个非常大的市场。在将来我们会觉得它的制度会更完善，所有东西都会更好。什么好莱坞电影可以用天文数字资金拍摄电影？你去拿他们拍电影的钱，可以买几栋大楼，整个山都可以买回去，他们就拿来拍一个电影，就是因为他们有全世界的市场，所以市场越大，电影会越进步。因为资金越多，你就可以运用得更好，会更有进步。所以非得要把市场开发出来，希望有一天可以做得更好。

主持人说：现在施政报告出来，关于知识产权问题的保障，和政府真正要实施起来，下大力度，加强法制监管。

周星驰：包括网上下载，香港也重点提到创意工业，已经写进去了。刚好我的电影出来，比如说他打网上《功夫》下载，就用这个开始。但是也有成效，刚刚已经抓到了第一个，以后可以继续下去这个行动，不会停下来。我是拍电影的，当然非常欢迎这个想法，但是我个人也是觉得政府这个重点是很有远见的，这是看得比较远的。知识产权创意其实就是创意、创作，人类的文明跟进步最后就是说一个东西创意，全是因为创意而生，你要保障这个事情，这个是非常有远见的一个想法。当然你要看他在实行的时候究竟有什么具体的措施，但是这个想法是非常有远见的。另外创意是最重要的东西，电影只是其中一部分，香港除了电影之外还有什么其他的，我说是大家都知道的，作出很好成绩的。我觉得都应该大力保护，非常重要的就是保护。盗版这个问题是很严重的。

## 范例六　民企峰会六位知名企业老总精彩对话说创新

【情景】 2007年10月29日，石家庄人民会堂大礼堂举办的第五届中国民营企业峰会北方（石家庄）论坛上，中央电视台著名主持人陈伟鸿，将众多参会人士请到台上，上演了一场别开生面的精彩对话和思想碰撞。

主持人：今天是一个难得的交流机会，我们想让我们的6位企业家用亲身的经历告诉我们在面对创业、创新、创品牌这一路上，市场出现真正的针对他们的考题的时候，他们是如何作答的？我们给6位企业家一个选择，创业、创新、创品牌，哪个阶段你的感受最深？最想有一种体会和我们现场的各位分享。如果没有这个创新的话，今天的神威药业会是一个什么样的情形？

李振江：如果不创新，我可能今天就坐不到这里。

赵勇强：我认为创新实际上就是做别人没有做好的事情，因为创新是一种责任，更是一种持续，是一种永远的企业家的责任。大家都知道我们上世纪 80 年代穿喇叭裤，后来穿西裤，曲线的，这都是创新，我想这种创新是和国际接轨的。所以我的创新，第一首先做别人没有做好的事情，第二是做别人没有做过的事情，这是我对创新的一个简单的认识。

王忠明：赵总这一番感悟对我也有影响，就是创新实际上就是给人创造新的感受，无论是他要给小孩还是给石家庄的、河北的女士们穿晚礼服的这种感受或者是玩耍的感受，实际上都是通过产品、通过服务来传递的。如果这种感受是顺应市场需求的，并且是能够有快乐的版本，那么我们就可以肯定这个创新是成功的。

林东：创新来自于哪里？我觉得我们今天的会就非常好，什么原因呢？把浙江的和河北的抓在一起，把不同的行业抓在一起，就能碰撞出新的东西。

主持人：刚才林东提出一个新的观点，不同行业的更多思想的碰撞能够带来创新。

潘强龙：创新很多，刚才林东先生提出来的，一个是科技创新，更多的创新不是你想象的那么复杂，在基础上加以创新，会大量地去创新。

主持人：所以大家在面对创新这两个字的时候不要有畏难情绪，不要说它实在是太难了。我们谈了创新之后，其他的企业家继续谈创新也可以，谈创业、创品牌都可以，我们想听到你们具体的实践。

徐立胜：创新可以说在知识经济的时代，创新是核心，是企业发展的动力，但是作为我们中天集团来说，我们的创新就是实实在在在我们的经营范围内把我们的工作做得更好，也就是说我们中天集团在全国各地施工的项目，跟周边的一些建设的大楼比起来，它的售价，可以比别人贵一些，这是不是品牌呢？我认为这也是品牌。

朱仁华：刚才我们企业家谈的创新，我们的许多企业家都是走了自己不寻常的道路才成功的。我想问一下在座的企业家怎么样使自己的企业永葆创新的活力？

赵勇强：创新有一个前提就是要有激情，一个人必须要有激情，如果每天说别人欠你 10 万 8 万不还你，他永远也是不会有创新的。我认为我们不是最聪明的，浙江人最值得骄傲的地方，我认为就是抓住机会。

主持人：你看到了一个机会，在最近天成企业是用巨资来承办了 2007 年第 11 届吴桥杂技艺术节，这看来也是风马牛不相及，我觉得这跟天成的企业毫无关系，在这当中除了对社会的一个回报之外，对企业发展真的是一个机会吗？

赵勇强：回报社会对我来说有点牵强，为了更新民族事业的文化和产业，或者说我们小试牛刀，这可能是企业的一个需求。看了开幕式晚会之后，我认为我花得值。46 个国家，我们石家庄什么时候能在马路上同时见到 46 个国家的人？所以说，这是历史给我们的机会，如果允许我承办的话，我肯定会全部把它重新创新、刷新它的职能，刷新它的表现形式，我可能会让它长期在艺术中心、在万象天成上演。小孩子可以到那里去合影留念，我们可以有魔法学校，它要风靡全球，创建一个品牌。我们 2000 年的杂技文化，企业为什么不把它作为一个载体？企业的文化是虚无的，需要一个载体来衬托，这么好的机会我想是宝贵的。

主持人：我们看到了许多好的机会，也许有人看到这个机会的时候选择的是放弃，而你选择的是再向前一步，因为你看到了这其中的机会。

主持人：这里有一个即将毕业的大学生，他的问题是：大学生自己创业的时候最开始应该做什么？

张振岭：创业我感觉第一件事是迈出去，接下来是有资金的支持。

李振江：作为大学生，创业迈出第一步的时候首先不要怕吃苦，最后送四个字“勇往直前”。

林东：我提的建议就是首先用你的诚心找一个合作伙伴，最好是我们的赵总。

徐立胜：跌打滚爬两三年，实力再加机会一定会成功。

赵勇强：第一步很简单，就是出门你往哪儿走，你要干什么，你要想清楚。第二就是积累人脉，讲诚信。大学生不要好高骛远，扫厕所要扫五星级的厕所，起点要高一点。

潘强龙：创业首先要有梦想，梦想启动未来，而且从创业的角度来说，要想成功目标加激情，一定能够成功。

## 范例七 2011中国互联网大会对话

【情景】 2011中国互联网大会8月23日、25日在北京国际会议中心举行，主题为“责任与活力”，200余位业内企业家出席大会探讨产业现状与未来发展。以下为高峰论坛嘉宾对话精彩片段。

主持人王利芬：大家早上好，接下来请我们几位嘉宾李开复、丁磊、曹国伟、马化腾，请大家掌声欢迎。我们今天开始这样一场对话，这是中国互联网十年一个大会，我想今天对话的议程由这三部分完成，第一是由他们每个人回答一个问题，第二部分由他们中间相互互评，第三部分我们向场内观众朋友开放问题，就结束我们今天对话。我想十年互联网了，请每一位总结一下互联网这十年发展过程里面根据你们做公司和做互联网的体验，然后总结几条我们可以为广泛的互联网用户或者创业者能够用的一些经验。最好是非常实用，十年之后一个结晶。

李开复：我觉得中国过去十年让我们学到最多就是在正确的时候做正确的事情。其实在座几位都是今天中国最顶尖互联网的创业者，他们的成功我觉得一方面是来自他们个人眼光和领导魅力，另外一方面就是正确的时候做正确的事情。新浪如果早做三年、晚做三年，腾讯、网易也是一样，不见得有今天巨大的成功。因为互联网的发展是快速而且是巨大，我觉得今天是创业非常好的良机，电子商务已经崛起，移动互联网即将崛起，下面还有云计算，今天是创业好时机，希望更多创业者能够把握良好时机，在正确的时候做正确的事情。

丁磊：互联网十年感觉最深刻的是一切皆有可能，不在于谁做得早或者是做得晚，颠覆者大有人在。谷歌不是第一个做搜索引擎，但是他基本上垄断了全球各种语言搜索引擎的市场。苹果以前也不是一个做手机的公司，但是他让一个做了将近 20 年手机的诺基亚活得非常痛苦。所以，我觉得互联网一切皆有可能，但是关键是创新非常重要。

曹国伟：时机非常重要，其实我们每一个做公司的人都知道符合市场的需求，另外在一个适当时机能够抓住机遇，这可能是一个公司成功最最重要的一个要素。另外从互联网的角度来说，十年来看，非常重要的是不管你做什么样的东西，一定要按照用户的需求出发，不断地发展自己的业务。不单单是看我们自己的资本的需求，这个非常重要。第三点我想讲的就是前瞻性问题，互联网的变化非常快，技术、产品的替代性变化非常快，所以必须在创业前夕就把握互联网发展的方向，抓住自己的定位，作出非常及时的投入。

马化腾：中国互联网大概是十五年时间，最后这十年实际上是一个变化和发展最快的十年。从我们感受来看，我们感觉到最关键的一个字就是“变”，而且变化永远是我们计划追不上的。所以我很多的感悟，就是在这个过程中一定要去做变革，不断地去挑战自己，而且这个行业我能感觉到是越来越百花齐放，越来越有新生的力量不断地涌现。我觉得未来的十年和过去这十年一个很明显的变化就是越来越多的产业链会不断涌现，会大大改变过去十年。我今天坐在这里可能还是十年前创立的公司，我觉得未来有更多的公司会出现在互联网业界领域。

主持人：到了丁磊，我今天在微博上发了一个说这里面对话有这么几位，请大家提问题，其实提到你丁磊最多的一个问题大家有这么几个看法，你自己评述一下。说丁磊在互联网第二个十年 80%的心思来养猪，第一对互联网下一个十年他自己发展后劲不利，第二自己对互联网发展没有什么信心，第三是活腻了，第四是养猪更赚钱，尤其是中国食品安全生态不太健康的情况下，养猪至少可以卖给互联网大佬们，向房子无息贷款计划一样给他们员工发猪肉，你的销售不成问题。

丁磊：我觉得每个人都在用各种方法去改变这个世界，15 年前有了互联网在中国的出现，想通过互联网去改变每一个中国人去获取资讯、交付资讯的方式。在三四年前我们认为如果能够用自己的智慧去改造农村的种植业和养殖业，可以让我们的城市变得更加美好，这件事情为什么不要去做呢。非要在这里把自己标榜得很高尚，说我是做互联网，我养猪是什么，我觉得在不同行业里面没有贵贱之分。所以十年前的互联网和三年前的养猪对我来说对网易来说都是想通过自己的努力，去让我们的生活变得更加美好，这是我们一个共同努力。

主持人：实际上网易这次给我们更大的亮点就是网易的公开课，在中国教育资源缺乏的国家，你们做这样的初衷我想问一下。

丁磊：我们想做的一件事就是让知识传播变得没有国界，让我们获取知识没有障碍，在公开课这个事情上我们做的是非常微乎其微的工作，我们就做了一个翻译的工作。我们一直希望通过自己的努力和付出，通过互联网这个传播的手段，让每一个中国人都可以在互联网上获取这些世界名校的优秀知识。所以我们的目的很简单，就是让知识的获取变得没有国界，没有时界，随时随地。

主持人：你养猪这么长时间是做买卖不是个人爱好，到底挣钱没有？

丁磊：我们预算实际上挣钱，既然是一种好的生产模式，如果不挣钱那肯定不会有一定的推广价值，也不是一个好模式。我一直把我们养猪当一个实验看待，也许很多人看到实验在学校、科研院所，我做的是一个农业，养殖业一个实验课程。我跟很多人说我们就是中国生猪养殖业一堂公开课，我们最后会把整个饲养过程公开给大家，让大家一起来学习，因为这个市场非常大。每个中国人生活中离不开对猪肉的需要，这是客观存在的一个事实。怎么能够分享获得优质安全的，而且价格合理的猪肉是我们今天农业生存面临的一个挑战。

主持人：现在猪肉涨价，你又搞对了。

丁磊：其实我觉得我三年前不认为会看到今天猪肉涨价的事情，我也认为今天猪肉涨价可能是一个短期的波动。但我们有一种信心想把一件事情变得更好，这是我当年创办网易和三年前去养猪的共同点，都想通过自己的努力和智慧，把一件看上去普普通通的养猪做了2000年的事情，可以更上一层楼。希望有更多的人到这个农业生产中来，让我们中国13亿的人口在食品这个方面既能享受到安全，也能享受到高品质的食品。

主持人：梦想非常远大，我作为一个普通读者或者说是网易受众，我总觉得你多元化的步子还是搞得太大，从互联网门户到养猪，这中间的逻辑是什么？中国2000年传统产业食品可以选择很多种，你为什么选择了养猪呢？

丁磊：我不觉得这里有什么不对，我们有足够的时间和精力可以去做自己的事情。为什么你不评价一下很多自己的人在家里养猫养狗，为什么评价我养猪呢。

主持人：大家没有做门户互联网，你做门户互联网取得成功，一般的路径图是和互联网的相关产品。你在下一年主要让你激动，让你眼里闪光的地方是养猪，我们搞不懂，我得把问题问清楚了。

丁磊：民以食为天很重要，还有就是很多人太关注互联网，其实互联网是把双刃剑，一方面大家可能觉得我们获得信息速度变得更快更多，然后让我们的生活甚至变得更加的浮躁。我想在农业这方面我们可以做一个慢生活，优质的一个生产模式，可以把这个模式介绍给中国今天千千万万正在从事养猪或者养鸡或者其他农业生产的这些单位去，让他们知道我们有这种方式可以做得更加好，这是我们想做的。

主持人：我们表示非常的尊敬，因为你真的是一位认真地养猪的人。

丁磊：谢谢。

主持人：到了丁磊，我们假设第一个位置是李彦宏，他现在虚化坐在那，我搜了一下，你用百度搜一下，现在百度大家最关注是百度遭到央视有几个负面批评报道。这个事好像全国人民都在关注，我也查了一下在座几位公司市值，头牌还是李彦宏公司，好像是440多亿美元。各位对这个数字可能没有什么太多概念，这是非常了不起一个创造。我做对话的时候，2001 年当时李彦宏走过来，我们几个从海外回来想做搜索引擎，我说有谷歌你们做这个干吗。他说其实我们用中文，你不是抄人家吗，非常不客气跟人家这么说。我想人家十年做这么大，创造这么多亿的公司。他个人财富 97 亿美元也是今年中国的首富，对他的关注实际上是对中国互联网公司社会责任感以及未来充满活力和我们广大网民期待是深深联在一起。这个难题交给丁磊，你怎么评价两个平台的遭遇或者是一个相逢。

丁磊：哪两个平台？

主持人：一个是中央电视台，一个是百度。

丁磊：很难评价，因为我基本上不用百度。

主持人：你用什么？

丁磊：我用网易的有道和谷歌。

主持人：我记得李彦宏说过这样一句话，现在中国人几乎一天都离不开百度，你是属于例外？

丁磊：这是他自己说的吧。

主持人：现在他是虚化坐在这里，如果他真实地坐在这里，你的回答是不是这三句话。

丁磊：绝对的，我觉得应该讲实话。

主持人：那我刚才把问题给你了，你说你不用，不用你也可以评价，用不用和评价没有直接关系。

丁磊：我们公司做的东西跟他有一些交集，我一直认为搜索引擎非常重要，因为它是互联网的用户获取信息、检索信息非常重要的工具。所以实际上在座你们几位，马化腾，腾讯也有搜索引擎，新浪也做过搜索引擎，网易也有有道搜索引擎，我们觉得在搜索引擎领域里面恐怕很重要原因就是肯定认为我们自己做的，每个人做得都更有特色，比别人更好。你的问题是百度跟中央电视台比较，中央电视台是一个非常单向的一个信息的传播的工具，它不具备检索功能，百度就有这个功能，你问一下，百度一下就知道。唯一共通性就是大家都是靠广告挣钱。所以我可能觉得这两个之间我关注中央电视台比较多，因为他有农业频道，我花了非常多的时间去看。专门把过去资料翻出来去研究，这样比较直观。

主持人：说评价无非是说李彦宏是你的一个朋友，互联网业界一个同事，他遇到一个事情，带来大家对他公司社会责任感一个关注。你作为好友，会跟他说一些什么，你要碰到他是怎样的安慰安慰他呢？

丁磊：我觉得做任何一个企业，都要多花点时间去倾听消费者和合作伙伴的声音。如果网易的用户或者是网易的广告主投诉网易不好，我觉得第一点会认为他还是很爱我们，因为他希望网易变得更好所以告诉我们哪里不足。第二如果核实这件事情确实是自身原因造成，我会要求公司部门立刻改进，而且下次不再重犯。我觉得一个企业在发展过程中肯定会不可避免碰到各种各样失误，我们这些 CEO 存在的目的，就是不断把这些错误修正过来。

所以我觉得今天百度中国最大，他所说的每一个中国人都要用的搜索引擎。如果消费者和合作伙伴对他有批评的意见，我觉得李彦宏应该首先是倾听，第二是核实，第三是改进之后怎么样确保下一次不再发生。这是我作为管理者给他的一个建议，而且犯错误是一个不可避免的过程。

李开复：首先我从来不希望任何不可能发生的事情，那是浪费时间。我觉得发问这些问题的朋友们应该反思，今天有两个平台挺好，意味着他们要彼此竞争，帮助用户做更好的服务。让我选择两个，第一个每个微博发两次比较麻烦，第二个选择就是只有一个平台，一家独大，面临可能带来的创新和开放性的问题，我肯定选前者。

主持人：咱们不能说那么含混，就让你选一家？

李开复：如果我是发表 IT 行业或者投资意见我选新浪，如果面对大学生我选腾讯。

主持人：我早就听说李开复会说话，丁磊，让你选一家你怎么选择？

丁磊：首先我会两家同时都选，我认为微博只有一个平台，最后倒霉的是每一个用微博和热爱微博的人。这个领域只有竞争，才能促使产品的品质和服务的不断提高。所以如果让我选，有三家四家我都会同时，但是我希望有更好的软件降低我人肉的成本。其实今天我看到上面有三家移动电话公司，中国移动、中国电信、中国联通，今天很多人手里都抓着两个手机，一个联通，一个可能移动。因为，如果你的苹果手机上用的是非 3G 号码，用起来肯定很不舒服，肯定需要一个 3G 号码在里面。但是也许它的信号并不那么好，同时再配一个手机信号很好，待机时间又更长，苹果电池不给力。

主持人：你想做比如三个微博、四个微博中间把他们连起来，不需要人肉，你来开发。

丁磊：不是，我想多元化促使环境的充分成熟。

主持人：目前就两家，腾讯和新浪，你在哪家潜水？

丁磊：新浪潜水。

主持人：为什么不到腾讯潜水？

丁磊：我首先向业界最领先的人学习。

主持人：你刚才说这话不怕马总不高兴？

丁磊：我们跟新浪一起经历了互联网 14 年，他比我们更早，我很佩服他们能够在过去两年时间里面找到微博这么一个突破口，而且改变了中国 4.8 亿网民获取信息的方式，能够把碎片时间给利用起来，能够把像苹果 iPhone 平台用得很好，我真的觉得他们非常了不起，改变了获取信息的一些习惯。我作为一个互联网同行来说，我是非常尊重他们。

主持人王利芬：谢谢。你的确比李开复还是年轻一些。

# 第二十章

# 颁奖领奖现场情景应对

## 范例一　感动中国人物部分获奖者对话

【情景】　鞍钢一个普通养路工郭明义，从部队到地方，从工厂到家庭，十六年来只图奉献，不求索取，让人从不理解到理解，由观望到积极参与，以实际行动学雷锋做雷锋的故事。2010年感动中国十大获奖人物。

主持人：刚才在短片里我听你妻子说，就愿意过简简单单的日子，过去呢你也曾经说过：你实际上是一个天真的人，那么把这两个字加在一起就很耐琢磨：天真、简单。怎么理解？什么叫天真，什么叫简单？

郭明义：天真就是我做一些小事的时候，好像从我身体里发出的自然而然地就想要去做、就要去做。

主持人：这里就有一种幸福感和一种荣誉感在这里。那么你对简单这个词怎么理解？

郭明义：简单就是做了一些简单的，甚至是微不足道的小事。但是这些小事，确实是我们生活在这个土地上的一些人所需要的。我们贫困家庭的孩子，确实需要我们伸出一把手，孩子甚至买不到一双鞋，我们拿出三百块钱，给到他手里的时候，他会说：我今天可以买一双鞋，我真的感觉到非常非常的安慰，我能做的仅仅是这些。

主持人：红尘滚滚，要坚持这样一种简单天真的活法，困难吗？

郭明义：不困难。

主持人：不困难？

郭明义：我没有想那么多，所以我认为这样做好，这样做对，我就去做了。没有想任何的事情。

主持人：整个生活会怎么样？

郭明义：我整个生活也非常好，我的家庭，我的爱人，我和我爱人都有工作，都有收入。我们的生活比很多家庭来说，非常富足，也感到满足。但是我们在这平静的生活中，感到富足的时候，我们想还有许多事情要去做的。很重要的东西，我们认为是需要我们去做，我们就做了。

主持人：你在帮这个，你在帮那个。你有没有觉得自己很累？力不从心？需要别人帮一把的事？

郭明义：我非常的好，我睡觉非常实，我的老伴也非常好，我的女儿也非常好，这是我最大的幸福。

主持人：我觉得你在说这一切的时候，完全是发自心底。你好像生活在一个幸福感里边。

## 范例二　2009中国经济年度人物颁奖现场对话

【情景】2009年12月23日晚，被誉为中国经济领域“奥斯卡”和“风向标”的2009 CCTV中国经济年度人物颁奖盛典在北京展览馆落下帷幕。根据百人评委团的投票结果，十位经济年度人物和十位十年商业领袖人物最终揭晓。吉利汽车董事长李书福、新东方教育集团董事长俞敏洪等10人入选经济年度人物。海尔集团董事局主席张瑞敏、阿里巴巴集团董事局主席马云等10人入选中国经济十年商业领袖。下面是部分精彩片段。

主持人男：谢谢。张总也是大家的老朋友了，我们都知道您是品牌高手，在很多场合都不忘推荐自己的产品和品牌，如果让你再来选择的话，您更愿意做CEO还是更愿意做推销员？

张瑞敏：我想做一个CEO的基础，就是做一个好的推销员。

主持人女：我代表10万户小微企业感谢您。靳总您带来的是什么礼物，我看都是吃的？

靳海涛：我带来的礼物是一个水晶玻璃瓶，里面是放的各种各样的种子，有红枣、莲子、瓜子等种子，都是我们投资的企业生产的。大家都知道种子是在孵化过程中成熟长大，我带来这个礼物是想说明什么呢？在2010年我们更多的创投基金，不光是创投，是全国的他们更多的能够投资到种子期、初创期、高新技术这些企业当中去，投到传统产业转型升级的项目当中去。通过这些种子的孵化让它们能够生根、开花、结果。

主持人女：太好了，我注意到一个细节，在9个种子的最面上是红枣是鸿运当头的意思吧？

靳海涛：长久、红运当头的意思都有。

主持人男：让我们用热烈的掌声祝贺二位。中国人常常说10年磨一剑，在我看来这10年当中除了品位成功，还经常品尝到磨难的滋味。在二位看来这种磨难和成功之间有着什么样的关系？

王健林：失败是成功之母。

李东生：坚持就能取得胜利。

主持人男：我想在坚持的过程当中他们的精神感染了很多人。李东生先生率领着他的TCL遇到种种困难之后，他写出了那篇文章《鹰的重生》让我们看到了痛苦的蜕变和崛起的决心和勇气。今天很多企业都走在了国际化的征程上，我想问一下李先生，你觉得这只螃蟹是整只吃还是拆开炒着吃味道更好？

李东生：作为国际化的先行者这个螃蟹不太容易吃，但是我们还是把它吃下去了，而且要把它营养消化今后发扬光大。但是我希望今后我们中国企业可以吃得更好、更快、更干净利索。

主持人男：谢谢您的感悟，对我们在座很多期待走国际化路途的企业来说，这是宝贵的财富。刚才我们在短片中看到王健林先生是花了10个亿的学费才成就了今天的万达，今年的万达与10也有关系，2009年建成了八个万达广场两座酒店，加起来正好是10。

王健林：我最高兴的不是增加了多少物业、增加了多少租金，而是我们这10个项目今年为国家增加了6万个工作岗位，为国家的政策落实作出了贡献。

主持人男：我们在两位领袖身上看到他们对成功和失败有着独特的见解，我们来听一下他们的获奖心声，掌声有请他们！

王健林：首先感谢CCTV给我这个荣誉，既然把我称作企业家，我想企业家应该有一点精神。什么是企业家精神？第一是创新精神，敢闯、敢试，只有这样才能有今天独特的万达商业模式。第二就是坚持精神，先行者绝大部分会成为先烈，少部分会成为先进，但是企业家不能怕失败、挫折，百折不挠，坚持到底就会获得成功。

李东生：今天我非常高兴获此殊荣，我觉得这个奖项不是给我个人的，而是给我团队，给我TCL6万名员工。我记得04年我获得年度人物获奖感言的时候说到，在国际化的征程中一定要有成为先烈的勇气才能成为先驱。作为中国企业国际化的先行者，这几年的风风雨雨，使我们经历了巨大的历练。今天我能够获此殊荣，我特别感谢社会各界给我们的支持、帮助。在这个过程中我的体会，最重要的是在困境中一定要坚持，要有坚持的毅力和勇气，我们才能在最终的竞争中取得胜利，谢谢大家！

主持人女：恭喜二位，在这儿有一个数字和大家分享一下，2009年中国汽车销量已经接近1300万辆，这是非常值得我们骄傲的成绩单。首先我想问一下徐总，您平时上下班开的什么车？

徐留平：坐的是我们公司自己的车。

主持人女：说老实话，自己造的车和国外品牌造的车有没有差距，如果有的话差距在哪？

徐留平：我觉得特别有成就感，你坐着自己的车，和坐别人的车感觉不一样。另外你也要有信心，你的车如果不好，你撞一下或者被别人撞一下肯定有问题的，我们现在的车的品质达到了世界级。所以我现在坐在自己造的车里面，一点也不担心。

主持人女：中国汽车业的发展，在竞争的过程中也需要比较和融合。这一点李总很有发言权，今年吉利有一件大事就是收购沃尔沃，这里面肯定是充满了曲折。有没有一些特别让你难忘的故事、细节、体会？

李书福：最难忘的是得到了中央电视台的支持。给我们这样一个机会，能够跟那么多的领导、同行见面！

主持人男：如果物联网在我们今天颁奖现场出现的话，大家会有什么样的感知？会和现在的感受有什么不同？比如说柳传志先生坐在那，我们有物联网可以知道他的心情是吗？

刘海涛：至少知道他的心在跳。

主持人男：之前我采访过一个观众，我说你知道有一家企业率先研究出来了甲流疫苗。但是他又说我们很矛盾，不希望尹先生的企业赚钱，如果尹先生赚钱，就意味着甲流在蔓延。

尹卫东：我是高兴地回答这个问题，疫苗的研制永远是没有止境的，不像汽车企业家那样很高的知名度。但是传染病的流行和人类的崛起是伴随在一起的，新疫苗就好药，一定要有好的新疫苗给大家使用，才能防止传染病的袭扰，才能安静地生活。我举个例子，美国说有六分之一的人得过甲流，如果这个比例拿到中国来我们将有 2 亿人感染过甲流。如果一个感冒用 500 块钱治，我们要花 1000 个亿。不但花出这么多钱，还有人民付出健康的代价，还有我们国家失去平安的代价，这将是无法用钱估量的损失。现在我们国家已经把可能出现的甲流病人，已经控制在 10 万，再加 10 万也不怕，大家想我是十分之一，企业赚一点点小钱，保证各位亲爱的老总赚大钱，你们说是我划算还是你们划算呢？

主持人男：这是一个充满魅力的极具创造性的新世界。我们看一下梁先生的礼物有什么寓意吗？

梁昭贤：大家可能看到的只是一个格兰仕的LOGO，但是在我眼中看到了中国也看到了世界。因为这个LOGO是280个品牌组成的，他们都是格兰仕和中国制造的合作伙伴。也许今天大家认为我在这里做广告，但是商务部也在为中国制造做缩图。

主持人男：大家都在为中国制造而喝彩。

梁昭贤：我想我们有责任、有义务为中国制造摇旗呐喊！从中国制造到中国创造，我们一直在路上，我相信只要我们努力，只要我们坚持，在我们面前一定是鲜花和掌声，而那些鲜花和掌声是送给所有的中国制造，是送给未来的中国经济。

主持人男：王总和宁总两个人特点截然不同，一个是做减法、一个是做加法，王总一直是致力于房地产，而宁总一直是致力于多元化的发展。王总登上了珠峰也去了哥本哈根，建筑是最大的能耗现在，您对这个有什么样的看法？

王石：我和宁总都当过兵，我的减法里面也有加法。房地产能耗和全球能耗有什么关系呢？全球住宅产业里面有30%是建筑消耗的，换句话说将来我们低碳经济的，如何完成国家2020年碳排放减排40%到45%，房地产企业和建筑企业是责任重大。

主持人男：热烈的掌声祝贺二位获得十年商业领袖的荣誉，二位有请，我们把祝贺的掌声送给他们！两位一起携手捧得这样的奖杯，我觉得还真是有缘分，两位都姓马都在互联网行业，但是显然这匹马不是普通的马，都是可以腾云驾雾的神马，所以打造了互联网的神气。马云先生总结一下二马之间还有什么区别呢。

马云：他长得比较帅，我长得不咋的。男人的长相和智慧往往是成反比的。

主持人男：还好你比较年轻，记性好，记住了往往两个字。和前面几位获得十年商业领袖的获奖者相比，你们二位确实是比较年轻。

马化腾：拿到这个奖比较手软，这个奖是亿万网民对腾讯支持的最好奖励。

主持人男：其实我想说这是二位十年耕耘之后的奖励，今年很多人和事都和10有关，今年是CCTV中国经济年度人物的第10年，今年也是阿里巴巴的第10年。你觉得自己值得别人借鉴的品质是什么？

马云：我觉得不是我的品质，而是我们这一代人的品质，我们做互联网的人首先要开放、懂得分享，懂得承担责任，要有全球的视野，没有这四样东西我们是走不下来的。

主持人男：马化腾先生你自己总结一下，你身上10年当中最能够引领自己、推动自己的特质是什么？

马化腾：我觉得在10年前腾讯跟阿里巴巴都是10年间创业的，很多东西外界都不懂，我们坚持把它做下来，做透、做到极致，这是很关键的。有想法、策划很好、规划很好的人很多，但是能做好的人没有多少。

主持人男：其实马云的阿里巴巴也是很多人瞄准的目标，当你的竞争对手出现在你面前的时候，你特别想跟他们说什么？

马云：竞争是商业中最快乐的游戏，不要轻易地放弃这个游戏，但是不要让对手来找你，我觉得你应该去找对手，其实阿里巴巴也在每天找对手，我们不仅把腾讯作为学习的榜样，我们把微软、Google、GE都看成是学习的榜样。

主持人：谢谢马化腾，有请马云。

马云：感谢这个时代，感谢互联网，感谢十年，也感谢所有的创业者，我也感谢今天没有获得这个奖的正在努力的创业者，我们这一代人很幸运，创业者并没有失败，只要你不放弃，你永远有机会。阿里巴巴的经验告诉我们，如果阿里巴巴能成功，中国80%的年轻人都能成功。

今天早上一个年轻人问我："现在所有的机会都被你们抢光了，我们是不是没有机会？"十年以前我们经常问自己这个问题，所有的机会都被别人抢去了。但是十年的经历告诉我们事实并不是这样，中国并不缺乏机会，中国每一次的机会给我们带来了很多的机会。我们更缺的是把握机会的勇气和胆识，所以阿里巴巴前十年我们把握了一个机会，未来十年刚才马化腾讲每个人都有自己的定位，我也很明确自己的定位，我知道做企业如做人一样，今天我这张脸已经不可能像马化腾那样帅了，但是我可以把它变成艺术品。今天我们必须走不平常的路，我们不是去把阿里巴巴的机构做得越来越强，越来越大，我也相信未来十年是世界经济关键的十年，也是中国经济关键的十年，如何把握这十年，如何在十年以内为别人创造更多的机会，就是为自己创造更多的机会，所以我觉得对阿里巴巴来讲不是把自己的机会做得越大越强，而是让更多的小企业成功，我特别希望未来几年中国人物中有我们小企业，创造中国绝大部分 GDP 的小企业能够创造年度经济人物。谢谢。

主持人女：恭喜二位！俞老师经常喜欢自我调侃，在同学的眼中自己是一个最没有出息的人，此时此刻不会这么想了吧？

俞敏洪：还行吧。

主持人女：俞老师走到今天特别不容易，当年他在北大上外语课的时候只能听懂一个词，但是他今天做到了最大的外语学校，这是为什么？

俞敏洪：其实学外语是坚持重复就可以了。

主持人女：我听说您当年是生生背辞典，有这回事吗？

俞敏洪：有，但是现在都还给老师的。

主持人女：也希望新浪在 2010 年像这个围脖一样给我们带来更多的暖意。我们看到一艘船，俞老师有什么寓意？

俞敏洪：我是新浪微博忠实的用户，感谢你开了这么一个很好的平台。这个船主要是三个方面的原因：第一个是 100 多年前西方的船炮把中国的大门打开了，从此进入了殖民的社会，中国的人民现在已经觉醒了。第二个是中国的船已经进入了世界的舞台。第三个是 100 多年前开始中国学子为了救国、救民坐船漂洋航海出国留学的过程。今年的中国学子虽然是坐飞机过去了，但是船乘风破浪的形象，还是中国学子追求的形象，所以用船来代表我的心意。

主持人女：这艘船是叫新东方号吗？

俞敏洪：他们贴上了新东方，我觉得是中国人民乘风破浪永远向前的象征。

**范例三** 南航2007十大精英会员颁奖现场对话

【情景】 2001年12月10日，南航明珠俱乐部九周年暨2007年度“十大精英会员颁奖典礼”在广州白云诺富特酒店举行。2007南航十大精英会员分别为：茅于轼、曾仕强、艾未未、刘震云、范敏、希明、罗红、于西蔓、邓裕强、谭晶。以下是精彩片段。

主持人女：第三位获奖者，她是中国“色女郎”，她的生命中从不缺乏色彩，或许在她的眼睛里沉稳的黑色也能灵动起来，跳跃的黄色也可以有安静之感，为美丽而装扮，为爱而装扮，为成功而装扮，她创办了中国第一家色彩咨询机构。10年间，她让我们学会用科学的方式管理个人的形象以及我们的城市形象，她就是于西蔓女士。有请获奖者，同时有请颁奖嘉宾南航广告传媒公司总经理王经理。

我有一个问题想问于小姐，很难得在这里碰到您，其实在我很多朋友家里都有您的书，但是您现在觉得，现在的中国女性急需改变的形象是什么呢？

于西蔓：我觉得，就是科学打扮，我的新书里写到“打扮无关长相，而在于是否科学”，所以我觉得，美不是悟出来的，而是学出来的。

主持人男：您的观点是要正确地打扮，所以您今天打扮得非常漂亮，今天台下的，我一看就认得您了，因为您太美了。接下来这位获奖者，他把蛋糕和月饼做到全国驰名，让“好利来”成为中国最大的烘焙食品公司，把个人影展开到联合国，让非洲大地的史诗见证了他15次走进非洲的真实画面。如今，他又奔赴南极成为第一个南北两极均抵达过的中国商人，他在坚持自己的梦想，并在追寻更富有激情的摄影生活，他的名字就是——罗红。

恭喜您，我发现您特别出名。我提问一下，您的非洲之旅给我们带来视觉的盛宴，您去过南极，给我们带来什么？北极也去过了吧？给我们分享一下吧。

罗红：这是对生命的，对极限的挑战，对自己的挑战，因为在我心目中，只要有最美丽的动物，我就会带回来和大家一起分享！

主持人男：他是一位年轻的老人，2007 年，这位 73 岁的老人马不停蹄地奔走中国的东南西北，他被业界认为中国式管理大师，是最受学生欢迎的大学教授，更是台湾界最受企业家欢迎的十大名嘴之一，最重要的是，他是把中国式管理带入中国企业的使者，我们不能忘记这位激情老人说过的一句话：中国企业要发展，中国文化不能丢。有请曾仕强先生。有请南方航空集团公司党组书记李书记，为曾仕强先生颁奖。

主持人男：是什么力量让您一直奔走中国式管理的前线？

曾仕强：我先说一下，有一种飞机我坐上去会不安，就是北方航空，为什么？因为我们中国人讲的是天南地北，所以只要是南方航空一定是飞上天，而且飞得很安稳，北是地上的，飞机飞上去，我觉得不稳。果然不错，很快北方航空很快并入了南方。只要中国的文字存在，中华文化永远不会不见的，所以，我们中国字不只是符号，而且有灵气，大家需要体会一下里面的灵气，大家会得到很多东西。“明”，就是日月；“珠”，就是珠联璧合，就是坐在上面很和谐，符合我们社会发展的需要。

刘嘉玲：选男人吗？

袁咏仪：是的，霸气得来，跟我玩又刺激，又懂得搞笑，又对我很真诚，还有他跟我沟通的时候够灵气。

刘嘉玲：你就想，哪有这么完美。

袁咏仪：你呢？

刘嘉玲：什么都无所谓，最重要是令我备受尊重，今年的五部戏觉得观众都非常的尊重，所以应该把掌声送给今年提名的五部电影台前幕后工作人员。

### 范例五 模特在颁奖典礼上与网友对话

【情景】 在“2004年北京国际汽车展览会车模大赛颁奖典礼”上，九位青春靓丽的女孩与一位小伙子，与网友们进行现场交流。

网友：请问李扬先生，在众多美女中工作，感觉如何？

模特李扬：感觉好极了。

网友：请问岳梅小姐，你做过许多次汽车模特，请问这次车展与以往相比，有什么不同？

模特岳梅：说实话，我只做过这一次，而且是第一次全程参与了8天，第一次这样深刻地体会到车展模特的辛酸苦辣。这8天中每天站在那里，很累，甚至被聚光灯烤伤，但是8天结束以后，我们模特都很恋恋不舍，虽然很累，但是有这次机会大家可以聚在一起，也可以说是另一种享受，我也第一次有那种感受，这些模特站在台上，真的很敬业。大家都知道，看车展的人是各行各业，五湖四海的人都有，我相信这次网友也从网上看到一些消息，有一些比较异样的人参加到车展中，给模特造成了很大的困扰。据我所知，就是这样，我们的帅哥美女还是坚持站在这里。

网友：岳梅小姐，在车展中遇到狼狈的情形你们是怎么处理呢？

模特岳梅：我不知道别人，这次车展中有人过来要签名，要完签名以后，问我“你是新疆的，你认识岳梅吗？”一般遇到这种问题，我什么都不用说，给他一个灿烂的微笑就可以了。另外这次车展中有人拿照相机乱拍，这时候我们展位上的女孩子会很优雅地换一个背面给他，尽量以最优雅、最得体的方式告诉他或者是周围的人，你在干你不应该干的事情。我想，这种情况模特都处理得非常好。

网友：张晓雯小姐，您的眼睛特有魅力，有镜头感，请问是怎么练出来的？还是天生的？

模特张晓雯：开句玩笑话，人家说“多看灯泡，就是在聚光。”当你多看别人的时候，我觉得每个人的眼神中都有独特的东西，眼神是由内而外散发出来的东西。

网友：在车展中，听说你们的收入都很高，能不能透露一下？

主持人：我建议这个问题由米丹小姐回答。

模特米丹：不知道这位网友是先生还是小姐，但是我想说明，现在世界上最流行的三句话是，第一，不许问女孩子的年龄，第二，不许问女孩子的收入，第三，不许问女孩子有没有男朋友。

网友：请问 2005 年北京汽车展我还能够看见你们吗？

模特岳梅：首先，明年在北京没有车展。如果有机会的话，要看车展的主办方和汽车厂家们有没有邀请我们做车模的想法或者需要。因为大家都知道，做模特有时候也分地域性，上海也有很好的模特，北京这边也有北京市场的模特，我想这个机会还是很大的，因为今年的车展一样有很多上海的模特到北京来参加车展，所以我想，如果你明年去的话，就算我不作车展，我也一定会去看你一眼。

网友：作为男模，您在车展上有没有碰到特别尴尬的事情？

模特李扬：那天我正在展示一辆福特的车，有一个女孩子上来，递给我一张名片，说她是画家，让我当她的人体模特，让我把电话留给她，于是我把我的经纪人的电话留给她，告诉她“他可以做你的人体模特”。

网友：我特别喜欢看张晓雯的笑容，请问你的笑容也是练出来的？还是天生的？

模特张晓雯：你看我拿的是最佳微笑奖，其实我的格言是，有微笑的人生才能完美的人生。我相信微笑不是练出来的，而是由内而发的。

网友：做模特工作，都是吃青春饭吗？大家以后会有什么样的打算？

模特肖青：我想，每个模特都会面临这个问题，做模特也是很多女孩男孩梦寐以求的一个梦想，我们已经寄身于这个行业，不管它是不是青春饭，干一行爱一行，我们会把这个行业做到底。

主持人：请岳梅小姐也回答一下，谢谢！

模特岳梅：我觉得宗旨都是一样的，之所以来做这一行，肯定是因为喜欢这行，至于能做多久？我想每一位模特心里都会想，做得越久越好，当然现在也有模特在尝试着改变，像胡兵、瞿颖在尝试唱歌，我想，不管将来做什么，大家都会选一条光明大道走。人生本身就会有很多分杈，我们做模特就是人生的一个大转弯，将来会怎么走，大家现在都说不好。在座的可能就是我年长一些，我有年长吗？觉得我好老啊（笑），我的小孩都已经三岁了，我觉得，人生很美好，干吗要想那么多？

网友：张晓雯小姐，你获得本届最佳微笑奖，请问你的微笑是怎么练就的？

模特张晓雯：怎么都是问同样的问题？（笑）我真觉得人的喜怒哀乐并不是要刻意练，如果是练出来的，大家都不是傻子，都可以看出来。虽然我们的微笑大家都认为是职业性的微笑，但是看它的态度不一样，只要是由内而外的微笑，每个人都会非常美丽。

**范例六** “中国最美50人”颁奖盛典中获奖嘉宾对话主办方

【情景】 在2010年关于“中国最美50人”的颁奖盛典中，对黄晓明、海清做了同题问答。

黄晓明

新京报：你心中美的标准是什么？

黄晓明：善良、正直。

新京报：你认为自己哪里最美？

黄晓明：其实我从来不觉得自己美。

新京报：你自认最美的角色是哪个？

黄晓明：我觉得是许文强这个角色比较“美”，因为他对国家、对爱情都很忠贞，具有一种凄凌之美。

新京报：生活中与舞台上的你哪个更美？

黄晓明：生活中吧，因为真实。

新京报：你认为“最美 50 人”活动的特点是什么？对新一年评选有什么建议？

黄晓明：“最美 50 人”并不以貌取人，这一点很难得，充分展示了美包含的一切元素。新一年的评选我希望可以与大众的互动性再加强些。

新京报：对《名 Famous》杂志说点什么？

黄晓明：我也要恭喜《名 Famous》的创刊成功。以《新京报》的实力，这本杂志绝对不会差。

海青

新京报：你心中美的标准是什么？

海青：美是由内至外的，心灵美比外表美要重要。

新京报：你认为自己哪里最美？

海青：我特别没自信，从来没觉得美，也就在帮助别人的时候，有点沾沾自喜，如果这也算，那就是美吧。

新京报：你自认最美的角色是哪个？

海青：媳妇“豆豆”和“安娜”都很美。

新京报：生活中与舞台上的你哪个更美？

海青：当然是角色，本人没什么魅力。

新京报：你认为“最美 50 人”活动的特点是什么？对新一年评选有什么建议？

海青：它代表了一种声音，让人更加全面地理解美的定义。我的建议是评选的行业再多一些。

新京报：对《名 famous》杂志说点什么？

海青：杂志里很多人物都是公众人物，很吸引眼球，杂志里的文章让广大的读者看到他们的生活和感悟，对大家都会有启发。

## 范例七 某年度颁奖典礼现场对话

【情景】某颁奖典礼上，新浪娱乐的记者就评委会成员问题，与何平、李少红导演进行的现场对话。

新浪娱乐：今年能够再度举办年度表彰，这其中的过程是怎样的？奖项设置有什么变化？

何平：经过 4 年多，我们一直想恢复，不能叫奖，那就叫表彰。导演协会年度表彰，我们最起码是很严肃地对待这件事情，我们不设技术奖，只有纯创作型的奖项。上一届，因为是刚开始，我们只有 5 个奖，这次增设了年度影片和年度编剧；还增设了年度港台导演。这个其实很重要，原来没有，后来我们反复讨论，觉得还是有必要。为什么呢？因为有大量的香港导演和个别的台湾导演，已经来大陆发展了，他们的投资是大陆的投资，他们用的演员也大部分来自中国内地，编剧现在也不分了，他们不是本协会的会员，但是他们为华语电影在大陆市场贡献了近 40%的票房（每年不等），支持着内地电影产业，我们对这些港台导演，必须给予鼓励和表彰，所以就设了年度港台导演奖。但是我们有一个条件，参评的影片必须得在内地院线本年度内发行过。我们还是坚持要为内地大银幕观众服务。我相信，我们的奖如果办得很成功，将来很多导演都会在乎，鼓励三地导演为华语片贡献才智。

电影这两年在中国确实发展很快，但是同时也带来很多糟粕，除了好的电影占主流以外，还有很多烂片，靠什么来过滤这些东西？导演协会颁这个奖，我们还是要从导演的群体，鼓励什么样的影片进入好的市场、进入良性的市场，促成这个良性循环。我相信所有导演是有荣誉感的。如果那个导演拍了垃圾烂片，在导演协会这表彰上，就不会有成就。不管你几亿票房，你在导演圈中还是被鄙视的。怎么杜绝烂片，我们鼓励什么，不鼓励什么，很明确表明了我们的态度。

李少红：我们希望奖项公正，不受外界和商业的影响。别的奖项之所以有争议，还是因为不够纯粹，没有从公正的平台上发出来，有太多的因素在影响它。我也同意奖项不能滥，但也得有一个榜样，才能比较出来。大家都说奖项不公正，那是以后不办了？还是需要办一个好的？我们一直跟政府去争取，大家还是需要鼓励，觉得这个行业还是需要一个榜样的力量。咱也 PK 嘛，哪个奖办得好，咱就支持哪个奖。

新浪娱乐：在评委会的组成方面，你觉得应该是怎样设置的？

何平：评委会的组成应该是非常全面。每届的评委会主席是由协会执委会选定，并不完全代表权威性，更多的含义是评委会召集人。这届是我，我就要担负起责任，我们的评委首先要年轻化，要代表不同的声音。40 年代的导演有 2 个，50 年后的有壮壮导演，我和少红导演，剩下 4 个全部是年轻导演，比如贾樟柯、陆川、宁浩、万玛才旦导演，就变成了一个金字塔。评委会 9 个人是代表不同年龄段的导演，而且我坚持尽量在一线拍片的导演中产生，避免有些评奖活动当评委的全是一帮远离一线创作或者对电影这门艺术完全不懂的人在假装说些内行的话。所以，有些奖越办越没有权威，越来越没有了起码的尊严。

我给宁浩打电话，请他来当评委，他说我这么年轻，评委都是老师辈，不好讲话，我说导演协会的奖很单纯，请你来就是要把你这个年龄段导演的声音带进来。像贾樟柯成功的文艺片导演，要把他的声音也带进来，少红对市场比较了解，要把市场带进来。大家把不同的对于电影的看法和声音都带进评委会，在这样的气氛中讨论每一部入选影片，直到产生结果。

当然，电影的生产也是有大年小年，好片子多评选的难度和争论的激烈就大。我们的入选影片的日期很简单，从 2009 年 12 月 1 号到 2010 年的 11 月 30 号中间的作品。因为 11 月 30 号以后上话的作品，发行要拖到 1 月份。《让子弹飞》、《赵氏孤儿》等等将在下一年度参评。

新浪娱乐：以后表彰大会预计每年举办？

何平：每年。导演协会每年有一个年会，上午年会，要有选举，要通过一些议案，晚上就颁奖，每年就是要做这么一件事。赶上三地研讨会，我们的规模大一些。我们有一个大的圆桌会议，大概 200 多会员，每年到场 100 多人，加上一些获提名的，还有一些电影界的制片人，差不多 200 来人，每年搞这么一次，然后我们就是颁布年度的表彰，纯粹行业内部的。

### 范例四　第28届香港电影金像奖颁奖现场对话

【情景】 2009年4月19日晚，第28届香港电影金像奖颁奖礼在香港文化中心举行，以下为《叶问》获最佳影片奖颁奖嘉宾、主持人、获奖者的对话。

曾志伟：接下来是颁最佳电影，究竟谁可以拿到这个奖项呢？这就是今晚大家最期待的最佳电影奖。

吴君如：请出两位美女，身材非常之丰满，就是刘嘉玲小姐和袁咏仪小姐。

刘嘉玲：大家好。

袁咏仪：大家好。你觉得今天有什么不同？

刘嘉玲：没有什么不同。

袁咏仪：以往的最佳电影都会由一男一女嘉宾来颁奖，今年为什么找我们两位美女呢？

刘嘉玲：可以想象女性观众多么重要，通常都是我让我老公去看戏的。你呢？

袁咏仪：我负责买票。

刘嘉玲：你以女性的角度，怎么去形容？比如《赤壁》。

袁咏仪：够霸气。

刘嘉玲：《天水围的日与夜》呢？

袁咏仪：够真诚。

刘嘉玲：《长江7号》？

袁咏仪：搞笑可爱。

刘嘉玲：《叶问》？

袁咏仪：够刺激。

刘嘉玲：《画皮》呢？

袁咏仪：灵气。我觉得让我选，我就五个都选。